# Den Baikalsee entdecken

Die blaue Perle Sibiriens
Aufgezeichnet von Bodo Thöns



Trescher
Reihe Reisen

2., aktualisierte und erweiterte
Auflage 2007

Trescher Verlag
Reinhardtstraße 9
10117 Berlin
www.trescherverlag.de
post@trescherverlag.de

ISBN 978-3-89794-100-7

Trescher Reihe Reisen
Herausgegeben von Sabine Fach
und Bernd Schwenkros

Reihenentwurf: Robert Schumann
Redaktionelle Konzeption:
Detlev von Oppeln
Satz und Bildbearbeitung:
Martina Sailer
Farbteilgestaltung: Bernd Chill
Einbandgestaltung: Tom Schülke
Lektorat: Sabine Fach
Mitarbeit: Thorsten Altheide,
Annette Helmrich von Elgott
Stadtpläne und Karten:
Johann Maria Just



Gedruckt auf chlorfrei gebleichtem Papier

Printed in Germany

Souvenir
"ICH WAR AUF BAIKALSEE"

ГОРОД

# Vorwort

*Es ist, wie auch schon die meisten Reisebeschreiber hiesiger Gegenden angemerkt haben, bei den Völkern dieser Länder ein Glaubensartikel, den See Baikal ein Meer und nicht einen See zu nennen, weil ihrem Vorgeben nach der See es sich für schimpflich hält, ein See genannt zu werden, und sich unfehlbar an dem, der ihm solchen Schimpf antut, rächt. Weil sie nun solchergestalt meinen, daß derselbe etwas Göttliches an sich habe, so hat er schon von alten Zeiten her den Namen ›Heiliges Meer‹ erhalten.*

Johann Georg Gmelin (um 1730)

Baikal – dieses Wort klingt lange nach und ruft Assoziationen irgendwo zwischen Nirwana und Eishölle hervor. Das Wort Baikal hat nicht weniger Entstehungsgeschichten als der See selbst. Die Russen erreichten den Baikal bekanntlich erstmalig 1643 und trafen auf verschiedene Bezeichnungen. Die Evenken sprachen vom Lamu, was Meer bedeutet. Die Burjaten nannten ihn Bai-Gal-Nuur, was mit den Begriffen Säule, Feuer und See auch auf einen vulkanischen Ursprung hinweist. Bei den Kirgisen hieß er Bai-Kul, was soviel wie reicher See bedeutet. Die Chinesen nannten ihn Bai Chai – das nördliche Meer. Als Synthese entstand Baikal, das im Russischen im Unterschied zum Deutschen auf der zweiten Silbe betont wird. Der Begriff Baikalsee (Bajkal'skoe ozero oder ozero Bajkal) wird in Rußland kaum verwendet. Das Anhängsel ›See‹ wird, wenn es um dieses einzigartige Naturereignis geht, doch eher als eine dem hohen Anspruch nicht gerecht werdende und demzufolge überflüssige Verkleinerungsform angesehen.

Aber die Gedanken und Gefühle pendeln beim Wort Baikal oder Baikalsee irgendwo zwischen dem Traum einer unendlichen Sibirienreise ohne jegliche Hektik und dem Alptraum des russischen Kulturschocks in seiner sibirischen Extremvariante. Man hört die tiefen Stimmen des Kosakenchores, der das Lied vom herrlichen und heiligen Meer Baikal intoniert und sieht die Bilder der eindrucksvollen Dokumentarfilme von Klaus Bednarz vor Augen. Man möchte schon einmal hinfahren, aber man traut sich nicht so richtig. Das kyrillische Alphabet, die Russenmafia, die marode Wirtschaft, die Armut im Lande, so lange ist es ja noch nicht her, daß sich Deutsche und Russen kaum über den Weg beziehungsweise die Mauer trauten oder aber das von oben verordnete brüderliche Vertrauen zumeist recht skeptisch beurteilten.

»Lieber einmal mit eigenen Augen sehen, als einhundertmal davon zu hören« – so heißt ein russisches Sprichwort. Dank der vielen Wiederholungen in den dritten Programmen können wir optimistisch sein, daß wir es vielleicht schaffen, den

*Angeln im Winter*

Baikalsee in der bereits erwähnten Balladenvariante aus dem Fernsehsessel in absehbarer Zeit einhundertmal gesehen zu haben. Aber ohne die wirklich phantastischen Bednarz-Filme geringschätzen zu wollen, einmal selbst hinfahren und es sich nicht mit dem Auge des Kameramanns, sondern mit den eigenen ansehen...

Grundkenntnisse des kyrillischen Alphabetes sind ohne Zweifel hilfreich, aber man kommt auch ohne zurecht. Das Risiko, ein Opfer der Russenmafia zu werden, ist ähnlich hoch wie die Wahrscheinlichkeit, während des Italienurlaubs am Gardasee vielleicht ihrem dortigen Pendant in die kriminellen Hände zu fallen. Die Wirtschaft weist – allerdings zugegebenermaßen auf einem niedrigeren Ausgangsniveau – Zuwachsraten auf, von denen wir in den nächsten zehn Jahren mit oder ohne Steuerreform nur träumen werden. Und die Armut auf dem oder in dem Lande? Es geht für die meisten Menschen wirklich aufwärts, und das große Jammern hört man verblüffenderweise vor den deutschen Nachrichtenkameras dramatisch häufiger als während persönlicher Begegnungen und Gespräche vor Ort. Entweder selektieren die Journalisten nicht gerade repräsentativ, oder die Russen beherrschen das sogenannte ›Zielgruppenmarketing‹ besser, als wir vermuten, da alle dem Trugschluß unterliegen, daß man in Deutschland nur traurige und leidvolle Geschichten über Rußland erwartet.

Woran es in diesem Zusammenhang wirklich mangelt, sind vertrauenswürdige Informationen für die, die sich trauen (wollen), Rußland und den Baikal mit eigenen Augen zu sehen. Und deren Zahl wächst. Das Interesse an touristischen Offerten aus Mütterchen Rußland hat in den letzten Jahren deutlich zugenommen. Der Baikal ist dabei eine der gefragtesten Ecken in den endlosen Weiten des russischen Universums. Obwohl also die ›blaue Perle Sibiriens‹, der ›Brunnen des Planeten‹ auch in Deutschland in aller Munde ist, gab es bis 2004 hierzulande keinen Reiseführer über dieses einzigartige Reiseziel. Die mit Abstand meisten ausländischen Besucher des Baikal kommen heute aus Deutschland, und vielerorts berichten mir russische Freunde, daß da mal ein sehr guter Film im Fernsehen über den Baikal gelaufen sein muß, denn viele Deutsche erzählen, daß sie nach diesem Film den Baikal mit eigenen Augen sehen wollten. Allerdings sollte man bei der in jeder Hinsicht gelungenen ›Ballade vom Baikalsee‹ berücksichtigen, daß sie 1998 entstand. Der Baikal ist zwar durchaus ein ewiges, zeitloses Thema, aber für die Menschen am heiligen See sind acht Jahre ins Land gegangen, in denen sich einiges zum Besseren verändert hat. Anfang 2004 setzte das ZDF mit seiner vierteiligen Erlebnis-Dokumentation ›Sternflüstern‹ über das dreimonatige Baikalabenteuer zweier deutscher Familien in einem Dorf auf der Insel Ol'chon neue, sensationsheischende Akzente. Im Dezember 2005 folgte die ZDF/arte-Dokumentation ›Die blaue Perle Sibiriens‹ von Bernd Reufels.

Es ist erstaunlich, wie viele Spuren deutsche Forschungsreisende, Unternehmer, Journalisten und Abenteurer in der Geschichte des Baikal und seiner Erkundung und Erschließung hinterlassen haben und wie intensiv sich heute die Zusammenarbeit in den unterschiedlichsten Formen entwickelt: vom Studenten-

*Auf der Insel Ol'chon*

und Lehrkräfteaustausch über eine Zusammenarbeit bei der Erforschung des Baikal, die wirtschaftliche Zusammenarbeit und natürlich auch im Tourismus.

Viele der noch wenigen deutschen Baikaltouristen werden zu klassischen Wiederholungstätern. Die vielzitierten Risiken und Nebenwirkungen, die heute bei einem Rußland-Urlaub viel geringer sind, als allgemein angenommen, haben am Baikal aber eine eigenwillige Langzeitwirkung – dem Baikal wird vollkommen zu Recht eine besondere energetische Wirkung zugeschrieben. Der am Baikal lebende und auch in Deutschland bekannte russische Schriftsteller Valentin Rasputin zitierte in einem Essay über den Baikal aus dem Brief eines Freundes, den dieser nach einer gemeinsamen Baikalreise an Rasputin geschrieben hatte: »Daß ich neue Kraft gewonnen habe, ist verständlich, aber auch Geist und Seele haben am Baikal neue Kraft gewonnen. Ich spüre auf einmal, daß ich viel zu leisten vermag und ich glaube nun auch unterscheiden zu können, was ich tun und was ich lassen sollte. Wie schön, daß wir den Baikal haben. Wenn ich morgens aufstehe, verneige ich mich in Eure Richtung, wo Vater Baikal ruht, und mich überkommt das Gefühl, Berge versetzen zu können.« Rasputin ergänzt nur lakonisch: »Ich verstehe ihn…«.

Auch die Entstehung dieses Buches ist in gewisser Weise ein solcher kleiner versetzter Berg. Mir war klar geworden, daß ich die Reiseführer-Lücke zum Thema Baikal schließen muß, um Ihnen, liebe Leser, ein Hindernis auf dem Weg zum Baikal aus dem Weg zu räumen. Die vorliegende, erweiterte und durchgängig aktualisierte zweite Auflage reflektiert die Neuigkeiten und Veränderungen der letzten beiden Jahre.

An dieser Stelle möchte ich meiner Familie für ihre Geduld und insbesondere meiner Tochter Julia für ihre tatkräftige Unterstützung danken. Mein Dank gilt daneben allen Freunden und Bekannten, die mich bei diesem Buch unterstützt haben. Ohne Anspruch auf Vollständigkeit möchte in alphabetischer Reihenfolge Viktor Charmachomov (Ulan-Udė), Martin Hofmann (Irkutsk), Tim Mergelsberg (Passau), Sergej Moskovskych (Irkutsk), Kai Pohl (Dresden), Eugenia Röpstorf (Berlin), Eliane Roth (Starnberg), Simone Schlindwein (Berlin), Tatjana Sermjagina (Bratsk) und Vera Toropovskaja (Irkutsk) besonders hervorheben.

## Hinweise zur Benutzung dieses Reiseführers

Im ersten Teil des Buches finden sich in den Kapiteln ausführliche allgemeine Informationen über die Geographie, die Geschichte und die Wirtschaft des Baikal und seiner Umgebung bis hin zu Kultur und landestypischer Küche.

Im zweiten Teil folgen ohne Anspruch auf Vollständigkeit detaillierte Informationen zu den einzelnen Orten und Landschaften rund um die blaue Perle Sibiriens. Die großen Orte Irkutsk, Bratsk und Ulan-Udė werden vorgestellt und die verschiedenen Regionen am Ufer des Baikal präsentiert. Das letzte Kapitel gibt einen kurzen Überblick über die Möglichkeiten für einen Aktivurlaub am Baikal.

Am Ende des Buches runden die Reisetips von A bis Z das Thema ab. Sprachführer, Quelleninformationen über weiterführende Literatur und insbesondere über interessante Internet-Seiten schließen sich an.

Ein Problem für viele ist die kyrillische Schreibweise des Russischen. Ein weiteres Problem für die, die helfen wollen, es zu überwinden, ist die Vielfalt der gebräuchlichen Transkriptionen. Dieses Buch folgt der wissenschaftlichen Transliteration, da diese keinen Zweifel über die Originalschreibweise des Kyrillischen aufkommen läßt und jeder Begriff problemlos kyrillisch ›rekonstruiert‹ werden kann. Zudem wird die wissenschaftliche Transliteration auch in Atlanten und auf nahezu allen Landkarten verwendet, so daß es mit der hergebrachten eindeutschenden Schreibweise Orientierungsprobleme geben würde.

Einige Begriffe lehnen sich aber auch an die im deutschen Sprachraum übliche Schreibweise an. Dies bezieht sich besonders auf aus Zeitung und Fernsehen hinreichend bekannte Namen russischer Schriftsteller und Politiker sowie auf auch bei uns gebräuchliche geographische Bezeichnungen. Oft sind diese nämlich in der wissenschaftlichen Umschrift nur noch schwer wiederzuerkennen. So wird in diesem Buch beispielsweise Baikal statt Bajkal, Taiga statt Tajga und Puschkin statt Puškin verwendet. Daß es dabei zu Abgrenzungsproblemen und auch Inkonsequenzen kommt, muß hingenommen werden.

*Im Hafen von Port Bajkal*

Eine ausführliche Erklärung der in diesem Buch verwendeten Transliteration sowie eine Gegenüberstellung mit der eindeutschenden und der englischen Schreibweise befindet sich in dem Kapitel zur russischen Sprache.

In den Legenden zu den Ortsplänen sowie bei wichtigen Eigennamen ist im Buch auch immer die kyrillische Originalbezeichnung angegeben, da ohne diese die Orientierung zum Beispiel anhand von Straßen- oder Hinweisschildern nahezu unmöglich ist. Die Karten wurden soweit möglich zweisprachig beschriftet.

Bei historischen Datumsangaben wurde versucht, immer die Daten entsprechend des heutigen Kalenders anzugeben. Da vor 1917 in Rußland der Julianische Kalender galt, können andere Quellen andere Daten ausweisen, die sich in Abhängigkeit von den Schaltjahren um 12 bis 14 Tage unterscheiden.

Alle Angaben in diesem Führer gehen auf aktuelle Recherchen zurück. Die Zeit ist bekanntlich schnellebig, was natürlich besonders für eine so im Wandel begriffene Region wie den Baikal zutrifft. Der Autor und der Verlag sind deshalb für neue Informationen sowie sonstige Hinweise und Vorschläge dankbar.

## Zeichenlegende

Allgemeine Informationen

Post, Telefon

Banken, Geldautomaten

Taxi

Flughäfen und Flugverbindungen

Bahnhöfe, Zugverbindungen

Busbahnhöfe, Busverbindungen

Häfen, Fähren, Schiffsverbindungen

Hotels und Pensionen,

Restaurants

Einkaufsmöglichkeiten

Internethinweise, Internetcafés

**Im Buch verwendete Abkürzungen**

ul. – ulica (Straße)

pl. – ploščad' (Platz)

Dennoch besitzt die Natur ihre Lieblinge, die sie bei der Erschaffung mit besonderer Sorgfalt behandelt hat und denen sie besondere Macht verlieh. Der Baikal gehört ohne jeden Zweifel dazu.

*Valentin Rasputin (1990)*

# Der größte Brunnen des blauen Planeten

# Geographie

*Kein Schnee lag auf der Eisfläche, die von dem Mondlichte wie ein polierter Spiegel erglänzte. In Kadilnaja wurden die Pferde vor unseren zwei Schlitten bis zum Augenblick der Abfahrt von beiden Seiten am Zügel gehalten, und dann liefen sie in gestrecktem Galopp und ohne Halt bis zum anderen Ufer. Unstrittig ist diese Fahrt nicht nur die eigentümlichste, sondern auch die schnellste, die auf russischen Landstraßen gemacht wird.*

Adolph Erdmann (1830)

Der Baikal entstand vor etwa 25 Millionen Jahren aus einem schmalen Grabenbruch zweier tektonischer Platten. Die Ursache dafür liegt wohl über 100 Millionen Jahre zurück. Die Platte des heutigen Indien begann sich mit Eurasien zusammenzuschließen. Der dabei entstehende Reibungsdruck ließ an den Rändern das Himalajagebirge entstehen und knackte das nördliche Hinterland in mehrere tektonische Platten auf. An der Bruchstelle zweier solcher Platten wuchsen zunächst aus einer Hügellandschaft mit Erhebungen bis zu 500 Meter die Gebirgskämme auf über 1000 Meter und höher. Dann kam es zu einem schmalen Bruch und die auch Rift genannte Bruchstelle dehnte sich immer weiter aus. Das Quell- und Flußsystem der Umgebung stellte sich um, begann die Öffnung zu füllen und ließ das größte Süßwasserreservoir der Erde entstehen. Entsprechend zweier Bruchlinien lassen sich im Untergrund des Sees heute drei große Becken unterscheiden, wobei das nördliche, flachere Becken später entstand. Dieser Bruchprozeß ist bis heute nicht abgeschlossen. Der Baikalsee wird jährlich etwa zwei Zentimeter breiter und tiefer.

Der Baikal erstreckt sich auf einer Fläche von 31 500 Qudratkilometern in Ostsibirien, was in etwa der Größe Belgiens entspricht. Die geographischen Eckpunkte sind 51° 27,5' und 55° 46,3' nördlicher Breite sowie 103° 42,5' und 109° 57,5' östlicher Länge. Die Länge des Baikal berträgt 636 Kilometer, die Breite schwankt zwischen 26 und 79 Kilometern. Mit dieser Fläche belegt er heute Platz 7 in der Liste der weltgrößten Binnengewässer.

Die Oberfläche des Baikal liegt 455 Meter über dem Meeresspiegel. Das flachere, nördliche Becken hat eine mittlere Tiefe von 576 Metern und eine maximale Tiefe von 889 Metern. Das südliche Becken erreicht bereits östlich des Angara-Abflusses 1432 Meter und hat eine mittlere Tiefe von 843 Metern. Der tiefste Punkt des Baikal mit 1637 Metern, nach neuesten Messungen 1642 Metern, befindet sich südlich der Insel Ol'chon im mittleren Baikalbecken, das mit durchschnittlich 854 Metern im Vergleich der drei Becken die größte Tiefe aufweist.

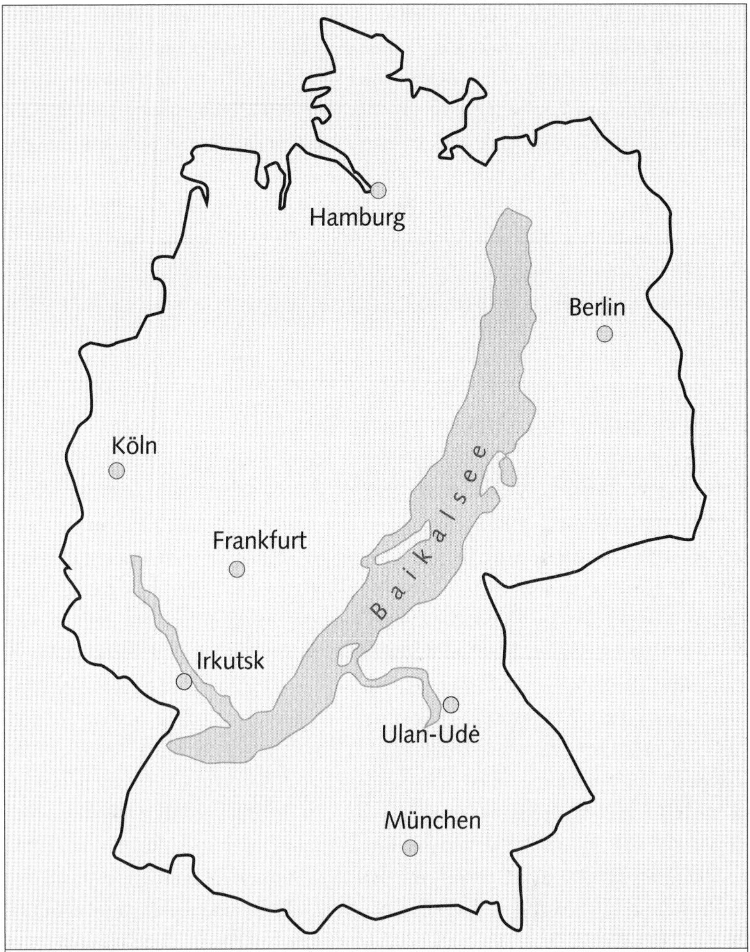


**Der Baikalsee im Vergleich mit der Fläche Deutschlands**

0 100 200 km

Damit liegt er gefolgt vom afrikanischen Tanganjikasee (1435 Meter) auf Platz 1 in der Liste der tiefsten Binnengewässer. Doch dieser Nr. 1 folgen noch weitere Spitzenplätze und Superlative. Mit seiner Wassermasse von 23 600 Kubikkilometern beherbergt der Baikal über 20 Prozent der Süßwasserreserven der Erde. Sein Wassereinzugsgebiet mit über 300 Zuflüssen umfaßt 560 000 Quadratkilometer – in etwa die Fläche Frankreichs.

Der Baikal ist bis heute eine seismisch vergleichsweise aktive Region. Neben den vulkanischen Spuren vor allem im Sajangebirge belegen das die unzähligen Thermalquellen in seiner Umgebung sowie die in den Chroniken festgehaltenen Erdbeben. Die markantesten Ereignisse der jüngeren Geschichte sind in den Jahren 1931 und 1959 verzeichnet, als sich der nördliche und mittlere Untergrund des Baikal um mehrere Meter absenkte. Die Reinfall-Bucht (Buchta Proval) entstand im Jahr 1862, als sich im Ergebnis eines Erdbebens knapp 200 Quadratkilometer Steppe am östlichen Ufer um durchschnittlich 7 Meter absenkten und ins Wasser hineinfielen und der neuen Bucht den entsprechenden Namen gaben. Nach den Überlieferungen sollen damals alle Kirchenglocken am östlichen Baikalufer geläutet haben, so stark bebte die Erde.

## In der Liste des Weltnaturerbes

Als Symbol für die Natur des Baikal trifft man häufig die Baikalrobbe, die als bekannteste Tierart für die Einzigartigkeit der Natur an diesem Flecken der Erde steht und die nur hier vorkommt, also endemisch ist, wie der Fachmann dazu sagt. Aber die Liste endemischer Tier- und Pflanzenarten am Baikal weist noch viele andere Unikate auf und ist wohl weltweit in dieser Hinsicht nur mit den Galapagosinseln vergleichbar. Dort eine Inselkette im unendlichen Pazifik und hier umgekehrt ein Gewässer in den kontinentalen Weiten Sibiriens. So ist es eine logische Konsequenz, daß auch der Baikal zum Weltnaturerbe gehört und im Dezember 1996 in die entsprechende UNESCO-Liste aufgenommen wurde. Im Protokoll des Beschlußes heißt es: »Der Ausschuß erklärt den Baikalsee als das hervorragendste Beispiel eines Süßwasserökosystems auf der Basis von natürlichen Kriterien. Es ist der älteste und tiefste See der Welt, der nahezu 20 Prozent des nicht gefrorenen Süßwassers der Welt beinhaltet. Der See enthält eine bemerkenswerte Vielfalt endemischer Flora und Fauna, die von außergewöhnlicher Bedeutung ist für die evolutionäre Wissenschaft. Er ist umgeben von einem System geschützter Gebiete, die einen hohen landschaftlichen und natürlichen Nutzen haben. Der Ausschuß nahm Notiz von der Bestätigung der neu festgelegten Grenzen der Gebiete, die zu den Kernzonen gehören, die im Baikalsee-Gesetz definiert sind (ausgeschlossen sind urbane Gebiete). Es wird ebenfalls festgehalten, daß sich das spezielle Baikalsee-Gesetz nun in seiner zweiten Lesung in der Duma, dem russischen Parlament, befindet. Das Protokoll äußert aber auch Bedenken über eine Anzahl von ausstehenden Fragen, einschließlich der Verschmutzung, die den russischen Behörden nahegelegt werden sollten.« Das ›Gesetz zum Schutz des Baikalsees‹ hat zwischenzeitlich die Duma passiert und trat mit Putins Unterschrift zum 1. Mai 1999 in Kraft. Es sieht eine Einteilung der Baikalregion in drei Zonen vor: Die erste, zentrale Zone umfasst die Wasseroberfläche des Baikalsees einschließlich der Inseln und der angrenzenden, besonders geschützten Territorien. Die zweite Zone, Pufferzone genannt, mißt das gesamte Wassersammelbecken des Baikal. Die dritte Zone umfaßt darüber hinaus einen 200 Kilometer breiten Landstreifen rund um den Baikal und wird als Zone des atmosphärischen Einflusses bezeichnet. Die Förderung nachhaltiger Entwicklung bei gleichzeitiger Begrenzung und Reduzierung umweltbelastender Einflüsse in allen drei Zonen wird dadurch prinzipiell geregelt. Die konkrete Umsetzung und Finanzierung entsprechender Maßnahmen läuft aber sehr langsam an, so daß Rußland hier noch einige Hausaufgaben zu erledigen hat.

*An der Baikalbahn*

## Die Pflanzenwelt

Die Natur der Baikalregion bietet eine erstaunliche Vielfalt. In erster Linie betrifft das die für Sibirien typischen Taigawälder, die aufgrund der klimatischen Unterschiede in den Tälern und auf den Gebirgskämmen sowie aufgrund der Baikalnähe hinsichtlich Wind und Niederschlag eine sehr vielfältige Vegetation hervorbringen. Wegen des kalten sibirischen Klimas findet man hier auf Mittelgebirgshöhe viele Vegetationsformen, die beispielsweise in Europa nur im Hochgebirge anzutreffen sind. Viele Gipfel liegen hier bereits oberhalb der Vegetationszone und werden die ›Nackten‹ (Golcy) genannt. Daneben trifft man auf und in der Nähe der Insel Ol'chon auf Landstriche mit einer für Steppen typischen Vegetation. Generell ist es an der Westküste trockener und wärmer, so daß die im Mittelbecken typischen extrem starken Winde hier Landstriche zur Steppe werden lassen. Die höchsten Niederschläge sind im Südwesten zu verzeichnen, wo der Teppich aus feuchtigkeitsliebenden Moosen und Flechten mit über 100 Arten eine Dicke von 20 Zentimetern erreichen kann. Die Schneedecke ist am Ostufer höher als am Westufer und schützt somit die Pflanzen besser, während sie im Westen durch schärfere Fröste und Winde stärker abgehärtet werden und kleiner bleiben. Auf der Insel Ol'chon gibt es dreimal so viele Sonnentage und nur ein Fünftel der Niederschläge wie im Südosten. Hier trifft man an den Berghängen in einer Gesamthöhe von 600 Metern vom Meeresspiegel bereits auf Enzian sowie Edelweiß in ihren sibirischen Varianten. Um einen Blick auf die europäischen Verwandten zu werfen, muß man schon deutlich höher klettern. Das Blumenbett der alpinen Wiesen erstrahlt im Frühjahr, wenn auch nur kurz, aber dafür um so kräftiger, in vielen Farben. Man trifft auf Rittersporn, Astern und andere Blumen. In den Flußtälern gedeihen vor allem verschiedene Farne und solch seltene Pflanzen wie Frauenschuh und Taglilien sowie das Baikalwindröschen als besonders seltener Endemiker. Daneben findet man natürlich überall auch Beeren, Pilze und vor allem Kräuter.

Unter den Waldbeeren findet man Preiselbeeren in Hülle und Fülle, auf den feuchteren Böden gedeihen Moosbeeren. Aber es gibt auch noch andere, exotischere Objekte der Sammelbegierde. Insbesondere auf den sandigen Hügeln der Insel Ol'chon, findet man viel Feldthymian (Cebrez, Bogorodskaja trava). Das rosa blühende Kraut wird gern als Kräutertee oder Teezusatz verwendet. Andere schwören darauf, daß getrocknete Blüten im Kopfkissenbezug gegen Schlaflosigkeit helfen. Die gelben Blüten der Baikal-Helmkrautwurzel werden ebenfalls gesammelt und heißen in Rußland nach den Pazifik-Inseln Kurilen-Tee. Die dritte Kräutertee-Variante bieten die weißen Blüten des Elfenbein-Fingerkrautes. Ein weiteres, beliebtes Sammelobjekt ist wilder Knoblauch, der auch Bärlauch

*Hasenkohl (Sternwurz)*

(Čeremscha) genannt wird. Eßbar, aber nicht besonders originell im Geschmack ist der am Baikal auch Hasenkohl genannte Sternwurz.

Am Ufer des Baikal sieht man zumeist aus Kiefern und Lärchen bestehende Wälder. Am Ostufer ist der Waldteppich zumeist dichter und seltener durch kahle Felsen und Berge unterbrochen. Der typische und wertvollste Baum der Region ist die Sibirische Kiefer (Kedr), obwohl die normale Waldkiefer (Sosna) ebenfalls vertreten ist. Beide unterscheiden sich in der Anzahl der Nadeln pro Büschel. Während die Waldkiefer nur zwei aufweist, kommt die sibirische Verwandschaft auf fünf. Die Sibirische Kiefer wird auch Zirbelkiefer oder Arve genannt. Die russische Baumbezeichnung ›Kedr‹ wird oft falsch mit Zeder übersetzt, obwohl diese doch eindeutig wärmere Gegenden bevorzugt. Die jedes zweite Jahr sprießenden Nüsse (Kedrovyj orech) der Kiefernzapfen sind eßbar und sehr populär. Die Kiefern wachsen extrem langsam und können über 500 Jahre alt werden. Diesen Nadelbaum gibt es auch in einer Strauchversion (Kedrovyj stvolnik), der in den höheren Lagen bis zu einem Meter groß werden kann und das Ende der Baumzone fließend gestaltet. Die Nüsse der Sträucher sind zwar kleiner, aber noch nahrhafter. Sporadisch sind die Nadelwälder auch mit den für Rußland so typischen Birken durchflochten.

Unter dem Dach der Taigabäume gedeiht in der Baikalregion vor allem Rhododendron. Die weiteste Verbreitung, vor allem großflächig im Schatten der Kiefern und Lärchen an den Berghängen des Ostufers hat der Daurische Rhododendron. Die orange bis rosa blühenden Sträucher haben ein starkes Aroma, so daß ein Spaziergang zur echten Aromatherapie werden kann. Daneben gibt es noch die weiß blühenden Sträucher des Addams Rhododendron. Beide werden auch in der burjatischen Kräutermedizin verwendet, aber insbesondere bei letzterem ist Vorsicht bei der Dosierung angesagt. Als Ginseng des 21. Jahrhunderts gilt die ›Goldwurzel‹ genannte Rhodiola-Pflanze, die, allerdings recht selten, auf felsigem Untergrund anzutreffen ist.

## Die Tierwelt

Die Liste endemischer Tierarten im Baikal ist mit der Baikalrobbe noch lange nicht abgeschlossen. Unterschiedliche Auffassungen gibt es allerdings zur Zählweise, so daß man auf voneinander abweichende Zahlen stößt, je nachdem, ob man genetische Merkmale (Biospezies) oder Unterschiede im Erscheinungsbild (Morphospezies) zugrunde legt. Morphospezifisch haben die Wissenschaftler am Baikal etwa 2500 Arten und Unterarten gezählt, von denen etwa zwei Drittel nur hier vorkommen. Biospezifisch reduzieren sich die Zahlen auf etwa 500 beziehungsweise die Hälfte.

Der Omul' ist nicht nur in seiner kulinarischen Allgegenwärtigkeit rund um den Baikal erwähnenswert. Er ist mit seinen fünf Unterarten die bekannteste Fischart von über 20 nur hier vorkommenden Fischen. Er erreicht eine Länge von bis zu 50 Zentimetern und ein Gewicht von bis zu vier Kilo. Den Fischern geht diese ›Hauptmahlzeit‹ des Baikal aber meist in einer Größe von 30 Zentimetern und einem Gewicht von 500 Gramm ins Netz. Die Lebenserwartung des Fischs erreicht aber 20 Jahre. Zur Laichzeit im Spätsommer zieht es die Fische in die Flüsse, wo man vor allem im Selengadelta riesige Schwärme beobachten kann. Ein Weibchen legt etwa 30 000 Eier, von denen aber durchschnittlich nur etwa 20 überleben. In den lateinischen Bezeichnungen der Baikalfische finden sich die Spuren deutscher Forschungsreisen. So heißt der Omul' offiziell Coregonus autumnalis migratorius georgi und erinnert an den deutschen Forscher Johann Gottlieb Georgi. Analog erinnert der lateinische Name des dem Fisch Huchen ähnlichen Tajmen – Hucho taimen pallas – an Peter Simon Pallas.

Doch noch viel exotischer als Omul' oder Tajmen ist der ebenfalls endemische Fettfisch namens Golomjanka. Das nahezu durchsichtige und schuppenlose Geschöpf gleicht in zwei Unterarten eigentlich einer Fettblase. Der Fettanteil im Körper erreicht 40 Prozent. Deswegen kann er nur im kalten Wasser bei Temperaturen unter 8 °C überleben. Mit einem großen Maul und durchsichtigen Seitenflossen und kaum wahrnehmbaren Gräten erreicht er eine Länge von 20 Zentimetern. 90 Tage nach der Befruchtung bringt das Golomjanka-Weibchen seinen Nachwuchs bereits lebendig zur Welt.

Die Baikalschwämme bauen korallenartige Säulengebilde, die eine Höhe von mehreren Metern erreichen können und vor allem für Sporttaucher interessant

*Eine Baikalrobbe*

sind. Nicht so leicht zu besichtigen, aber für Wissenschaftler interessant sind die sehr vielen verschiedenen Krebsarten. Die bekanntesten sind die Gammariden (Gammarius), die sich am Baikal mit etwa 200 Unterarten entwickelt haben. Ebenso großes wissenschaftliches Interesse ziehen die auch Gastropoden genannten verschiedenen Schneckenarten an, da die sich kaum zersetzenden Schneckenhäuser Rückschlüsse auf lange Zeiträume zulassen.

Für die Selbstreinigung im Ökosystem des Baikal ist vor allem ein klitzekleiner Saubermann zuständig. Die nur ein bis zwei Milimeter großen, im Russischen wie im Deutschen Epischura genannten Flohkrebse vertilgen in Milliardenschwärmen jegliche Bakterien, Algen und verendete Lebewesen und sorgen so für die sprichwörtliche Wasserqualität des Baikal. Gleichzeitig bilden sie die Nahrungsgrundlage sowohl für die Golomjanka als auch den Omul'. Allein diese Flohkrebse filtern täglich etwa 83 000 Kubikmeter Wasser. Innerhalb knapp eines Jahres filtern sie theoretisch also das gesamte Baikalbassin. Unterstützung erhalten sie noch von vielen anderen, größeren Krebsen, worunter der auch als Vielfraß bezeichnete Gammarius der bekannteste ist.

Die Tierwelt in der Umgebung des Baikal kennt alle typischen Vertreter der Bergtaiga. Häufig trifft man auf lustige Streifenhörnchen (Burunduk). Nicht auszuschließen sind auch Treffen mit Braunbären. Über solche Begegnungen weiß jeder Taigabesucher unzählige Geschichten zu erzählen, die bei weitem nicht alle ein Happy-End haben. Insbesondere mit Nachwuchs und im Herbst, wenn es gilt, sich die für den Winter erforderliche Fettschicht anzufressen, können Bären sehr aggressiv reagieren, aber auch zu den anderen Zeiten lautet die erste Verhaltensregel, einem Bären in freier Wildbahn lieber nicht zu begegnen. Entsprechende Taigaausflüge in die für Bären bekannten Ecken sollte man nur in Begleitung erfahrener und bewaffneter Taigagänger unternehmen. Wenn man doch einem Tier begegnet und von diesem auch wahrgenommen wurde, sollte man beherzigen, daß durch abruptes Weglaufen der sportliche Ehrgeiz des Bären wächst und die Tiere verblüffenderweise schneller als der Mensch laufen und auch besser schwimmen und klettern können. Es ist sicherlich leichter geschrieben als getan, aber nach der Empfehlung erfahrener Taigagänger hat man bei Sichtkontakt ohne Waffe kaum eine Chance und sollte von der, beim Bären mit Kampf assozierten, aufrechten Stellung auf die Knie gehen und auf Blickebene laut und ruhig auf ihn einreden, bis er sich hoffentlich wieder entfernt.

Die Vogelwelt der Region kennt Königsadler, Weißschwanzadler, Kraniche. Kormorane trifft man nur noch in verschiedenen Ortsnamen, aber aus der Realität sind sie seit etwa 30 Jahren verschwunden. Das Selengadelta ist ein beliebter Ort für die Beobachtung von Zugvögeln. Auf dem Baikal selbst sind natürlich die Möwen allgegenwärtig, die von der Größe her ihre Artgenossen von der Nord- und Ostsee deutlich in den Schatten stellen.

# Wetterküche Baikal

Der Baikal befindet sich mitten in der nördlichen Hälfte des Eurasien genannten Festlandes. Sibirien ist durch ein extrem kontinentales Klima mit langen kalten Wintern und kurzen heißen Sommern gekennzeichnet, das im Vergleich zur Umgebung wiederum durch die riesige Wasserfläche mit regionalen Unterschieden etwas abgemildert wird. Im Winter sinkt das Thermometer also nicht so stark ab wie in der Taiga, und der heiße Sommer wird hier etwas abgekühlt. Das zeigt beispielsweise ein Vergleich zwischen Listvjanka an der Angara-Abfluß und dem nur etwa 65 Kilometer entfernten Irkutsk. Während in Irkutsk im Winter Temperaturen unter –20 °C keine Seltenheit sind, fällt das Thermometer in Listvjanka selten unter –15 °C. Am Baikal ist es im Winter milder und im Sommer frischer, durchschnittlich 5 bis 7 °C. Auch die Unterschiede zwischen Tages- und Nachttemperatur sind in Irkutsk um 5 bis 7 °C größer als am Baikal. Gleichzeitig ist das Wetter sowohl im Sommer als auch im Winter durch eine hohe Anzahl an Sonnentagen gekennzeichnet. Im Eisschrank Sibirien ist der Baikal somit ein richtiger Sonnenakkumulator. Der Wermutstropfen besteht aber darin, daß das ›Sonnenbaden‹ am Baikal häufig durch viel Wind, starken Nebel und schnelle Wetterumschläge verleidet wird. Der Baikal ist in diesem Sinne zugleich eine Wetterküche, so daß man also immer auf alles gefaßt sein muß. Gleichzeitig sind auch regionale Abstufungen zu erwähnen. Die Westküste ist wärmer und bekommt weniger Niederschläge. Von Norden nach Süden nehmen die Temperaturen zu, die Jahresdurchschnittstemperatur ist im Süden drei Grad höher als im Norden, die frostfreie Zeit im Durchschnitt drei Wochen kürzer, aber dafür fallen zwei Drittel mehr Niederschläge.

Der Wasserstand des Sees schwankt im Jahresverlauf um etwa 80 Zentimeter, wobei im Frühjahr der niedrigste und im Herbst der höchste Wasserstand zu verzeichnen ist. Die Temperatur des Wassers erreicht im Sommer durchschnittlich 12°C. In den flachen Buchten und insbesondere an der Westseite des Kleinen Meeres kann die Temperatur aber kurzzeitig auf bis 20 °C ansteigen. Unter der sonnengewärmten Oberfläche kühlt sich das Wasser jedoch schnell ab und erreicht ab einer Tiefe von etwa 200 Metern eine konstante Temperatur von 3,6 °C.

Über fünf Monate jährlich ist der Baikal zugefroren. Der Baikal friert vom Nordosten beginnend Anfang Dezember zu. Eine geschlossene Eisdecke wird in der Regel um den 10. Januar erreicht. Eine Ausnahme bildet die Angara-Abfluß, wo aufgrund der starken Strömung das Wasser in einem Bogen um den Schamanenstein auch im tiefsten Winter nicht zufriert. Die Dicke der Eisschicht erreicht

*Trockenfisch an Bord*

*Eiszeit*

in der Südhälfte durchschnittlich 80 bis 100 Zentimeter und kann sich im Norden bis auf über 150 Zentimeter ausdehnen. Das Ende der ›Eiszeit‹ beginnt Ende April, wenn das Eis an der Südspitze zu tauen anfängt. Das ›Tauwetter‹ dauert etwa bis zum 10. Juni, wenn auch die letzten Eisreste im Nordosten des Baikal verschwinden. Es mutet paradox an, aber aufgrund der langen Eisperiode ist das Wasser im Baikal im Dezember noch wärmer als im Juni.

## Brunnenvergifter und Naturschützer

Es ist bekannt, daß der Baikal über 360 Zuflüsse und mit der Angara nur einen Abfluß hat. Obwohl der Zufluß über die gesamte Oberfläche breit gestreut ist, findet für die gewaltige Wassermenge auf dem Weg zur Angara nur ein sehr geringer Wasseraustausch statt. Weniger als zehn Prozent des Wassers werden an der Baikaloberfläche davon erfaßt. Dementsprechend erfolgt der Wasseraustausch des gesamten Sees extrem langsam und Wissenschaftler veranschlagen dafür einen Zeitraum von ungefähr 200 Jahren.

Der Strömungsausgleich beschränkt sich weitestgehend auf eine 200 Meter dicke Schicht unterhalb der Wasseroberfläche. In den unteren Schichten ist die Strömung und der Wasseraustausch zwischen verschiedenen Becken minimal. Darin liegt wohl auch die Ursache für die Entstehung eines einzigartigen Selbstreinigungssystems, das vor allem dank der Heerströme von unikalen Kleinkrebsen funktioniert. Die Wirkung sowohl positiver als auch negativer Effekte ist schwer einzuschätzen, da sich Einflüsse zunächst sichtbar immer nur regional auswirken und das gesamte Ökosystem zunächst kaum tangieren. Die Langzeiteffekte sind aber bei einer Umschlagdauer von 200 Jahren dementsprechend schwer einzuschätzen.

Für das nördliche Baikalbecken sorgte man sich über die mit dem Bau der Baikal-Amur-Magistrale verbundene wirtschaftliche Entwicklung der Region um Severobajkal'sk. Da es hier aber zu keinen nennenswerten, umweltgefährdenden Industrieansiedlungen kam und die Region auch touristisch bislang ein wenig frequentierter Geheimtip blieb, ist die Lage im Norden unproblematisch.

Im mittleren Baikalbecken sieht die Sache schon nicht mehr so einfach aus. Der entscheidende Risikoträger ist hier die Selenga, die bereits aus der Mongolei mit starken Verunreinigungen belastet kommt. Auf ihrem russischen Wegesabschnitt bekommt sie noch die Abwässer sowohl der burjatischen Hauptstadt Ulan-Udė als auch des Zellulosekombinats Selenginsk aufgebürdet, bevor sie mit dieser beziehungsweise diesem ›Mitgift‹ in den Baikal mündet.

Die größten Sorgen bereitet das südliche Becken, wo das Zellulosekombinat der Stadt Bajkal'sk seit langen Jahren den Baikal verunreinigt. Auf Platz zwei unter den Umweltsündern steht das Zellulosewerk in Selenginsk. Neben der unmittelbaren Wasserverschmutzung sind auch mehrere andere Umweltfaktoren für das Gleichgewicht des Ökosystems zu berücksichtigen. An erster Stelle steht dabei die umfangreiche Holzwirtschaft in der Region. Der lange Jahre praktizierte Holzeinschlag in Ufernähe bewirkte eine Verstärkung der Erosion. Zwar wurde die Holzverschiffung auf dem Baikal eingestellt und die entsprechenden Werke am Ufer geschlossen, aber die Sünden der Vergangenheit wirken hier noch nach. Problematisch sind auch Wald- und Torfbrände, wie sie in den letzten Jahren vergleichsweise großflächig auftraten. Umfangreiche Schadstoffemissionen aus Kapazitäten für Erdölverarbeitung und Chemie entlang der Angara beeinflussen die Vegetation im südlichen Baikalbecken. Streit gibt es derzeit auch um die geplante Öl-Leitung zum Pazifik und nach China, die nördlich des Baikalsees verlaufen soll. Es gibt drei Trassenentwürfe, schlimmstenfalls soll der Abstand zum Baikalufer stellenweise nur 500 Meter betragen. Präsident Putin persönlich hat das Projekt im April 2006 vorläufig gestoppt, aber die Frage ist wohl nur, wo genau und in welchem Abstand zum See die Pipeline gebaut werden wird. Schließlich wirft auch der wachsende Strom von Erholung suchenden Touristen und insbesondere das damit verbundene Müllaufkommen bei den in Rußland sehr populären Einwegverpackungen neue Probleme auf.

Der Baikal und die ihn umgebenden Gebirgszüge bilden als größter Süßwasserspeicher der Erde ein einzigartiges Ökosystem, deshalb gehört er als logische Konsequenz zum Weltnaturerbe. Ein 1998 von Greenpeace forcierter Antrag, den

Baikal zusätzlich in die Liste des ›Gefährdeten Weltnaturerbes‹ aufzunehmen, fand seitens der russischen Regierung nicht die erforderliche Unterstützung. Trotz der berechtigten Kritik an der Umsetzung des besagten Baikal-Gesetzes gibt es Fortschritte, und die Frage, ob der Baikalsee als ›gefährdetes Weltnaturerbe‹ anzusehen ist, ist wohl wirklich mit einem Fragezeichen zu versehen.

Ungeachtet dieser bekannten und oft diskutierten Probleme ist der Baikal heute nach wie vor von einer einzigartigen Sauberkeit. Nahezu flächendeckend hat das Wasser bereits an der Oberfläche ungefiltert Trinkwasserqualität. Medienberichte über den ›auf der Kippe stehenden Baikal‹ der mancherorts schon an den ›Rand einer Kloake‹ und in eine Linie mit dem ökologisch toten Aralsee geschrieben wird, entbehren jeder Grundlage. Viele Baikalbesucher bestaunen das Wasser, da sie von der Sauberkeit überrascht sind und trauen sich dann auch, einen Schluck zu trinken, obwohl sie doch so viel über die extrem gefährdete Wasserqualität des Baikal gelesen hatten.

Sowohl schlagzeilenträchtige Effekthascherei bestimmter Journalisten als auch ökologischer Fundamentalismus einzelner Umweltorganisationen erweisen dem Baikal hier einen Bärendienst. Während im ersten Fall auch der Baikal in die mediale Globalisierungsfalle tappt, daß nämlich nur schlechte Nachrichten gute Nachrichten sind, ist im zweiten Fall einmal mehr gut das Gegenteil von gut gemeint. Diese Berichte verkleistern der Öffentlichkeit sowohl im In- als im Ausland die Sicht auf die reale Situation und entsprechend realistische Ansätze zur Lösung der Probleme und zur Minimierung möglicher künftiger Risiken.

Von entscheidender Bedeutung für die weitere Entwicklung eines vorrangig sanften, ökologischen Tourismus in der Baikalregion ist neben der überfälligen

*Der Betrieb der Zellusose-Fabrik belastet die Umwelt am Baikalsee*

Umsetzung des Gesetzes über den Baikalsee vor allem der weitere Ausbau des Systems der ausgewiesenen Naturschutzterritorien und der Umgang mit den Spielräumen in der Genehmigung und Auslegung von Bauprojekten, Infrastruktur, Besucherzahlen und Tourismusentwicklung.

Ein Beispiel für eine Kooperation von russischen und deutschen und deutschen Naturschutzinitiativen ist die Zusammenarbeit der örtlichen Umweltorganisation ›Baikalwelle‹ mit dem Bund für Umwelt und Naturschutz (BUND) in Deutschland. Im Rahmen der Zusammenarbeit wurden und werden unterschiedliche Projekte verwirklicht. Mit deutschen Spendengeldern konnte der Abfall auf der Insel Ol'chon nach der Sommersaison entsorgt werden. Der von den Besuchern in der freien Natur hinterlassene Müll ist für die Baikalregion ein sehr großes Problem. Das größte Projekt, die Erstellung und Veröffentlichung einer Roten Liste mit Abbildungen der bedrohten Pflanzenarten, findet unter Einbeziehung von russischen Botanikern des Pribajkal'skij Nationalparks und der Baikalwelle statt. Die Verteilung dieser mehrsprachigen Roten Liste soll Einheimische und Touristen aufklären und sensibilisieren. Nähere Informationen und Anforderung von Pflanzenlisten unter www.baikalwave.eu.org oder www.bund-reisen.de.

## Naturschutz am Baikal

Der Ausgangspunkt für den Naturschutz am Baikal war weniger die Sorge um die Umwelt, als vielmehr die Sorge um ein ganz bestimmtes, symbolträchtiges Tier. Es ging um den sibirischen Zobel oder noch genauer, um seinen Pelz. Um der arg dezimierten Population eine Chance zur Regeneration zu geben, befahl Zar Nikolaj II. im Jahre 1916 die Gründung des Barguziner Naturschutzgebietes, das den Zobel rettete und aber lange Jahre auch das einzige Naturschutzgebiet Rußlands blieb. 50 Jahre zogen ins Land, bis 1969 das Baikal-Naturschutzgebiet im Südosten folgte. Im Jahr 1986 wurde das Baikal-Lena-Naturschutzgebiet gebildet.

*Das Logo des Barguziner Naturschutzparkes*

Ein Naturschutzgebiet (Zapovednik) ist die umfassendste Form des Naturschutzes. Der Zugang ist im Prinzip nur Mitarbeitern der Naturschutzverwaltung gestattet. Für die touristische Nutzung können nur wenige aus-

*Wandergruppe auf der Halbinsel Svjatoj Nos*

gewählte Routen freigegeben werden. Alle Mitarbeiter eines Zapovedniks sind Angestellte des Staates. Alle Aktivitäten werden aus dem Staatshaushalt budgetiert. Die Naturschutzgebiete dürfen keine Einkünfte erzielen. Einerseits ist diese straffe Organisation hier der Garant, um wirtschaftlichen Versuchungen zu widerstehen, aber andererseits haben es unter diesen Bedingungen auch gute Ideen für Veränderungen schwer, denn die Beamtenmentalität ist bekanntlich stark auf einen Status Quo fixiert. So gibt es bislang nur zwei für Touristen zugelassene Routen, wo in begrenztem Umfang geführte Trekkingtouren möglich sind. Zum Barguziner Naturschutzgebiet gehören heute auch die Uškan'i-Inseln, die als bevorzugter Aufenthaltsort der berühmten Baikalrobben bekannt sind.

Im Jahr 1986 wurde der größte Teil des westlichen Uferstreifens und die Halbinsel Heilige Nase am östlichen Ufer zu Nationalparks (Prirodnyj Nacional'nyj Park) erklärt. Ein weiterer Nationalpark wurde 1991 im gesamten Kreis des Tals der Tunka etabliert. Die Nationalparks haben nicht ganz so strenge Naturschutzauflagen und mehr Autonomie und Freiheit in ihren Entscheidungen, so daß hier mehr Begeisterung für Ideen zum naturverträglichen Tourismus anzutreffen ist. Die Nationalparks sind auch angehalten, einen Teil ihres Etats selbst zu verdienen.

Eine weitere Variante sind die sogenannten Naturschutzzonen (Zakaznik). Hier erhalten kleinere Gebiete für einen zunächst befristeten Zeitraum von fünf Jahren den Status eines Naturschutzgebietes, um bestimmte konkrete Populationen zu regenerieren. In vielen Fällen werden die entsprechenden Lizenzen dann verlängert, so daß früher oder später eine Umwandlung in ein Naturschutzgebiet oder einen Nationalpark zu erwarten ist. Derzeit existieren insgesamt zehn solcher Naturschutzzonen in der Umgebung des Baikalsees.

**Schutzgebiete am Baikalsee**

**Naturschutzgebiete (Zapovedniki)**

A Barguziner Biosphären-Naturschutzgebiet
B Baikal'skij-Biosphären-Naturschutzgebiet
C Baikal-Lena-Naturschutzgebiet
D Džerginskij-Naturschutzgebiet

**Nationalparks (Nacionalnye parki)**

I Pribaikal'skij-Nationalpark
II Zabaikal'skij-Nationalpark
III Tunka-Nationalpark

**Naturschutzzonen (Zakazniki)**

1. Obere Angara
2. Frolicha
3. Uljun
4. Enchaluk
5. Stepnoj Dvorec
6. Kabansk
7. Snežinsk
8. Irkut
9. Kočergat

# Die Baikalrobbe

Die Baikalrobbe (Phoca sibirica) gehört zu den Rätseln des Baikal, denn sie lebt als einzige Robbe aus der Familie der Hunderobben im Süßwasser. Sie wird nach ihrer russischen Bezeichnung auch häufig Baikal'skij Tjulen oder Nerpa genannt.
Die Tiere erreichen eine Länge von etwa 1,5 Metern und können über 50 Jahre alt werden. Sie erreichen ein durchschnittliches Gewicht von 70 Kilo, wobei knapp die Hälfte des Gewichts auf die Fettschicht entfällt. Eine Robbe verspeist täglich etwa drei Kilo Fisch, vor allem den ebenfalls nur im Baikal vorkommenden Fettfisch Golomjanka sowie Kaulköpfe. Der Nachwuchs kommt nach elfmonatiger Tragzeit in den Monaten März und April in Schneehöhlen auf dem Baikaleis zur Welt. Die Robbe gebärt ein bis zwei Jungtiere, die dann nur etwa drei Wochen gesäugt werden. Im Alter von fünf Jahren erreichen sie die Geschlechtsreife. Während ihr Pelz bei der Geburt weiß ist, wird er mit den Jahren hell- bis dunkelgrau. Die Schätzungen über die Population der Tiere schwanken zwischen 60 000 und 100 000.
Die Baikalrobbe wurde zum Symbol des Baikal und gleichzeitig zum Indikator für sein ökologisches Gleichgewicht.
Die Robben können bis zu 200 Meter tief tauchen und über 60 Minuten unter Wasser bleiben. Sie überwintern vorrangig im Packeis und bevorzugen die Nähe heißer Quellen, die ihnen die Luftlöcher zum Atmen bieten. Sie sind aber auch in der Lage, solche Eisschächte selbst zu graben. Über die Entstehungsgeschichte dieser einzigartigen Population streiten die Wissenschaftler seit Entdeckung der Robben. Genetisch ist die Baikalrobbe der Eismeerrobbe sehr ähnlich, so daß man eine Wanderung über den Enisej und die Angara vermutet. Wie bei allen Hunderobben erlauben es die Gliedmaßen der Baikalrobbe nicht, sich aufzustützen und aufzurichten. An Land sind sie daher recht unbeholfen. Eine Besichtigungsgarantie gibt es eigentlich nur für die Insel Tonkij des Uškan'ij-Archipels, wo an manchen Tagen bis zu 2000 Robben zu sehen sind. An anderen Stränden des östlichen Baikalufers oder am Kap Choboj der Insel Ol'chon sieht man die Tiere nur, wenn sie nach mehreren sonnigen Tagen ihren Aktionsradius ausdehnen und zum ›Sonnen‹ auch diesen Stränden einen Besuch abstatten. Auf dem Baikal selbst sind sie manchmal vom Schiff aus zu bewundern, insbesondere zwischen der Insel Ol'chon und der Halbinsel Svjatoj Nos sowie in den nördlicheren Wassern des Baikal. An der Angara-Abfluß werden in einer Außenstelle des Baikal-Museums zwei junge Robben im wahren wie übertragenen Sinne ›vorgeführt‹. In Deutschland sind Baikalrobben im Berliner Tierpark Friedrichsfelde und im Leipziger Zoo zu besichtigen.

# In alter Zeit

*Es heißt, der Baikalsee sei der tiefste See der Welt. Sein Wasser ist kalt und unheimlich durchsichtig. Die Russen nennen ihn den ›Weißhaarigen‹ wegen des Dunstes, der immer über ihm hängt. An diesem Abend waren es nur ein paar Streifen, die malerisch und mit dem phantastischen Anschein, als seien es feste Körper, weit draußen über dem spiegelglatten Wasser schwebten. Über sie empor ragten die Häupter ferner Gebirge, schneegefleckt. Es war ein friedvoller, majestetischer Anblick.*

Peter Fleming (1933)

In den 25 Millionen Jahren Geschichte des Baikal ist die menschliche Zivilisation natürlich bislang nur ein kleiner Pinselstrich auf dem einzigartigen Naturgemälde. Doch aus heutiger Sicht ist der Baikal zugleich auch eine Fundgrube für die Spurensuche der Menschheit. Die ersten Menschen siedelten hier wohl bereits in der Steinzeit. Die Überreste prähistorischer Kultstätten am Kap Ludar' oder zwischen Zama und Onguren belegen dies genauso wie die an verschiedenen Orten anzutreffenden Fels- und Höhlenzeichnungen am Aja-See oder auf den Uškan'i-Inseln und am Unterlauf der Lena.

Die Siedlungsgrenzen verschoben sich immer weiter in Richtung Norden, bis man schließlich vom sibirischen Festland nach Amerika und dort wieder gen Süden weiter marschierte. Die entwickelten Frühkulturen der Völker Zentralasiens sind wohl aber vor allem als riesiger Truppenübungsplatz zuerst für die Hunnen und dann für die Mongolen bekannt. Da sie diesen Horden genau wie den später folgenden Eroberern wenig entgegenzuhalten hatten, blieben diese sibirischen Kulturen lange Jahre unbekannt, und ihr Beitrag zur menschlichen Zivilisationsgeschichte ist bis heute vergleichsweise wenig erforscht. Manche Wissenschaftler räumen dem Baikal dabei eine bedeutende Rolle ein, denn seine unbändige Naturkraft forderte und förderte die Menschen im tagtäglichen Überlebenskampf genau so wie in der spirituellen Wahrnehmung.

Die erste Erwähnung findet der Baikal in chinesischen Chroniken, wo er 500 vor Christus als das große nördliche Meer beschrieben wird. Hier lebten damals Kirgisen, ein Turkvolk, daß sich später mit den Mongolen arrangierte und gen Zentralasien wanderte. Unmittelbar am Baikal lebte vom 6. bis 11. Jahrhundert der ebenfalls zu den Turkvölkern gehörende, sagenumwobene Nomadenstamm der Kurykanen. Im Gefolge der Eroberungen Dschingis Khans zogen sie entlang der Lena weiter gen Norden. Im heutigen Jakutien verfolgt man ihre ethnischen Wurzeln bis in 13. Jahrhundert, so daß die Jakuten wahrscheinlich aus den Kurykanen hervorgingen. Am Baikal entstanden aus ihrer Assimilation mit den

Mongolen zunächst südlich des Baikal die Burjaten. Die Mutter von Dschingis Khan soll aus dem Barguzintal stammen. Die Burjaten umkreisten den See und siedelten dort neben den entlang der Angara verwurzelten Evenken. Genauso wie der Fluß Angara auch unter dem Namen Tunguska bekannt ist, werden die Evenken auch Tungusen genannt.

## Kosaken ziehen nach Osten

Die russische Geschichte des Baikal beginnt im Jahr 1643, als der erste Kosakentrupp unter Kurbat Ivanov an der Sarma-Mündung das sogenannte Kleine Meer zwischen dem Festland und der Insel Ol'chon, die Insel Ol'chon und das Große Meer namens Baikal erreicht. Zurück in Jakutsk, rief sein Zeugnis sofort die nächsten Baikalexpeditionen auf den Plan. In den folgenden drei Sommern wurde die Westküste erkundet. Als sie am Baikal die ersten Robben sahen, dachten die Kosaken, sie hätten eine Ozeanbucht erreicht, da sie dieses Tier nur aus dem Eismeer kannten. Aber bald wurde klar, daß es ein Binnengewässer war. Ivan Pochabov gelang die erste Seeüberquerung im Winter, und mit Forts in Verchneangarsk und Ust'-Barguzin wurde der Baikal samt Umland für die russische Krone in Beschlag genommen. 1652 entstand das erste Winterlager an der Stelle des späteren Irkutsk, 1661 folgte ein Ostrog (Holzfestung), bis zur Verleihung des Stadtrechtes vergingen aber noch 25 Jahre. Das analoge Szenarium für Ulan-Udė lief in den Jahren 1666, 1680 und 1691.

*Ein russischer Kavallerist und ein Kosake im 17. Jahrhundert*

Doch der Baikal war nur ein Etappenziel auf dem weiteren Weg nach Osten in Richtung Amur. Nachdem bereits bei Ochotsk der Pazifik erreicht war, galt es die südliche Flanke auszudehnen. Neben den unermeßlichen Pelzvorräten Transbaikaliens hatten die Eroberer vor allem das im Vergleich zu Jakutien milde Klima im Auge. Man suchte und fand hier südlich des Dauerfrostbodens vor allem Möglichkeiten zur Landwirtschaft.

Die erste schriftlich überlieferte Beschreibung des Baikal findet sich beim Erzpriester Avvakum (1620–1682), dem Begründer des russischen Altgläubigentums. In seiner Autobiographie beschrieb er seine Eindrücke von den schroffen Ufern des Baikal auf dem Weg in die Verbannung im Jahr 1655: »Da standen ringsherum hohe Berge und schrecklich steinerne Felsenwände … und obenauf standen Schlösser und Türme, Säulen und Tore, Höfe und steinerne Mauern – alles von Gott erbaut. Zwiebeln wachsen dort und herrlich süßer Lauch, sogar Hanf gedeiht dort, von Gott gesät. Und die schönsten Blumen wachsen da, bunte, wundervoll duftende. Und Vögel gibt es in Unmengen. Gänse und Schwäne schwimmen auf dem See, weißem Schnee gleich, und dichte Schwärme von Fischen tummeln sich im Wasser, so fett, daß man sie gar nicht braten kann, weil sie ganz zu Fett zerlaufen.«.

Den Kosaken folgten die Abenteurer, Händler und Missionare. Alle Landstriche wurden der Pelzfron ›Jasak‹ unterzogen, das heißt die Ureinwohner mußten jährlich eine bestimmte Menge an Pelzen an den Zaren liefern. Um den rechten Glauben der Ureinwohner kümmerten sich verschiedene Missionare. Die Evenken und Burjaten waren Anhänger des Schamanismus und blieben dem Christentum gegenüber skeptisch. Innerhalb der russisch-orthodoxen Kirche vollzog sich die Abspaltung der Altgläubigen, und ihr Führer Avvakum sollte nicht der letzte Baikalbesucher bleiben. Seine Anhänger zogen in die entlegensten Landstriche des Zarenreiches, um dort in Frieden nach ihren Prinzipien selig zu werden und nicht wenige wählten Transbaikalien. Von Süden aus der Mongolei kamen zu dieser Zeit lamaistische Priester ins Land, die erfolgreich viele der östlich des Baikal lebenden Burjaten zum Buddhismus bekehrten. Häufig nutzten sie dabei schamanistische Symbole wie den Obo-Kult und richteten diese nun auf Buddha aus.

## Die Wissenschaft entdeckt den Baikal

In der Sammlung des Tobolsker Kartographen Semën Remizov erschien 1702 die erste umfassende Karte des Sees, und die Wissenschaft begann sich für den Baikal zu interessieren. Mit der Gründung der Akademie der Wissenschaften in seiner neuen Hauptstadt St. Petersburg verknüpfte Peter der Große den Auftrag für mehrere Expeditionen zur Erkundung der Weiten des Reiches. Zu den in die Akademie berufenen Wissenschaftlern gehörten auch mehrere Deutsche, die in den Folgejahren einen maßgeblichen Anteil an der wissenschaftlichen Erforschung Sibiriens und auch des Baikal hatten.

Den akademischen Reigen eröffnete Daniel Gottlieb Messerschmidt (1685–1735), der während seiner insgesamt siebenjährigen Forschungsexpedition durch Sibirien über sechs Monate den Baikal und seine Umgebung bereiste.

»Nun sollte der Baikal endlich zugefroren sein und es wurden täglich die selenginskischen Kaufleute erwartet, da vor deren Überkunft man von irkutskischer Seite niemals über selbigen sich zu wagen gewohnt war«, notierte er am 3. Januar 1724 in seinem Tagebuch. Aber Anerkennung blieb dem Einzelkämpfer Messerschmidt verwehrt, die tragische Forschergestalt verstarb in völliger Armut und geistiger Verwirrung in St. Petersburg. Seinen Nachfolgern war größeres Glück beschert.

Im Rahmen der sehr gut ausgestatteten ›Großen Nordischen Expedition‹ brach 1733 unter der Leitung des Dänen Vitus Bering ein Wissenschaftlertroß in Richtung Kamtschatka auf, dem auch die beiden aus Deutschland stammenden Wissenschaftler Gerhard Friedrich Müller (1705–1783) und Johann Georg Gmelin (1709–1755) angehörten. Da beide in ihrer Lebensweise Wert auf die Errungenschaften der Zivilisation legten und übermäßige Reisestrapazen ablehnten, entschlossen sie sich, auf Kamtschatka zu verzichten und ihre Forschungen auf die gemäßigten Regionen Sibiriens zu beschränken. Während insgesamt zehn Jahren in Sibirien verschlug es beide 1735 und 1738 auch an den Baikal. Beide hatten mit ihren Forschungsergebnissen großen Erfolg. Der Historiker Müller blieb in Rußland, er gilt unbestritten als der Vater der Geschichtsschreibung Sibiriens und wurde später hochgeehrt Rektor der Moskauer Universität. Der Botaniker Gmelin veröffentlichte unter anderem die ›Reise durch Sibirien‹ sowie die vierbändige ›Flora sibirica‹ und kehrte aber wieder nach Deutschland zurück.

*Peter Simon Pallas, ein deutscher Forschungsreisender in Sibirien*

Besondere Würdigung verdient Peter Simon Pallas, der 1772 den Baikal und seine Tier- und Pflanzenwelt gründlich erforschte (siehe S. 233). In seiner Expedition wirkte auch Johann Gottlieb Georgi (1738–1802), der später vor allem durch seine Darstellung der verschiedenen Völker Rußlands bekannt wurde. Am Baikal stammte die ausführlichste Beschreibung der Uferlandschaften aus seiner Feder. Alle diese Namen findet man auch auf den Ehrentafeln unter der Dachempore des Irkutsker Heimatkundemuseums.

*Das Heimatkundemuseum in Irkutsk*

## Kaufleute und Dekabristen

Über Irkutsk schrieb Georgi pointiert: Es »ist volkreich und nahrhaft, fast alles handelt.« Die Stadt hatte sich zu einem Dreh- und Angelpunkt im Handel mit China und mit den weiter östlich gelegenen Regionen Rußlands entwickelt. Alle kommerziellen Aktivitäten in Richtung Alaska und Amerika gingen von Irkutsker Kaufleuten aus. Es gab keine Leibeigenschaft in Sibirien. Im Gegensatz zur Feldarbeit konnte die Pelzfron nur mit entsprechender Bewegungsfreiheit erbracht werden. Gleichzeitig wurden aber Zwangsarbeit (Katorga) und Verbannung (Ssylka) nach Sibirien zu einem wichtigen Bestandteil der Siedlungspolitik. Als in Transbaikalien mit dem Abbau von Erzen begonnen wurde, wurden die zur Zwangsarbeit Verurteilten nun in die Bergwerke geschickt, die Verbannten wurden in den unterschiedlichsten Orten angesiedelt. Im Jahr 1760 erreichte der bekannte Moskauer Trakt Irkutsk, so daß man über ein System von Post- und Pferdestationen in die Infrastruktur des Russischen Reiches eingebunden war und die Reisen nicht mehr ganz so abenteuerlich waren. Peter Simon Pallas würdigte 1772 den Ausbau des Weges entlang der Angara bis zum Baikal. Um 1800 wird er bis in Richtung Kjachta fertiggestellt sein. Auf dem Baikal fuhr eine Flotte kleiner Segel- und Ruderboote. Diese wurden Galiots, kleine Galeeren, genannt. Im Jahr 1844 nahm die Baikal-Dampfschiff-Gesellschaft ihren Betrieb auf.

Mit dem wirtschaftlichen Aufschwung kamen die politischen Ambitionen. Ab 1764 gab es in Sibirien eine Unterteilung in West- und Ostsibirien mit dem mächti-

*Ein Kelch aus Lazurit, einem am Baikalsee vorkommenden Halbedelstein*

gen sibirischen Strom Enisej als Trennlinie. Zu Beginn des 19. Jahrhunderts wurde diese mit der Schaffung zweier Generalgouvernements in der Verwaltungsreform festgeschrieben. Tobol'sk und später Omsk wurden die Hauptstädte Westsibiriens, Irkutsk die Hauptstadt des ostsibirischen Generalgouvernements. Der Baikal befindet sich somit in Ostsibirien. ›Ostsibirisch‹, russisch verkürzt zu ›Vostsib‹ – dieser Vorsatz findet sich in vielen Bezeichnungen von Ämtern und Filialen. Dank des Reformgouverneurs Michail Speranskij wurde 1822 die Entscheidung über Irkutsk als Hauptstadt Ostsibiriens bestätigt.

Auch die Aufklärung sollte sehr bald in der Baikalregion neue Impulse erhalten, wenn auch die Begleitumstände für die meisten Aufklärer ohne Zweifel tragischer Natur waren. Ausgangspunkt war der im Dezember (russ. dekabr') 1825 fehlgeschlagene Aufstand gegen den Zaren, in dessen Folge zahlreiche Adlige und Intellektuelle verurteilt wurden. Für die sogenannten Dekabristen folgten nach Jahren der Zwangsarbeit Jahre der Verbannung, nicht wenige ließen sich dauerhaft in Sibirien nieder.

1851 wurde eine Ostsibirische Abteilung der Russischen Geographischen Gesellschaft gegründet. Die Baikalforschung profitierte in der zweiten Hälfte des 19. Jahrhunderts aber auch von der Verbannung kluger Köpfe. Insbesondere Jan Čerskij und Benedikt Dybovskij sind hierbei zu erwähnen. Die beiden Polen wurde nach der Niederschlagung des polnisch-litauischen Aufstandes 1863 nach Sibirien verbannt. Jan Čerskij (Jan Czerski, 1845–1891) untersuchte zwischen 1871 und seiner Amnestierung 1885 die geologischen Formationen in der Umgebung des Baikalsees. Drei Gipfel sind heute nach ihm benannt. Der bekannteste ist der als Ausflugsziel in Listvjanka beliebte Čerskij-Fels (Kamen' Čerskogo) am Angara-Abfluß. Außerdem erinnern der Čerskij-Gipfel (Pik Čerskogo) im Chamar-Daban-Gebirge im Süden und der Čerskij-Berg (Gora Čerskogo) an ihn. Der Arzt und Zoologe Benedikt Dybovskij (1833–1930) gilt als der Vater der Limnologie (Seenkunde) am Baikal. Gemeinsam mit Viktor Godlevskij erforschte er die Unterwasserwelt im Sommer wie im Winter.

# Die Transsib kommt

Die Idee einer Bahnverbindung durch ganz Sibirien kam dem Irkutsker Generalgouverneur bereits 1858, aber sie wurde in Petersburg abgeschmettert. Erst 1890 verkündete der Zar, daß es »Zeit, allerhöchste Zeit« für ein solches Projekt sei. Er beauftragte seinen Sohn, den Zarewitsch Nikolaj damit, am 31. Mai 1891 in Vladivostok den Grundstein zu legen. Auf seiner Rückreise nach St. Petersburg wurde der Thronfolger überall mit großem Bahnhof empfangen, denn erstmalig bereiste ein Mitglied der Zarenfamilie die sibirischen Provinzen. Er nahm in der folgenden Jahren regen Anteil an der Umsetzung des Jahrhundertprojektes ›Große Sibirische Bahn‹ wie sie damals genannt wurde. Der erste Eisenbahnzug erreichte Irkutsk am 28. August 1898. Zu Neujahr 1899 wurde die Strecke feierlich eröffnet. Genau ein Jahr später wurde die Strecke entlang der Angara bis Port Bajkal dem Verkehr übergeben. Dem waren aber langwierige Diskussionen darüber vorausgegangen, wie denn am besten der Baikal zu umgehen sei. Zunächst fiel die vergleichsweise leichte Entscheidung zwischen Nord und Süd, aber danach wurde es schwieriger. Seit 1894 wurde über den Streckenverlauf nach Transbaikalien gerungen, wo ab Mysovsk bereits mit dem Bau des nächsten Abschnittes begonnen wurde.

Es gab zunächst drei Planungsvarianten für den Schienenstrang: Variante eins folgte dem verwinkelten Tal des Flußlaufes des Irkut. Variante zwei schlängelte sich durch verschiedene Täler entlang der Flüsse Ola und Krutaja guba zum Baikal und entspricht bis auf die letzten 30 Kilometer weitestgehend dem heutigen Trassenverlauf. Variante drei verlief direkt am Ufer der Angara und des Baikalsees.

Der Gewinner wurde aber letztendlich als Übergangslösung eine vierte Variante. Man wollte Geld sparen und Zeit für weitere Untersuchungen gewinnen. Gegen die ersten beiden Vorschläge sprachen die großen Steigungen, die man der damaligen Lokomotivtechnik noch nicht zutraute. Variante drei wurde aus Kostengründen abgelehnt, denn es war klar, daß man am Baikalufer die Bahntrasse fast durchgängig in den Fels sprengen mußte und dies alle Kostenvoranschläge zu Makulatur werden ließ. So ging man zunächst an die Umsetzung einer ständigen Fährverbindung. Der Auftrag zur Herstellung zweier Fährschiffe mit Eisbrecherqualitäten wurde nach Newcastle in England vergeben und mit der Verlegung der Schienen am Ufer der Angara entlang begonnen. An der Mündung entstand ein neuer Ort mit dem stolzen Namen Port Bajkal. Ein Hafen entstand und eine spezielle Anlegestelle wurde errichtet, die auf den Transport von Eisenbahnwaggons eingestellt war. Analog wurde am anderen Baikalufer mit dem Ausbau von Mysovsk begonnen, wo eine vorgestreckte Landzunge der Hafenbucht einen größeren Windschutz garantierte.

Der Dampfer ›Bajkal‹ erreichte bereits 1898 seinen zukünftigen Einsatzort, allerdings zerlegt in kleine, durchnumerierte Einzelteile. In einer speziell dafür ausgebauten Werft im Dorf Listvjanka östlich des Hafens wurde er im Laufe zweier Jahre wieder zusammengebaut und lief am 29. Juni 1899 vom Stapel. Im Jahr 1900 wurde am 7. Mai der reguläre Verkehr offiziell eröffnet. Die ankommenden Züge wurden in die Fähre ›Bajkal‹ geladen und erreichten bei guten Wetterverhältnissen in dreieinhalb Stunden das andere Ufer des Baikalsees. Am 7. August 1900 folgte der Stapellauf des kleineren Bruders, der auf den Namen ›Angara‹ getauft wurde.

| Fährschiff | Bajkal | Angara |
|---|---|---|
| Länge | 88,4 m | 61,0 m |
| Breite | 17,4 m | 10,7 m |
| Antrieb | 3 Schrauben1 Schraube | |
| Antriebskraft | 3750 PS | 1250 PS |
| Geschwindigkeit | 13 Knoten | 12,5 Knoten |
| Ladekapazität | 500 t plus 200 t Brennstoff | 200 t plus 150 t Brennstoff |
| Passagiervolumen | 300 Passagiere | 150 Passagiere |
| Frachtvolumen | 25 Waggons | – |

Hersteller Amstrong & Co., Newcastle/England

*Verladung von Zügen auf das Fährschiff ›Bajkal‹*

*Der Marmorbahnhof von Sljudjanka*

Die Hoffnung, durch die neuen Eisbrecher die achtmonatige Navigationsperiode auf neun oder gar zehn Monate zu erhöhen, blieb nach den ersten Wintererfahrungen jedoch ein Wunschtraum. In der Zeit vom 17. Januar bis zum 1. Mai standen die Fähren still. Da man die Dicke des Eises auf dem Baikalsee unterschätzte, waren die Passagiere weiterhin dem häufig nicht gerade angenehmen Transport über das Eis ausgesetzt. In bewährter Manier mußte man in der kältesten Zeit die Passagiere und deren Gepäck mit Pferdeschlitten über das Eis transportieren. Jeden Winter wurden dafür ungefähr dreitausend Pferde benötigt. Für die Reisenden der ersten und zweiten Klasse waren standesgemäß 100 Troikas im Einsatz, während das Gepäck und die Reisenden der dritten Klasse nur in Einspännern befördert wurden. Auf dem See waren in regelmäßigen Abständen von sechs

Werst, was etwa sechseinhalb Kilometern entspricht, mit Filz ausgekleidete Baracken errichtet in denen sich die Passagiere aufwärmen konnten. Im April 1901 fiel die Entscheidung, die Bahnstrecke am Ufer des Baikalsees zu bauen. Der Bauplan schrieb die Fertigstellung der ersten Etappe bis zum 15. August 1905 vor.

Doch mit dem Ausbruch des russisch-japanischen Krieges und der dramatischen Zuspitzung der Nadelöhrsituation an den Fähren erhöhte sich der Druck, die Bauzeit zu verkürzen und die Strecke bereits im Winter 1904/05 in Betrieb nehmen zu können. Ein reibungsloses Funktionieren der Transsib erlangte für die Nachschubversorgung der Front entscheidende Bedeutung. Das wagemutige Experiment vom Februar 1904 wollte man im Folgewinter nicht noch einmal wiederholen müssen. Als Japan Rußland angriff, hatten die Baikalfähren bereits seit zwei Wochen ihre Navigation eingestellt. An der Front brauchte man schnellstmöglich sowohl Geschütze und Munition also auch östlich des Baikal mehr Lokomotiven und Waggons.

Das bisherige Nadelöhr in Friedenszeiten wurde in Kriegszeiten zum Desaster. Aus dieser Not entstand die waghalsige und einmalig praktizierte Idee, Gleise auf dem Eis des Baikalsees zu verlegen. Es funktionierte, und diese Strecke war vom 28. Februar bis zum 25. März 1904 in Betrieb. Dabei wurden jedoch die Waggons und auch die in Chassis und Oberteil zerlegten Lokomotiven von Pferden über das Eis gezogen. Nur eine Lokomotive versank, doch über 60 Loks und mehr als 2300 Waggons überquerten auf diese ungewöhnliche Art und Weise den Baikal. Dann wurde das Bautempo nochmals dramatisch forciert. Zusätzliche 5000 Arbeitskräfte wurden mobilisiert. Am 12. September 1904 fuhr der erste Zug von Sljudjanka nach Port Bajkal. Unter den Ehrengästen befand sich der Eisenbahnminister Fürst Michail Chilkov. Zwei Tage später wurde die gesamte Strecke bis Mysovsk offiziell für Güterzüge, die in dieser Zeit allesamt Militärzüge waren, freigegeben. Der erste fahrplanmäßige Personenzug fuhr am 15. Oktober 1905.

## Unter dem Roten Stern

Der Zar war zwar immer weit, aber die Konsequenzen seines Sturzes erreichten den Baikal recht schnell. Nach harten Kämpfen wurde am 30. Dezember 1917 in Irkutsk die Sowjetmacht verkündet. Wie vielerorts in Sibirien gaben sich die im Unterschied zu den roten Bolschewiken mit der Farbe weiß attributierten Anhänger der alten Ordnung nicht geschlagen. Im Juni 1918 hatten in Irkutsk die Anhänger von Admiral Kolčak die Staatsgewalt übernommen. Der Bürgerkrieg wütete in den folgenden Monaten und Jahren rund um den Baikal und wurde von beiden

Seiten sehr erbittert geführt. Einheiten japanischer und amerikanischer Interventionstruppen drangen bis zum Baikal vor. Insbesondere der Schienenstrang der Transsibirischen Eisenbahn war hart umkämpft. Am 21. Januar 1920 hatten die Roten die Weißen in Irkutsk endgültig mattgesetzt. Als Anfang Februar Kolčak mit der Eisenbahn und einem großen Teil der Goldreserven Rußlands Irkutsk erreichte, wurde er verhaftet und an der Angara hingerichtet. Die Sowjetmacht begann am Baikal also erst mit dreijähriger Verspätung und man trifft heute noch häufig auf Denkmäler für die in den Jahren 1918 bis 1920 gefallenen Kämpfer der Sowjetmacht.

Stalin setzte auf Industrialisierung. Während in der Vergangenheit in Irkutsk und Verchneudinsk vor allem mit Handel Geld verdient wurde, kam nun der Aufbau neuer Industrien in die Region. In Irkutsk begann man die Angara mit der Brille der Stromerzeuger zu analysieren und die Kraftwerksprojekte voranzutreiben. Die im Land neu entstehende Flugzeugindustrie wurde zum Teil hier angesiedelt. 1929 wurde der Flugverkehr zwischen Irkutsk und Moskau aufgenommen. In der burjatischen Hauptstadt Ulan-Udė entstand das größte Bahnausbesserungswerk Rußlands. Am Baikal wurde die Fischverarbeitung durch mehrere Konservenfabriken aufgebaut und der Holzeinschlag samt Flößerei intensiviert.

*Lenin im Park der Landwirtschaftsakademie von Irkutsk*

Der industrielle Fortschritt brauchte Arbeitskräfte und der Archipel Gulag hatte auch in der Baikal-Region seine Inseln. Die Waldrodung für die ersten Abschnitte der künftigen Baikal-Amur-Magistrale oder der Glimmerabbau im Norden des Baikal waren einige Beispiele. Insgesamt war hier aber die Zahl und Bedeutung dieser Arbeitslager weniger ausgeprägt als in anderen Gebieten Sibiriens. Dafür siedelten sich, ähnlich wie die Dekabristen zur Zarenzeit, viele Ex-Häftlinge gezwungenermaßen hier an, da ihnen nach der Freilassung aus den Lagern häufig eine Rückkehr in ihre alte Heimat im europäischen Teil der Sowjetunion verwehrt blieb.

Dramatische Auswirkungen hatte der sowjetische Kampf gegen den Glauben. Die neue Ideologie wollten keinen zweiten Herren dulden. Die russisch-orthodoxe Kirche wurde mit allen Mitteln bekämpft. Die meisten Kirchen wurden geschlossen, zu Lagerräumen umfunktioniert oder zerstört. Die buddhistischen Klöster erfuhren ein ähnliches Schicksal. Das größte Heiligtum des Schamanismus auf Ol'chon wurde durch eine Fischfabrik samt Siedlung in der unmittelbaren Nachbarschaft entweiht. Viele Priester, Mönche und Schamanen wurden umgebracht.

Nach 1950 zog die Inbetriebnahme der preiswerten Strom garantierenden Wasserkraftwerke neue Industrieansiedlungen und Städtegründungen nach sich. Die Ölraffinerie in Angarsk und die Aluminiumschmelze in Šelechov sind die beiden bekanntesten Beispiele für aus dem Taigaboden gestampfte neue Städte in der Nähe von Irkutsk. Der umstrittenste Neubau einer Fabrik war aber der Neubau des Zellulosekombinates in Bajkal'sk unmittelbar am Südufer des Sees. Die von diesem Werk ausgehende Wasserverschmutzung war von Anfang an umstritten und rückte erstmals in der Sowjetunion das Problem des Umweltschutzes in den Blick der landesweiten Öffentlichkeit. Mit dem Beginn der Perestrojka erhielten die Umweltaktivisten mehr Gehör, so daß in Bajkal'sk die Schadstoffemissionen reduziert wurden und die Naturschutzgebiete rund um den See deutlich ausgedehnt wurden. Mit dem Bau der Baikal-Amur-Magistrale wurde die Nordspitze des Baikal wirtschaftlich erschlossen und in das landesweite Eisenbahnnetz eingebunden.

*Aus einer alten Kaufmannsvilla in Irkutsk wurde ein Pionierpalast*

Der Tourismus begann sich langsam zu entwickeln. Es entstanden einige Hotels und Herbergen am Ufer. Die Urlauber kamen aber fast ausschließlich aus der näheren Umgebung. Die bergtouristische Erschließung der umliegenden Gebirge begann ebenfalls nach 1950. In der Zeit bis 1970 liegen die meisten Erstbesteigungen der Gipfel. Der Mythos Baikal wurde punktuell auch ausländischen Besuchern zugänglich gemacht. Zu sowjetischer Zeit durften in den Weiten Sibiriens nur sechs Orte von Ausländern besucht werden. Irkutsk mitsamt einem Ausflug nach Listvjanka zum Baikal sowie Bratsk gehörten dazu.

# Baikalwinde

Die Wetterküche Baikal ist auch für ihre vielen Winde berühmt und berüchtigt. Man frage nur die Bootsführer auf dem Baikal, die alle mit viel Respekt viel Tragisches zu berichten wissen. »Mit dem Baikal ist nicht zu scherzen« – so bringen sie ihre Erfahrungen auf den Punkt. Für alle Schiffsreisen auf dem Baikal, insbesondere für Ost-West-Überquerungen, sollte ein Reservetag eingeplant werden, damit Wetterprobleme nicht die gesamte Reiseorganisation durcheinanderbringen. Häufige Änderungen in der Windrichtung führten dazu, daß es 20 verschiedene Bezeichnungen der unterschiedlichen Winde gibt, die zumeist auch ganz typische Wetterlagen nach sich ziehen. Dies konnte durch langjährige Wetterbeobachtungen bestätigt werden. Die bekanntesten Winde tragen die Namen Barguzin, Verchovik, Gornyj, Sarma, Šelonnik und Kultuk. Der Barguzin verdankt seine Bekanntheit über die Grenzen des Baikal hinaus vor allem dem Lied vom ›Heiligen Baikal‹, in dem der starke Luftstrom poetisch verewigt wurde. Dieser Ostwind bläst beständig mit anwachsender Windstärke aus dem Tal des gleichnamigen Flusses und bringt nach dem Abflauen eine stabile Hochwetterlage zum See. Der Verchovik, was sich etwa mit den Worten ›von oben kommend‹ übersetzen läßt, bläst ruhig und andauernd entlang der Nord-Süd-Achse des Baikal. An der Ufern ist seine Wirkung zumeist kaum zu spüren, in der Baikalmitte aber kann er das Wasser vor allem im Herbst mit Wellen bis zu vier Metern Höhe aufwühlen.

Gornyj (Bergwind) und Sarma sind die stärksten Winde, die unvermittelt und mit starken Böen aus dem Baikalgebirge im Nordwesten über den Baikal ziehen. Besonders gefürchtet ist der Sarma, der aus dem gleichnamigen engen Flußtal in das Kleine Meer bläst und in der Regel auch die Meerenge zwischen der Insel Ol'chon und dem Festland für einige Stunden unpassierbar werden läßt. Als Bote eines heranziehenden Sarma-Sturms gelten Wolken über dem Gipfel des 1746 Meter hohen Berges Trechgolovy (Dreikopf), die sich sehr zügig als Wolkenstreifen absenken.

Der nach dem gleichnamigen Ort an der Südwestspitze benannte Wind Kultuk bildet sozusagen die Gegenrichtung zum Verchovik. Sein Auftauchen läutet zumeist auch den Beginn eine längere Schlechtwetterlage mit viel Regen ein, die aus dem Sajangebirge herüberzieht. Im Gegensatz dazu bringt der Südwind Šelonnik aus der monglischen Steppe eine stabile Hochwetterlage.

# Aufschwung Ost – Sibirien

*Ich arbeite jetzt schon einige Jahre im Trekking-Tourismus am Baikal. Irgend etwas geht immer schief. Aber wenn man eine Flasche Vodka in Reserve hat, kann man die Situation fast immer retten. Entweder man verwendet sie als Bestechungsmittel auf der Suche nach der Lösung oder aber als Umtrunk, um das Stimmungstief der Gruppe zu beenden.*

Ein auf Wunsch anonymer Reiseleiter (2003)

»Normal'no« – lautet die wohl beliebteste Antwort auf die Frage, wie es einem geht. Wie soll es uns schon gehen. Es könnte natürlich besser sein. Langsam geht es voran – folgen die tiefschürfenden Ergänzungen. Rußland ist natürlich weit von einem in Europa üblichen Standard entfernt, aber das vielkolportierte Elend der ersten Jahre nach der Wende ist Vergangenheit. Nach einem für die meisten wirklich tiefen Absturz sind die letzten Jahre durch spürbare Verbesserungen gekennzeichnet, und auch die Krise 1998 wurde als Chance genutzt. Das Warenangebot kann sich sehen lassen, und auch immer mehr Leute können es sich leisten. Der Rubel ist stabil, und auch jeder Russe kann im Inland nach eigenem Ermessen seine Rubel in Dollar oder Euro und zurück tauschen. Löhne und Gehälter werden wieder regelmäßig gezahlt. Die Renten sind zwar bescheiden, aber werden gezahlt. Die Wohnungswirtschaft wurde umfassend privatisiert. Wer eine Wohnung hatte, konnte sie günstig in eine Eigentumswohnung umwandeln. Wer allerdings bei Wohnungen noch auf Wartelisten stand, konnte das Thema abhaken. Es werden fast ausnahmslos Eigentumswohnungen errichtet. Man stöhnt vor allem über die steigenden Kosten für Strom, Heizung und kommunale Dienstleistungen, die nicht mehr – wie sowjetisch gewohnt – fast zum Nulltarif zu erhalten, aber zugleich noch weit von kostendeckenden Preisen entfernt sind. Aber es gibt wieder Straßencafés, und auch Kinos und Theater spielen nicht mehr vor leeren Sälen.

Die sichtbare Lebensfreude attraktiv und modern gekleideter Menschen in den Parks und Boulevards, die offensichtlich in den letzten Tagen nicht jeden Rubel fünfmal umgedreht haben, überrascht viele Besucher, die mit entsprechendem Mitleid bepackt, das große Elend erwartet hatten. Das Alltagsleben hat sich normalisiert, man hat sich auf die neuen Spielregeln eingestellt. Problematisch sind allerdings die Unterschiede zwischen Stadt und Land. Während sich in den Großstädten vieles regelt, sieht die Lage auf den Dörfern zumeist noch trostlos bis wirklich katastrophal aus. Nach dem Wegbruch der staatlichen Infrastruktur für Landwirtschaft, Bildung und medizinische Versorgung entsteht auf dem Land nur schwer ein privatwirtschaftliches Pendant, da aufgrund der geringen Bevölkerungsdichte die kritische Masse nicht zu erreichen ist und heute niemand Subventionen zu verschenken hat. Vielerorts kehrt man zur Naturalwirtschaft und Selbstversorgung zurück. Dementsprechend ist auch die Stimmung. Wenn in den Städten immer weniger Menschen Sehnsucht nach Hammer und Sichel haben, so denken auf dem Lande die meisten mit Wehmut an die Zeit unter dem roten Stern zurück.

## Wirtschaft und Verwaltung

Der Baikal ist vom Irkutsker Gebiet und der Republik Burjatien umgeben – zwei der insgesamt 89 im Reich des Bären anzutreffenden Föderationssubjekte. Rußland ist heute eine demokratische föderale Präsidialrepublik und wirtschaftlich trotz aller Probleme eine mittlerweile auch von der OECD anerkannte Marktwirtschaft. Die starke Präsidialherrschaft knüpft an die autokratischen Traditionen der ›starken Hand‹ in der russischen und sowjetischen Geschichte an und hat in dieser Traditionslinie durchaus ihren Sinn. Das Parlament des Landes besteht aus zwei Kammern. Das ›Unterhaus‹ – die Staatsduma – wird als direkte Vertretung vom gesamten russischen Volk gewählt. Das ›Oberhaus‹ – der Föderationsrat – ist die Vertetung der entweder nach ethnischen Gesichtspunkten oder ansonsten nach verwaltungstechnischen Argumenten entstandenen regionalen Verwaltungseinheiten, die man hier Föderationssubjekte nennt. Bei den Föderationssubjekten unterscheidet man zwischen Republiken (Burjatien ist eine dieser Republiken), Verwaltungsregionen (Kraj, Krasnojarsker Region), Verwaltungsgebieten (Oblast', wo sich das Irkutsker Gebiet einordnet) und Autonomen Bezirken (Okrug, zum Beispiel der Burjatische Autonome Bezirk innerhalb des Irkutsker Gebietes). Die 89 Föderationssubjekte wurden in der Verwaltungsreform 2000 zugleich noch in 7 mit den alten Generalgouvernements unter dem Zaren vergleichbare Föderalbezirke zusammengefaßt, wovon zwei östlich des Ural liegen: Sibirien mit der Hauptstadt Novosibirsk und Fernost mit der Hauptstadt Chabarovsk. Die Baikalregion gehört natürlich zu Sibirien, aber Irkutsk mußte seine alte Rolle an Novosibirsk, die neue Hauptstadt Sibiriens, abtreten.

Das Irkutsker Gebiet umfaßt ein Territorium von 775 000 Quadratkilometern und ist damit flächenmäßig etwa so groß wie die Türkei oder Schweden und Norwegen zusammen. Hier lebten im Jahr 2002 knapp 2 713 000 Menschen, dies entspricht etwa 3,5 Einwohner pro Quadratkilometer. Der Bevölkerungsanteil der Russen beträgt 88,5 Prozent, es folgen Ukrainer (3,4 Prozent) und Burjaten (2,7 Prozent). Daneben gibt es auch Angehörige vieler nationaler Minderheiten sibirischer Ureinwohner. An der Spitze der örtlichen Exekutive steht der Gouver-

*»Italienisches Design, deutsche Qualität, sibirischer Charakter« – Reklame in einem Schuhgeschäft in Bratsk*

neur, der im Vierjahresrhythmus direkt gewählt wird. Dieses Amt bekleidet seit 1997 Boris Govorin, der davor Bürgermeister von Irkutsk war.

Die Republik Burjatien belegt eine Fläche von 351 000 Quadratkilometern und ist damit fast genau so groß wie Deutschland. Hier lebten 2002 ungefähr 1 019 000 Menschen (2,9 Einwohner pro Quadratkilometer), darunter 68 Prozent Russen und 23 Prozent Burjaten. Die größere Autonomie aufgrund des hohen burjatischen Bevölkerungsanteils hat eine lange Tradition und bereits in der Sowjetunion existierte die Burjatische Autonome Sowjetrepublik. Im Oktober 1990 erlangte sie ihre Souveränität im Rahmen der Russischen Föderation. Ein Jahr darauf wurde das Amt des Präsidenten eingeführt, das zur Zeit Leonid Potapov innehat. Die Republik hat eine eigene Hymne und eine eigene Fahne. Deren Farben Blau, Weiß und Gelb symbolisieren den Himmel, die Reinheit und die Sonne.

Wirtschaftlich geht es der Baikalregion vergleichsweise gut, im Irkutsker Gebiet besser als in Burjatien. Dank umfangreicher Rohstoffvorkommen, sehr preiswerter Energie und entsprechender Industriekapazitäten kommen Geld und Wohlstand nach Irkutsk. Burjatien hat mehr Landwirtschaft und weniger Industrie, jedoch kaum Rohstoffe und deutlich teureren Strom. Aber im Vergleich zu anderen Republiken mit nationalen Minderheiten wie Tuva oder Altaj ist die Lage auch in Burjatien deutlich besser.

Hauptwirtschaftsfaktor ist die preiswerte Energie. Der Stromversorger ›Irkutskėnergo‹ hat sogar an deutschen Börsen für seine ADR-Papiere schon eine Wertpapierkennnummer: 905083. Auf diesen günstigen Strompreisen basierte die Ansiedlung energieintensiver Industrien, wie Aluminium- und Zelluloseherstellung. Unter den in der Region geförderten Rohstoffen sind Erze, Holz und auch die Goldfelder an der Lena zu nennen. Aber auch Hochtechnologie hat ihren Platz. Der Flugzeugbauer ›Irkut‹ und die Hubschrauberhersteller in Burjatien profitieren nicht nur von Rußlands Offensive im Rüstungsexport, sondern bieten auch zivile Produkte. Künftig sollen in Irkutsk auch Teile für den Airbus produziert werden. Die EADS erwarb 2005 eine zehnprozentige Beteiligung an dem Irkutsker Flugzeugproduzenten. Im Zentrum der Aufmerksamkeit steht derzeit die Frage nach dem Bau neuer Ölpipelines, die die Jukos-Raffinerie in Angarsk mit China und Japan verbinden sollen. Während über die Trasse ins chinesische Daqing bereits mehrere Jahre verhandelt wurde, kam 2003 Japan mit dem Angebot, verstärkt russisches Öl zu kaufen und eine Pipeline zum Pazifikhafen Nachodka zu finanzieren. Beide Pipelines würden in einem unter umweltpolitischen Aspekten noch zu bestimmenden Abstand den Baikal im Süden nach China beziehungsweise im Norden in Richtung Nachodka tangieren, so daß Querelen zwischen Ökonomie und Ökologie vorprogrammiert sind.

Auch die Leichtindustrie macht Fortschritte. Die Lebensmitteltheken der Supermärkte in den Städten sind mit russischen Produkten, die keinen Vergleich scheuen müssen, zwar noch nicht ganz in der westlichen Vielfalt, aber doch gut bestückt. Verblüffenderweise liegt nur die örtliche Fischereiwirtschaft und vor allem die Baikalfischverarbeitung brach. Die Fischer bekommen Quoten und fan-

*Auch vom Wintersport verspricht man sich Einnahmen*

gen nur für den Frischfischverkauf. Die Konservenfabriken stehen noch immer still, nur in Elancy werden mehrere Variationen Baikalfisch in Plastikbehältern abgepackt.

Tourismus als Wirtschaftsfaktor ist in den letzten Jahren in der Öffentlichkeit ein vielstrapaziertes Thema. Es gibt viele Ideen und Projekte, insbesondere seit 1998 dafür auch mehr Geld und neue touristische Angebote. Alles wird aber von der Frage überschattet, wie viele Touristen die Region braucht und wie viele Touristen sie verträgt. Hierzu mangelt es aber an klaren Aussagen und an einem einheitlichen Konzept. Bei Entwicklung und Marketing herrscht in Irkutsk Chaos, die Koordinierung vielfältiger Aktivitäten fehlt. Auf burjatischer Seite lähmte ein starker staatlicher Einfluß in den letzten Jahren private Initiativen. Seit 2002 ist Baikal-Tourismus aber in Ulan-Udė Chefsache. Auf einen deutlichen Zuwachs von ausländischen Touristen ist der Baikal nicht vorbereitet. Das zeigt sich bei den Flugverbindungen, die im Sommer insbesondere in Irkutsk häufig lange im voraus ausgebucht sind, sowie bei Übernachtungskapazitäten und fehlendem Fachpersonal. Aber auch mittelfristig wird der Baikal mit Sicherheit kein Ort für einen Billigurlaub, denn die Ökologieerfordernisse werden die touristischen Kapazitäten begrenzen, und Einzigartigkeit hat eben ihren Preis.

## Glauben und Hoffen

Das geistige Vakuum nach dem Zusammenbruch des Kommunismus ist eines der großen Probleme im heutigen Rußland. Da Religion nach Marx bekanntlich Opium für das Volk war und die Sowjetunion unter Stalin ihren ›Opiumkrieg‹ mit sehr harter Hand führte, war der Einfluß der verschiedenen Glaubensgemeinschaften in den letzten Jahren der sowjetischen Herrschaft gering. Die Möglichkeiten für den in Zeiten des Umbruchs unvermeidlichen Wertewandel waren vielfältig. Seelenfänger jeglicher Couleur zwischen Scientology und Hare Krishna haben auch heute noch Hochkonjunktur, aber die traditionell sehr unterschiedlichen in der Baikalregion verwurzelten Glaubensrichtungen werden ihrer Verantwortung gerecht und erfahren dabei auch seitens der öffentlichen Hand entsprechende Unterstützung. Die multikulturelle Vielfalt der rund um den Baikal lebenden Menschen zeigt heute aber auch eine außergewöhnliche Vielfalt der Glaubensbekenntnisse in harmonischer Eintracht. An erster Stelle steht bei den Russen natürlich die russisch-orthodoxe Kirche. Wenn auch keine Staatskirche, so nähert sich doch das Verhältnis beider in den letzten Jahren sehr stark an diese Vorstellung an. Sie erhält die alten Kirchen und Klöster zurück, von denen bereits viele wieder zu neuem Leben erweckt wurden. Neue Kirchen und Kapellen werden gestiftet, Sommerlager zur Rekonstruktion alter Dorfkirchen organi-

*Ein burjatischer Schamane bei einer Zeremonie*

*Ikonenprozession vor der Odigitrievskij-Kathedrale in Ulan-Udė*

siert. Die Gottesdienste sind gut besucht, kirchliche Trauungen kommen wieder in Mode, Klöster haben guten Zulauf. Innerhalb der Jugend ist es aber neben der Überzeugung heute auch ganz einfach ›in‹, sich in der Kirche zu zeigen. Eine häufig anzutreffende Meinung lautet »es schadet auf jeden Fall nicht, und wer weiß, vielleicht hilft es«. Ein anderer Aspekt der orthodoxen Kirche sind die Altgläubigen, die in Sibirien über Jahrhunderte in dörflicher Abgeschiedenheit die Besonderheiten ihres Glaubens erhielten und in mehreren Dörfern Burjatiens, wie zum Beispiel Saratovka oder Tarbagataj in kompakten Siedlungen anzutreffen sind.

Neben der russisch-orthodoxen Kirche gibt es aber auch kleinere katholische, protestantische und baptistische Gemeinden sowie in Irkutsk eine Synagoge und eine Moschee. Unter den am Baikal lebenden Burjaten hat das Christentum kaum Bedeutung. Hier gewinnen die Glaubensrituale des Buddhismus und des Schamanismus ihre traditionelle Rolle zurück, wobei sich auch nicht wenige Russen dafür interessieren.

Während der Religionsverfolgung um 1930 waren alle buddhistischen Tempel (Dazan) in Burjatien geschlossen worden, nach dem Zweiten Weltkrieg wurden zwei Tempel wieder zugelassen. Aber nach 1990 setzte ein regelrechter Boom ein, so daß heute wieder in vielen Städten und Dörfern zumeist an den historischen Plätzen neu erbaute Glaubenshäuser ihre Tore für die Gläubigen geöffnet haben.

Auch die Schamanen sind wieder fester Bestandteil des burjatischen Lebens, vor allem am westlichen Baikalufer. Ungeachtet der sowjetischen Ächtung ist hier besonders bemerkenswert, wie die Traditionen im Untergrund weitergelebt und -gereicht wurden und jetzt neu aufleben. Hier kommt alles hundertprozentig von innen heraus und wird nicht wie bei den anderen Glaubensrichtungen in einer Mischung aus inneren Bedürfnissen und missionarischer Hilfe von außen wiederbelebt.

## Speis und Trank

Am Baikal sind natürlich in erster Linie Fischgerichte angesagt. Vom Omul' am Spieß, wo der frisch gefangene Fisch sofort am offenen Lagerfeuer gebraten wird, bis zum noblen Menü mit geräuchertem Omul' als Vorspeise, einer darauf folgenden Fischsuppe und einem in den verschiedensten Variationen zubereiteten Baikalfisch wie Omul', Charius oder Sig als Hauptgericht reicht die Palette. Man trifft am Baikal neben der russischen Küche in ihrer sibirischen Variante noch auf die mongolisch geprägte Küche Burjatiens.

In Rußland besteht jedes Essen in einer Gaststätte oder bei privaten Einladungen zumeist aus mehreren Gängen. Bei den kalten Vorspeisen (zakuski) dominieren Salate aus frischem oder mariniertem Gemüse mit unterschiedlichen Zutaten und in unerwarteten Kombinationen. Das ›erste Gericht‹ (pervoe) ist dann eine warme Suppe, der als ›zweites Gericht‹ (vtoroe) die warme Hauptmahlzeit folgt. Hier dominiert Fleisch oder Fisch mit Beilagen aus Kartoffeln, Nudeln, Reis, Buchweizengrütze oder Gemüse. Den Abschluß bildet dann ein Obstkompott oder etwas Süßes (desert). Ohne Gäste wird zwar zumeist nicht die gesamte geschilderte Bandbreite abgedeckt, aber auf nur einen Gang beschränkt man sich selten.

*Eine Fischsuppe, ›Ucha‹, in der der Löffel steht*

Da es mehrere Gänge gibt, sind die Portionen kleiner. Zum Fleisch des Hauptgerichts gibt es zumeist nur eine Beilage wie Kartoffeln, Nudeln usw. oder eine Gemüseart. Beides, also zum Beispiel Kartoffelpürree und Gemüse ist zwar möglich, heißt dann aber schon ›komplizierte Garnierung‹. Unverzichtbarer Bestandteil ist nach wie vor Brot, das in allen Gängen auftaucht und dazu gegessen wird. Zum Essen gibt es Mineralwasser oder Saft. Alkoholische Getränke gehören häufig ebenfalls dazu. Als Nachtisch folgen Früchte, Eis, Tee beziehungsweise Kaffee mit Gebäck oder Konfekt. Törtchen aller Art sowie Gebäck und Schokolade sind beliebt. Im privaten Bereich gilt es als guter Ton, sich nach dem Essen bei der Hausherrin für das schmackhafte Essen zu bedanken. Vegetarier haben es schwer, denn man trifft sie in Sibirien sehr selten an und dementsprechend fehlen mangels Nachfrage auch die Angebote. Pel'meni (Teigtaschen) gibt es in unterschiedlichen Varianten: Im Süden Sibiriens sowie in Mittelasien gibt es ›Manty‹ und in Burjatien ›Pozy‹, ebenfalls Teigtaschen.

*›Bajkal‹, eine russische Kräuterlimonade*

Am Baikal trinkt man viel Tee. Über viele Jahrhunderte führte die alte Teestraße aus China am Baikal entlang, und Irkutsk war ein großer Umschlagplatz im Teehandel. Heute kommen zwar Teebeutel auch immer mehr in Mode, aber klassisch wird Tee in Rußland anders als bei uns zubereitet. In einer kleinen Kanne wird ein dicker Sud aufgebrüht, der etwas ziehen muß und den sich dann jeder mit kochendem Wasser – beispielsweise aus dem typisch russischen Samovar – auf die ihm genehme Stärke verdünnt. Gern wird der schwarze Tee mit Kräutermischungen, zum Beispiel Feldthymian, versetzt. Der Tee wird dann mit Zucker, einer hausgemachten – ›varenie‹ genannten – Konfitüre oder in Scheiben geschnittener Zitrone verfeinert. In Burjatien wird auch Tee mit Milch anstelle von Wasser gekocht. Kaffee ist im Vergleich zu Tee weniger verbreitet, und auch hier gibt es einen großen Unterschied zu unseren Gewohnheiten. Unter Kaffee versteht man in erster Linie Instant-Kaffee. Die andere Variante ist Kaffee-Oriental, den man in Westeuropa als türkischen oder griechischen Kaffee kennt.

Sehr beliebt in dieser eisigen Gegend ist auch Eis in den verschiedensten Variationen. Nicht nur im heißen Sommer, sondern auch bei Außentemperaturen, bei denen man eigentlich an der frischen Luft nicht mehr unbedingt Appetit auf Eis hat, machen die Eiskioske hier ihr Geschäft und begegnet man auf der Straße noch vielen Eisessern. Es gibt sowohl die einfachen sowjetischen Klassiker wie Vanille im Waffelbecher oder Plombir als auch neue Sorten wie zum Beispiel ›Angara‹ mit Schokolade und Zirbelnüssen.

Bei Mineralwässern ist ein breite Palette an stillen (im russischen Sprachgebrauch: ohne Gas) sowie kohlensäurehaltigen (analog: mit Gas) Wassern im Angebot. Mehrere Firmen in Irkutsk, Port Bajkal und Severobajkal'sk haben begonnen, Baikalwasser an unterschiedlichen Standorten aus einer Tiefe zwischen 200 und 400 Metern zu fördern, in PET-Flaschen abzufüllen und zu verkaufen. Daneben trifft man auch die russischen Mineralwasserklassiker wie ›Narzan‹ aus dem Kaukasus und verschiedene Sorten aus anderen Quellen in Transbaikalien (zum Beispiel Kuka). Das seit den 1980er Jahren anzutreffende mit Kräutern wie Dill versetzte und sehr schmackhafte Wasser ist nach 2000 leider aus den Läden verschwunden. Als Durstlöscher ist auch Kvas sehr beliebt. Das Gebräu aus Schwarzbrot und Rosinen wird sowohl in Flaschen als auch im Sommer häufig aus kleinen Tankwagen direkt angeboten. Sein Geschmack ist allerdings nicht jedermanns Sache.

*›Sibirischer Schamane‹ – eine Biersorte vom Baikalsee*

Das Angebot alkoholfreier Getränke läßt eigentlich kaum Wünsche offen. Der Baikal-Klassiker zu diesem Thema heißt ›Bajkal‹ und ist, wie auf jeder Flasche steht, eine Originalrezeptur aus dem Jahr 1976. Das Geheimrezept beinhaltet unter anderem Johanniskraut, Lakritzenwurzel, Eukalyptusöl und Lorbeeröl. Das etwas süßlich-klebrige Resultat könnte man vielleicht mit Kräutercola umschreiben. Im Wettbewerb der Cola-Klassiker hat Pepsi mit seinem Brausensortiment am Baikal die Nase vorn. Pepsi füllt vor Ort ab, während Coca Cola die nächste Fabrik erst in Krasnojarsk hat. Unter den lokalen Getränken ist die Waldmeisterbrause Tarchun eine Probe wert. An Säften und Nektaren findet man ebenfalls alle gewohnten Sorten. Exotisch und empfehlenswert ist ›Mors‹ – eine Saftmischung aus Waldbeeren.

Die Auswahl beim Bier kann sich ebenfalls sehen lassen. Importe gehören weitestgehend der Vergangenheit an. Warsteiner und Holsten werden in Lizenz gebraut. Aber auch die meisten russischen Biersorten lassen sich mittlerweile durchaus trinken. Der Bierkonsum ist in den letzten Jahren rasant gestiegen und der Markenwettbewerb groß. Marktführer ist ›Baltika‹ aus St. Petersburg, dessen verschiedene Sorten mit Zahlen bezeichnet werden. Um so höher die Zahl, um so

*Fischräucherei in Listvjanka*

höher auch der Alkoholgehalt. Empfehlenswert sind außerdem ›Zolotaja Bočka‹ (Das goldene Fässchen) oder ›Staryj Mel'nik‹ (Der alte Müller). Unter den lokalen Sorten hat uns das Bratsker Bier (Bratskoe) am besten geschmeckt. Den Irkutsker Marken wie ›Brandmejster‹ (zum Löschen) oder ›Admiral Kolčak‹ (merkwürdige Traditionspflege) waren wir weniger zugetan.

Schwieriger und auch richtig teuer wird es beim Wein. Weinfreunde werden bei Betrachtung des Angebots und vor allem bei den aufgrund hoher Zölle extremen Preisen wenig Freude empfinden. In Rußland selbst gibt es nur kleine Weinanbaugebiete an der Schwarzmeerküste, in alter sowjetischer Freundschaft kommen die billigen Weine aus Moldawien und die besseren Weine aus Georgien. Weinimporte aus anderen Ländern sind verfügbar, aber zu teuer.

Wie unschwer zu erraten ist, dominiert bei den hochprozentigen Spirituosen der Vodka. Der Begriff ›Vodka‹ ist eine Verkleinerungsform des Wortes ›Voda‹ (Wasser). Es ist also nur ein ›Wässerchen‹, das es aber in sich haben kann. Russischer Vodka enthält grundsätzlich 40 Prozent Alkohol. Jeder größere Ort hat seine eigene Brennerei und kommt mit in Qualität und Preis unterschiedlichen eigenen Marken auf den Markt. ›Bajkalskaja‹ ist der Klassiker, ›Bajk‹ der kultige Newcomer. In Bratsk und Ulan-Udė werden ebenfalls verschiedene Sorten produziert. Ab 100 Rubel aufwärts kann man in den Geschäften mit guter Qualität rechnen. Mit Rezeptpflege, verbesserter Qualität und Vielfalt sowie aufwendiger Etikettierung und viel Reklame umwarb man in den letzten Jahren intensiv die besserverdienende russische Trinkerseele, um sie von der ausländischen Spirituosenflut wieder in die heimatlichen Branntweinhäfen zurückzulotsen.

Vorsicht ist vor allem bei sehr billigen Vodka-Angeboten an den verschiedenen Kiosken geboten. Schwarzbrennerei ist zwar in Rußland nach wie vor strafbar, aber nichtsdestotrotz in ländlichen Gegenden ein Volkssport. Neben dem traditionellen häuslichen Braustätten des ›Samogon‹ (Selbstgebrannter, auch einfach ›Spirt‹ genannt) mit bis zu 96 Prozent Alkohol zum Eigenbedarf werkeln auch verschiedene Schwarzbrennereien, deren Erzeugnisse dann in die Kanäle der Kiosk-Szene wandern.

Vodka gehört in Sibirien zu jeder Feier und zu jedem guten Tisch. In Rußland trinkt man nicht zum Essen, man ißt zum Trinken. Man wendet sich nicht dem Alkohol nach einem reichlichen Essen zu, er ist bereits unverzichtbarer Bestandteil des reichlichen Essens. Trinken, ohne etwas dazu zu essen, gilt als kein gutes Zeichen.

## Besonderheiten der burjatischen Küche

Burjaten mögen vor allem Fleisch- und Milchprodukte. Gemüse spielt in der burjatischen, genau wie in der mongolischen Küche so gut wie überhaupt keine Rolle. Das Nationalgericht heißt ›Pozy‹, in der Landessprache auch ›Buuza‹ genannt. Dabei handelt es ich um gigantische Pel'meni mit Hammelfleisch, die allerdings nicht gekocht, sondern gedünstet werden. Man kann auch Rind-, Pferde- oder Schweinefleisch verwenden, und am besten schmecken Pozy, wenn man alle Fleischsorten vermischt. Wenn die durch den Fleischwolf gedrehten Fleischbällchen vom Teig umschlossen werden, muß eine kleine Öffnung bleiben, damit der Dampf entweichen kann. Sie dünsten knapp 20 Minuten. Pozy werden dann eigentlich mit der Hand gegessen. Man sucht zunächst die besagte Öffnung, um die Brühe daraus zu trinken und verzehrt im Anschluß die im Teig gedünstete Frikadelle. Insgesamt ist das ganze eine recht fettige Angelegenheit.

Ein populäres Getränk ist Kumys, auch ›Sägää‹ genannt. Dabei handelt es sich um gegorene Stutenmilch. Der Gärungsprozeß wird durch Rosinen beschleunigt und dauert drei Tage. Dieses Konzentrat wird nun im Verhältnis 1:5 mit normaler Milch vermischt und liefert in drei Tagen den fertigen Kumys, dem man große Heilwirkung für den Magen-Darm-Trakt zuschreibt. Andere Variationen gegorener Milchgetränke heißen ›Salamat‹ oder ›Aarag‹. ›Tarasun‹ ist ein aus Milchgärung hergestelltes alkoholisches Getränk. Dieser sogenannte Milch-Vodka hat knapp 20 Prozent Alkoholgehalt.

## Schiffsreisen auf dem Baikal

Großer Beliebtheit erfreuen sich Schiffsfahrten auf dem Baikalsee. Es gibt allerdings kaum größere Kreuzfahrtschiffe am Baikal. Das größte Schiff ist heute die ›Nikolaj Erošenko‹ mit drei Decks, 20 Kajüten und 59 Plätzen. Über 16 Kajüten und 34 Plätze verfügt die ›Aleksandr Vampilov‹. Daneben gibt es noch ein knappes Dutzend kleinerer Kreuzfahrtschiffe für Gruppenreisen mit 15 bis 20 Personen. Daneben kann man natürlich auch Schiffe für kleinere Gruppen bzw. individuell chartern. Dabei erfreuen sich vor allem, neben einigen wenigen Segeljachten, umgebaute Schleppdampfer vom Typ ›Jaroslavez‹ großer Popularität. Sie sind sozusagen der Baikal-Klassiker, was Charterboote anbelangt, und das Schiffsregister wies per Ende 2003 bereits 118 Schiffe dieses Typs aus. Der Schiffsname bezieht sich auf die Werft in der Stadt Jaroslavl', wo dieser Schiffstyp seit etwa 1955 in verschiedenen Modifikationen gebaut wird. Ursprünglich war das Schiff als Schleppdampfer für zwei Mann Besatzung und bis zu sechs Passagiere konzipiert. Heute fahren solche Schiffe in der Regel mit zwei bis drei Mann Besatzung (Kapitän, Mechaniker und Koch) und sechs bis acht Passagieren. Die Preise für das gesamte Schiff beim Individualcharter beginnen zumeist bei 300 bis 350 US-Dollar pro Tag mit Vollpension und variieren in Abhängigkeit von Route, Charterdauer und Verpflegungswünschen. Im Norden des Baikal sind die Preise niedriger als im Süden. Für eine große Baikalrundreise sollte man mindestens eine Woche einplanen. Viele Touristikanbieter bauen ein- bis dreitägige Bootsreisen in kombinierte Touren ein. Die Eckdaten des Schiffsrumpfes sind: Länge 21 Meter, Breite 4 Meter, Höhe 6,50 Meter. Der Tiefgang beläuft sich leer auf 1,06 Meter und beladen auf 1,15 Meter. Mit einem 150-PS-Motor in der Standardausstattung erreicht das Schiff eine Geschwindigkeit von 10 Knoten.

Der Schiffstyp ist vor allem wegen seiner sehr vielfältigen Einsatzmöglichkeiten sowohl in der Fischerei als auch im Frachtverkehr und in den letzten Jahren auch als Ausflugsschiff populär. Der vergleichsweise niedrige Tiefgang erfordert keine Hafenanlagen, ein ›Jaroslavez‹ kann fast an jedem Strand anlegen und kommt mit seiner über den Bug ausschwenkbaren Holzstegleiter ohne ein Beiboot für Ufergänge aus.

Der Nachteil ist seine Anfälligkeit bei hohem Wellengang, bei dem er am Ufer bleiben muß, während vergleichbare Schlepper wie der in Ulan-Udė produzierte ›K Zh‹ oder ›Käfer‹ noch auslaufen können.

Bei diesen Schiffen ist aber der Landgang am Baikalufer aufgrund des obligatorischen Umsteigens in ein Beiboot umständlicher. Vom Typ

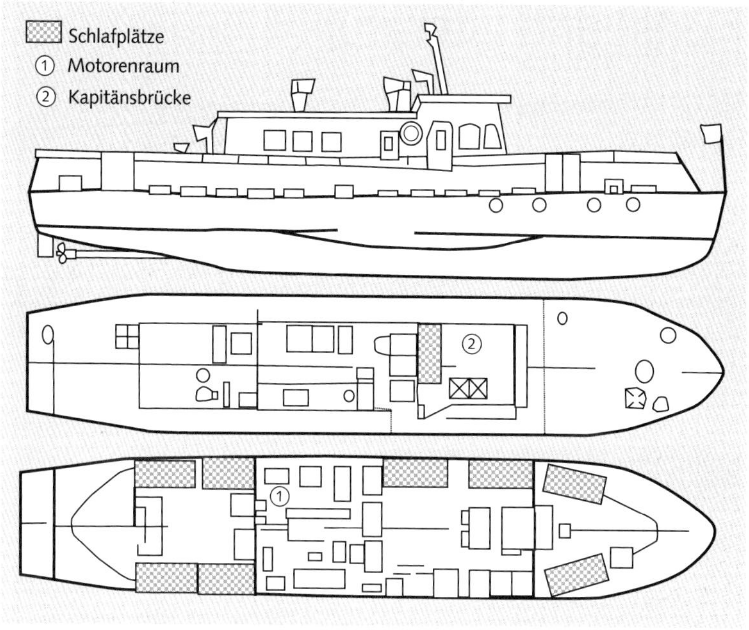


*Plan eines Jaroslavez-Kutters*

›Käfer‹ gibt es etwa ein Dutzend Schiffe am Baikal.
Die Schlafplätze unter Deck sind je nach Umbauvariante auf zwei bis drei Räume verteilt. Am Bug gibt es eine – bei manchen Schiffen in zwei Räume getrennte – Kajüte, die über eine Deckluke oder eine Treppe aus der ›Kapitänsbrücke‹ zu erreichen ist. Am Bootsheck befindet sich eine große Sitzecke, die zumeist mit hochklappbaren Zeltwänden vor Wind und Wetter geschützt werden kann. Hier ist auch der Eingang zur zweiten Kajüte. Die Anzahl der Schlafplätze variiert in Abhängigkeit von der Raumaufteilung und davon, ob man sich für Doppelstockbetten entschieden hat. Der Kapitän hat seine Koje zumeist im Führerhaus. Die Mannschaft schläft entweder in einer abgetrennten, spitzen Bugkajüte oder im Motorenraum. An Deck gibt es ein WC, das bei einigen Modellen durch eine sehr provisorische Dusche ergänzt werden kann, wofür ein Duschschlauch an den Wasserhahn des Handwaschbeckens angeschlossen wird. Die Kombüse kann sich sowohl auf als auch unter Deck befinden.
Schiffstouristen sollten sich auf jeden Fall auf frischen Wind einstellen und entsprechende Kleidung einpacken.

# Kunst und Literatur

*Wie gut, das wir den Baikal haben. Gewaltig, reich und erhaben birgt er eine solche Schönheit, wirkt so königlich und bleibt doch unentdeckt und unbezwungen – wie gut, daß wir ihn haben.*

Valentin Rasputin (1990)

Der magische Anziehungskraft des Baikal hat ihm zu allen Zeiten die Rolle der wichtigsten Muse für Maler, Bildhauer und Schriftsteller zuteil werden lassen. Viele Künstler bleiben dem Baikal auf immer verbunden und schöpfen ihre Themen aus der Kraft der Natur und der Weite des Sees.

*»Wem gehört dieser Platz?«, Plakat von Viktor Byškov*

Wenn heute am Baikal von den wichtigsten Autoren der Gegenwart gesprochen wird, so sind vor allem Rasputin und der bereits in den siebziger Jahren verstorbenen Vampilov zu nennen. Valentin Rasputin (geb. 1937) lebt heute in der Nähe von Irkutsk. Sein bekanntester Roman ›Abschied von Matjora‹ beschreibt den Identitätsverlust eines sibirischen Dorfes, das wegen eines Staudammbaus überflutet werden soll. Die Geschichten im wahren Leben schrieb dazu der Bau der Angara-Kaskade mit gewaltigen Flutungen beim Bau der Kraftwerke in Bratsk und Ust'-Ilimsk. Bekannt sind auch ›Geld für Maria‹ oder ›Der Brand‹. Besonders hervorzuheben ist seine bislang leider nicht ins Deutsche übersetzte Essay-Sammlung ›Sibirien, Sibirien‹. Wie kein zweiter beschreibt er als sibirischer Patriot »das alte, das ewige und das neue Sibirien« einschließlich zweier dem Baikal und Irkutsk gewidmeter Essays. Rasputin stand am Beginn der russischen Umweltschutzbewegung und setzte sich vor allem für die Reinhaltung des Baikalsees ein. Klaus Bednarz interviewte ihn auch zu diesem Thema am Ende seiner ›Sommerreise‹ am Baikal.

Aleksandr Vampilov (1937–1972) war einer der hoffnungsvollsten russischen Dramatiker. Seine Stücke wie ›Entenjagd‹, ›Provinzanekdoten‹ oder ›Letzten Sommer in Tschulimsk‹ wurden in den siebziger Jahren auch in Deutschland aufgeführt. Das ihm eigene Talent, den Alltag tragikomisch auf den Punkt zu bringen, wo die Güte des Menschen russisch-typisch leidend die Oberhand gewinnt, war einzigartig. Er lebte in Irkutsk sowie in Port Bajkal und starb viel zu früh bei einem Bootsunfall am Abfluß der Angara aus dem Baikalsee. Ein kleiner Obelisk erinnert in der Nähe des Baikalmuseums an den beliebten Schriftsteller.

Wenn auch nicht direkt am Baikal, aber ebenfalls im Irkutsker Gebiet, am Schienenstrang der Transsibirischen Eisenbahn, liegt der Geburtsort von Evgenij Evtušenko (Jewgeni Jewtuschenko, geb. 1933) mit dem sibirisch-romantischen Namen ›Zima‹ (Winter). Neben dem in Gedichten und dem Film ›Kindergarten‹

*Kunstgalerie in Listvjanka*

beschriebenen Geburtsort ist vor allem aus seinem Frühwerk das 1965 entstandene, heldenhaft-euphorische Poem ›Bratsker Wasserkraftwerk‹ zu erwähnen, wo er im Dialog des damals weltgrößten Staudamms mit den ägyptischen Pyramiden über sich und die Welt philosophiert.

Wenn man nach neuen Namen sucht, so machen die 2001 in Irkutsk unter dem Titel ›Enchok‹ erschienenen Essays und Erzählungen von Igor Širobokov neugierig auf mehr. Burjatische Literatur ist kaum zugänglich. Als größter Nationaldichter wird Choza Namzaraev verehrt. In deutscher Übersetzung liegt nur der Roman ›Das Jahr der feurigen Schlange‹ (1974) von Zyden Žimbiev vor. Es ist die autobiographisch geprägte Geschichte eines jungen Pferdehirten am Baikalsee in den Jahren des Zweiten Weltkrieges.

Die Liste der mehr oder weniger bekannten Literaten, Journalisten und Wissenschaftler, die ihre Eindrücke und Erfahrungen am Baikal zu Papier gebracht haben, ist lang. Die in diesem Buch verstreuten Baikal-Zitate vermitteln davon einen ganz kleinen Eindruck.

## Malerei und Fotografie

Fast jeder Maler, der in der Umgebung des Baikalsees lebt, greift das Thema der urgewaltigen Naturschönheit, seiner Legenden und Mythen sowie die Geschichten der an seinen Ufern lebenden Menschen auf. Sowohl Irkutsk als auch Ulan-Udė haben eine aktive Kunstszene. Das ist an den verschiedenen Straßenständen zu sehen, an denen man unzählige Baikalmotive erwerben kann. Neben den Museen gibt es auch mehrere Galerien in Irkutsk, Listvjanka, Severobajkal'sk und Ulan-Udė, wo bekannte örtliche Maler ausstellen und auch Werke verkaufen. Bekannte Irkutsker Maler sind beispielsweise Jurij Mitkin, Vjačeslav Šljachov oder Aleksandr Muravëv, manche wie zum Beispiel Ljudmila Feierabend leben auch mittlerweile in Deutschland.

Neben dem Pinsel ist natürlich nicht nur bei Amateuren auch die Kamera sehr beliebt, um Baikalimpressionen einzufangen. Die landschaftliche Vielfalt, der Baikal im Wandel der Jahreszeiten – die Liste dankbarer Motive ließe sich fortsetzen. Bekannte Baikal-Fotografen sind beispielsweise Boris Dimitriev, Aleksej Frejdberg und Nikolaj Izrascev. Unter www.baikalfoto.ru findet man über 300 Baikalfotos.

## Musik

Das Lied vom herrlichen Meer, dem heiligen Baikal (siehe S. 267) ist wohl für immer die unangefochtene Nr. 1 der Baikal-Hitparade. Bekannt und beliebt ist daneben beispielsweise auch das alte Volkslied über den Vagabunden, der ›Durch die wilden Steppen Transbaikaliens‹ zieht. In deutschen Ohren klingt auch ›Die Jahrhundert-Kiefern am Fluß Schuscha‹ nach. Wenn auch ohne Baikalbezug, so intoniert doch ein stimmgewaltiger Chor die schöne Melodie aus der Sowjetzeit zu Beginn und zum Abspann der drei Bednarz-Filme. Man besingt, wie Iljitsch, also Vladimir ›Iljitsch‹ Lenin, weiter westwärts am Strom Enisej durch uralten sibirischen Kiefern in seinem sibirischen Verbannungsort Šušenskoe begrüßt wird.

*Traditionelles burjatisches Instrument*

In den letzten 50 Jahren entstanden aber sowohl in der Rubrik ›Lieder und Romanzen‹ als auch in der Liedermacherszene unzählige dem Baikal und seiner Umgebung gewidmete Melodien, die entweder mit viel Pathos und Orchester oder einfach zur Gitarre erklingen. Einige von ihnen verdienen durchaus einen Platz in der inoffiziellen Baikal-Hitparade, denn fast jeder am See kennt den Text und singt mit, wenn die Melodie erklingt. Dazu gehören beispielsweise Lieder wie ›Baikalwind‹ von Nikita Bogoslovskij oder ›Auf der Angara‹ von Aleksandra Pachmatova. Es gibt aber auch unvermutete Exoten, denen man sowohl hierzulande als auch am Baikal mehr Bekanntheit wünscht, wie zum Beispiel den Instrumentaltitel ›Baikal sunrise‹ auf der CD ›Trans – Siberia‹ von Tangerine Dream.

## Film

Einen vergleichbaren Film wie die dreiteilige Dokumentarfilmreihe des WDR ›Ballade vom Baikalsee‹ gibt es wohl auch in Rußland nicht. In den letzten Jahren wurden in Irkutsk mehrere Dokumentarfilme über die Natur und die Pflanzen- und Tierwelt für die Zielgruppe der Touristen gedreht, die als VHS-Kassetten oder Video-CDs in Irkutsk erhältlich sind: schöne Landschaftsaufnahmen, aber bislang nur mit russischem Text.

Auch Spielfilme, deren Handlung in der Region rund um den Baikal angesiedelt sind, kann man an einer Hand abzählen. Der wichtigste Film ist dabei wohl der Streifen ›Am See‹ der 1970 unter der Regie von Sergej Gerasimov mit vielen Baikalbildern entstand. Vor dem Hintergrund der Auseinandersetzung um den Bau eines Großbetriebes am Ufer des Baikal philosophiert der Film über

*Progress-Filmprogramm ›Am See‹*

Glück und Verantwortung. Die Ideale und Konflikte der 17jährigen Hauptgestalt Lena bewegten damals viele, und am Rande dokumentiert der Film auch, wie umstritten die bis heute nachwirkende Fehlentscheidung über den Bau des Zellulosekombinates bereits damals war.

›Der Traum vom fernen Glück‹ aus dem Jahr 1976 ist in üppiger Ausstattung und mit vielen sowjetischen Stars dem Schicksal der Dekabristen gewidmet. Mehrere Szenen wurden in Irkutsk und Listvjanka gedreht. Der Film ›Abschied‹ aus dem Jahr 1982 ist die sehr eindringliche Verfilmung des Romanes ›Abschied von Matjora‹ von Valentin Rasputin und zeigt die Räumung eines Dorfes an der Angara vor der Überflutung durch den neuen Stausee.

In seinem 1984 entstandenen Film ›Kindergarten‹ erinnert Evgenij Evtušenko an die in Zima bei Irkutsk verbrachten Kindheitsjahre während des Zweiten Weltkrieges. Klaus-Maria Brandauer spielt eine Nebenrolle, und einige Szenen wurden an der Krugobajkalka gedreht. Alle genannten Filme liefen seinerzeit auch in Deutschland.

## Sammelsurium

Neben der Souvenirindustrie, die immer neue Ideen auf ihre Baikalfähigkeit prüft, finden sich auch in anderen Bereichen eine ganze Reihe von Rubriken, in denen man auf das Sammelgebiet Baikal stößt: Mineralien, Pflanzen, alte und neue Ansichtskarten, Abzeichen, Briefmarken oder die in Rußland beliebten thematischen Briefumschläge, die Aufzählung ließe sich fortsetzen.

*Mädchen in burjatischer Tracht*
*Baikalschiff; Unterwasserflora im Baikalsee*

НАДЕЖНЫЙ

# Valentin Rasputin: Baikal

»›Da schaute der Schöpfer auf die Erde: So schön war sie doch nicht gelungen, hoffentlich ist sie nicht beleidigt. Dachte es und beschloß, ihr nicht nur einen Zusatz zu geben, sondern gab ihr die Meßlatte selbst. Das Maß der Dinge, mit dem er bestimmt hatte, wer wieviel wovon bekam, fiel zur Erde und verwandelte sich in den Baikal.‹

Ich erinnere mich nicht mehr, von wem ich diese stolze Legende über die Erschaffung des Baikal gehört habe, aber immer, wenn ich zum Baikal komme, klingt es in mir: ›Des Schöpfers Maß der Dinge fiel zur Erde und verwandelte sich in den Baikal.‹

Das geschah, nach Meinung der Wissenschaftler, vor etwa 25 Millionen Jahren, lange bevor hier der erste Mensch auftauchte. Ein Paradox? Es gab den Baikal, den Menschen gab es noch nicht. Niemand konnte seine Schönheit genießen. Wie unvernünftig. Wir sind es gewohnt, daß alles auf dieser Welt – die Schönheit, der Reichtum und die Gesetze der Natur für uns geschaffen wurden und nur für uns bestimmt sind. Wir haben vergessen, daß wir selbst nur Kinder dieser gewaltigen, vollkommenen Naturwelt sind. Aber unsere etwas selbstgefällige Verwunderung ist ehrlich: Wie war es möglich, daß der Mensch als einziges diese Herrlichkeit verstehendes Geschöpf noch nicht da war, als diese Schönheit schon existierte. Aber alles zu seiner Zeit und als die Erde in ihrer Schönheit weiter reifte, tauchte auch der Mensch auf.

Über den Baikal gibt es so viele begeisterte Aufsätze, daß kaum ein einziges Buch reichen würde, sie alle aufzuführen. Noch hundert mal mehr bleiben ungeschrieben und würden eine Dankeshymne ins Unendliche ausufern lassen. Die Ehrfurcht vor dem Baikal ist allgegenwärtig und ruft einerseits mystische und andererseits ästhetische oder auch ganz praktische Gefühle hervor. Jeder ist verwirrt, weil der Baikal seine Vorstellungskraft übersteigt. Er ist etwas Besonderes, es ist etwas ungewöhnliches – er ist eine Ausnahmeerscheinung.

Der Begriff Schönheit paßt eigentlich nicht zum Baikal. Was wir dafür annehmen, sind Impressionen einer anderen Art, die wohl hinter dem Horizont unserer Empfindsamkeit liegen. Wie oft man auch am Baikal ist, wie gut man ihn auch kennt, jede neue Begegnung ist eine Herausforderung. Immer aufs neue erheben wir uns, um in seiner Nähe

*Im Selengadelta; Felsen am Westufer*
*An der Baikalbahn*

*Abendstimmung*

zu sein, ihn zu sehen und zu hören. Nicht alles hat einen Namen, Wiedergeburt wäre zu hochgegriffen für das, was einem am Baikal widerfährt. Der Mensch muß auf der Suche nach seiner Seele sein. Er steht am Ufer, schaut und ist erfüllt, er fließt und versteht nicht, was mit ihm vorgeht. Wie sich im Keim die Evolution bricht, so spürt man die Urkraft dieses Wunders: etwas weint in einem, etwas triumphiert, etwas taucht in die Stille ein, etwas verwaist. Zwischen Glück und Sorge taumelt der Mensch hier unter dem durchdringenden Auge des Allmächtigen zwischen der Hoffnung der Erinnerung und der Trauer der Realität.
Wer kennt nicht das wunderbare Lied vom ›herrlichen Meer, dem heiligen Baikal‹, das der sibirische Dichter Dimitrij Davydov im 19. Jahrhundert über einen Sträfling schrieb, der auf seiner Flucht den Baikal überquert. Dort gibt es die Worte: ›Mit der Freiheit lebte ich auf‹. Das ist das Gefühl, das wir am Baikal verspüren, als ob wir aus den Kammern der eigenen Sklaverei in die freie Weite ausbrechen, bevor wir wieder zurückkehren.«

Gekürzter Auszug aus Valentin Rasputin: ›Sibirien, Sibirien‹
Übersetzung: Bodo Thöns

# Der Baikal von A bis Z

**Aršin**
Altrussisches Längenmaß, das 71 Zentimeter mißt.

**Balagan**
Ursprünglich handelt es sich dabei um nur im Sommer bewohnte Pfahlhäuser sibirischer Ureinwohner. Offensichtlich ging es dort häufig sehr lustig zu, denn das Wort ist in ganz Rußland zugleich ein Synonym für ein Volksfest.

**Barde**
Früher waren Barden über Land ziehende Spielmänner. Heute wird mit dem Begriff die Liedermacher-Szene beschrieben.

**Barguzin**
Östlicher, nach dem gleichnamigen Zufluß benannter Baikalwind.

**Burchan**
Der Gott des Baikal sowie das Kap auf der Insel Ol'chon tragen diesen Namen.

**Churdä**
Buddhistische Gebetsmühle.

**Daurien (Dauria)**
Die östlich des Baikal gelegenen Gebiete werden neben Transbaikalien auch Daurien genannt.

**Gnus**
Das Wort selbst bedeutet Insektenplage und ist ein Oberbegriff für alle in der sibirischen Taiga in Scharen auftretenden Insekten, wie Mücken (Komary), Schnaken (Moški), Bremsen (Slepni) u.a.

**Jasak**
Tribut oder Fron der sibirischen Ureinwohner an den Zaren, der zumeist in Form von Pelzen zu leisten war.

**Jocher**
Burjatischer Kreistanz, den es in unzähligen Variationen gibt. Ursprünglich als magischer Tanz der Sonnenanbetung entstanden, gehört dieser rhythmische Volkstanz heute zu jedem Fest.

**Kabak**
Das verächtliche Wort für ›Branntweinschenke‹ beschreibt heute zumeist Kneipen, die nicht unbedingt einen Besuch lohnen.

**Koč**
Einmastiger, breiter Bootstyp mit sehr geringem Tiefgang, der vor allem von den Kosaken auf ihren Fahrten während der Eroberung Sibiriens benutzt wurde.

**Obo**
Nach dem burjatischen Glauben heiliger Platz, wo es gilt, den örtlichen Göttern Ehrfurcht zu zollen, indem man beispielsweise einen Stein ablegt, so daß die Obo-Plätze als Pyramiden aus vielen Steinen zu erkennen sind.

*Ein burjatischer Obo*

**Ostrog**
Historische, für den Wilden Osten typische Holzfestung, einem Fort im Wilden Westen vergleichbar.

**Pribajkal'e**
Das gesamte Gebiet, das unmittelbar an den Baikal grenzt.

**Pud**
Altrussische Gewichtseinheit, die etwa 16,4 Kilogramm entspricht.

**Sagaalgan**
Die Burjaten feiern ihr Neujahrsfest nach dem Mondkalender am frühen Morgen des ersten Tages des neuen Jahres, das mit dem ersten Neumond im Frühjahr beginnt.

**Samovar**
Wörtlich übersetzt: Selbstkocher. Dabei handelt es sich um den typisch russischen, dickbäuchigen Teekocher. Früher mit Holz und heute elektrisch betrieben, wird das Teewasser zum Kochen gebracht und dann je nach gewünschter Stärke in die Tassen oder Teegläser auf die Zavarka aufgegossen.

**Sarma**
Westlicher Baikalwind, der durch die gleichnamige Flußschlucht ins Kleine Meer, so heißt die Bucht zwischen der Insel Ol'chon und dem Festland, bläst und aufgrund seiner starken Böen bei den Schiffern besonders gefürchtet ist.

**Särgä**
In Burjatien hat der Pfahl zum Festbinden der Pferde eine besondere Bedeutung. Er hat drei Kerben: für die Pferde der Götter der oberen Welten, für die Pferde der Menschen und für jene der Götter der unteren Welten.

**Sloboda**
In dieser an das Stadtzentrum angrenzenden Siedlung oder Vorstadt ließen sich zumeist die Handwerker und Kaufleute nieder.

**Sor**
Das Wort steht eigentlich für ›Kehrricht‹, bezeichnet aber am

Baikal im Unterschied zu den ›Zaliv‹ genannten Buchten auch die besonders flachen Buchten.

**Stanica**
Von Kosaken gegründete Siedlung, die sowohl als Vorstadt oder als Dorf bestand. Später galt der Begriff in ländlichen Gegenden einem Amt, vergleichbar einem örtlichen Verwaltungssitz.

**Ulus**
So nennen die Russen nur von Burjaten bewohnte Dörfer.

**Werst**
Altrussisches Längenmaß, das 1067 Meter mißt.

**Zabajkal'e**
Das zu deutsch ›Transbaikalien‹ genannte Gebiet östlich des Baikal, eigentlich ›hinter dem Baikal‹.

**Zavarka**
Das ›Gekochte‹ oder ›Aufgebrühte‹ ist ein hochkonzentrierter Teesud, der je nach gewünschter Stärke mit kochendem Wasser aus dem Samovar verdünnt wird.

**Zimnik**
Offizielle Auto-Trasse über das Eis des Baikal beziehungsweise über Flüsse des Gebietes. In der Taiga gibt es Orte, die mit dem Auto nur in der Frostperiode auf solchen Zimniks zu erreichen sind.

**Zimove**
Winterlager, die als nicht ständig bewohnte Holzhütten in der Taiga den Reisenden oder Waldläufern Unterschlupf bieten.

*Urkundenverleihung für die erfolgreiche Eisüberquerung des Baikalsees*

Ich muß gestehen, daß ich auf der ganzen sibirischen Reise vom Uralischen Gebirge bis an den Baikal nicht soviel Neues und Merkwürdiges von Tieren und Pflanzen als in dem an die Mongolen grenzenden und an der Nordseite vom Baikal eingeschlossenen Landstrich gefunden habe.

*Peter Simon Pallas (1772)*

# Irkutsk und der südliche Baikalsee

# Irkutsk

*Irkutsk … ist die einzige wirkliche Stadt in Sibirien. So wie England London und Frankreich Paris geschaffen haben, so schuf Sibirien Irkutsk. Es ist stolz auf diese Stadt, und wer Irkutsk nicht gesehen hat, hat auch Sibirien nicht gesehen.*

Nikolaj Šelgunov (um 1860)

Irkutsk ist die große Metropole Sibiriens, die zuerst mit dem Baikal assoziiert wird, obwohl dieser gut 60 Kilometer entfernt ist. Aber das ist ja bekanntlich in Rußland keine Entfernung. Die in der Vergangenheit auch als ›Paris Sibiriens‹ deklarierte Hauptstadt des damaligen Generalgouvernements Ostsibirien gehört auch heute ohne Zweifel zu den interessantesten und schönsten Städten Sibiriens und steht auf der Besuchsliste ausländischer Touristen zumeist auf Platz 1. Zugleich sind damit oft die höchsten Erwartungen verbunden, so daß man häufig folgendes Phänomen beobachten kann: Nach Sibirien-Reisen durch mehrere Orte waren nicht wenige Reisende von anderen Orten wie Ulan-Udė, Bratsk oder Severobajkal'sk (von denen sie vorher zumeist überhaupt nichts wußten und dementsprechend nur sehr vage Erwartungen hatten) angenehm überrascht, während sie von Irkutsk (worüber sie schon viel Positives gehört oder gelesen hatten) »doch eigentlich enttäuscht« waren. Sie hatten mehr erwartet, aber in vielerlei Hinsicht kann Irkutsk trotz seiner reichen Geschichte und der vielen Sehenswürdigkeiten nicht über seinen Schatten einer ›normalen‹ russischen Provinzstadt mit etwa 640 000 Einwohnern und entsprechender Wirtschafts- und Infrastruktur springen. Man sollte die Erwartungen also nicht zu hoch schrauben. Im vielzitierten Vergleich aus dem 19. Jahrhundert, daß Irkutsk das Paris Sibiriens sei, liegt die Betonung nach wie vor nicht auf Paris, sondern auf Sibirien. Man besucht also keinesfalls ein frostiges Paris, sondern ein vergleichsweise kultiviertes und luxuriöses Sibirien.

## Geschichte der Stadt

Erstmals 1652 von den die Angara stromaufwärts ziehenden russischen Kosaken als Winterlager erwähnt, nahm der Ort am Zufluß des Irkut in die Angara seinen Ursprung. Unter der Führung des Hauptmanns Jakov Pachabov wurde am gegenüberliegenden Ufer eine Ostrog genannte Festung errichtet. Als offizielles Gründungsjahr gilt 1661. Ein Jahr später berichtete Pachabov neben der Zobeljagd auch bereits über erfolgreichen Ackerbau und den ersten gezimmerten Getreidespeicher. Die Siedlung wuchs stürmisch und wurde zum Zentrum der russischen Expansion in der Baikalregion. Bereits 1686 wurde ihr mit über 1000 Einwohnern das Stadtrecht verliehen. Vier Jahre später folgten Wappen und Siegel. Im 18. Jahrhundert wurde Irkutsk ein wichtiger Handelsplatz. Im Jahr 1760 wurde die Stadt an den Moskauer Trakt – die wichtigste organisierte Reiseroute durch das riesige Russische Reich mit einem Netz an die Entfernungen gängiger Tagesrou-

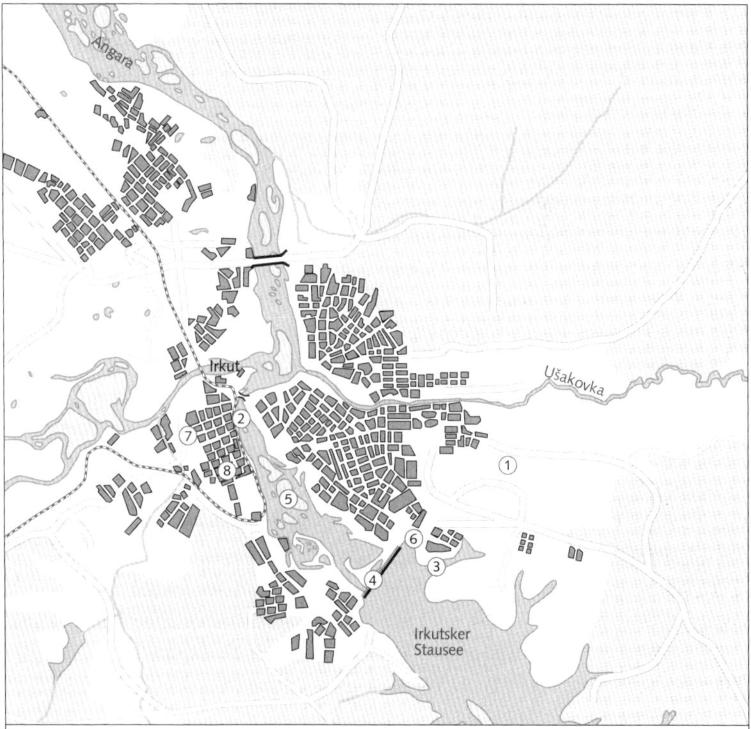


**Irkutsk (Иркутск), Übersicht**

**Legende**

1 Flughafen
2 Bahnhof
3 Hafen
4 Staudamm
5 Angarabrücke (im Bau)
6 Museum ›Eisbrecher Angara‹
7 Museum für Stadtgeschichte
8 Geologiemuseum

ten angepasster Stationen zur Unterkunft und zum Tausch der Pferde – angeschlossen. Neben dem bereits blühenden Handel mit sibirischen Pelzen gegen chinesischen Tee und Seide wurde Irkutsk nun zum zentralen Umschlagplatz im Handel mit China. Ab 1768 wurde die Stadt zum Messeplatz. Zwischen 1797 und 1805 wurde die berühmte Teestraße zwischen Irkutsk und Kjachta an der mongolisch-chinesischen Grenze ausgebaut.

Gleichzeitig avancierte die Stadt an der Angara zum Ausgangspunkt für die weitere Eroberung des Fernen Ostens in Richtung Osten und Norden bis nach Alaska. Als Rußlands Eroberer 1761 die Beringstraße überquerten, stammten diese Expedition und auch die ersten nachfolgenden Kaufleute und Siedler aus Irkutsk. Die berühmte Russisch-Amerikanische Gesellschaft wurde 1783 in Irkutsk gegründet. So wie Petersburg für Rußland zum Fenster nach Westen geworden war, wurde Irkutsk wirtschaftlich und administrativ zum Fenster nach Osten.

Mit der Verwaltungsreform im Jahre 1764 und der Aufteilung des bis dato einheitlichen Verwaltungsbezirkes Sibirien in West- und Ostsibirien, wurde Irkutsk neben Tobol'sk zur zweiten Hauptstadt Sibiriens. Neben Ostsibirien waren auch Alaska, die Aleuten und damals zu Rußland gehörende Teile Kaliforniens dem Irkutsker Generalgouverneur unterstellt. Im 19. Jahrhundert war Irkutsk mit Abstand die größte, oder wie N. Šelgunov schrieb, die »einzige wahre« Stadt Sibiriens. Als administratives Zentrum wurde die Stadt auch zu einem wichtigen Umschlagplatz in der zaristischen Verbannung. Der neue Schwerpunkt der Deportation lag in den Bergwerken und Minen Transbaikaliens. Da vielen Verurteilten nach Ablauf ihrer Strafen der Weg nach Europa verwehrt blieb und sie sich nur in Sibirien niederlassen konnten, konnte sich Irkutsk über einen Mangel an Zuzüglern nicht beklagen. Am bekanntesten wurden die Dekabristen, unter denen sich viele nach Jahren der Zwangsarbeit in Bergwerken und Festungen östlich des Baikal ebenfalls später in Irkutsk niederließen und die geistig-kulturelle Entwicklung der Stadt nachhaltig beeinflußten.

1857 wurde die erste Fähre über die Angara in Betrieb genommen. Die Stadt begann sich nun auch am anderen Ufer auszudehnen. Im gleichen Jahr erschien mit den ›Irkutsker Gouvernementsnachrichten‹ die erste Zeitung in Irkutsk. Im Jahr 1864 wurde die Telegraphenverbindung zwischen Irkutsk und der damaligen Hauptstadt St. Petersburg eröffnet. Die Stadt boomte, es waren die goldenen Jahre der Irkutsker Kaufleute, was sich auch im Stadtbild niederschlug, wie folgende Beschreibung aus dem Jahr 1875 belegt: »In keiner anderen Stadt findet man Geschäfte mit so vielen Luxusartikeln, so elegante Gespanne, so eine glänzende Gesellschaft. Nirgends herrscht so reger Verkehr, nirgends ist das Interesse an Literatur, Wissenschaft und schönen Künsten so groß. Irkutsk steht unter den Städten Sibiriens an erster Stelle, es besitzt Geschmack und Intelligenz und bezaubert durch seine Weltoffenheit...«.

*Historische Ansicht von Irkutsk*

Die wohl schwärzeste Seite in der Geschichte der Stadt war der vom 22. bis 24. Juli 1879 wütende Großbrand, der etwa zwei Drittel der Stadt zerstörte. Über 100 Steingebäude und mehr als 3000 Holzhäuser wurden ein Raub der Flammen, 15 000 Menschen verloren ihr Obdach. Nach 1880 entstand das gesamte Stadtzentrum neu, aber nun nach entsprechendem Ukas (Zarenbefehl) aus Stein. Da zu dieser Zeit Goldfunde im Irkutsker Gebiet und in Jakutien der Stadt einen neuen Boom bescherten, erfolgte der Wiederaufbau in den letzten Jahrzehnten des 19. Jahrhunderts in einem unglaublichen Tempo und prägt die schönsten Seiten des Stadtbildes bis heute.

Nachhaltige Impulse erfuhr Irkutsk auch durch das neue Transportmittel – die Eisenbahn. Im Jahr 1896 begannen die Bauarbeiten für das Jahrhundertprojekt in Irkutsk. Zwei Jahre später fuhren die ersten Züge. Ab Neujahr 1899 fuhr der Sibirien-Expreß fahrplanmäßig von Moskau bis Irkutsk. Gleichzeitig wurde der Weiterbau der Bahn um den Baikal eine gewaltige Herausforderung. Nach einigen Jahren des Fährverkehrs über den Baikal fuhren die Expresszüge der Transsibirischen Eisenbahn ab Oktober 1905 auch um den Baikal durchgängig auf Schienen.

Irkutsk war im Bürgerkrieg, der auf die Oktoberrevolution folgte, sehr hart umkämpft. Erstmals zog die Sowjetmacht am 4. Januar 1918 ein. Doch nach erbitterten Kämpfen ging die Macht in der Stadt im Juni 1918 in die Hände der Weißgardisten über, die die in Omsk ausgerufene, provisorische Oppositionsregierung unter dem Polarforscher und zaristischen General Kolčak unterstützte. Doch im Januar 1920 erlangten die Anhänger der bolschewistischen Revolution endgültig die Oberhand. Am 7. Februar wurde der auf der Flucht in Richtung Pazifik befindliche Heerführer der Weißen, General Kolčak, verhaftet und hingerichtet.

Es begannen die sowjetischen Jahre. Vor allem die dreißiger Jahre waren charakteristisch für Aufbau und Zerstörung gemäß der Vorgaben von Stalins Politik. Die Einwohnerzahl betrug damals etwa 240 000. Einerseits wurde anstelle der Pontonbrücke mit dem Bau der Stadtbrücke über die Angara begonnen, die 1936 fertiggestellt wurde, der Flughafen wurde eröffnet und mit dem Bau der Flugzeugfabrik wurde begonnen, und verschiedene Institute öffneten ihre Pforten. Die ersten Pläne für die Nutzung der Wasserkraft der Angara nahmen Gestalt an. Andererseits wurde im Zentrum der Stadt die Kazaner Kathedrale, nach der Moskauer Erlöserkathedrale und der Petersburger Isaakskathedrale einer der bedeutendsten Kirchenbauten Rußlands, gesprengt. Die Jahre der stalinistischen Herrschaft hinterließen durch ihre Kirchenbarbarei noch viele andere Löcher im Stadtbild. Nach dem Zweiten Weltkrieg wurde die wirtschaftliche Entwicklung der Region durch den in den fünfziger Jahren begonnenen Bau der Kraftwerkskaskade an der Angara bestimmt. Er zog entsprechende Industrieansiedlungen in der Stadt und der Umgebung, vor allem in Angarsk und Šelechov nach sich. Nirgendwo wurde und wird in Rußland so billig Strom produziert.

Seit 1937 ist Irkutsk die Hauptstadt des gleichnamigen Gebietes. Die Stadt ist ein wichtiges Wirtschaftszentrum Sibiriens. Das größte Unternehmen ist Irkutskėnergo, der örtliche Energieversorger, der in der Privatisierungsphase sehr clever agierte und im Energieverbund einige Sonderrechte genießt. Traditionell ist die Pelzverarbeitung und die Textilindustrie von Bedeutung, und auch in der Luftfahrtindustrie ist Irkutsk nach wie vor ein wichtiger Standort.

Es besteht eine Städtepartnerschaft mit Pforzheim. An manchen Stellen trifft man noch auf Überreste der eingeschlafenen Städtepartnerschaft zwischen Irkutsk und Chemnitz. Im Stadtteil ›Solnečnyj‹ gibt es noch den Karl-Marx-Stadt-Prospekt, den ›pr. im. Karl-Marks-Štadta‹; das Restaurant ›Fichtel'berg‹ am Stadion wich allerdings bereits der Nobelboutique ›Vojaž‹.

**Legende**

1 Bahnhof
2 Busbahnhof
3 Gebietsadministration
4 Zarendenkmal
5 Weißes Haus
6 Schauspielhaus
7 Ostsibirische Eisenbahnverwaltung
8 Philharmonie
9 Musiktheater
10 Jugendtheater
11 Heimatkundemuseum
12 Naturkundemuseum
13 Dekabristenmuseum, Volkonskij-Haus
14 Dekabristenmuseum, Trubeckoj-Haus

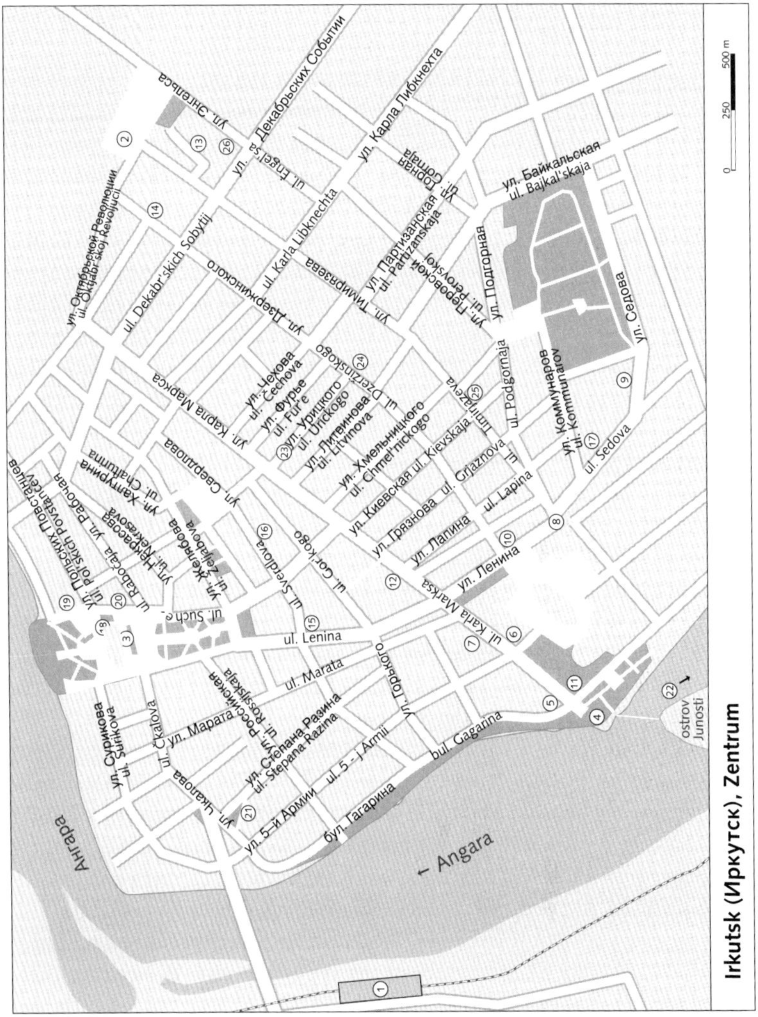

Irkutsk (Иркутск), Zentrum

15 Gemäldegalerie (Kunst Sibiriens)
16 Galerie des Künstlerverbandes
17 Kreuzkirche
18 Erlöserkirche
19 Gotteserscheinungskirche
20 Katholische Kirche
21 Pfingstkirche
22 Parkeisenbahn/Eisenbahnmuseum
23 Fußgängzone
24 Markt/Kaufhaus
25 Informationszentrum
26 Europa-Haus

# Sehenswürdigkeiten

Die Hauptstraße von Irkutsk ist die Karl-Marx-Straße (ul. Karla Marksa). Die Magistrale verläuft an der Stelle der alten Festungspalisade und ist – an der Angara beginnend – einerseits die Hauptgeschäftsstraße und andererseits dank der Vielzahl historisch interessanter Gebäude aus dem Ende des vergangenen Jahrhunderts sehenswert. Sie hieß früher ›Große Straße‹ (Bol'šaja ul.). Diese Bezeichnung findet sich in der Hoffnung auf eine Rückkehr zu den historischen Straßennamen auch in verschiedenen Publikationen der letzten Jahre, aber nach heutigem Stand der Dinge bleibt die Hauptstraße wohl marxistisch, obwohl ihr Ausgangspunkt 2003 ein markantes Beispiel für die Rückbesinnung Rußlands auf alte Traditionen lieferte: Das zur Sowjetzeit geschleifte alte Zarendenkmal wurde originalgetreu neu gegossen und im Oktober 2003 eingeweiht. Nach der Eröffnung der Transsibirischen Eisenbahn war das Denkmal 1908 zu Ehren des Zaren Alexander III. errichtet worden. Während seiner Herrschaft von 1881 bis 1894 war der Bau der Transsibirischen Eisenbahn begonnen worden, was mit drei Denkmälern in St. Petersburg, Irkutsk und Vladivostok gewürdigt wurde. Die Bronze-Statue des Zaren war allerdings drei Jahre nach der Oktoberrevolution, also 1920, demontiert und wahrscheinlich eingegossen worden. Erhalten blieben nur die vier markanten Bronzereliefs am Sockel. Die Ostseite zeigt den Doppeladler mit dem Zarenukas über den Bau der Eisenbahnlinie. An der Nordseite wird an den Kosakenhauptmann Ermak, der Ende des 16. Jahrhunderts die russische Eroberung Sibiriens einleitete, erinnert. Die West- und Südseite zeigen die Porträts zweier bedeutender, in Irkutsk ansässiger Generalgouverneure Ostsibiriens: Michail Speranskij (1819–1821) und Nikolaj Muravëv-Amurskij (1848–1861). Da der Denkmalssockel den neuen Stadtherren wohl etwas leer vorkam, setzte man 1964 anstelle des Zaren einen Betonobelisken auf und nannte das Denkmal ›Den Entdeckern beziehungsweise Eroberern Sibiriens‹ (wörtlich denen, die es zuerst durchschritten), bis nun Zar Alexander III. an seinen angestammten Platz zurückkehrte.

Wenn man mit dem Rücken zur Angara in Richtung Stadtzentrum schaut, erhebt sich rechts das Irkutsker Heimatkundemuseum. Linker Hand an der Uferpromenade steht das geschichtsträchtige Weiße Haus (bul. Gagarina 24). In den Jahren 1800 bis 1804 vom bekannten Irkutsker Kaufmann M. Sibirjakov im Stil des Klassizismus errichtet, wurde es nach seinem Tod verkauft und diente von 1837 bis 1917 der Residenz des Generalgouverneurs von Ostsibirien. Insgesamt 13 Hausherren hatte die Residenz in dieser Zeit. Hier gingen die Dekabristen und viele bekannte Persönlichkeiten wie Bakunin und Gončarov ein und aus. Nach der Oktoberrevolution wurde das Gebäude der Universität übergeben. Heute ist hier die Universitätsbibliothek mit über drei Millionen Bänden untergebracht. Dem Begriff ›Weißes Haus‹ kann man in Rußland oft begegnen. In Anlehnung an das

Washingtoner Zentrum der politischen Macht erhielten die örtlichen ›Machtzentren‹ – die zumeist in weiß gehaltenen und in den sechziger und siebziger Jahren landesweit errichteten Neubauten – im Volksmund jeweils schnell den Spitznamen ›Weißes Haus‹ (Belyj Dom). Heute hat in den Räumlichkeiten in der Regel die Gebietsadministration ihren Sitz. Irkutsk ist dabei übrigens eine Ausnahme, hier gibt es am Kirov-Platz das im Volksmund sogenannte ›Graue Haus‹. Wahrscheinlich weil der Begriff des ›Weißen Hauses‹ schon belegt war.

Auf der ul. Karla Marksa kommt man recht schnell zum Irkutsker Schauspielhaus. Nach umfassender Rekonstruktion von 1997 bis 1999 erstrahlt es in neuem Glanz. Das Haus wurde von 1894 bis 1897 errichtet und war das erste winterfeste Theatergebäude in Sibirien. Eine ständige Theatertruppe spielte bereits seit 1851 in der Stadt. Architekt Viktor Schreter hatte unter anderem auch das Marientheater in St. Petersburg entworfen. Zur Premiere wurde am 31. August 1897 Gogols ›Revisor‹ aufgeführt. Die Bühne ist nach dem Irkutsker Theaterrevolutionär Nikolaj Ochlopkov (1900–1967) benannt, der vor allem für seine Performance ›Der Kampf von Arbeit und Kapital‹ im Jahre 1921 auf dem zentralen Platz von Irkutsk mit über 2000 Mitwirkenden bekannt wurde und später nach Moskau ging. Das Schauspielhaus (ul. K. Marksa 14, Tel. 33 39 75, www.teatr.irk.ru) ist nicht das einzige Theater der Stadt. Es gibt ein altes und ein neues Musiktheater (ul. Lenina 23, ul. Sedova 29, Tel. 27 83 31, www.imt.irk.ru), das nach dem auch über die Grenzen seiner Heimatstadt bekannt gewordenen Dramatiker Aleksandr Vampilov benannte Jugendtheater (ul. Lenina 13), das Pilger-Theater (per. Volkonskogo 8,

*Pelzmützen-Geschäft in einem alten Irkutsker Holzhaus*

Tel. 20 44 37), die Philharmonie (ul. Dzeržinskogo 2), ein Musiktheater, ein Puppentheater (ul. Bajkal'skaja 32) sowie einen Zirkus (ul. Proletar-skaja 13).

Hinter dem Schauspielhaus erhebt sich das größte Stadion der Stadt mit entsprechender Flutlichtanlage. Ob man nun an die auch im Sport gültige Weisheit ›Ohne Fleiß kein Preis‹ erinnern wollte oder die auch in Rußland wachsende Bedeutung des Profisportes vorwegnehmen wollte, das Stadion jedenfalls trägt den Namen ›Trud‹ was soviel wie Arbeit bedeutet. 18 000 Zuschauer können hier den Irkutsker Mannschaften beim Arbeiten zuschauen. Der die Stadionreihen füllende Lieblingssport der Irkutsker ist im Winter Hockey. Aber nicht Eishockey mit dem Puck, sondern das so genannte Hockey mit dem Ball. In Deutschland weitestgehend unbekannt, kennt man das Spiel vor allem in Skandinavien als Bandy oder Eisball. Die Spielfläche hat die Größe eines Fußballfeldes. Zu jeder Mannschaft gehören 11 Spieler. Den Puck ersetzt ein tennisballgroßer Kunststoffball. Die Schläger sind wie beim Feldhockey leicht gekrümmt, und der Torwart muß ohne Schläger auskommen. Wer also im Winter einmal La Ola bei Minustemperaturen erleben möchte, sollte ein Punktspiel im Stadion besuchen, zumal das örtliche Team ›Sibskana‹ auch alljährlich ein ernstzunehmender Aspirant auf den russischen Meistertitel ist.

Gegenüber dem Theater steht ein mächtiges Gebäude mit sechs Säulen. Hier hat die Ostsibirische Eisenbahnverwaltung ihren Sitz. Das 1950 erbaute Haus wird unter dem Dach durch eine Relief-Galerie geschmückt, die 13 die Industrialisierung der Sowjetunion symbolisierende Arbeiterporträts zeigt. Der Werktätige rechts vom Eingang sieht dabei Josef Džugašvili alias Stalin sehr ähnlich. Während Stalin also hier eher konspirativ agiert, weist Lenin schräg gegenüber offen den Weg. Das 1950 errichtete Denkmal stammt von Nikolaj Tomskij, der seinerzeit auch das Lenindenkmal für den gleichnamigen Platz in Ostberlin schuf. Auf alten Fotografien sieht man an dieser Stelle die lutheranische Kirche von Irkutsk.

An der Kreuzung der Lenin- und der Marxstraße befindet sich auch das alte Gebäude der Russisch-Asiatischen Bank mit seinen im Jugendstil gehaltenen Turmrondell. Dieses ehemalige Bankgebäude ist nicht nur architektonisch interessant. Die Russisch-Asiatische Bank war um die Jahrhundertwende die bedeutendste Bank Sibiriens und hinterließ in der wirtschaftlichen Entwicklung zu dieser Zeit nachhaltige Spuren. Der Versuch, nach der Wende diese Tradition zu neuem Leben zu erwecken, scheiterte. Die 1989 wieder neu gegründete Russisch-Asiatische Bank ging – allerdings in anderen Räumlichkeiten – 1995 spektakulär pleite. Im ursprünglichen Gebäude der Bank befindet sich seit langem ein Krankenhaus.

Schräg gegenüber befindet sich ein altes Mietshaus, das ab 1907 als Hotel ›Central‹ bekannt wurde. Hier hatte zunächst die weißgardistische Verwaltung und später dann die 5. Armee ihren Sitz. Eine Gedenktafel erinnert an einen bekannten Journalisten im Dienste der Politischen Abteilung der 5. Armee: Im

Jahr 1920 arbeitete hier Jaroslav Hašek, der Vater des braven Soldaten Schweyk in der Redaktion verschiedener Zeitungen.

Die ul. Lenina führt in Richtung Norden zum pl. Kirova und weiter zur einen Bogen ziehenden Angara. Der Namensgeber des Platzes, Sergej Kirov, war ein sowjetischer Parteiführer. In den dreißiger Jahren war er als Parteichef von Leningrad eine Alternative zu Stalin und genoß große Sympathie innerhalb der Kommunistischen Partei, was der Diktator nicht dulden wollte. Die Ermordung Kirovs auf Befehl Stalins im Dezember 1935 war der Beginn der Schauprozesse und massenhaften Repressalien. Die Namensgebung des Irkutsker Platzes erinnert an Kirovs erste revolutionäre Sporen, die er sich in verschiedenen Städten Sibiriens und so auch 1908/09 in Irkutsk verdiente. Der Platz ist heute das administrative Zentrum der Stadt. Anstelle der von den Bolschewiken gesprengten Kazaner Kathedrale steht heute das besagte ›Graue Haus‹, das früher Sitz der örtlichen KPdSU-Zentrale war und heute die Gebietsadministration beherbergt.

*Die Ehrenwache Irkutsker Schüler*

Hinter dem ›Grauen Haus‹ gelangt man zur Angara – vorbei am noch heute von einer Ehrenwache örtlicher Schüler bewachten ›Ewigen Feuer‹ zu Ehren der sibirischen Kämpfer des Zweiten Weltkrieges. Die Anlage wurde anläßlich des 30jährigen Kriegsendes 1975 eröffnet. Die Ehrenwache steht täglich außer während der Schulferien von 10 bis 18 Uhr hier. Die Wachablösung erfolgt im 15-Minuten-Rhythmus. Zwanzig Jahre später wurde eine Brücke sowie eine Allee der Veteranen am Angara-Ufer eröffnet. Jährlich am 9. Mai, dem Tag des Sieges, treffen sich hier die Kriegsveteranen von Irkutsk. Das Denkmal auf der Brücke zur Allee ist dem Generalleutnant Afanassij Beloborodov gewidmet. Der Irkutsker kommandierte die ›Sibirischen Schützen‹, deren Einsatz in der Schlacht um Moskau von entscheidender Bedeutung war.

An dieser Stelle, an der die Keimzelle der Stadt lag, hat man einen schönen Ausblick auf die Angara. Gegenüber sieht man den Irkut in die Angara fließen und flußabwärts das 1762 eröffnete Maria-Erscheinungs-Kloster (Znamenskij monastyr'). Dort befinden sich neben der gleichnamigen Kirche die Gräber von Ekaterina Trubeckaja, der ersten Dekabristengattin, die ihrem Mann nach Sibirien folgte, und von Grigorij Šelechov, dem russischen Amerika-Seefahrer (ul. Angarskaja 14).

Zurück zur ul. Karla Marksa. Das Kino ›Chudožestvennyj‹ dient auch gleichzeitig als Aula der gegenüberliegenden, heute sehr gefragten Privathochschule für Wirtschaft und Recht. Neben vielen Geschäften und Restaurants befinden sich hier die Naturkundeabteilung des Heimatmuseums und die der Kunst Sibiriens gewidmete Filiale der Gemäldegalerie. Von der ul. Marksa zweigt die sehenswerte ul. Urickogo ab. Sie ist die einzige Fußgängerzone der Stadt und wohl bislang auch Sibiriens. Das Phänomen der Fußgängerzone zum Bummeln und Einkaufen ist bis jetzt in Rußland noch kaum verbreitet. In Irkutsk ist sie aber ein interessanter Standort für Geschäfte und Restaurants und eigentlich eine ständige Baustelle. Sie führt sie zum größten Irkutsker Kaufhaus sowie zum Markt. Der Basar ist heute eine interessante Symbiose aus der alten Markthalle aus den fünfziger Jahren und einem funktionalen, hypermodernen Anbau aus dem Jahre 1997.

Sehenswert ist in Irkutsk auch die Holzhausarchitektur. Unter allen Städten Sibiriens weist die Stadt neben Tomsk die größte Ansammlung von reich verzierten, zumeist aus dem 19. Jahrhundert stammenden Holzhäusern auf. Der Brauch, die Holzbalken anstelle einer Bretterverkleidung mit verschiedenen Ornamenten zu verzieren, ist heidnischen Ursprungs. Die vielfältigen Motive galten als magische Zeichen, die das Böse vom Haus fernhalten sollten. Sowohl die ausgesägten Ornamente als auch die geschnitzten Reliefs wurden immer weiter vervollkommnet und jeder Hausherr war bemüht, mit originellen Verzierungen des Hauses und

*Die Parkeisenbahn auf der Insel der Jugend*

des Tores seinen Wohlstand zu zeigen. Die meisten Holzhäuser finden sich im Viertel zwischen den südlich zur ul. Marksa verlaufenden Straßen ul. Dzeržinskogo und ul. Timirjazeva, insbesondere hinter der Philharmonie in Richtung des Stadtparkes, hinter dem Stadtpark zwischen ul. Sedova und ul. Bajkal'skaja sowie in der Nähe des Dekabristenmuseums und des Busbahnhofes. Unmittelbar im Stadtzentrum stehen vor allem in der ul. Marata noch viele alte Holzgebäude. Als das älteste Haus der Stadt gilt das Haus der Šubins, das wahrscheinlich 1781 erbaut wurde (ul. Lapina 23). Die meisten bewohnten Häuser sind jedoch mit ganz wenigen Ausnahmen in einem sehr bedauernswerten bis erbärmlichen Zustand, so daß man oft etwas Phantasie braucht, um sich für den Charme dieser alten und landestypischen Architektur zu begeistern. Es gibt aber auch einige Ausnahmen. Das bekannteste ist wohl das Haus der Šastins, welches aufgrund seiner wie geklöppelt anmutenden Verzierungen auch das ›Spitzenhaus‹ genannt wird und nach umfassender Rekonstruktion heute unter dem Namen ›Europa-Haus‹ als städtisches Begegnungszentrum dient (ul. Ėngelsa 21).

Auf der Angara befindet sich die Insel der Jugend (Ostrov Junosti), ein beliebter, zentral gelegener Erholungsort der Irkutsker, wo an Sommerabenden der sprichwörtliche sibirische Bär steppt. Neben einem Rummel gibt es mehrere Cafés, Springbrunnen und eine Freiluft-Diskothek. Am südlichen Ende fährt tagsüber die örtliche Parkeisenbahn. Die Eisenbahnverwaltung hat die alte sogenannte Pioniereisenbahn in den letzten beiden Jahren auf Vordermann gebracht und das Bahnhofsgebäude rekonstruiert und dort eine Berufsschule und ein kleines Museum eröffnet. Die von Kindern und Jugendlichen betreute Bahn fährt mit originalgetreuen Schmalspurkopien der beiden Expresszüge ›Bajkal‹ und ›Sibirjak‹ in 20 Minuten ihre sieben Kilometer lange Runde. Am Südende hat man einen guten Blick auf die im Bau befindliche neue Brücke über die Angara. Der Bau verläuft entsprechend der Haushaltsspielräume zum Unmut der Irkutsker sehr schleppend. Jetzt wird die Fertigstellung für 2008 avisiert. Man gelangt am besten vom Gagarin-Boulevard in Höhe des Heimatkundemuseums auf die Insel.

Der ruhige Lauf der in den historischen Texten immer als stürmisch beschriebenen Angara im Stadtgebiet von Irkutsk ist dem im Süden gelegenen Irkutsker Wasserkraftwerk zu verdanken. Mit diesem von 1950 bis 1958 errichteten Staudamm begann die Erschließung der Wasserressourcen Sibiriens. Deren Nutzung zur Energiegewinnung führte zum Bau von Kraftwerkskaskaden an der Angara und in noch größeren Dimensionen am Enisej. Im Vergleich dazu nimmt sich der damalige Irkutsker Gigant mit acht Turbinen und einer Leistung von 360 000 Kilowatt fast bescheiden aus. Der Bau hatte aber zugleich nachhaltige Auswirkungen auf das Ökosystem des Baikal. Der Wasserspiegel der Angara stieg um 30 Meter und der Wasserspiegel des gesamten Baikal um durchschnittlich einen Meter. Mehrere Dörfer und auch die alte Transsibstrecke von Irkutsk nach Port Bajkal wurden dabei geflutet. Die neue Streckenführung der Transsib verläuft von Irkutsk direkt nach Süden. Diese Streckenführung war bei der ursprünglichen Planung der Trassenführung für die Große Sibirische Bahn im Gespräch. Aufgrund der zu überwindenden Höhenunterschiede und Steigungen, die die damalige Lokomotiventechnik noch nicht bewältigen konnte, entschied man sich für die Strecken entlang der Angara und des Baikalufers. 60 Jahre später war die Steigung für die neuen Generationen von Diesel- und Elektroloks kein Thema mehr.

Unweit des Damms im Stausee liegt die ›Angara‹ vor Anker. Das Schiff ist einer der beiden Eisbrecher, mit denen in der Anfangsphase der Transsibirischen Eisenbahn von 1899 bis 1904 der Baikal überquert wurde. Das Schiff war in England in Newcastle gefertigt und in Einzelteilen nach Sibirien geliefert worden. Hier wurde es in der Schiffswerft von Listvjanka in 18 Monaten zusammengebaut. Bis zur Fertigstellung der schleifenartigen Strecke am Südwestufer überquerte es mit seinem Schwesterschiff ›Bajkal‹ zweimal täglich die gut 40 Kilometer zwischen Port Bajkal am West- und Mysovaja am Ostufer des Sees. In den Folgejahren fuhr die ›Angara‹ als Frachtschiff und Eisbrecher auf dem sibirischen Meer. Das Schwesterschiff wurde 1918 in den Kämpfen des Bürgerkrieges schwer beschädigt. Über sein weiteres Schicksal ist kaum etwas bekannt. Die ›Angara‹ drohte nach der Außerdienststellung ebenfalls zu verrotten. 1977 besann man sich aber eines Besseren und beschloß, das Schiff als Museum der Baikalschiffahrt wieder herzurichten. Noch mußte viel Wasser die Angara herunterfließen, bevor man 1988 mit der Umsetzung begann und aus der Fähre ein Museum wurde.

## Die Kirchen

Das Schicksal der Irkutsker Kirchenlandschaft verdient besondere Beachtung. Im Buch ihrer Geschichte dominieren allerdings die tragischen Seiten. Zur Jahrhundertwende wurde die Silhouette der Stadt von über 20 Kirchen bestimmt. Außerdem gab es über 50 Gebetshäuser. Heute sind von den größeren Kirchen sieben übrig geblieben, die teilweise nach wie vor zweckentfremdet sind. Das Stadtbild des alten Irkutsk wurde vor allem durch die 1892 errichtete Kazaner Kathedrale geprägt. Sie war die viertgrößte Kirche in ganz Rußland und stand nur 40 Jahre lang. Anfang der dreißiger Jahre wurde sie – analog zu der derzeit wiedererrichteten Moskauer Kathedrale – gesprengt. Heute existiert noch die ebenfalls 1892 erbaute und mit ihren blauen byzantinischen Kuppeln schön rekonstruierte Kazaner Kirche (ul. Barrikad 34). Am Kirov-Platz sieht man heute die Erlöserkirche (Spasskaja cerkov', siehe Museen) sowie die daneben befindliche, von 1718 bis 1746 errichtete Gotterscheinungskathedrale (sobor Bogojavlenija). Letztere beherbergte lange Zeit als Filiale der örtlichen Gemäldegalerie die

Ikonensammlung des Museums. Erst vor kurzem wurde sie der Gemeinde zurückgegeben. Bemerkenswert ist in ihrer Architektur die Mischung von Elementen des europäischen Barock mit altrussischen Motiven, die man hier auch unter dem Begriff ›sibirischer Barock‹ zusammenfaßt (ul. Suchė Batora 2). Nach der langjährigen Zweckentfremdung kehrt nun die Fresken- und Ikonenmalerei ins Innere der Kirche zurück. Während die rechte Hälfte des Saals bereits in neuer Pracht erstrahlt, erscheint die linke Hälfte noch in schlichtem Weiß.

Die katholische Kirche, die 1886 aus Spenden der über 20 000 nach Irkutsk verbannten Polen errichtet wurde, dient nach wie vor als Orgel- und Konzertsaal. Orgelkonzerte finden jeden Donnerstag um 14 Uhr statt. An Sonntagen finden aber auch bereits wieder Gottesdienste statt (pl. Kirova). Die eng mit den Dekabristen verbundene Erlösererscheinungskirche (Spaso-Preobraženskaja cerkov') war lange Jahre Heimstatt des Universitätsarchives und öffnete nach Rekonstruktion nun den Gläubigen wieder ihre Pforten (ul. Timirjazeva). Die Dreifaltigkeitskirche (Troickaja cerkov') bot zwar auch zu sowjetischen Zeiten himmlische Perspektiven, denn hier befand sich das Irkutsker Planetarium, aber nach Abschluß der seit über fünf Jahren laufenden Rekonstruktion wird sie diese Perspektiven wieder im Sinne ihrer Erbauer öffnen (ul. 5. Armii).

Das bedeutendste russisch-orthodoxe Gotteshaus der Stadt, das die Sowjetzeit überdauert hat, ist die Kreuzkirche (Krestovozdviženskaja cerkov'). Sie wurde um 1750 errichtet und weist auch die für den sibirischen Barock typischen Steinornamente auf. Die Ikonenwand besteht aus über 200 Ikonen. In der Sowjetzeit wurde sie zunächst, wie alle anderen Kirchen, geschlossen. 1935 wurde darin ein Anti-Religionsmuseum eröffnet. Als Stalin im Krieg gegen Nazi-Deutschland etwas toleranter gegenüber der Kirche wurde, gelang es der Gemeinde 1943, die Wiedereröffnung als Gotteshaus zu erwirken (ul. Sedova 1). Bezüglich anderer Konfessionen existieren interessanterweise in derselben Straße sowohl eine 1897 erbaute Moschee (ul. Karla Libknechta 86, Tel. 27 77 96) als auch eine 1882 eröffnete und nach langer Schließung 100 Jahre später wieder eröffnete Synagoge (ul. Karla Libknechta 23, Tel. 27 53 67).

## Museen

Das Museum ›Die Geschichte der Schiffahrt auf dem Baikalsee‹ öffnete 1991 seine Pforten und zeigt die Entwicklung der Fischerei und die Geschichte des Fährschiffes ›Angara‹ (Mo, Di Ruhetage, Rajon Solnečnyj, Tel. 35 80 85). Es ist eine Filiale des Irkutsker Heimatkundemuseums, dessen Zentrale sich gegenüber dem Weißen Haus am Zarendenkmal befindet. Mit dem Gründungsjahr 1782 ist das Irkutsker Heimatkundemuseum das älteste Museum Sibiriens. Die derzeitige

*Das Fährschiff Angara*

Heimstatt wurde aber erst nach dem großen Irkutsker Brand zwischen 1882 und 1891 im mauretanischen Stil aus Spenden der Irkutsker Bürger errichtet. Unter den an der Außenwand verewigten Sibirienforschern befinden sich mit Johann Georg Gmelin, Johann Gottlieb Georgi, Gerhard Friedrich Müller, Karl Friedrich Ledebur, Daniel Messerschmidt, Peter Simon Pallas und Alexander von Humboldt auch viele deutsche Wissenschaftler. Im Erdgeschoß des Museums kann man eine aufschlußreiche Sammlung über die Traditionen und Bräuche der örtlichen Ureinwohner (Evenken, Burjaten, Karagassen) sowie Exponate zur Regionalgeschichte besichtigen. Im ersten Stock schließt sich dann die Geschichte ab 1917 bis in die Gegenwart an (Mo Ruhetag, ul. Marksa 2, Tel. 33 34 49). Das Museum hat eine Außenstelle, in der die Exponate zu Fauna und Flora der Region zu sehen sind. Interessant ist dort auch der Überblick über die in Sibirien vorkommenden Pelztiere sowie eine kleine ›Kunstkammer‹. Analog zum Museum ›Kunstkamera‹ in St. Petersburg ist die kleine Ausstellung pathologischer Anomalitäten aber Geschmackssache (Mo Ruhetag, ul. Marksa 11, Tel. 34 08 32). Der Fundus des Museums und der Museumsbibliothek umfaßt mehr als 360 000 beziehungsweise mehr als 89 000 Exponate, darunter auch die größte Münzsammlung Sibiriens, die aber derzeit nicht ausgestellt wird.

Daneben gibt es noch ein 1996 eröffnetes Heimatmuseum für Stadtgeschichte. Es befindet sich etwas am Stadtrand und hofft auf zentralere Räumlichkeiten. Die Geschichte der Stadt wird in Panorama-Bildern erzählt, ansonsten ist die

Ausstellung zur Stadtgeschichte noch recht bescheiden. Nicht uninteressant sind die Rubriken ›Die Irkutsker Kaufmannschaft‹ ›Die Ehrenbürger von Irkutsk‹ sowie die Ausstellung örtlicher Hobbykünstler (Mi Ruhetag, ul. Čajkovskogo 5, Tel. 43 67 20).

Die zwischen 1706 und 1710 erbaute Erlöserkirche (Spasskaja cerkov') ist heute immer noch Museum und nicht Glaubensstätte. Die Kirche war eines der ersten steinernen Gebäude in Irkutsk. Ihre vom Beginn des 19. Jahrhunderts stammenden Außenfresken sind zwischen dem Ural und dem Pazifik einzigartig. Das gewaltige Tryptichon zeigt links die Christianisierung der burjatischen Ureinwohner, im Zentrum die Kreuzigung Christi und rechts die Heiligsprechung des ersten Irkutsker Bischofs Innokentij Kulčickij. Der Glockenturm wurde um 1860 angebaut. Leider überlebte die Kirche die Zeit der Sowjetmacht nicht. Lange Jahre dem Verfall preisgegeben, begann 1960 die Restaurierung. 1982 eröffnete hier das örtliche Heimatmuseum verschiedene Ausstellungen. Heute findet man im Erdgeschoß Wechselausstellungen und im 1. Stock eine Dauerausstellung zur Irkutsker Kirchengeschichte. Unter dem Titel ›Die Glocken Rußlands‹ ist im Glockenturm, den man über eine extrem schmale Treppe erreicht, eine Ausstellung zur Glockengießerei und eine Fotochronik der in der Sowjetzeit zerstörten Kirchen in Irkutsk zu besichtigen (Di Ruhetag, ul. Suchė Batora 2, Tel. 34 50 41).

Der Einfluß der nach Irkutsk verbannten Dekabristen auf das geistig-kulturelle Leben der Stadt war enorm, so daß ihr Andenken in hohen Ehren gehalten wird. Ursprünglich bestand das Dekabristenmuseum nur aus dem 1970 eröffneten Trubeckoj-Haus (Di, Mi Ruhetage, ul. Glavnaja Arsenal'skaja 64, Tel. 27 57 73). Die

*Das Dekabristenmuseum (Trubeckoj-Haus)*

Exposition berichtet über den Dezemberaufstand in St. Petersburg und die Zwangsarbeit vorrangig in der Umgebung von Čita. Desweiteren bemüht man sich, mit verschiedenen Originalen aus dem Besitz der Trubeckoj-Familie die Atmosphäre der damaligen Zeit wiederherzustellen. 1985 kam das in der Nachbarschaft gelegene Volkonskij-Haus dazu (Mo Ruhetag, per. Volkonskogo 10, Tel. 27 75 32).

Beim Irkutsker Kunstmuseum soll es sich mit heute über 14 000 Exponaten um die umfangreichste Gemäldegalerie Sibiriens und nach der Moskauer Tret'jakov-Galerie und dem Petersburger Russischen Museum um die drittgrößte Sammlung in Rußland handeln. Räumliche Probleme schränken aber die Wirkung der ausgestellten Werke deutlich ein. Die Galerie nahm ihren Ursprung in der Sammlung des berühmten Irkutsker Mäzens Vladimir Sukachov (1849–1920). Hier befindet sich neben einer guten Sammlung russischer Malerei vorrangig des 19. Jahrhunderts (Polenov, Repin, Vasnecov) auch ein Überblick über westeuropäische Malerei aus dem 17. bis 19. Jahrhundert (zum Beispiel Schinkel). Vor einigen Jahren erschien auch ein deutschsprachiger Bildband über die Galerie (Di Ruhetag, ul. Lenina 5, Tel. 24 25 28). Die Kunst Sibiriens befindet sich in einer Filiale des Museums (Mo Ruhetag, ul. K. Marksa 23) Wer sich für zeitgenössische Kunst interessiert, findet die Ausstellungsräume des örtlichen Künstlerverbandes in einem schönen, neu errichteten Holzhaus fast um die Ecke (ul. Sverdlova 15).

Sehenswert ist auch das nach der Anzahl der Exponate größte Mineralogiemuseum Sibiriens. Nach A. Sidorov benannt, ist es neben Novosibirsk-Akadem-

*Blick auf die Angara-Brücke in Irkutsk*

gorodok wohl auch die beste Exposition dieser Art östlich des Ural. Das Museum gehört zur Irkutsker Technischen Universität. Neben einer ausführlichen allgemeinen Geologie-Abteilung gibt es viel Interessantes über die Minerale Sibiriens, wie zum Beispiel eine große Čaroit-Sammlung. Der Čaroit ist ein violetter Halbedelstein, der erst Anfang der siebziger Jahre des 20. Jahrhunderts entdeckt wurde. Der bis heute einzige Fundort in der Welt ist das schwer zugängliche Tal des Lena-Nebenflusses Čara im Dreiländereck zwischen den Gebieten Irkutsk, Čita und der Republik Jakutien. Das Museum betreibt auch einen kleinen Laden (So Ruhetag, ul. Lermontova 83, Gebäude ›E‹ der Irkutsker Technischen Universität, Tel. 43 03 53).

Im Irkutsker Haus der Offiziere gibt es ein Militärmuseum, Technik wird auch auf der Freifläche daneben ausgestellt (ul. K. Marksa 47). Für Philatelisten dürfte das Postmuseum (ul. Sverdlova 35B, nur nach Voranmeldung über Sergej Korobov, Tel. 24 06 03) von Interesse sein.

Im Sommer 2003 eröffnete im 1. Stock des Bahnhofsgebäudes der Parkeisenbahn auf der Insel der Jugend auch ein kleines Eisenbahnmuseum seine Pforten, in dem die Geschichte der Eisenbahn im Irkutsker Gebiet und rund um den Baikal dargestellt wird (Do, Fr Ruhetage, Tel. 64 43 22). Seit Sommer 2006 ziert eine rekonstruierte alte Dampflok den Bahnhofsvorplatz.

Irkutsk ist 5042 Kilometer von Moskau entfernt.
Der Zeitunterschied zu Deutschland beträgt sieben Stunden.

- Reisebüros: AMA, ul. Karla Marksa 30, Tel 20 30 75, www.ama-touristik.com.
Lovely Tour, ul. Sverdlova 23, Tel. 20 06 06, www.lovelytour.ru.
Trans-Siberia Travel, ul. Suchė Batora 7, of. 216, Tel. 25 52 16, www.transibtravel.by.ru.
- Mongolisches Konsulat: ul. Lapina 11, Tel. 34 24 47, mittwochs geschlossen.
- Durchschnittstemperatur: Januar –20 °C, Juli 17 °C.

Hauptpostamt, ul. Stepana Razina 23 (Tel. 24 61 53).

- Vorwahl: 39 52 bzw. 22 aus dem Irkutsker Gebiet.

Vneštorgbank, ul. Sverdlova 40, Tel. 33 47 88.

- Geldautomaten: in den Foyers der Hotels ›Bajkal‹, ›Angara‹ und ›Rus‹.

Tel. 33 12 03, 24 43 08.

Die Stadt hat einen eigenen Flughafen am südöstlichen Stadtrand. Vom Flughafen gelangt mit dem Trolleybus Nr. 4 oder dem Bus 20 ins Stadtzentrum. Die Abfertigung erfolgt in zwei nebeneinander bestehenden Gebäuden.
Aus Europa ist ein Flug über Moskau je nach Wahl der Fluggesellschaft mit und ohne Flughafenwechsel möglich, wobei der Umsteigeauf-

wand bei den russischen Airlines geringer ist. Aeroflot und Transaero fliegen von Šeremet'evo I nach Irkutsk. Die internationalen Flüge von Aeroflot kommen in Šeremet'evo II auf der anderen Seite des Flugfeldes an. Zwischen beiden Flughäfen besteht ein Shuttle-Service, Tel. 27 12 65, 27 12 74). Transaeros internationale Flüge kommen bereits in Šeremet'evo I an. Die Fluggesellschaft Sibir' fliegt von Irkutsk zum Moskauer Flughafen Domodedovo, wo auch ihre Auslandsflüge in Richtung Frankfurt, Hannover und Düsseldorf starten. Wer zwischen Europa und Moskau westliche Carrier bevorzugt, sollte berücksichtigen, daß Lufthansa und Austrian Airlines in Moskau nach Šeremet'evo I und Swiss nach Domodedovo fliegen. Die Strecke Moskau–Irkutsk wird täglich 3–4 x beflogen (teilweise mit Zwischenlandung in Omsk oder Čeljabinsk). Die Direktflüge fliegen die Strecke in einem leichten Bogen über Syktyvkar, Perm', Chantyj-Mansijsk, Novosibirsk und Krasnojarsk. Die Strecke Novosibirsk–Irkutsk wird 4 x pro Woche bedient. Flugsicherheit steht allerdings in Irkutsk unter keinem guten Stern. In den letzten 15 Jahren gab es hier vier schwere Flugzeugunglücke mit vielen Todesopfern. Anfang 1992 stürzte ein Passagierflugzeug nach Moskau kurz nach dem Start mit 120 Passagieren ab. Ende 1997 stürzte ein in Irkutsk gestartetes Großraumfrachtflugzeug in ein Wohngebiet am Rand der Stadt, 72 Menschen kamen ums Leben. Mitte 2000 verunglückte eine TU-154 aus Chabarovsk mit 147 Menschen an Bord beim Landeanflug, und im Juli 2006 raste ein aus Moskau kommender Airbus A 310 über die Landebahn hinaus in eine Garagensiedlung, es gab 122 Tote.

Irkutsk liegt an der Transsibirischen Eisenbahn. Der Bahnhof befindet sich an der linken, westlichen Seite der Angara. Das Stadtzentrum breitet sich zwar auf der anderen Seite aus, aber unmittelbar nördlich des Bahnhofs befindet sich die wichtigste Brücke und man erreicht das Zentrum mit den Straßenbahnlinien 1 und 2 nach drei beziehungsweise vier Haltestellen. Von Moskau oder Novosibirsk aus ist man mit der Transsib knapp 90 beziehungsweise 35 Stunden unterwegs. Weiter in Richtung Osten gehört die am Baikal vorbeiführende Strecke Novosibirsk–Ulan-Udė (9 Stunden) zu den landschaftlich reizvollsten Abschnitten der Transsib. Es verkehrt täglich ein Zug über Tajšet weiter auf der BAM nach Bratsk und Severobajkal'sk (Tel. 43 17 17, 28 22 87).

Der Busbahnhof befindet sich in der Nähe der beiden Dekabristenmuseen. Es gibt Busverbindungen zu verschiedenen Orten am Baikal und auf die Insel Ol'chon sowie in Richtung Norden nach Angarsk, Ust'-Ordynskij und Bratsk (ul. Timirjazeva, Tel. 27 24 11, www.irk.ru/ref/sbus/). Neben den im Fahrplan ausgewiesenen Bussen suchen sich parallel häufig private Routentaxen ihre Kunden.

Es gibt zwei Schiffsanlegestellen: nördlich und südlich der Staumauer des Irkutsker Wasserkraftwerkes. An der bedeutenderen, südlichen Anlegestelle fahren Tragflächenboote und Dampfer die Angara stromaufwärts zum Baikal nach Listvjanka, Port Bajkal sowie weiter gen Norden bis nach Severobajkal'sk (Stadtteil ›Solnečnyj‹). Nördlich des Staudamms gibt es mehrere Anlegestellen (bul. Gagarina), von denen aus die Dampfer in die Vororte sowie nach Angarsk und das Tragflächenboot 3 x pro Woche nach Bratsk aufbrechen (Tel. 23 80 72, www.irk.ru/ref/boats/angara.html).

In der Vergangenheit galt das ›Irkutsk-Inturist‹ als das größte und beste Hotel am Platz. Direkt am Ufer der Angara und nicht weit vom Zentrum entfernt heißt es jetzt Baikal-Hotel. Auf dem Dach steht aber noch der alte Name. Das Hotel bietet mit langjähriger Inturist-Erfahrung guten Service zu vernünftigen Preisen. Hervorzuheben ist die sehr breite Palette unterschiedlichster Restaurants und Bars im Hause (›Sibirische Kneipe‹, ›Dschingis Khan‹, ›Gabriella‹, ›Seoul‹ und sogar ›Berlin‹ mit Eisbein und Gemüsesalat ›Lübbenau‹). Hier wurde auch investiert, die 250 Zimmer sind allerdings mittlerweile recht heruntergekommen. Bezahlung mit Kreditkarte möglich, mittlere Preisklasse (bul. Gagarina 44, Tel. 25 01 68).

Als die besten Hotels gelten heute das ›Evropa‹, das ›Solnce‹ sowie das Hotel des ›Bajkal Biznes Centr‹. Alle drei bieten durchaus westlichen 4-Sterne-Standard.

▶ Das 2004 eröffnete ›Evropa‹ gibt sich klassizistisch und nobel mit Preisen von 1500 Rbl. für ein DZ bis 15 000 Rbl. für die Präsidenten-Suite (ul. Baikalskaja 69, Tel. 29 15 15).

▶ Das ›Bajkal Biznes Centr‹ bietet daneben eine für Geschäftsleute interessante Dienstleistungspalette. Es liegt verkehrsgünstig auf dem Weg vom Flughafen zur Stadt neben dem neuen Ausstellungszentrum, unweit der Ausfallstraße zum Baikal. 57 Zimmer, Kreditkarten werden akzeptiert, obere Preisklasse (ul. Bajkal'skaja 279, Tel. 35 09 22).

▶ Nicht weit davon entfernt liegt das unter serbischem Management stehende ›Solnce‹ mit 32 schönen Zimmern (ul. Bajkals'kaja 295, Tel. 25 59 10).

▶ Unmittelbar im Zentrum der Stadt befindet sich auch das am pl. Kirova schräg gegenüber der Gebietsadministration gelegene Hotel ›Angara‹. Es bietet mit knapp 500 auf verschiedenen Etagen unterschiedlich renovierten Plätzen und zwei Restaurants ein breites Spektrum hinsichtlich Komfort und Preis. Das Foyer ist in schwarzen Kacheln gehalten, und die Gastronomie ist auch besser geworden. Bezahlung mit Kreditkarte möglich, mittlere Preisklasse (ul. Suchė-Batora 7, Tel. 25 51 06, www.angarahotel.ru).

▸ Das der Gebietsadministration gehörende Hotel ›Rus'‹ ist in einer Seitenstraße ebenfalls zentral gelegen, somit ruhiger, aber auch einfacher und preiswerter. Mittlere Preisklasse. Dasselbe Unternehmen verwaltet auch zwei, allerdings sehr teure, kleine exklusive VIP-Gästehäuser (ul. Sverdlova 19, Tel. 34 37 15).

▸Im Sommer bietet auch die örtliche Fedorov-Mikrochirurgie-Augenklinik ihre Zimmer als Hotel ›Ikar‹ (Ikarus) für Nichtpatienten an. Das Hotel liegt am anderen Angara-Ufer im Hochschulbezirk, mittlere Preisklasse (ul. Lermontova 337, Tel. 46 25 69).

▸Daneben gibt es auch einige preiswerte Alternativen. Mehrere Agenturen bieten Privatunterkünfte an.

▸ Es gibt auch zwei empfehlenswerte Pensionen, die allerdings nur sehr wenig Plätze haben: das ›Amerikanische Haus‹ (8 Plätze, ul. Ostrovskogo 19, Tel. 43 26 89) eines russisch-amerikanischen Ehepaars sowie das mit Hilfe Dresdner Baikalfans entstandene ›Baikalhostel‹, ul. Lermantova 136, Kv.1, www.baikalhostels.com.

Die Restaurant-Landschaft von Irkutsk hat sich in den letzten Jahren stark ausgedehnt. Erstmalig erschien 2003 ein eigenständiger Restaurantführer, der – allerdings etwas reklamelastig – über 80 Restaurants, Cafés und Bars in Irkutsk und Umgebung auflistet. Wir beschränken uns hier auf einige zumeist relativ zentral gelegene Lokalitäten.

▸ An der Angara-Brücke lohnt ein Besuch des ›Savoj‹, das mit guter Gastronomie und gutem Service überzeugt (ul. Čkalova, Tel. 34 05 22).

▸ Am pl. Kirova zentral gelegen, bietet das Restaurant ›Tichvinskaja ploščad'‹ traditionelle russische Küche in angenehmer Atmosphäre (ul. Lenina 146, Tel. 29 36 51).

▸ Im netten Restaurant ›Kovcheg‹ (Arche) darf man sich vom wenig einladenden Eingang nicht abschrecken lassen (bul. Gagarina 38, Tel. 33 07 63).

▸ Das erste China-Restaurant der Stadt war das ›Drakon‹ (Drache, ul. 5. Armii 67, Tel. 33 23 86).

▸ Mit gelungener koreanisch-chinesischer Mischung der Küche wartet das ›Seoul‹ auf (ul. Dekabr'skich Sobytij 57, Tel. 24 38 24).

▸Da Bier in Rußland immer populärer wird, findet man auch eine wachsende Zahl zumeist rustikaler Bierkneipen, wie zum Beispiel den Bierkeller ›Efimyč‹, der sich im Sommer auch um einen Biergarten erweitert. Jakov Efimovyč Metelev eröffnete Ende des 19. Jahrhunderts die erste Brauerei für Bier nach Pilsner Brauart in Irkutsk (ul. K. Marksa 3, Tel. 20 01 70).

▶ Das echte Pilsner Urquell gibt es im ›U Švejka‹. Schweyk-Erfinder J. Hašek lebte bekanntlich einige Zeit in Irkutsk. Der Bierkeller befindet sich unmittelbar gegenüber dem örtlichen Haus der Offiziere (ul. K. Marksa 34, Tel. 24 26 87).

▶ Auch das alte ›Fichtelberg‹ wurde im Keller des anderen Gebäudeflügels am Stadion als rustikale Bierbar ›Starina Fichtel‹ (Alter Fichtel) zu neuem Leben erweckt (Tel. 24 04 68).

▶ Es gibt auch mehrere Cafés im europäischen Sinne, so das ›Venskoe Kafe‹ (Wiener Café, ul. Stepana Razina 19, Tel. 20 21 16) und die ›Russkaja Čajnaja‹ (Russische Teestube, ul. K. Marksa 3, Tel. 20 16 76).

▶ Gut und schnell wird man in der Pizzeria ›Domino‹ satt (ul. Lenina 13a, Tel. 24 00 75).

▶ Balkanküche gibt es im Restaurant ›Belgrad‹ – im Vorderraum mit Selbstbedienung, dahinter mit Bedienung (ul. Urickogo 5, Tel. 33 61 57).

▶ Eine sehr preiswerte Alternative für den schnellen Hunger ist die Selbstbedienungs-Pel'mennaja ›Medvežyj Ugol‹ (Bärenecke, ul. B. Chmel'nickogo 7). Im Nebeneingang befindet sich eine kleine Bar.

▶ Die beste Diskothek im Zentrum von Irkutsk ist das ›Stratosfera‹. Hier befindet sich neben dem Restaurant ›Marciano‹ auch ein Bowlingzentrum (ul. K. Marksa 15, Tel. 24 34 36).

Das einzige große Kaufhaus (Torgovyj Kompleks) liegt in der ul. Dzeržinskogo in Höhe der Fußgängerzone (ul. Urickogo).

▶ Unmittelbar daneben befindet sich der Markt, der 1997 durch einen neuen, modernen Pavillon ergänzt wurde.

▶ Weiter östlich befindet sich mit dem Handelszentrum ›Prestiž‹ eine neue Shopping-Mall einschließlich Lebensmittelmarkt, die sich bei den Irkutskern wachsender Popularität erfreut (Ecke ul. Bajkal'skaja/ul. Sovetskaja).

▶ Der beste Buchladen ›Antej‹ befindet sich am Lenindenkmal (ul. K. Marksa 20). Unmittelbar daneben findet man einen reichhaltigen Souvenirladen, vor beiden Geschäften bieten auch mehr oder wenige professionelle Maler ihre Baikalmotive an. Ein Antiquariat befindet sich in der ul. Litvinova 1.

▶ Das beste Antiquitätengeschäft betreibt Sergej Snarskij im Keller eines Holzhauses hinter den Ruinensäulen am pl. Kirova (ul. Rossijskaja 23, Tel. 33 42 86).

▶ CDs/DVDs gibt es in großer Auswahl bei ›Master Plus‹ (ul. Sverdlova 36, Tel. 20 22 60).

# Die Dekabristen

Im Dezember 1825 erlebte Rußlands Metropole St. Petersburg einen bis dato unvorstellbaren Aufstand von Teilen des Adels und der Armee gegen die zaristische Selbstherrschaft. Im November 1825 war Zar Alexander I. unerwartet verstorben. Bis zur Krönung des neuen Zaren Nikolaj I. war aufgrund des Thronverzichtes seines älteren Bruders zunächst ein Machtvakuum entstanden, das die Aufständischen am Tag der geplanten Krönung Nikolajs I. zu dessen Sturz nutzen wollten. Die Ideen der Französischen Revolution, die viele Russen nach dem Sieg über Napoleon und dem nachfolgenden Feldzug durch Europa in ihrer Umsetzung erlebt hatten, schärften ihren Blick für die Überholtheit der russischen Verhältnisse. Innerhalb der Elite entstanden verschiedene Geheimbünde mit dem Ziel, den Zaren zu stürzen, die Leibeigenschaft aufzuheben und das Land in eine Republik zu wandeln. Am 14. (26.) Dezember 1825 sollten den Worten Taten folgen, und die Anführer und Aktivisten dieses Dezemberaufstandes gingen, benannt nach dem Monatsnamen ›dekabr'‹ für Dezember, als Dekabristen in die russische Geschichte ein.
Der Aufstand war jedoch dilettantisch vorbereitet und außerdem verraten worden. Als sich am entscheidenden Tag im Morgengrauen etwa 2000 unter dem Kommando der rebellierenden Offiziere stehende Soldaten auf dem Petersburger Senatsplatz sammelten, war der neue Zar bereits informiert, und seine Garde stand zur Umzingelung der Aufständischen bereit.
Am Nachmittag war der Aufstand niedergeschlagen. Am Abend begannen die Verhaftungen. Da es sich bei dem Aufstand aber nicht um eine Palastrevolution, sondern um eine Rebellion der Elite mit weitreichenden politischen Forderungen handelte, kannte der neue Zar Nikolaj I.keine Gnade und statuierte ein Exempel seiner Macht. 579 Personen wurden als ›Angehörige der übelgesinnten Gesellschaft‹ zur Verantwortung gezogen, 131 von ihnen kamen vor das Petersburger Strafgericht. Fünf führende Köpfe der Bewegung – Kondratij Ryleev, Pavel Pestel', Sergej Murav'-ëv-Apostol, Michail Bestuěev-Rjumin und Petr Kachovskij – wurden im Juli 1826 in der Peter-und-Pauls-Festung hingerichtet. Einige Todesurteile wurden in Zwangsarbeit abgemildert. Insgesamt 121 Mitstreiter wurden zur Zwangsarbeit (Katorga) mit anschließender Zwangsansiedlung (Ssylka) nach Sibirien verbannt. Gleichzeitig wurde ein Gesetz beschlossen, das besagte, daß die Frauen der Verbannten als Witwen galten und ohne Scheidung wieder heiraten konnten. Doch elf Ehefrauen, darunter auch zwei Französinnen, brachten

*Dekabristenaufstand auf dem Senatsplatz in St. Petersburg*

den Zaren mit dem Verzicht auf diese ›Gnade‹ erneut in Rage und folgten ihren Männern nach Sibirien.
Diese mutigen Frauen avancierten zu den eigentlichen Heldinnen der Geschichte, da sie aus Liebe und Überzeugung den Verlust ihrer Standesrechte und Besitzstände in Kauf nahmen und in einer Verzichtserklärung anerkennen mußten, daß in Sibirien geborene Kinder Leibeigene des Staates waren. Im Juli 1826 begann die Deportation. Die Silberbergwerke von Nerčinsk und Akataj östlich des Baikalsees waren die ersten Bestimmungsorte der Dekabristen. Im darauffolgenden Jahr wurden sie in das Gefängnis der damals noch kleinen Festung Čita verlegt, wo sie erheblichen Einfluß auf die Planung der Stadtentwicklung hatten. Die nächste Station war das 500 Kilometer weiter südöstlich gelegene Petrovskij Zavod. Unzählige Petitionen und gute Führung bewirkten, daß nach vorzeitiger Umwandlung der Katorga in Ssylka viele Dekabristen einen gewissen Einfluß auf die Wahl ihres Verbannungsortes nehmen konnten. Zumeist fiel die Wahl auf Irkutsk, die damalige Hauptstadt Sibiriens, und deren Umgebung, so zum Beispiel auch bei den Familien der Zarenoffiziere Sergej Volkonskij und Sergej Trubeckoj.
Fürst Sergej Trubeckoj (1790–1860) war 1816 als soeben beförderter Oberst einer der Gründer des ersten Geheimbundes ›Union der Rettung‹.

Er war einer der Vordenker der Rebellion und zugleich als Verfasser des Manifestes der Dekabristen dazu berufen, nach dem Sieg vorübergehend die Leitung der Staatsgeschäfte zu übernehmen. Da er an den Auseinandersetzungen am 14. Dezember persönlich nicht teilnahm, wurde sein Todesurteil in lebenslange Zwangsarbeit umgewandelt. Seine Frau Ekaterina Trubeckaja (1800–1854) folgte ihrem Mann als erste der Ehefrauen. Nach knapp 20 Jahren in verschiedenen Orten und Bergwerken erhielten sie 1845 die Erlaubnis, nach Irkutsk überzusiedeln.
Fürst Sergej Volkonskij (1788–1865) entstammte einem alten russischen Adelsgeschlecht. Er wurde zunächst ebenfalls zum Tode verurteilt und dann zu 20 Jahren Zwangsarbeit begnadigt. Seine Frau Maria Volkonskaja (1805–1863) war die Urenkelin des großen Wissenschaftlers Michail Lomonosov und folgte ihrem Mann gegen den Willen ihrer Familie in die Verbannung. »Welchen Mut man benötigt, um in diesem Land zu leben. Es ist ein Glück, daß wir Euch keine freimütigen Briefe darüber schicken dürfen«, umschrieb sie ihre Lage. Der Schicksalsweg führte sie mit den Trubeckojs zusammen, und beide Familien verband in der Folge eine enge Freundschaft, die die Volkonskijs ebenfalls nach Irkutsk brachte. Da beiden Familien als Verbannten eine Teilnahme am öffentlichen Leben in der Stadt verboten war, holten sie das öffentliche Leben zu sich nach Hause. Mit Empfängen, Lesungen, Musikabenden und Theateraufführungen wurden die Häuser zu geschätzten Zentren der Irkutsker Gesellschaft.
Nach 30 Jahren kam 1856 durch den neuen Zaren Alexander II., der 1861 auch die Leibeigenschaft in Rußland abschaffte, die Begnadigung. Von den 19 Dekabristen, die noch am Leben waren, kehrten 16 in den europäischen Teil Rußlands zurück und ließen sich in verschiedenen Provinzen nieder, denn ein Wohnsitz in St. Petersburg oder Moskau blieb ihnen auch weiterhin verwehrt. Die Ideen der Dekabristen wurden in der Folgezeit von allen liberalen, sozialdemokratischen und bolschewistischen Gegnern des Zarismus aufgegriffen. Die Dekabristen wurden in Rußland zum Inbegriff für den Geist der Freiheit gegen den zaristischen Absolutismus. In Sibirien dankt man ihnen den großen Schub, den sie dem geistig-kulturellen Leben Sibiriens brachten; man begegnet ihren Spuren an vielen Orten. In Irkutsk bilden die beiden ehemaligen Häuser der Familien Trubeckoj und Volkonskij heute das größte Dekabristenmuseum Rußlands.

*Schild vor einem Souvenirladen in Listvjanka*

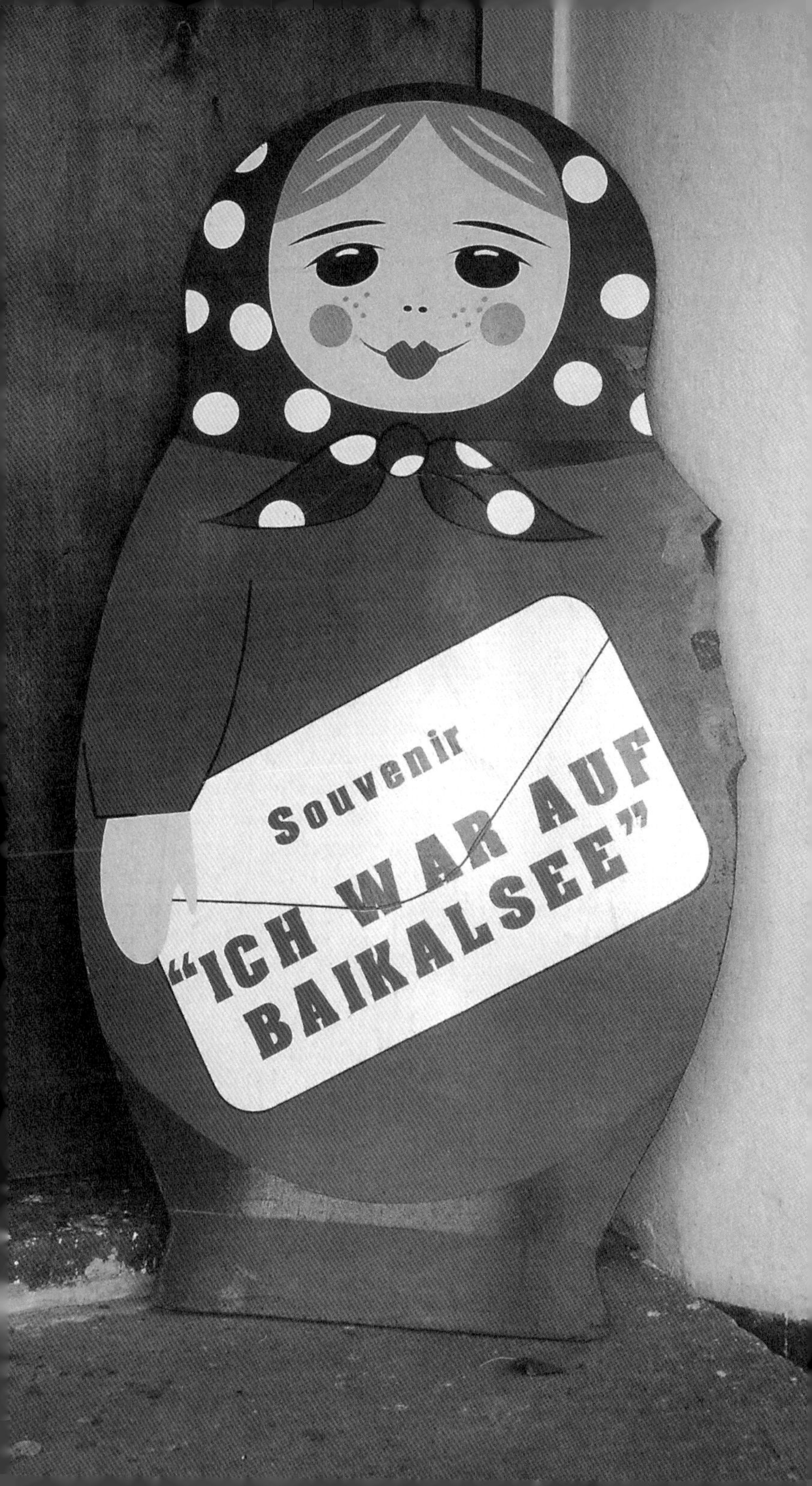
Souvenir
"ICH WAR AUF
BAIKALSEE"

# Von Irkutsk nach Listvjanka

Die für russische Verhältnisse hervorragend ausgebaute Trasse von Irkutsk zum Baikal hat ihren eigenen Namen und ihre eigene Geschichte. Der ›Baikaltrakt‹ wurde 1960 extra für ein zwischen Nikita Chruščёv und Dwight Eisenhower geplantes Treffen am Baikal errichtet. Aufgrund der U-2 Affäre wurde zwar aus dem Treffen nichts, aber die neue Straße, deren Streckenführung die künftige Infrastrukturentwicklung nachhaltig beeinflußte, war fertig. Es gab allerdings schon im 17. Jahrhundert eine Verbindung zwischen Irkutsk und Listvjanka, die Reise dauerte damals über drei Tage.

Am anderen, westlichen Ufer der Angara verliefen seit Anfang des 20. Jahrhunderts die Gleise der Transsibirischen Eisenbahn. Mit dem Bau des Irkutsker Wasserkraftwerkes sollte sich das ab 1959 ändern. Die neue Streckenführung der Transsib führte ab Irkutsk direkt nach Süden bis nach Kultuk an der Südspitze des Baikal. Der neu entstehende Irkutsker Stausee flutete die alte Eisenbahnstrecke und erreichte in der zweiten Jahreshälfte 1959 seine endgültigen Ausmaße. Erst dann konnte man die Anlage neuer Straßen planen und die neue Straße zwischen Irkutsk und dem Baikal aus dem gegebenen Anlaß sehr zügig bauen. Am westlichen Angaraufer gibt es bis heute keine durchgehende Straße, nur eine Schotterpiste, die auf etwa 15 Kilometern zu verschiedenen Kleingartenanlagen führt.

An dem auf der östlichen Seite des Irkutsker Staudamms gelegenen Kreisverkehr beginnt die ›Bajkal'skij Trakt‹ genannte Ausfallstraße zum ›blauen Auge Sibiriens‹. Mit dem Auto braucht man eine knappe Stunde, der Linienbus fährt 1 Stunde und 15 Minuten. Am Stausee erinnert der Eisbrecher ›Angara‹ an die Frühzeit der Schiffahrt auf dem Baikal, denn dieses Schiff war ursprünglich eine Eisenbahnfähre und zu Beginn des 20. Jahrhunderts ein Teil der neuen transsibirischen Eisenbahnverbindung. Linker Hand vom Kreisverkehr öffnet sich der Blick zum örtlichen Flughafen.

Ab Kilometer 5 in Richtung Listvjanka folgen Felder der Irkutsker Landwirtschaftsakademie, die vor allem der Zucht und Selektion neuer Getreidesorten unter den hiesigen klimatischen Bedingungen dienen. Ansonsten ergibt sich das für Ausfallstraßen typische Bild neuer Märkte und Geschäfte.

Bei Kilometer 11 erhebt sich ein riesiger Ritter in Rüstung und lädt in das Restaurant ›Ritterhof‹ ein, wo man zu russischer und georgischer Küche einkehren kann. Das Ambiente ist originell, die Preise relativ hoch (Tel. 39 92 74).

Am Kilometer 14 fährt man durch das Dorf Novolisicha, das früher nur Lisicha hieß. Der Name stammt von der Fuchsjagd, die hier oft begann. In dem Dorf leben auch noch viele Wolgadeutsche, die im Zweiten Weltkrieg hierher deportiert wurden. Die links abzweigende Straße führt zum Dorf Pivovaricha, wo ebenfalls noch Deutsche leben, die Klaus Bednarz in der ›Ballade vom Baikalsee‹ portraitierte.

Kilometer 17 steht für viele Kleingartenanlagen mit Namen wie ›Schneeglöckchen‹ ›Waldwiese‹ oder ›Aviator‹. Viele Irkutsker haben eine Datsche auf einem 600 Quadratmeter großen Standardgrundstück in der Umgebung der Stadt. Die Erholung im Garten artet aber oft in Arbeit aus, denn ein solcher Garten spielt bei der Eigenversorgung mit Kartoffeln, Gemüse und Obst samt dem Einwecken für den Winter eine sehr große Rolle.

In Höhe von Kilometer 21 lohnt ein Abstecher zum im Jahr 2000 im angrenzenden Wald aus Holzstämmen erbauten Hotel ›Bajkal‹. Außer Hotelzimmern kann man ganze Holzhäuschen mieten und sich bei Restaurant- und Saunabesuch gut erholen. Das Restaurant hat entlang des Traktes den besten Ruf (Tel. 25 36 00). Einen Kilometer weiter befindet sich an der Mündung des Flusses Elovaja in die Angara ein Campingplatz mit 150 Plätzen (Tel. 33 63 84).

Irkutsk und der südliche Baikalsee

Bei Kilometer 28 liegt linker Hand das Dorf Lebedinka. Trotz des schwanenhaften Namens sind hier aber keine Schwäne. Man findet nur weitere Kleingartenanlagen und Erholungsheime wie das Sanatorium ›Zelënyj Mys‹ (Tel. 155190) oder die Touristenbasis ›Goluboj Zaliv‹ (Tel. 353523). Hier hat auch der bekannte Schriftsteller Valentin Rasputin seine Datsche.

Bei Kilometer 34 durchfährt man eines der beiden größeren Dörfer entlang des Traktes. Burdakovka liegt am gleichnamigen Fluß und taucht bereits zu Beginn des 19. Jahrhunderts in den Chroniken auf.

Am Kilometer 39 befindet sich unweit des Dorfes Burdugus der Erholungskomplex ›Sibir'skaja Zaimka‹, den Reisegruppen häufig ansteuern. Hier stehen Folklorefeste, Schlitten- und Trojkafahrten auf dem Programm.

Am Kilometer 47 lohnt auf jeden Fall ein längerer Aufenthalt, denn hier befindet sich das außerordentlich interessante Freilichtmuseum ›Tal'cy‹.

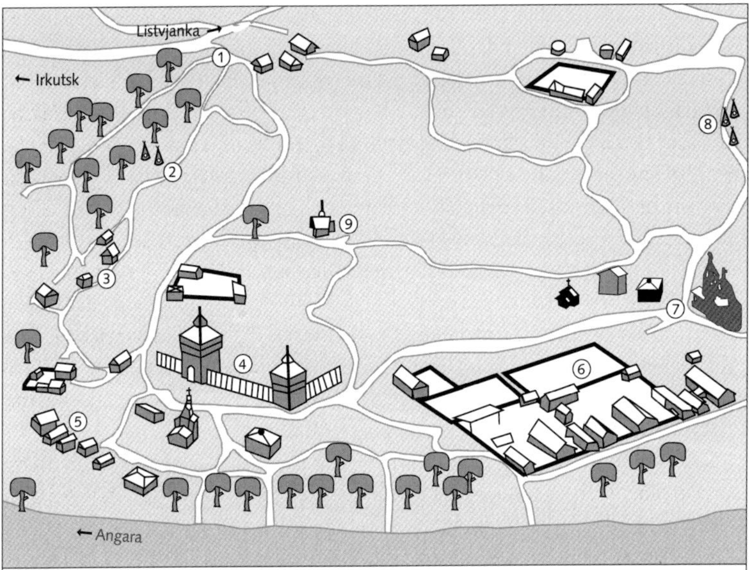


**Freilichtmuseum Tal'cy (Тальцы)**

**Legende**

1 Eingang
2 Evenken
3 Mühlenkaskade
4 Ostrog (Fort) Ilinsk
5 Russische Bauernhäuser
6 Russische Gutshöfe
7 Holzkirche
8 Burjatische Jurten
9 Friedhof

Es wurde 1966 gegründet, öffnete aber erst 1980 seine Pforten für Besucher. Nach der Fertigstellung des Bratsker Stausees besann man sich der vielen historischen Denkmäler, die in den Fluten des neuen Stausees unwiderbringlich untergegangen waren. Beim nächsten Staudamm der Angara-Kaskade im nördlicher gelegenen Ust'-Ilimsk wollte man diesen Fehler nicht wiederholen und beschloß, Architekturdenkmäler aus dem Gebiet des künftigen Stausees umzusetzen. Das neugegründete Museum am Angaraufer sollte die Bauten aufnehmen und zeigt heute auf einem Gelände von knapp 70 Hektar hervorragende Beispiele der Holzarchitektur aus ganz Ostsibirien. Besondere Beachtung verdienen der Erlöserturm (Spasskaja bašnja), einer von acht Türmen der ersten ostsibirischen Festung in Ilimsk, sowie die ebenfalls von dort stammende Kazaner Kapelle. Der Turm stammt aus dem Jahr 1667. Die Kapelle wurde 1679 errichtet. Beide wurden vor über 300 Jahren ohne einen einzigen Nagel erbaut. Das Museum umfaßt 13 verschiedene Themenkomplexe mit insgesamt 36 Bauten. Interessant sind auch die Jurten der evenkischen und burjatischen Ureinwohner und die vor allem aus dem Gebiet Bratsk stammenden Bauerngehöfte und Grabstätten.

In der ›Butterwoche‹ (›Maslenica‹, die Woche vor Beginn der Fastenzeit) ist das Museum Ort eines großes Volksfestes, wo man die alten sibirischen Bräuche mit Tanz, Gesang und Verbrennung von Strohpuppen, die den Winter symbolisieren sollen, erleben kann. Auch zu Ostern, Pfingsten und Allerheiligen finden hier Folklorefeste statt. Wenn man den Besuch des Museums mit dem Ausflug nach Listvjanka verbindet, sollte man mindestens zwei Stunden für das Museum einplanen (ohne Ruhetag, Öffnungszeiten im Winter 10 bis 16 Uhr, im Sommer 10 bis 17 Uhr, Tel. 33 47 05).

Der Pribajkal-Nationalpark beginnt bei Kilometer 50. Mit dem Gründungsjahr 1986 gehört er zu den neueren Naturschutzinitiativen und ist sozusagen ein Kind der Perestrojka. Der Park erstreckt sich von der Südspitze des Baikal bei Kultuk bis kurz vor das Kap Rytyj nördlich der Insel Ol'chon.

Bei Kilometer 52 erreicht man die Siedlung Bol'šaja Rečka. Den gleichnamigen Fluß überquert die Straße am Ortsausgang. Es gibt einen Holzverarbeitungsbetrieb, eine große Pelzfarm, und auch der regionale Straßenbau hat hier seinen Sitz. Im Ort leben mehrere Künstler wie zum Beispiel der Schriftsteller und Maler Valerij Nefedov, das mit Rinde und Bast arbeitende Ehepaar Šitko und der Bildhauer Jurij Panov, dessen Schicksal und dessen Holzschnitzereien viele Zuschauer der ›Ballade vom Baikalsee‹ beeindruckten. Einige Statuen sind in seinem Vorgarten zu besichtigen (ul. Angarskaja 11).

Bei Kilometer 57 befindet sich das Erholungsheim und Gästehaus der russischen Regierung ›Angarskij Chutor‹. Es besteht aus einem Hotel mit 21 Zimmern und einer Holzvilla. Hier wohnte auch Helmut Kohl, als er Boris Jelzin am Baikal besuchte. Das Hotel untersteht dem Irkutsker Hotel ›Rus'‹ und ist im Prin-

*Im Freilichtmuseum von Tal'cy*

zip, wenn keine Staatsgäste da sind, auch für normale Gäste offen. Wenn sich jedoch dann kurzfristig hoher Besuch ansagt, wird man unverzüglich hinauskomplimentiert.

Bei Kilometer 61 entstand 2003 unmittelbar an der Straße ein neues Erholungsheim des Ministeriums für Katastrophenschutz. Bleibt zu hoffen, daß die Katastrophenschützer immer nur zur Erholung und nie dienstlich an den Baikal kommen. Einen Kilometer weiter beginnt das Dorf Nikola, das am Angara-Abfluss in Listvjanka übergeht.

## Listvjanka

Listvjanka gilt als das Tor zum Baikal, denn für die meisten Touristen gilt, daß die erste Bekanntschaft mit dem Baikalsee ein Tagesausflug nach Listvjanka ist. Der Ortsname läßt sich etwa mit Lärchenareal übersetzen. Die namensstiftenden Lärchenwälder findet man am östlichen Ortsrand, wo auch das vorstoßende Kap nach diesem taigatypischen Baum benannt ist. Erstmalig taucht Listvjanka, damals Listviničnoe in den Reisenotizen des deutschen Forschers I. Georgi auf, der 1772 den Baikal besuchte und hier das Winterlager eines Bauern aus dem benachbarten Nikolskoe (heute Nikola) beschrieb. Dann wurde eine Poststation eingerichtet und damit fixierte sich mit Beginn des 19. Jahrhunderts der Schiffsverkehr über den Baikal am Westufer auf Listvjanka. Der Ort wurde wohlhabend und zählte bereits Ende des 19. Jahrhunderts über 700 Einwohner. Beim Bau der transsibirischen Eisenbahn gab man allerdings dem anderen Angaraufer den Vorzug. In Port Bajkal errichtete man den Hafen für die Baikalfähren. In Listvjanka entstand aber die Werft, die in zwei Großaufträgen die in England bestellten und in Einzelteilen gelieferten Fährschiffe endgültig zusammenbaute und ausstattete. Der nächste große Einschnitt in die Geschichte des Ortes kam mit der Errichtung des Irkutsker Wasserkraftwerkes und der Aufstauung der Angara. Der Wasserspiegel stieg um über einen Meter, und Teile des Dorfes wie zum Beispiel auch die Dorfkirche mußten vom Angaraufer in die Täler der Zuflüsse umziehen.

Als Port Bajkal zum Endpunkt einer Sackbahn wurde und 1961 die Straße zwischen Irkutsk und Listvjanka gebaut wurde, begann sich der Ort zum Tourismus-Zentrum zu entwickeln. Vor allem Tagestouristen, auch aus dem Ausland, besuchten den Baikal von Irkutsk aus in Listvjanka. Diesen Ruf des Tores zum Baikal hat es bis heute behalten, und der Ausbau der touristischen Infrastruktur

**Listvjanka (Листвянка)**

**Legende**

1 Hafen
2 Busbahnhof
3 Baikalmuseum
4 Robbenzirkus
5 Kirche
6 Galerie
7 Liedertheater
8 Observatorium
9 Černskij-Stein
10 Obelisken
11 Sessellift

КАРТИННАЯ
ГАЛЕРЕЯ
Чапаева 76

läuft auf Hochtouren. Die Baikalfans sind in ihrer Sicht auf Listvjanka allerdings geteilter Meinung. Die meisten Baikalbesucher kennen vom Baikal nur den Blick vom Ufer in Listvjanka und verkünden stolz und nicht zu Unrecht, daß sie am Baikal waren. Die Kenner des Baikal kontern dann in der Regel sofort, daß, wer nur in Listvjanka war, noch keine Ahnung vom Baikal, seiner Größe, seiner Würde und seinem Charakter hat. Damit liegen sie natürlich ebenfalls richtig.

Heute erstreckt sich die Siedlung mit etwa 1500 Einwohnern auf fünf Kilometern entlang des Baikalufers und des ersten Stückes des Flusses Angara. Die 1779 Kilometer lange Angara ist bekanntlich der einzige Abfluß des Baikal. Mit einer Mündungsbreite von 863 Metern, einer maximalen Tiefe von vier bis sechs Metern und einer Fließgeschwindigkeit von fünf bis acht Metern pro Sekunde ist dieser ›Abfluß‹ in seinen Dimensionen von durchschnittlich 2000 Kubikmetern pro Sekunde weltweit einzigartig und insbesondere im Winter ein beeindruckendes Naturschauspiel, da das aus der Tiefe des Sees abfließende Wasser auch bei stärkstem Frost erst nach etwa 15 Kilometern auf der Angara gefriert und hier sogar ganzjährig der Schiffsverkehr zwischen Listvjanka und Port Bajkal aufrecht erhalten werden kann. In der Mitte des Flusses sieht man noch die Spitze des aus der Legende von Vater Baikal und seiner Tochter Angara bekannten Schamanensteines (mys Šamanskij), von dem aber durch die Entstehung des Irkutsker Stausees heute wirklich nur noch die Spitze aus dem Wasser ragt. Auf der anderen Flußseite sieht man die Siedlung Port Bajkal, wo heute die Baikalbahn ihren Endpunkt hat.

Auf der Höhe der Baikalmündung steht ein Denkmal für den Dramatiker Aleksandr Vampilov. Der bekannte Schriftsteller kam an dieser Stelle 1972 im Alter von nur 35 Jahren bei einem tragischen Bootsunfall ums Leben.

Hier erhebt sich auch der Čerskij-Fels (Kamen' Čerskogo, 757 Meter), den man über einen asphaltierten Wanderweg von 2,5 Kilometern Länge vom Sanatorium ›Bajkal‹ zu einem kleinen Pavillon auf der Spitze erreichen kann. Seit Sommer 2004 kann man einen Großteil der Strecke auch mit einem neuen Sessellift zurücklegen. Die Umgebung der Liftanlage erfreut sich im Winter bei Ski-Enthusiasten und im Sommer bei Mountainbikern wachsender Beliebtheit. Die herrliche Aussicht auf das Angara-Tal und den Baikal ist sehr beeindruckend und ein beliebtes Fotomotiv. Der Berg ist nach dem Geographen Jan Čerskij benannt. Als Teilnehmer am Polenaufstand 1863 nach Sibirien verbannt, erwarb er sich 1885 mit umfangreichen Forschungen über den Baikal großes Ansehen.

Das Baikalsee-Museum befindet sich im Erdgeschoß des Limnologischen Institutes der Russischen Akademie der Wissenschaften. Limnologie ist die Wissenschaft von den Gewässern. Eine Forschungsstation zur Untersuchung des ein-

*Kunstgalerie in Listvjanka*

*Das Baikalmuseum in Listvjanka*

zigartigen Sees war bereits 1928 entstanden und hatte ihren Sitz zunächst in Marituj. Nach dem Zweiten Weltkrieg erfolgte der Umzug nach Listvjanka, 1961 die Umwandlung in ein Institut. Von Anfang an existierte eine kleine Ausstellung, seit 1993 hat sie den Status eines Museums. Es vermittelt einen Überblick über die unikale Fauna und Flora der Region sowie einen Eindruck über die Dimensionen des Baikalsees und die Geschichte seiner Erforschung. Es ist sehr empfehlenswert (ohne Ruhetag, ul. Akademičeskaja 1, Tel. 25 05 51). Seit 2002 gibt es noch ein kleines Aquarium, in dem man freitags bis sonntags zwei Baikalrobben besichtigen kann (Tel. 11 21 69). Der umgebaute Schuppen steht etwas abseits des Museums an der Angara in Höhe der Abzweigung zum Hotel ›Bajkal‹. Die beiden jungen Robben Nessie und Tita zeigen in erläuterten Vorführungen kleine Dressurübungen im 10-Minuten-Takt. Unter artgerechter Haltung stellt man sich aber etwas anderes vor. Das gleiche gilt auch für den kleinen Bärenzoo der Pension ›U Medvedej‹.

Die nach Maksim Gor'kij benannte Uferstraße führt zum am Horizont bereits sichtbaren Hafen vorbei an mehreren Flußtälern, in die sich der Ort ausdehnt. Überall ist eine rege Bautätigkeit zu beobachten. Es entstehen Cafés und neue Herbergen, der Tourismus boomt, und in Listvjanka droht man das Maß zu verlieren. Die Neubau-Bandbreite reicht von klassischen Holzhäusern bis zu geschmacklosen Villen im rosaroten Barbie-Stil in allerbester Lage. Die neueste und bislang größte Bausünde in der Ortsmitte zeichnet sich bereits am Horizont ab: Ein siebenstöckiges Hotel mit Elementen griechischer Säulenarchitektur ist hier einfach fehl am Platz, aber vermutlich noch nicht das Ende des schlechten Geschmacks am Baikalsee. Für größenwahnsinnige Projekte wie einen Mix aus Museum, Kirche und Aquapark sucht man bei ›U Medvedej‹ mittels Aushang noch Investoren (ul. Gor'kogo 3, Tel. 25 04 90).

Unter den Tälern hat das Krestovka-Tal die größte Ausdehnung. Hier befindet sich auch die bekannte Nikolaj-Kirche, die eine lange Geschichte hat. Mitte des vergangenen Jahrhunderts erbaut, wurde sie 1957 im Zusammenhang mit dem steigenden Wasserpegel des Baikalsees hierher umgesetzt. Zuvor war sie im sowjetischen Atheismuswahn zwischen 1938 und 1946 zum Fischlager umfunktioniert worden. Den Bau der Kirche am Ufer des Baikal hatte seinerzeit der angesehene Irkutsker Kaufmann Ksenofont Serebrjakov als Zeichen des tiefempfundenen Dankes veranlaßt. Er war auf dem Baikal in Seenot geraten und dank seiner Gebete zum Schutzpatron, dem Seefahrer Nikolaj, erhört und gerettet worden. Er baute zunächst eine Kapelle an der Angara-Abfluß und später diese Kirche, wobei der Bau nach seinem Tode durch seine Frau vollendet wurde (Tel. 112771).

Auf der anderen Seite des Flüßchens Krestovka befindet sich im selben Tal seit einigen Jahren eine ›Lieder-Bühne‹ mit 50 Plätzen, die 2001 aus einer Freilichtbühne in ein eigenes Gebäude umzog. Der Liedermacher Evgenij Krankl betreibt dieses ›Theater des Autorenliedes‹ gemeinsam mit seinem Sohn. Nahezu das ganze Jahr gibt es jeweils samstags und sonntags abends Konzerte, wo örtliche Liedermacher oder andere Musikanten (Jazz, Rock, Folk) auftreten. Der Liederwirt hat auch eigene Auftritte mit Baikal-Chansons, russischen Volksliedern und Klassikern der russisch-sowjetischen Liedermacherszene (Vysockij, Okudžava, Ginsburg) im Programm (ul. Ostrovskogo 45, Tel. 112361, www.shanson.irk.ru).

Die nächste Seitenstraße ist nach dem Bürgerkriegshelden Čapaev benannt. An der Ecke erinnern zwei Obelisken an im Herbst 1918 im Kampf für die Revolution erschossene Partisanen und an die an den Fronten des Zweiten Weltkrieges Gefallenen. In dieser Nebenstraße befindet sich eine kleine private Kunstgalerie,

*Markt am Hafen von Listvjanka*

*Hier geht's zur Sauna*

die nach zwei Schicksalsschlägen zu neuem Leben erwacht und einen Besuch wert ist. Nach dem Tod des engagierten Gründers Vladimir Plamenevskij 2003 und dem vernichtenden Brand im Januar 2004 gelang es der Schwester des Gründers mit Unterstützung vieler Künstler und Freunde, den Ausstellungsraum neu aufzubauen und die Galerie als Treffpunkt vieler regional bekannter Künstler aus Irkutsk und Bratsk neu zu beleben (ul. Čapaeva 76, Tel. 11 27 52).

Vorbei an der Verwaltung des Pribajkalsker-Nationalparkes hat man in Höhe des Hafens den Ortsmittelpunkt erreicht. Der 2006 eröffnete, vollkommen überdimensionierte Hotelneubau erdrückt förmlich das alte Holzhaus der Dorfverwaltung. Auf der Uferseite der Straße sind neben Schiffsanlegestelle, Busbahnhof und Restaurant auch die meisten fliegenden Souvenir- und Fischhändler des Ortes zur Stelle und umwerben ihre Kunden. Weiter östlich macht die Hauptstraße einen Knick, denn hier wird das Ufergelände von den Resten der Werft belegt, die vor über 100 Jahren die beiden Baikalfähren endmontierte. Wenn man dieses Gewerbegebiet umläuft, kommt man an einen schönen Steilhang, der als Picknickplatz der Irkutsker vor allem an Wochenenden sehr beliebt ist. Man hat einen schönen Panoramablick in Richtung Norden und sieht am Berg auch die Spitze des 42 Meter hohen Turms des örtlichen Observatoriums (www.bao.iszf.irk.ru).

Listvjanka ist etwa 65 km von Irkutsk entfernt.

▸ Durchschnittstemperatur: Januar –18 °C, Juli 13 °C.

Postamt, ul. Gorkogo 49. ▸ Vorwahl: wie Irkutsk 39 52 bzw. 22 aus dem Irkutsker Gebiet.

▸ PLZ: 665 420.

Sberbank, ul. Gorkogo 49.

Der Busbahnhof befindet sich am Hafen. Neben den Linienbussen fahren viele Routentaxen nach Irkutsk. Nach 19 Uhr kommt man allerdings zumeist nur noch per Anhalter nach Irkutsk zurück.

Neben dem Tragflächenboot von und nach Irkutsk machen auch einige andere Schiffe im Sommer hier Zwischenstation. Hier findet man auch die Kutter und Segler, die man für Bootsfahrten auf dem Baikal mieten kann. Listvjanka-Stops im Rahmen organisierter Schiffstouren legen häufig nicht im Hafen, sondern an der Anlegestelle am Baikalmuseum an.

Der Klassiker ist nach wie vor das jetzt in ›Bajkal-Hotel‹ umbenannte alte Intourist-Hotel hinter dem Baikalmuseum (ul. Akademičeskaja 13, Tel. 25 03 91).

▸ Neu eröffnet wurde das in rustikaler Holzbauweise errichtete Hotel ›Bajkal'skie Terema‹ (ul. Gornaja 16, Tel. 11 25 99).

▸ Kurz vor Listvjanka liegt das an der neuen Skipiste gelegene und aus einer Touristenherberge umgebaute ›Pribajkal'skaja‹ (Km 62 Bajkal'skogo Trakta, Tel. 11 25 82).

▸ Daneben gibt es noch viele kleinere Hotels, Pensionen und private Zimmervermietungen.

▸ Mit schönem Baikalblick kann beispielsweise auch das neu eröffnete, kleine Hotel ›Briz‹ mit 30 Plätzen aufwarten (ul. Godina 71, Tel. 25 04 68, www.baikal-briz.ru).

▸ Eine Alternative ist das ›Devjatyj Val‹ (ul. Čapaeva 24).

▸ Das mit mehreren Reklameschildern werbende Informations- und Freizeitzentrum in der ul. Čapaeva ist allerdings kein Fremdenverkehrsamt, wie man vermuten könnte, sondern die private Firma ERSI. Neben Fremdenzimmern bietet es noch Übernachtungen in zwei mongolischen Jurten an (ul. Čapaeva 65, Tel. 11 25 46, www.ersi.baikal.ru).

▸ Empfehlenswert ist auch die am grünen Dach erkennbare Pension ›Green house‹ am Hafen, die der Litauer Jonas Kazulionis betreibt (ul. Štokmana 3, Tel. 11 27 07).

▸ Eine preiswerte Alternative am Baikalmuseum ist der zum Hotel ›Arabeska‹ ausgebaute unscheinbare Aufgang eines Neubaublocks (ul. Akademičeskaja 15, Tel. 11 22 26).

▸ Direkten Seeblick an der Uferstraße bietet am Ortseingang auch das rustikale Hotel ›U Ozera‹ (ul. Suvorova 2, Tel. 25 04 44, www.baikal-listvyanka.ru).

Es gibt auch einige Restaurants und Cafés.

▸ Das erste einfache Café ist die ›Charčevnja tri Omulja‹ am Kilometer-Schild 67 des Baikaltraktes.

▸ Ein auch von Reisegruppen genutztes, empfehlenswertes Fischrestaurant ist das ›Prošlyj vek‹, ebenfalls an der Uferstraße gelegen (ul. Lazo 1, Tel. 11 25 54).

▸ Viel Durchgangsverkehr hat das sehr unpersönliche ›Šury-Mury‹ am Hafen (ul. Gorkogo 4, Tel. 25 04 52). Es verfügt über eine Hafenterasse.

▸ Etwas weiter findet man das einfache ›Priboj‹ mitsamt Laden und Pension (ul. Gorkogo 101, Tel. 11 23 93).

# Die Baikalbahn

*Winter an der Baikalbahn*

Wenn der Baikal als die Perle Sibiriens gilt, so ist die Baikalbahn die Perle der Transsib. Im Zuge der 100-Jahr-Feier im Jahre 2005 wurde ihr nicht nur großes Medienintersse, sondern auch die eine oder andere Neuerung zuteil, so zum Beispiel die Rekonstruktion des Bahnhofs von Port Bajkal und die Neugestaltung der Stelle, an der einst das ›goldene Gleis‹ verlegt wurde. Auf Russisch heißt dieser Abschnitt ›Krugobajkal'ka‹ was als Rund-um-den-Baikal-Bahn oder Circum-Baikalbahn frei übersetzt werden kann. Sie war bekanntermaßen der ingenieurtechnisch anspruchvollste und teuerste Abschnitt des ursprünglichen Streckenverlaufs der Transsibirischen Eisenbahn. Doch seit jeher schätzt man die Baikalbahn nicht nur unter ingenieurtechnischen Gesichtspunkten, sondern vor allem für die malerische Schönheit der Landschaft, wenn die Reise unmittelbar am Ufer des Baikalsees durch Tunnel und über Brükken an der urwüchsigen Felslandschaft entlangführt. Die Große Sibirische Bahn war der Gürtel, der das Russische Reich zwischen Ostsee und Pazifik zusammenhalten sollte. Aber das durchgängige Schienenband hatte bekanntlich eine gleisfreie Lücke, die im Sommer durch die beiden Baikalfähren und im Winter nur durch ein Schlittenheer überwunden wurde. Mit dem Bau der Baikalbahn wurde der Stahlgürtel mit der Goldschnalle geschlossen. Die Schnalle aus Gold, da der Bauaufwand und die damit verbundenen Kosten in etwa fünfmal so hoch wie auf den anderen Strecken lagen. Fridtjof Nansen schrieb in seinem Buch ›Sibirien – ein Zukunftsland‹, daß der Streckenkilometer der Baikalbahn 472 392 Mark kostete und führt zum Vergleich die Osotenbahn als kostspieligste Eisenbahn Norwegens mit einem Kilometerpreis von 282 250 Mark an.

Die Entscheidung über den Bau der Krugobajkalka fiel am 3. April 1901 im beauftragten Ingenieurrat in Irkutsk und wurde am 9. Juli vom Sibirischen Eisenbahnkomitee in St. Petersburg bestätigt. Der Bau sollte in zwei Etappen verlaufen, in denen jeweils eine Spur fertig gestellt werden sollte. Da landschaftsästhetische

Überlegungen definitiv keine Rolle spielten, ist es überraschend, daß man sich für die teuerste Variante entschied. Befürchtungen, daß die Lokomotiven die Steigungen über die östlichen Ausläufer des Sajangebirges nicht würden bewältigen können, konnten nicht ausgeräumt werden. Das horizontale Profil der Baikalstrecke war das ausschlaggebende Argument für diese Entscheidung. Im selben Jahr begannen die Vorbereitungen. Das Budget wurde mit 52,5 Millionen Rubel festgelegt. Die Leitung der Bauarbeiten wurde dem Ingenieur Boleslav Savrimovič übertragen, der die Strecke in vier parallel zu bauende Teilstrecken aufteilte:

Port Bajkal–Kap Aslamov (44 km)
Kap Aslamov–Kultuk (44 km)
Kultuk–Murino (59 km)
Murino–Mysovaja (111 km)

Dabei lag die eigentliche Herausforderung in den ersten beiden Abschnitten zwischen Port Bajkal und Kultuk. Der Boden wurde mit Hilfe von Dynamit (ein Waggon Sprengstoff pro Streckenkilometer) grob bearbeitet, und die eigentliche Spur wurde dann in Handarbeit durch die Felsen geschlagen. Auf den knapp zehn Kilometern stützender Steinwände und Uferbefestigungen um die Bahnstrecke herum kam es häufig zu Steinschlägen. Da das ganze Jahr über gebaut wurde, verlangte das extreme Klima den Arbeitern das Äußerste ab. Neben unzähligen Hilfsarbeitern benötigte man Fachkräfte mit Erfahrung im Tunnel- und Brückenbau, die in Rußland nicht in ausreichender Mengen vorhanden waren und in Italien und Albanien angeworben wurden. Auch Gefangene und Verbannte kamen als Hilfsarbeiter zum Einsatz. Als Bonus wirkte die häufig angewandte Regel, daß die Zeit auf dem Bau bei entsprechender Leistung auf die Strafe doppelt berechnet wurde und die Freiheit näher rückte.

Häufig mußten die Planungsunterlagen angepaßt werden, was sich wiederum auf die knappe Zeitplanung auswirkte und einen erhöhten Arbeitsdruck zur Folge hatte. So wurden aus ursprünglich 33 geplanten Tunneln letztendlich 38, da die Streckenerkundung an mehreren Stellen an der Realität vorbei erkundet hatte. Alle Materialien wurden über den See zu Wasser oder auf dem Eis angeliefert. Die Baikalbahn forderte in jeder Hinsicht einen hohen Preis. Von durchschnittlich 9000 Beschäftigten verloren nur nach den dokumentierten Fällen über 300 Arbeiter bei tödlichen Arbeitsunfällen ihr Leben.

Nach dem Abschluß der ersten Bauetappe im Oktober 1905 wurde ein Komitee unter der Leitung des Ingenieurs Konstantin Michajlovskij gegründet, das sich mit der zweiten Etappe des Projektes Krugobajkalka auseinandersetzen sollte. Noch gab es keine allzu konkreten Vorstellungen über die Verlegung des zweiten Gleises. Die Erkundungsarbeiten begannen 1909. Wiederum zog man in Betracht, statt des Baus neuer Gleise die bereits bestehende Fährverbindungen weiter zu nutzen, gab dann aber der Eisenbahn den Vorzug.

Einerseits sollte vieles einfacher werden, da ja bereits ein Gleis lag. Andererseits wurde man vor neue Komplikationen gestellt: die zweite Bahnspur sollte an der Uferseite verlaufen und war somit näher am Baikalsee, man benötigte eine stabile, uferbefestigende Konstruktion, die den zerstörerischen Wellen des Sees standhielt. Mehrere bestehende Tunnel mußten tiefer in den Fels getrieben werden. Bei den Brücken und Uferbefestigungen entschied man sich erstmalig für die Verwendung von Stahlbeton. Im April 1911 begannen die Bauarbeiten unter der Leitung von F.I. Knorring, dieser wurde jedoch schon bald aus gesundheitlichen Gründen von seinem Posten abgelöst. Sein Nachfolger wurde der Leiter der Transbaikal-Bahn N.S. Zubarov. Beim Bau der zweiten Spur mußten zwei neue Tunnel und mehrere neue Galerien errichtet werden. Das zweite Gleis der Baikalbahn wurde am 9. Oktober 1915, ein Jahr später als ursprünglich geplant, fertiggestellt.

Nach dem Beginn des Regelzugverkehrs auf der Baikalbahn wurde der fahrplanmäßige Fährbetrieb eingestellt. Der Dampfer ›Bajkal‹ stand, bis er bei Kämpfen des Bürgerkriegs in der Nähe von Mysovsk versenkt wurde, noch für den Transport von Güterzügen zur Verfügung. Als Fahrgastschiff blieb die ›Angara‹ noch viele Jahre dem Baikal treu. Nach ihrer Ausmusterung im Jahr 1971 drohte sie langsam dem Rost zu erliegen, bevor sie –gründlich renoviert – an der Irkutsker Staumauer vor Anker ging und als Museum für den Schiffsverkehr auf dem Baikalsee ihre neue Bestimmung fand.

Die Jahre nach 1950 waren eine Zeit schicksalhafter Veränderungen für die Baikalbahn. Die bis dahin eingesetzte Dampflok wurde durch die neuen Diesel- und Elektroloks ersetzt. Solche Lokomotiven waren effizienter und konnten auch stärkere Steigungen überwinden. Die heutige Haupttrasse von Irkutsk bis nach Kultuk wurde zu dieser Zeit gebaut und unverzüglich elektrifiziert. 1956 entstand durch den Bau des Irkutsker Wasserwerkes eine Aufstauung der Angara zwischen Irkutsk und Port Bajkal. Der neu entstandene Angara-Stausee begrub die am Fluß entlang verlegten Gleise unter sich. Der letzte durchgehende Zug fuhr am 30. Juni 1956 auf dieser Strecke. Als Teil der Ostsibirischen Eisenbahn blieb nur die Strecke zwischen Kultuk und Mysovaja noch am Hauptgleis in Betrieb. Die andere Hälfte der Krugobajkalka wurde zur Sackbahn, auf der nur noch sporadisch Bummelzüge verkehrten, denn die transsibirischen Expresszüge ratterten von nun an auf der neuen Trasse und meisterten die Steigungen problemlos. Die damals üblichen Wachposten an allen Tunneln und Brücken wurden abgezogen, und das erste Gleis wurde 1962 größtenteils abgebaut, nur an den Bahnhöfen Port Bajkal, Marituj und Kultuk blieb die Strecke zweigleisig. Somit versank der größte Teil der berühmten russische Goldschnalle in der Bedeutungslosigkeit.

*Sonderzug ›Gesundheit‹ auf der Baikalbahn*

Erst in den siebziger Jahren gewann die Baikalbahn langsam durch steigende touristische Nachfrage wieder an Bedeutung. Im Jahr 1988 wurde das Gleisbett vollständig erneuert. An vielen Abschnitten und vor allem in den Tunneln wurde das neue Gleis in der Mitte des vormaligen zweigleisigen Bahndammes verlegt. Insbesondere in den letzten Jahren wächst das Interesse an der alten Bahnstrecke ständig. Für viele ausländische Touristen ist die Baikalbahn ein oder sogar der Höhepunkt der Sonderzugreisen auf der Transsibirischen Eisenbahn. Aber auch die Zahl der einheimischen Touristen beschränkt sich nicht mehr nur auf wenige Eisenbahnfreunde. Die in den letzten Jahren ausgebauten Camps bieten zwar zumeist nur spartanischen Komfort, können sich aber über einen Mangel an Nachfrage nicht beklagen. Die fast in Vergessenheit geratene Goldschnalle des Transib-Gürtels bekommt damit wieder neuen Glanz. Es gibt auch bereits Überlegungen, die Baikalbahn stellvertretend für die gesamte Transsib in das UNESCO-Weltkulturerbe einzubringen.

## Port Bajkal

Zwischen Kilometer 72 und 74 erstreckt sich das Dorf von Port Bajkal (Порт Байкал). Die Station und ihr Hafen hatten zu Zeiten des Fährverkehrs große Bedeutung. Doch seit Port Bajkal nur noch Ende der Sackbahn ist und 1961 am anderen Ufer Listvjanka mit einer neuen Straße an Irkutsk angebunden wurde, tauschten die beiden Uferorte die Rolle. Während Listvjanka sich zum touristischen Tor des Baikal entwickelte, verfiel Port Bajkal in die Bedeutungslosigkeit. Etwa 500 Meter hinter dem Enthaltepunkt zeigt ein Prellbock unmißverständlich, daß hier Schluß ist. Man hat über die Angara einen schönen Blick auf den Čerskij-Stein genannten Berg sowie das Baikalmuseum. Mitten im Strom der Angara ist eine vorstehende Klippe zu erkennen: der durch die wohl berühmteste Baikallegende, vom Vater Bajkal und seiner Tochter Angara, bekannte Schamanenstein. Dorf und der Hafen machen immer noch einen recht verschlafenen Eindruck. Es gibt ganzjährig dreimal täglich (1 x morgens, 2 x nachmittags/abends) eine Autofähre zwischen dem Hafen von Port Bajkal und der Haltestelle am Bajkal-Museum, da der Baikalabfluß aufgrund der starken Strömung den ganzen Winter eisfrei bleibt. In Spitzenzeiten im Sommer kommt zusätzlich manchmal der Dampfer ‹Ivan Babuškin‹ zwischen dem Hafen Listvjanka und Port Bajkal zum Einsatz. Das Schmuckstück des Ortes ist heute das 2005 originalgetreu wieder aufgebaute alte Bahnhofsgebäude, das auch in zwei Räumen ein kleines Museum zur Geschichte der Baikalbahn beherbergt. Auch der alte Leuchtturm steht noch am Berg über dem Dorf und ist ein beliebtes Wanderziel. Die Hauptstraße am Schienenstrang geht von der Bahnhofsstraße (ul. Vokzal'naja) fließend in die Uferstraße (ul. Naberežnaja) über. In die Täler führen mehrere Seitenwege. Es gibt neben dem Souvenirkiosk im Bahnhofsgebäude noch einen kleinen Souvenirladen (ul. Vokzal'naja 6).

Port Bajkal ist 68 km Luftlinie und über Kultuk knapp 200 km von Irkutsk entfernt.

▸ Durchschnittstemperatur: Januar –17 °C, Juli 13 °C.

Hauptpostamt, ul. Vokzal'naja 8.

▸ Vorwahl: 3952 bzw. 22 aus dem Irkutsker Gebiet.

▸ PLZ: 665921.

Sberbank, ul. Vokzal'naja 8.

Port Bajkal ist der Endpunkt der Krugobajkal'ka.

Sehr zu empfehlen ist das kleine, feine Hotel ›U Starogo Majaka‹ im 1. Stock des rekonstruierten Bahnhofsgebäudes (buchbar über die Eisenbahnverwaltung, Tel. 645915).

▸ Daneben sind in den letzten zwei Jahren noch die beiden Pensionen ›Jachont‹ mit 15 Plätzen (Tel. 250496) und ›Fort Bajkal‹ mit 8 Plätzen (Tel. 242415) entstanden.

▸ Eine weitere Möglichkeit ist die einfache Pension ›Bajkal‹ (ul. Bajkalskaja 11, Tel. 398460).

Das einzige Café findet man direkt am Kilometerstein 73 (ul. Naberežnaja).

# Entlang der Baikalbahn

Die Krugobajkalka entwickelt sich langsam zu einem touristischen Anziehungspunkt am Baikalsee. Als Architektur- und Technikdenkmal in einzigartiger Landschaft lockt sie eine zunehmende Besucherzahl an. Insbesondere in den letzten Jahren begann man sich auch etwas darauf einzustellen. Die Touristenbasen entlang der Strecke wurden renoviert. Einige alte Bahnhöfe wurden bereits rekonstruiert und man beginnt, für Krugobajkal'ka-Ausflüge Reklame zu machen. Es gibt verschiedene Möglichkeiten, die Krugobajkalka zu erkunden.

Regelmäßig gibt es nur einen Zug auf der Strecke zwischen Sludjanka und Port Bajkal. Im Sommer 2006 verkehrte er viermal pro Woche. Es gab aber auch schon Zeiten, wo er nur zwei- oder dreimal pro Woche fuhr. Fahrplanmäßig ist er zwischen Sludjanka und Port Bajkal mit einer zwischen 10 und 25 km/h schwankenden Durchschnittsgeschwindigkeit und vielen Stops knapp sechs Stunden unterwegs. Eine Diesellok mit einem Güterwagen sowie zumeist drei Personenwagen (Typ Plackartnyj) startet montags, donnerstags, freitags und sonntags laut Fahrplan um 13 Uhr in Sludjanka und müßte ihr Ziel um 18.50 Uhr erreichen. In der Realität kommt der Zug aber selten vor 21 Uhr in Port Bajkal an. Am jeweils kommenden Morgen noch mitten in der Nacht startet der Zug um 1.50 Uhr seine Rükkreise, die er meist mit größerer Pünktlichkeit absolviert. Planmäßige Ankunft in Sludjanka wäre 7.40 Uhr. Man sollte bedenken, daß es von Port Bajkal abends keine planmäßige Fährverbindung mehr nach Listvjanka gibt und man somit in

*Die ›Matanja‹ auf der Baikalbahn*

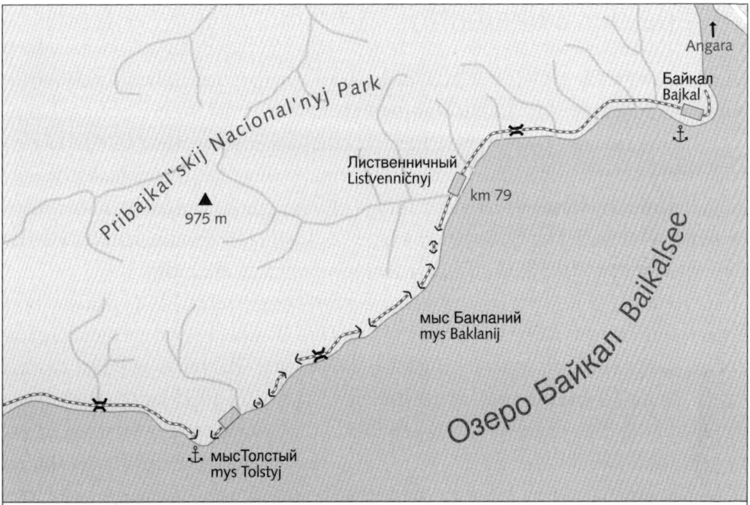


**Die Baikalbahn, Kilometer 0 bis 97**

Port Bajkal übernachten oder auch nach nächtlichem Spaziergang wieder zurückfahren muß. Der im Volksmund auch ›Rumtreiber‹ (Matanja) genannte Zug ist ein Unikum.

Der Güterwaggon ist neben Gepäck- und Postwagen ein mobiler Einkaufsladen und zugleich bei vielen Erzeugnissen die einzige Einkaufsmöglichkeit für die an der Strecke gelegenen Siedlungen, denn eine Straße gibt es in dieser Gegend nicht. So lange also an jedem Haltepunkt die Kunden ihre Einkäufe nicht erledigt haben, fährt der Zug auch nicht weiter. Auch in der Frage der Haltepunkte erweist sich der im Volksmund auch ›Rumtreiber‹ (Matanja) genannte Bummelzug als flexibel und reagiert auf Sonderwünsche mit Extrastops. Neben der Schönheit der am Zugfenster vorbeiziehenden Landschaft ist auch die Zugfahrt selbst ein Erlebnis. Die Passagiere sind ein bunt zusammengewürfelter Haufen. Der Zug ist auch bei Rucksacktouristen populär und dementsprechend manchmal sehr voll. Daneben gibt es besondere Exkursionszüge, die seit 2006 zweimal wöchentlich als ›Krugobajkal'skij Ekspres‹ die Strecke in einer kombinierten Bahn-Schiff-Busreise befahren. Im Sommer fährt ein hinsichtlich Komfort aufgepeppter Vorortzug (Električka) mit obligatorischer Reiseleitung und Infos zum Thema ›Alte Baikalbahn‹. In der Wintersaison kommt ein neuer komfortabler Schienenbus zum Einsatz. Mittwochs und samstags ab Bahnhof Irkutsk um 8.05 Uhr mit ca. jeweils 30-minutigen Stops in Sludjanka, Angasolka, Kilometer 123, Polovinnaja (60 Minuten) und Šumicha nach Port Bajkal, wo es mit dem Schiff ›Ivan Babuškin‹ nach Listvjanka und von dort mit dem Bus zurück nach Irkutsk geht. Ankunft ca. 21 Uhr. Donnerstags und sonntags dann in umgekehrter Reihenfolge: um 9.45 Uhr fährt der Bus vom Hotel ›Angara‹ nach Listvjanka ab, Schiffspassage nach Port Bajkal, wo der ›Krugobajkal'skij Ekspres‹ um 11.30 Uhr startet und gegen 22 Uhr am Irkutsker Bahnhof ankommt (Info und Tickets: Irkutsk, ul. 5. Armii 29, of. 109, Tel. 64 59 15, www.turexpres.ru).

Wer kein Freund solcher Gruppenexkursionen ist, kann die Strecke auch abwandern. Je nach Lust und Laune, Wetter, Kondition und Gründlichkeit bei der Besichtigung der verschiedenen Baudenkmäler kann man die Strecke in zwei bis vier oder fünf Tageswanderungen entlang des Schienenstranges einteilen. Übernachtung im Zelt oder mit Vorplanung (www.turespres.ru) oder etwas Glück in einer der Herbergen runden das Abenteuer ab. Auf einigen Streckenabschnitten gibt es einen Pfad unmittelbar neben den Gleisen, vielerorts hat man aber nur einen Marsch auf den Eisenbahnschwellen zur Auswahl. Aufgrund der vielen Tunnel sollte in jedem Fall eine Taschenlampe im Gepäck nicht fehlen. Einige Reiseveranstalter bieten im Rahmen von Rundreisen Übernachtungen in den Touristenbasen an der Krugobajkalka mit kombinierter ›Matanja-‹ oder Bootsanreise, wo man dann von der Herberge aus die Strecke in der näheren Umgebung erwandern kann. Die Unterkünfte sind einfach und sauber. Die Wirtsleute sind nett, und die Verpflegung ist gute russische Hausmannskost (›po-domašnemu‹). Waschgelegenheiten und WC sind zwar unter freiem Himmel, aber dafür ist die unmittelbar am Baikalufer gelegene Sauna ein Hochgenuß. Aus dem Schwitzbad gelangt man den Uferhang hinunter direkt in das erfrischende kalte Wasser des Baikal.

Während die Regelzüge der Transsibirischen Eisenbahn die alte Strecke zwangsläufig ignorieren, steht sie bei allen Transsib-Sonderzugreisen als einer der Höhepunkte fest im Programm. Die Züge fahren von Sljudjanka bis Marituj oder bis Port Bajkal, wo dann meist ein Picknick oder Folkloreabend stattfindet und man die Strecke zum Teil auch mit einer Übernachtung auf der Strecke zurückfährt, um sich in Sljudjanka dann wieder in den Regelfahrplan auf der Hauptstrecke einzuschieben.

Eine Bootsfahrt am Ufer entlang bietet vielerorts ein schönes Panorama. Für alle, die gern den Überblick behalten, gibt es ab Irkutsk auch die Möglichkeit, einen Ausflug mit dem Hubschrauber zu buchen.

Der nachfolgende Überblick umfaßt die wichtigsten Sehenswürdigkeiten entlang der Baikalbahn. Die Kilometerangaben beginnen in Port Bajkal ab Kilometer 72. Die entsprechenden Stelen mit den Kilometerzahlen sind an der dem Baikal abgewandten Gleisseite nicht zu übersehen. Die Angaben basieren auf der ursprünglichen Zählweise ab Irkutsk. Die ersten 72 Kilometer der Strecke entlang der Angara fielen 1956 dem Staudammbau zum Opfer. Die Gesamtlänge der Eisenbahnstrecke von Port Bajkal bis Sljudjanka beträgt 84 Kilometer. Die Stati-

*Brücke an der Baikalbahn*

stik zählt insgesamt 424 ingenieur-technische Bauwerke, wobei besonders die 38 Tunnel, die 16 überdachten Galerien, 23 Viadukte und größere Brücken sowie 50 kleinere Brücken die markantesten Sehenswürdigkeiten auf der Strecke sind. Alle Tunnel wurden ohne Bohrtechnik gesprengt, geschlagen und dann gebaut. Man kam dabei mit einer durchschnittlichen Geschwindigkeit von 40 bis 50 Zentimetern pro Tag voran und arbeitete nach der ›zyklopisches Legen‹ genannten Baumethode. Bei diesem Verfahren werden die Steine nicht behauen, sondern je nach Form zurechtgelegt.

## Kilometer 76

Zwei farbenprächtige, abstrakt-moderne Felsmalereien wollen wohl die Tradition der alten Felszeichnungen fortsetzen. Zumindest deutlich origineller als das auf dem Weg noch verschiedentlich anzutreffende ›Hier war …‹ (Zdes' byl …).

## Kilometer 79

Hier befand sich das als sehr gemütliche Touristenherberge ›Silberquelle‹ (Serebrjannyj ključ) rekonstruierte alte Haus des Weichenstellers. Es war das erste nach alten Zeichnungen originalgetreu hergerichtete Holzhaus an der Krugobajkalka, das aber im Sommer 2005 durch einen Brand völlig zerstört wurde.

## Kilometer 80

Hier befand sich in der Blütezeit der Baikalbahn die Siedlung ›Listvenčnij‹. Doch nach 1960 starb dieser Ort langsam aus. Seit einigen Jahren gibt es hier eine Touristenbase mit 3- und 4-Vierbettzimmern und einer Sauna, die auch wieder etwas Leben in die Siedlung brachte. Hinter Kilometer 81 folgen die ersten beiden Tunnel.

## Kilometer 88

Kaps haben ja manchmal ausgefallene Namen, es muß ja nicht immer die gute Hoffnung sein. Aber ›Kap der Zwangsarbeit‹ (Mys Katoržanskij) ist schon eine ungewöhnliche Bezeichnung. Hier befanden sich die Unterkünfte der chinesischen Kulis und russischen Zwangsarbeiter, die beim zweiten Bauabschnitt eingesetzt wurden. Viele waren für ihre Teilnahme an den Streiks auf den Lena-Goldfeldern verurteilt worden. Die Ruine am Ufer war einmal ein Kraftwerk. Tunnel Nr. 7 durchquert den Felsvorsprung des Kaps.

## Kilometer 90

Das nächste ›Dicke Kap‹ (Mys Tolstyj) ist der markanteste Landvorsprung auf der ganzen Strecke. Hier lohnt oberhalb des Tunnels Nr. 8 eine Wanderung in die Berge, wo sich ein schöner Panoramablick in beide Richtungen eröffnet. Aufgrund der reichen Pflanzenvielfalt wird der Berg auch als botanisches Freiluft-

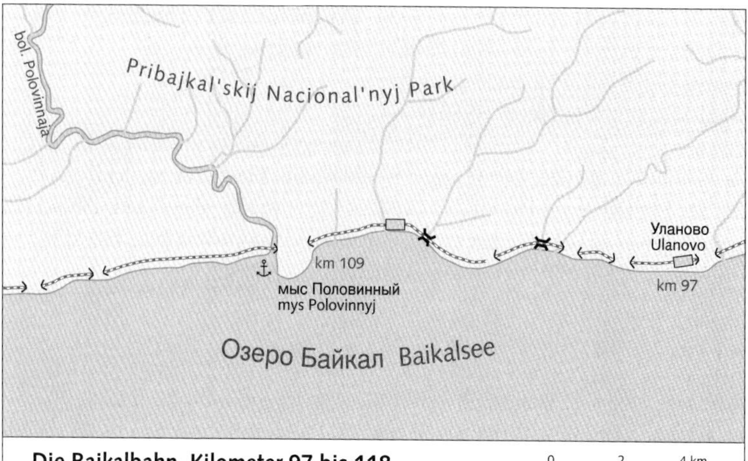

Die Baikalbahn, Kilometer 97 bis 118

museum bezeichnet. Hier befindet sich auch eine Anlagestelle für Ausflugsdampfer der Klasse ›Voschod‹, die, von Listvjanka kommend, hier anlegen.

## Kilometer 92

Die Osinovskaja-Eisenbahnunterführung war die einzige zweigleisige Galerie aus der ersten Etappe des Baus. Aber die Vorausschau wurde korrigiert. In der zweiten Etappe wurden beide Gleise weiter ans Ufer verlegt und die Galerie liegt seitdem etwas daneben.

## Kilometer 97

*Per Anhalter unterwegs*

Beim Bau des ersten Gleises entstand zwischen den Kilometersteinen 97 und 98 der Bahnhof ›Ulanovo‹, wobei die Station auch häufig ›Chvojnaja‹ genannt wird. Beim Bau des zweiten Gleises wurde die Bahnstation um etwa 150 Meter in Richtung Westen verlegt. Beide Bahnhofsgebäude wurden rekonstruiert. Von einigen anderen Häusern sieht man noch Überreste. Aber hier befindet sich heute die Touristenbase ›Chvojnaja‹, was sich mit Fichtennadel übersetzen läßt. Insgesamt können 22 Gäste in 2- und 3-Bettzimmern unterkommen. Die Idee vom Eisenbahnmuseum auf dem Nebengleis ist wohl endgültig Geschichte. 1980 wurden hier zwei Dampfloks und ein alter Salonwagen als Grundstock für das künftige Museum aufgestellt. Der Waggon wurde bereits 1984 während der Dreharbeiten für Evgenij Evtušenkos Film ›Kindergarten‹ wieder abgezogen, die beiden Loks – eine russische Güterlok der L-Serie sowie eine amerikanische Franklin-Lok – wurden 2005 nach Polovinnaja und Sludjanka verbracht.

## Kilometer 99

Während der ersten Bauetappe wurde die schroffe Birkenbucht (Buchta Berëzovaja) nach einem kurzen Tunnel mit einer 123,5 Meter langen Brücke überquert. Während des Baus der zweiten Etappe entschloß man sich aber, die Bucht mit einem längeren Tunnel zu umfahren. Die Brücke wurde überflüssig, demontiert und am Fluß neu verwendet. Heute sieht man hier neben dem Tunnel eine Unterführung, die in den Abgrund der Schlucht führt. Aus einem Seitenweg des heutigen Eisenbahntunnels hat man einen guten Blick auf Bucht.

## Kilometer 101

Unmittelbar hinter dem Tunnel Nr. 11 folgt bei Kilometer 101 eine romantische Bucht mit Badestrand. Da die Bucht flach ist, erwärmt sich das Wasser relativ schnell. Fluß, Bucht, Kap, Siedlung und Touristenbase heißen ›Šumicha‹, was eigentlich vom Wort Lärm (šum) abgeleitet ist und sich wohl auf das Rauschen des Bergflusses bezieht. Die Herberge verfügt über 18 Plätze. Dahinter folgt die sogenannte ›Italienische Mauer‹, die mit über 100 Metern längste Uferbefestigung an der Krugobajkal'ka.

## Kilometer 105

Im Uferbereich findet man in der ›weißen Senke‹ (Belaja Vyemka) auf über einem Kilometer Länge, neben den Gleisen beginnend, den seltenen Austritt von Marmor in Kombination mit anderen Gesteinen und Mineralien. Bei Mineralogen ist die Stelle vor allem als weltweit unikaler Standort für Spinellkristalle in den verschiedensten Farben bekannt. Die Senke befindet sich auf der auch als Zuckerberg (Sacharnaja gora) bekannten Ivanovskij-Landzunge.

## Kilometer 106

An der Mündung des Flusses Bol'šaja Ponomarjovka stehen mehrere Container am Baikalufer. Sie gehören zu einer Forschungsstation. Im Winter werden hier mit einem Teleskop in über 1000 Metern Tiefe physikalisch-geologische Untersuchungen zur Strahlenabsorbierung durch die Eisdecke des Sees angestellt.

## Kilometer 108

Zwischen den Kilometersteinen 108 und 110 befinden sich sowohl der mit 778 Metern längste als auch der mit 30 Metern kürzeste Tunnel der Krugobajkal'ka. Dazwischen überqueren die mit 64 Metern längsten Brücken den Fluß Polovinnaja (Hälfte) mit dem gleichnamigen Dorf im Tal des Flusses. Der Ort ist ein beliebter Pausenort und Fototermin für die touristischen Sonderzüge, die dann zwischen Brücke und Tunneleinfahrt stehen. Die Eisenbrücke gehört zum ersten Bauabschnitt, der Bogenviadukt aus Stahlbeton folgte im zweiten Bauabschnitt.

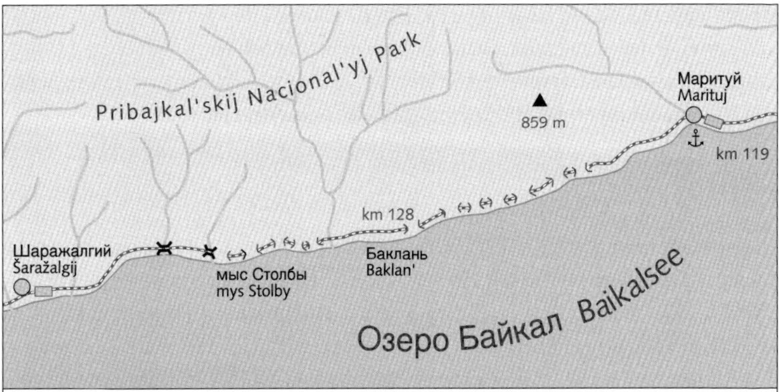


**Die Baikalbahn, Kilometer 119 bis 137**

Es folgt die Möwenklippe (Čajkin Utës), ein beliebter Brutplatz verschiedener Vögel.

## Kilometer 119

Die Siedlung Marituj am gleichnamigen Fluß ist nach Port Bajkal die größte Siedlung an der alten Eisenbahnstrecke. Das Dorf zieht sich weit in das breite Tal hinein. Es gibt noch viele historische Holzhäuser, obwohl bei weitem nicht alle erhalten blieben. 1910 wurde hier die einzige Holzkirche auf dem Streckenabschnitt Bajkal–Kultuk errichtet. Sie brannte 1935, als sie bereits zu einer Soldatenunterkunft umfunktioniert worden war, vollkommen nieder.

## Kilometer 121 bis 123

Bei Kilometer 121 hat die Landzunge Kirkirje drei durchnumerierte Kaps und drei dazugehörige Tunnel aufzuweisen. Vor dem dritten Tunnel (Nr. 18 in der fortlaufenden Zählung) wurden anläßlich des 100-jährigen Jubiläums der Krugobajkalka der Bahnsteig befestigt, ein kleiner Pavillon erbaut sowie eine Gedenktafel angebracht, die an die erste Probefahrt mit dem damaligen Eisenbahnminister Michail Chilkov erinnert. Dieser dritte Tunnel wurde in der zweiten Bauetappe aufgrund häufiger Steinschläge zweigleisig tiefer in den Fels geschlagen und verlängert. Dadurch wurde die ursprüngliche Trasse samt umfangreicher Stützmauern und Tunnel nicht mehr benötigt, so daß man an dieser für touristische Stops ausgebauten Stelle einen guten Blick auf beide Tunnel und einen gemauerten Schmelzwasserabfluß hat..

## Kilometer 126

Hier befindet sich ein riesiger Granitblock, der in seiner Form an eine Glocke erinnert und dem Kap auch den entsprechenden Namen verlieh.

## Kilometer 128

An der offenen Galerie ›Baklanij‹ erhebt sich ein Fels in der Form eines Pilzes. Es folgt die einzige von ursprünglich fünf errichteten Blockstellen. Aber eine Rekonstruktion ist dringend angesagt, denn der Verfall schreitet voran und in wenigen Jahren kann man dann nur noch wie am Kilometer 79 original neu nachbauen.

## Kilometer 130

Wie bei Kilometer 109 überqueren auch hier zwei unterschiedliche Brücken aus den jeweiligen Bauetappen den Fluß Sabartuj. Auf den nächsten 1,5 Kilometern folgen kurz hintereinander drei Tunnel und eine Galerie durch die wegen mehrerer steiler Felsen auch ›Pfähle‹ (Stolby) genannte Landzunge.

## Kilometer 132

Auf dem nächsten Kilometer folgen drei Tunnel kurz hintereinander. Die dabei durchfahrenen 300 Meter hohen Felsen sind ein beliebter Nistplatz von Silbermöwen, die hier von Mai bis August brüten, weshalb man den Ort auch Vogelbasar nennt.

## Kilometer 137 bis 138

Der alte Bahnhof ›Šaryžalgaj‹ und seine Umgebung hat mehrere erhaltene und rekonstruierte Gebäude aufzuweisen. Neben den beiden Bahnhofsgebäuden der ersten und zweiten Etappe stehen noch die Häuser der Kaserne und des Wachpostens.

Gleichzeitig sieht man auch sofort, daß in den letzten Jahren an der Krugobajkalka nirgends so viel Geld investiert wurde wie hier. Der gesamte Komplex wird zum zentralen Erholungsheim der Ostsibirischen Eisenbahnverwaltung umgebaut, dessen Türen sich aber nur für deren Mitarbeiter und Gäste öffnen. So frischten hier beispielsweise im Sommer 2005 Boris Jelzin und Helmut Kohl ihre Baikalerinnerungen aus Listvjanka im Jahre 1994 auf. Der deutlich schlichtere Erholungskomplex mit gleichem Namen bei Kilometer 138 ist ein Sommersportlager für Irkutsker Sportklubs.

## Kilometer 140

Die romantische Bucht trägt genau so wie der Fluß den Namen ›Bol'šaja krutaja guba‹ und wird von zwei besonders schönen Steinviadukten überquert. ›Krutaja guba‹ läßt sich als ›gebogene Lippe‹ übersetzen. Die beiden die Bucht einrahmenden Landzungen sind dementsprechend die große und die kleine Lippe.

## Kilometer 142

Auf den nächsten zwei Kilometern folgen drei Tunnel und zwei Galerien. Die Tunnel und die nachfolgende Blockstelle sind nach dem Fluß Chabartuj benannt. Im Mitteltunnel (Nr. 35) gibt es einen Seitengang zu einem Aussichtsplateau.

## Kilometer 148

Nach zwei Brücken hinter Kilometer 147, wo über die Stützbucht (Buchta Upornaja) nicht der Zufluß, sondern direkt der Baikal überquert wird, folgen nach Kilometer 148 wiederum zwei Brücken, die den Fluß Angasolka überqueren. Die Gegend ist vor allem bei Tagestouristen aus Irkutsk sehr beliebt. Am Haltepunkt ›Staraja Angasolka‹ lädt ein kleines Nikolaj-Rerich-Zentrum zum Besuch ein. Wer morgens mit dem Vorortzug aus Irkutsk nach Kultuk fährt, kann bei einer fünfstündigen Wanderung hin und zurück etwa bis hier gelangen. Eine populäre Alternative ist auch die Station Tëmnaja Pad', von wo aus man bergab durch das

*Gepäcktransport auf der Baikalbahn*

**Die Baikalbahn, Kilometer 137 bis Sljudjanka**

Tal der Angasolka den Baikal an diesen Brücken erreicht. Man erkennt ab hier noch die Überreste der zugeschütteten Ufermauern der ersten Gleisspur. Während der zweiten Etappe wurde ein breiterer Bahndamm aufgeschüttet.

## Kultuk

Bei Kilometer 156 erreicht man den Bahnhof und die Siedlung Kultuk (Култук). Es ist die älteste Siedlung am Baikal, die bereits 1647 ein Kosakentrupp unter Ivan Pochabov errichtete. Kultuk bedeutet in der Sprache der Ureinwohner soviel wie Ecke. Wer mit dem Auto oder mit der Bahn von Irkutsk zum Baikal kommt, erblickt als erste Siedlung am Ufer Kultuk. Hier zweigt auf der einen Seite die alte Baikalbahn und auf der anderen Seite die Fernverkehrsstraße in das Sajangebirge und weiter zur mongolischen Grenze ab. Ein Güterhafen rundet das Bild ab. Ein beliebter Ausflugs- und Badeort ist der südlich von Kultuk befindliche Sandstrand am westlichsten Ende des Baikal, wo sich auch das felsige Schamanenkap befindet. Diese etwa 400 Meter in den Baikal reichende Landzunge ist aber nicht mit dem Schamanenstein in Listvjanka oder dem Schamanenfelsen bei Chužir zu verwechseln. Die Burjaten nennen das Kap ›Aicha Schulun‹: schrecklicher Stein. Überlieferungen nach nutzten die Schamanen den Ort als Kult- und Opferstätte.

## Das burjatische Nationalepos ›Geser‹

Der oft anzutreffende Begriff ›Geser‹ steht für den Helden des gleichnamigen burjatischen Nationalepos. Man findet als Titel dafür sowohl ›Geser‹ als auch ›Geseriade‹. Der vollständige Titel der Sage lautet ›Die Taten des Bogda Geser Khan, des Vertilgers der Wurzel der zehn Übel in den zehn Gegenden‹. Die nordasiatische Sagenwelt kennt den Recken Bogda Geser Khan in verschiedenen Varianten. Das Epos ist eng mit dem Lamaismus verbunden und sowohl in Tibet als auch in der Mongolei und in Burjatien die bedeutendste nationale Heldensage. Man nennt das Epos auch die ›Illiade Zentralasiens‹. Die unzähligen mündlichen und schriftlichen Überlieferungen von Gesers Heldentaten wurden erstmalig im 16. Jahrhundert aufgeschrieben. Als Entstehungsjahr des Epos gilt in Burjatien aber bereits 995, weshalb 1995 auch mit viel Pomp das 1000jährige Jubiläum ›Gesers‹ gefeiert wurde. Die erste deutsche Übersetzung des Werkes erschien bereits 1839 in Leipzig.
Geser wird als Gott in Menschengestalt dargestellt und vereint die Symbole verschiedener Gottheiten in seinem Körper. So gilt das Oberteil seines Körpers als Inbegriff der Buddhas der zehn Gegenden oder Provinzen. Die Mitte seines Körpers symbolisiert die Kraft der Maharadscha-Götter und sein Unterteil weist auf seine Verbindung zu den großen Drachenfürsten hin. Als göttlicher Herrscher sorgt er mit Blitz und Donner, Verstand und List sowie treuen Verbündeten für Recht und Ordnung in den Weiten Asiens und besteht verschiedene Abenteuer.
In Burjatien betrachtet man das östliche Sajangebirge als Heimat von Bogda Geser Khan. In der Umgebung von Churga und Chužir – nicht zu verwechseln mit dem gleichnamigen Ort auf der Insel Ol'chon – im touristisch nicht erschlossenen äußersten Osten Burjatiens, werden viele markante Naturerscheinungen mit seiner Legende in Verbindung gebracht. Ein riesiger, etwa 20 Meter langer glatter Findling wurde zum versteinerten Schwert von Geser, ein aus der Bergtaiga herausragender einsamer Fels wurde zum Sattel Gesers und bei Alag-Šulun ist ein rötlicher Fels ein steingewordener Blutfleck Gesers aus seinem Kampf gegen den Feuerfürsten Hal Dulmey Khan.

Eine schriftliche Überlieferung des Epos erschien auch in deutscher Übersetzung, allerdings ist das Werk nur noch antiquarisch zu haben (www.zvab.com):
Die Taten Bogda Gesser Chan's.
Des Vertilgers der Wurzel der zehn Uebel in den zehn Gegenden.
Auriga Verlag, Berlin 1925

# Das südöstliche Ufer

## Ausflug in das Sajangebirge

Westlich von Kultuk beginnt das Tunka-Tal (Tunkinskaja Dolina/Тункинская долина). Diese Talebene ist gewissermaßen eine Weiterführung des Baikalgrabens und erstreckt sich auf über 40 Kilometern Breite zwischen den Gebirgszügen des Chamar-Daban und des östlichen Sajangebirges, dessen höchster Berg Munku Sardyk sich direkt an der russisch-mongolischen Grenze auf 3491 Meter erhebt.

Zwischen Kultuk und Mondy sowie weiter zur mongolischen Grenze ist die 204 Kilometer lange Straße asphaltiert. Die entlang der Flußläufe Irkut und Oka weiter ins Sajangebirge führende Straße in das 156 Kilometer entfernte Orlyk ist nur noch eine Schotterpiste. Die folgenden 53 Kilometer nach Chužir sind nur noch ein Schotterweg. Für eine Autotour vom Baikal bis nach Chužir sollte man drei Tage mit entsprechenden Zeltübernachtungen veranschlagen. Bis jetzt wagen sich aber kaum Touristen in diese Gegend. Die Panoramablicke auf die Landschaft des Sajangebirges hinterlassen phantastische Eindrücke. ›Eindrücke‹ eher im direkten als im übertragenen Sinne sind aber auch während der allradgetriebenen Auto(tor)tour hinter Mondy unvermeidlich.

Nach 18 Kilometern erreicht man das Dorf Bystroe, das vor allem für die am Fluß Malaja Bystraja bereits 1784 entdeckten Lazuritvorkommen bekannt ist. Heute sind aber nur noch Hobbygeologen auf der Suche, obwohl der Fundort nach einem Vorkommen in Afghanistan als der zweitbeste in der Welt gilt. Es gibt am östlichen Ortsrand ein kleines Motel, das der Künstler Andrej Michailov betreibt.

Bei Kilometer 44 beginnt der Tunka-Nationalpark. Mit seiner Gründung 1991 wurde erstmals ein gesamter Verwaltungsbezirk mit einem Gebiet von 1183 Quadratkilometern zum Nationalpark erklärt. 86 Kilometer von Kultuk entfernt zweigt eine Straße nach Aršan ab, dem bekanntesten Kurort des Tals. Bei Kilometer 117 befindet sich der Ort Kyren, das Verwaltungszentrum des Kreises mit knapp 6000 Einwohnern, wo auch die Nationalparkverwaltung ihren Sitz hat. In Kyren befindet sich das größte Dazan (burjatischer Tempel) des Tals.

Am Kilometer 149, etwa 7 Kilometer vor Turan, zweigt die Straße zum Kurort Nilovaja Pustyn ab. Hinter Turan wird das Tal etwas schmaler. Die letzten Kilometer vor Mondy führen neben dem Fluß Irkut durch eine schmale Schlucht. In Mondy hat man eine gute Sicht auf den Gipfel des Munku-Sardyk. An seinen Ausläufen im russisch-mongolischen Grenzgebiet befindet sich auf einer Höhe von knapp über 2000 Metern über dem Meeresspiegel seit 1962 ein Observatorium. Der Grenzübergang ist bislang nur für den kleinen Grenzverkehr geöffnet. Ausländer benötigen sowohl von russischer als auch von mongolischer Seite eine

*Schlammbad im Tunka-Tal*

nur schwer zu bekommende Sondergenehmigung. Das ist aus touristischer Sicht bedauerlich, denn nur zehn Kilometer hinter der Grenze befindet sich der einzigartige Hochgebirgssee Chobsogol. Der See zieht sich 136 Kilometer in die Länge, und seine maximale Breite erreicht 36 Kilometer. Er kann sich zwar mit der Größe von 2760 Quadratkilometern und einer maximalen Tiefe von 262 Metern nicht mit dem Baikal messen, aber sein Wasserspiegel liegt mit 1645 Metern über dem Meeresspiegel immerhin 1118 Meter über dem Niveau des Baikal. Er hat knapp 50 Zuflüsse und wie der Baikal nur einen Abfluß, den Egijn-Gol. Dieser fließt wiederum in die Selenga und speist somit auch den Baikal. Das Verhältnis beider Seen zueinander kann sich auch noch zu einem Thema für die hohe Schule der Diplomatie entwickeln. Die Russen nennen Chobsogol der Größe und Tiefe entsprechend den ›kleinen Bruder‹ des Baikal. Für die Mongolen ist er nach dem Höhenunterschied des Wasserspiegels und der Rolle bei der Wasserversorgung die ›Mutter des Baikal‹. Doch unabhängig davon, ob es hier um Bruderzwist oder eine schwierige Mutter-Sohn-Beziehung geht, sind sich alle Beteiligten darüber einig, daß der Traum vieler Touristikanbieter beider Länder, eine sowohl den Baikal als auch den Chobsogol einschließende Tour international zu vermarkten, ein großes Potential beinhaltet. Bevor solche Touren für Ausländer angeboten werden können, müßte eine Ergänzung zum russisch-mongolischen Grenzvertrag den Status der Grenzübergangs Mondy aufwerten und ihn für Drittstaatler öffnen.

*Omul' gibt es in allen Variationen*
*Die Gotteserscheinungskirche in Irkutsk; Markt in Listvjanka*

К 356 КА 38

Hinter Mondy führt die Straße zur noch etwa zehn Kilometer entfernten, mongolischen Grenze, die dem Lauf des Flusses Irkut folgende Abzweigung führt ins Oka-Tal und ins östliche Sajangebirge. Das Oka-Tal wird auch als Klein-Tibet bezeichnet, denn in allen vier Himmelsrichtungen sieht man Gipfel, die seinen Höhenpegel um über 1000 Meter übersteigen. Neben der landschaftlichen Vergleiche spielt auch die mystische Bedeutung des Tals für Burjatien eine große Rolle. Der Landstrich wird auch Geser-Land genannt, denn die Geschichten um den Helden des gleichnamigen, burjatischen Nationalepos haben ihren Ursprung in diesem Teil des Sajangebirges. Daneben finden sich aber auch vollkommen andere und keineswegs mystische Spuren. So findet am Hang des Berges Botogol die Überreste eines Graphitbergwerkes als Beispiel einer erfolgreichen Auslandsinvestition in einem der entlegensten Winkel Sibiriens. In der alten Bleistiftzeit wurde hier ab 1855 der weltbeste Graphit abgebaut. Der französische Pelzhändler und Kaufmann F. Alibert (1820–1905) hatte hier eine Graphitmine erschlossen und seine Produktion ab 1856 exklusiv an die fränkische Firma Lothar A. W. Faber verkauft. Die Graphitkisten wurden mit Pferden bis nach Šilka transportiert, um nach einer halben Weltreise über Amur, Pazifik und Atlantik nach Deutschland zu gelangen. In seiner Unternehmenschronik verweist Faber Castell noch heute darauf, daß dort in Sibirien damals der weltbeste Graphit abgebaut wurde. Der Weg führt über Orlyk bis nach Chužir. In diesem entlegenen Dorf leben etwa 250 Burjaten. Touren in dieses Gebiet sind auf den Zeitraum von Mitte Juli bis Anfang September beschränkt.

## Aršan

Aršan ist der größte und bekannteste Kurort des Tals. Schon der Ortsname Aršan bedeutet in der Übersetzung heilende Quelle und davon findet man in Aršan und der Umgebung nicht nur eine. Die Entfernung zu der das Tunka-Tal durchziehenden Fernverkehrsstraße A 164 beträgt 28 Kilometer. Hier gibt es viele Mineralquellen, deren Temperaturspektrum von 11 °C bis 45 °C reicht. Erstmals beschrieben wurden sie im Jahr 1894. Die Geschichte des Kurortes Aršan ist allerdings sehr sowjetisch, denn er entstand erst nach 1920 und wurde vor allem in den Jahren nach 1930 und nach 1980 mit entsprechenden Kurheimen für die Werktätigen ausgebaut. Selbst der langjährige Werktätige Nr. 1, Leonid Brežnev, sowie auch viele Kosmonauten sollen hier in der gesunden Bergluft Urlaub gemacht haben. Der Ort

*Die kleine Kirche von Listvjanka*
*Im Wald bei Aršan werden bunte Stoffstreifen an die Bäume gebunden*

**Aršan (Аршан), Zentrum**

**Legende**

1 Dazan
2 Trinkhaus der Quelle
3 Sanatorium ›Aršan‹
4 Bushaltestelle
5 Sanatorium ›Sajan‹
6 Kirche
7 Tourismusinformation

wirkt sehr gelassen und zieht mit seinen Kur- und Wandermöglichkeiten sowohl Touristen als auch Kurpatienten an.

Der das Dorf durchziehende Fluß heißt Kyngarga, was soviel wie Trommel bedeutet. Zu Zeiten der Schneeschmelze muß wohl sein reißender Wellenschlag solche Töne hervorbringen. Die Hauptstraße heißt Trakt und folgt einem alten Bergweg. Kurz hinter der Ortseinfahrt steht noch vor der Brücke eine kleine russisch-orthodoxe Holzkirche. Auf der anderen Seite erhebt sich der Gebäudekomplex des größten Sanatoriums ›Sajany‹. Vor der Linkskurve des Bogens beginnt mit Markt, Kurverwaltung und Busbahnhof das Zentrum. Die Kurverwaltung heißt Patientenregistratur und auf der Rückseite des Gebäude gibt es auch ein kleines Heimatmuseum zur Geschichte des Kurortes. Die Straße führt weiter zum Fluß, wo vor der Brücke meist die Busse der Tagestouristen parken. Hier beginnt der Kurpark, der am Fluß entlang zu den Quellen und zur Trinkhalle führt. Hier beginnt auch der populäre Wanderweg durch die Flußschlucht zu zwei ein-

*Dazan in Aršan*

drucksvollen Wasserfällen. Die Stämme der Bäume sind mancherorts vor lauter Freundschaftsbändern kaum noch zu erkennen.

In der Trinkhalle kommen aus drei nebeneinander befindlichen Hähnen drei verschiedene Quellwässer. An der Wand erläutert eine Informationstafel die Bestandteile und Vorzüge der drei Quellen. Aus dem linken Hahn kommt heißes Wasser mit positiven Effekten für die Leber. Die mittlere, ebenfalls heiße Quelle ist bei Magen-Darm-Beschwerden zu empfehlen, und aus dem rechten Hahn kommt kaltes Quellwasser, das bei Nierenerkrankungen hilft. Das Mineralwasser aus Aršan wird mittlerweile bereits industriell abgefüllt und in PET-Flaschen verkauft. Gleichzeitig nutzen aber viele die Möglichkeit, sich vor Ort selbst mit dem Original zu versorgen. Auf dem Parkplatz kann man beobachten, wie die selbstgefüllten Kanister und Flaschen in den Kofferräumen der Autos verstaut werden.

Auf der anderen Seite des Flusses führt die Straße zum buddhistischen Tempel des Ortes. Das kleine Dazan liegt idyllisch auf einer Wiese mit den Bergen des Sajan im Hintergrund.

Aršan ist 220 km von Irkutsk entfernt.

- Touristinformation: ul. Traktovaja 6.
- Durchschnittstemperatur: Januar –19 °C, Juli 15 °C.

Hauptpostamt, ul. Traktovaja 32.

- Vorwahl: 30156 bzw. 256 aus dem Irkutsker Gebiet.
- PLZ: 671023.

Der Busbahnhof liegt an der Biegung der Hauptstraße. Es gibt tägliche Busverbindungen nach Sljudjanka, Irkutsk und nach Ulan-Udė. (ul. Traktovaja).

Das beste Erholungsheim ist das ›Sagaan Dali‹, das – 1996 eröffnet – über 100 Plätze verfügt. Das größte Sanatorium ist das 1989 erbaute ›Sajany‹ mit knapp 500 Plätzen. Älter und auf viele Gebäude verteilt ist das ›Aršan‹. Kuren können jeweils wochenweise gebucht werden (Tel. Ulan-Udė 3012/216279 beziehungsweise Aršan 470).

▶ Viele Bewohner des Ortes vermieten private Zimmer.

▶ Empfehlenswert ist der Gutshof von Nina Nikolaevna Večer in der ul. Naberežnaja.

In Höhe des Marktes (ul. Traktovaja 36) gibt es einfache Cafés. Außerdem konzentrieren sich weitere Cafés um die Ecke ul. Traktovaja/ul. Naberežnaja.

# Nilovaja Pustyn/Chojto-Gol

Der Kurort ist für drei Thermalquellen bekannt. Als 1845 der Irkutsker Bischof Nil Stolbenskij die Quellen besuchte und den Ort als ideal für Eremiten beschrieb und mehrere Mönche sich hier niederließen, entstand der Ortsname. Die Quellen haben eine Wassertemperatur von 38 bis 43 °C und sind fluor- und radonhaltig. Heute gibt es hier ein Dutzend Erholungsheime. Unweit des Ortes befindet sich ein buddhistisches Kloster. Daneben steht ein Holzpfahl mit einem Faß an der Spitze. Er symbolisiert die Bekehrung der örtlichen Burjaten vom Schamanismus zum Buddhismus. Die buddhistischen Mönche überzeugten zunächst die Schamanen. Die Trommeln wurden verbrannt und die Opfergaben und Reliquien der neuen Buddhisten kamen in das besagte Faß, das dank der Höhe von Buddha besser zu sehen sei. Nilovaja Pustyn ist zumeist der Ausgangspunkt für Touren zum 2750 Meter hohen Šumak-Paß und weiter zu den Šumak-Quellen. Der teilweise auch ausgeschilderte, etwa 70 Kilometer lange Pfad beginnt hinter dem Kilometerstein 11 an der Straße von Nilovaja Pustyn nach Chojto-Gol.

# Šumak-Quellen

Die Šumak-Quellen sind in der Baikalregion legendär und haben den Ruf eines Jungbrunnens, der bei fast allen Krankheiten helfen soll. Dementsprechend populär ist die hinsichtlich Länge und Höhenunterschied schon etwas anspruchsvollere Route, und alljährlich pilgern immer mehr Wanderer in das entlegene Tal des

Sajangebirges, denn die Quellen sind nur im Sommer auf Wanderpfaden oder aber ganzjährig mit dem Hubschrauber zu erreichen.

Die Legende erzählt vom Jäger, der mehrere Tage einen verwundeten Hirsch durch das Sajangebirge verfolgte und ihn am Rand des Flusses Šumak endlich eingeholt hatte. Als der Hirsch aber den Fluß durchquert hatte, waren alle seine Wunden verschwunden. Das Wasser der Šumak-Quellen hatte seine heilsame Wirkung gezeigt. Der Šumak ist ein rechter Nebenfluß des Flusses Kita, der wiederum nördlich von Irkutsk bei Angarsk in die Angara strömt. Die Quellen befinden sich am Zusammenfluß des sogenannten rechten und linken Šumak, wo über eine Insel in der Flußmitte auch entsprechende Furten existieren. Die Wirkung der über 100 Quellen basiert auf ihrem Gehalt von Radon und Karbonsäure. Sie gruppieren sich in zwei Tälern auf der linken und einem Tal auf der rechten Seite. Die Zeiten, wo das Tal ein einsamer Platz war, gehören aber längst der Vergangenheit an. Da der Weg hierher nicht gerade ein Spaziergang ist, trifft man auf eine angenehme Gemeinschaft Gleichgesinnter, und das Tal strahlt sein besonderes Flair nicht nur über die obligatorischen, unzähligen Freundschaftsbänder aus.

Linker Hand kommt das schwach angereicherte Wasser auf 70 Metern an 42 Stellen aus dem Boden. Die Temperatur schwankt zwischen 10 und 35 °C. An mehreren Stellen kann man Schlammbäder nehmen. Die zweite Gruppe ist stärker mineralisiert und vereint auf knapp 200 Metern insgesamt 50 Quellen. Am anderen Ufer werden bei Quelltemperaturen von 28 bis 34 °C vor allem die Radonbäder genommen. Die einzelnen Quellen sind katalogisiert und durchnumeriert. Es gibt auch ein Verzeichnis, mit welchen Beschwerden man entsprechend der Nummern aus welcher Quelle trinken bezeihungsweise in welcher Quelle baden sollte. Einige Beispiele: 7 – Magen, 8 – Bluthochdruck, 34 – Darm, 65 – Blutgefäße etc. Besonders gefragt und in entsprechenden Skulpturen am Rand der Quellen auch bereits künstlerisch honoriert sind die Quellen 51 – Manneskraft und 64 – Weiblichkeit. Ein Schlammbad sollte nicht länger als 20 Minuten dauern, ein Radonwannenbad darf höchstens einmal pro Tag und für maximal 10 Minuten genommen werden, wobei der Oberkörper und vor allem die Herzgegend nicht unter Wasser getaucht werden sollten.

## Sljudjanka

Die Stadt liegt am südlichen Ende des Baikal. Die Fernverkehrstraße Irkutsk–Ulan-Udė durchzieht als ul. Lenina und Hauptstraße den Ort. Der Ortsname, der zugleich auch der Name des hier in Baikal mündenden Flusses ist, leitet sich vom Wort ›Sljuda‹ – Glimmer ab. Früher wurde hier Glimmer abgebaut. Zwei Flüsse – Sljudjanka und Pochabicha – fließen durch den Ort in den Baikal. Das Gebiet

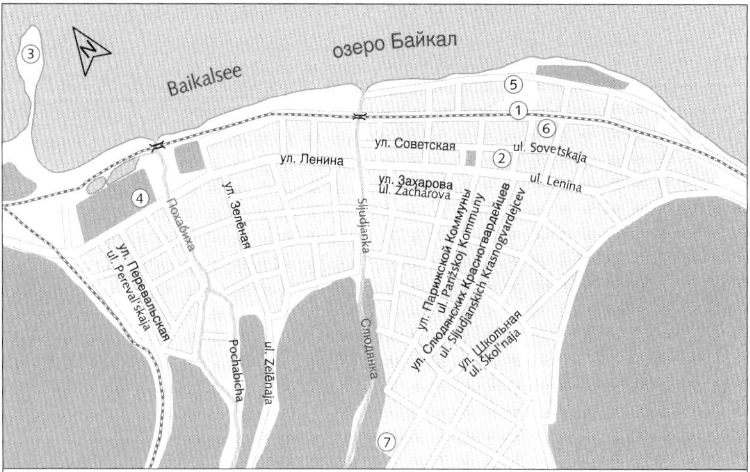


Sljudjanka (Слюдянка)

**Legende**

1 Bahnhof
2 Busbahnhof
3 Schamanenkap
4 Stadtpark
5 Kirche
6 Eisenbahnmuseum
7 Mineralogiemuseum

zwischen beiden Flüssen nennt man auch Laksman, denn hier stand früher nur einsam auf weiter Flur der Gutshof des Baikalforschers Erik Gustav Laksman (1737–1796). Der gebürtige Schwede war Biologe und Mineraloge im Dienste des Zaren. Er eröffnete das Irkutsker Heimatkundemuseum und erforschte die reichen Mineralvorkommen in dieser Gegend. Die Entstehung einer Stadt an diesem Ort gelangte erst mit dem Bau der Baikalbahn auf die Tagesordnung. Nach der Gründung im Jahr 1902 entstand ab 1905 ein Lokdepot, das heute wieder der größte Arbeitgeber im Ort ist. Lange Jahre wurden auch die Mineralvorkommen sowie Marmot und Asbest gewonnen, aber die Betriebe wurden teilweise noch vor der Wende stillgelegt. Seit 1936 besitzt Sljudjanka das Stadtrecht. Man zählt etwa 21 000 Einwohner.

Sljudjanka ist wohl der einzige Ort in der Welt mit einem Bahnhof aus reinem Marmor. 2005 wurde er renoviert und erstrahlt jetzt wieder im neuen alten Glanz. Da sich der Steinbruch in unmittelbarer Nähe nur knapp zehn Kilometer entfernt befand, wäre jeder andere Baustoff teurer gewesen. In Sljudjanka fährt heute die Baikalbahn auf der alten Strecke am nördlichen Ufer des Baikal ab.

*Im privaten Mineralogiemuseum von Sljudjanka*

Im Museum des örtlichen Eisenbahndepots beginnt die Ausstellung mit einer ausführlichen Dokumentation des Baus der Baikalbahn. Darüber hinaus bietet das liebevoll gestaltete Museum viele Details aus der 100jährigen Geschichte des Bahnstandortes Sljudjanka und bietet laut Werbeprospekt »außer thematischen Ausstellungsexkursionen gegen ein maßvolles Entgelt noch andere intellektuelle Dienstleistungen«, Exkursionen in die Umgebung und ein umfangreiches Archiv mit Lesesaal. Das Museum erreicht man sowohl von der Hauptstraße des Ortes als auch vom Bahnhof über die Fußgängerbrücke nach links in etwa 300 Metern (ul. Železnodorožnaja 22, Tel. 23 51).

Auch das zweite Museum des Ortes lohnt einen Besuch. Der Hobbygeologe Valerij Žigalov betreibt seit mehreren Jahren ein privates Museum unter dem Namen ›Baikaledelsteine‹. Man findet eine umfangreiche Sammlung von Mineralien sowohl aus der Umgebung des Baikal als auch aus aller Welt. Er betreibt auch eine kleine Pension, die vor allem Geologieinteressierte und Steinesammler anzieht (ul. Sljudjannaja 36, Tel. 21 46 App. 469). Die Gegend um Sljudjanka bietet für dieses Hobby hervorragende Bedingungen. Über 150 Minerale sind hier zu finden. Am bekanntesten sind der blaue Lazurit, der grüne Nephrit, und der grüngraue Baikalit.

Neben den beiden Museen ist Sljudjanka vor allem als Ausgangspunkt für weitere Exkursionen interessant. Eine schöne Holzkirche befindet sich am Bahnhof. Nördlich des Bahnhofs beginnt ein Sandstrand, der sich zwischen den Gleisen der Transsib und dem Baikalufer über das Schamanenkap bis nach Kultuk hinzieht.

Sljudjanka ist 127 km von Irkutsk entfernt.

▸ Reisebüro: Southern Baikal Travel, ul. Lenina 110, Tel. 236 62, www.baikal-siberia.ru.

▸ Durchschnittstemperatur: Januar –15 °C, Juli 13 °C.

Hauptpostamt, ul. Ržanova 4, Tel. 238 50.

▸ Vorwahl: 395 44 bzw. 244 aus

dem Irkutsker Gebiet.

▸ PLZ: 665 900.

Sberbank, ul. Parižskoj Kommuny 9, Tel. 211 52.

Sljudjanka liegt an der Transsibirischen Eisenbahn. Hier halten alle Fernzüge. Hier wird auch der auf der alten Baikalbahn fahrende Regelzug eingesetzt. Gleichzeitig ist Sljudjanka Endpunkt und Umsteigebahnhof für die Ėlektrička-Verbindungen sowohl am Baikalsüdufer nach Mysovaja als auch in Richtung Irkutsk.

Der Busbahnhof liegt an der den Ort durchziehenden Fernverkehrsstraße zwischen Irkutsk und Ulan-Udė (ul. Lenina 101).

Das beste Hotel mit 8 Plätzen heißt ›Na Zarečnoj‹ und befindet sich außerhalb des Ortes. Eine preiswerte Alternative ist das einfache Hotel ›Sljudjanka‹ (ul. Frunze 4, Tel. 230 71). Das Mineralogische Museum bietet ebenfalls Unterkünfte an.

Die beste Lokalität im Ort ist das Café ›Kristall‹ (ul. Lenina 75). In der ul. Sovetskaja gibt es das Restaurant ›Chamar Daban‹ (ul. Sovetskaja 50).

# Bajkal'sk

Die noch junge Stadt Bajkal'sk wird in erster Linie mit dem Zellulosekombinat und somit mit den ökologischen Problemen am Baikal assoziiert. Die Stadtgeschichte ist untrennbar mit der Entwicklung des Werkes verbunden. Der Beschluß aus dem Jahr 1954, hier am Südufer des Baikal ein Zellulosekombinat zu errichten, ist zugleich die Gründungsurkunde für die dazugehörige Stadt.

Der Bau des Kombinats und der Siedlung für die künftigen Arbeitskräfte begann im April 1960. Die Siedlung wurde bereits 1962 zur Stadt, und ihre Einwohnerzahl stieg in den letzten 40 Jahren auf über 17 000. Ein knappes Viertel der Einwohner arbeitet in dem Unternehmen. Seit das Kombinat 1966 die Produktion von Cordzellulose aufnahm, gilt es als die größte Dreckschleuder am Baikalsee. Die Umweltrisiken waren bereits in der Planungsphase bekannt und umstritten, aber hier setzten sich die Militärfalken gegen die Umwelttauben durch. Hochwertige Cordzellulose wurde für die Zwischenlager in den Reifen von Militärjets und in der Raumfahrt benötigt, und die Sicherheit der MIGs und Raketen war wichtiger als die Reinheit des Baikal. Zunächst leitete nicht nur das Werk, sondern auch die Stadt ihre Abwässer in den Baikal. Erst 1978 wurde die örtliche Abwasserwirtschaft mit einer biologischen Klärstufe ausgerüstet, die jedoch bis 1990 nur mit Einschränkungen funktionierte. Das Zellulosekombinat produzierte in dieser Zeit jährlich durchschnittlich 200 000 Tonnen Zellulose und verbrauchte dafür täglich etwa 400 000 Kubikmeter Wasser. Weniger als die Hälfte des täglich verbrauchten Wassers wurden durch die biologische Klärstufe gereinigt. So flossen jährlich 80 Millionen Kubikmeter mit Sulfiden und Phenolen verunreinigtes Abwasser in den See, was über 70 Prozent aller Umweltbelastungen für den Baikal ausmachte. Gemäß dem Motto: Der Baikal ist groß und reinigt sich selbst, er wird es schon schaffen, argumentierten die zunächst auf Planerfüllung und dann Arbeitsplatzerhaltung getrimmten Frevler.

Doch es regte sich zunehmend Widerstand. Durch Bürgerbewegungen wie die ›Baikalwelle‹ und das Engagement vieler bekannter Persönlichkeiten, wie zum Beispiel des Schriftstellers Valentin Rasputin gedrängt, erließ die sowjetische Regierung 1987 eine Resolution mit dem Titel: ›Maßnahmen zum Schutz und zur rationalen Nutzung der Naturressourcen im Baikalbecken zwischen 1987 und 1995‹. Dieser Beschluß sah eine Umprofilierung des Werkes in eine Möbelfabrik vor und schloß auch eine Schließung nicht aus. Die berüchtigte Cordzellulose konnte mittlerweile auch auf umweltfreundlicheren Wegen hergestellt werden. Die Umweltschützer erhoben gegen die Umprofilierung Einwände, da bei der Produktion von Möbeln ebenfalls mit vielen chemischen Stoffen wie Lack, Farbe und Kleber gearbeitet wird, deren Abfallprodukte dem Baikal nicht förderlich sind. Obwohl in den Folgejahren Fortschritte erzielt wurden, blieb der Durchbruch in dieser Frage bis heute aus. Außerdem hat die Fabrik, wie man in Rußland sagt, ›stadtbildenden‹ Charakter, und eine Schließung des einzigen Arbeitgebers vor Ort würde auch das Ausbleiben von mehr als der Hälfte der Steuereinnahmen bedeuten.

Die damalige Entscheidung, bis 1993 die Ableitung von schädlichen Abwassern in den Baikalsee zu unterbinden, wurde nur teilweise erfüllt. Ein weiterer Regierungsbeschluß von 1992 zur Umprofilierung der Fabrik steht bis heute auf dem Papier. Die einzige Umprofilierung war seine Umwandlung in eine Aktiengesellschaft mit privater Mehrheit. Durch weitere Investitionen in die Kläranlagen und Verschiebungen in der Produktpalette des Werkes zu Erzeugnissen mit weniger umweltbelastenden Technologien gab es weitere Fortschritte, aber die bei alledem unvermeidliche Chlorbleiche ist nicht aus der Welt.

Eine großangelegte Wasseruntersuchung aus dem Jahr 1997 spricht nur noch von lokaler Wasserverschmutzung, was einem Verschmutzungsradius von etwa 20 Quadratkilometern und einer Einflußfläche von etwa 100 Quadratkilometern entspricht. Umweltaktivisten betonen aber weiterhin nachdrücklich, daß eine Entwarnung verfrüht wäre und fordern entweder den Umbau des Kombinats nach den höchsten umweltschonenden Standards oder dessen Ersetzung durch eine umweltfreundliche Fabrik. Da auch andernorts am Baikal Fortschritte im Umweltschutz gemacht wurden, ist das Zellulosekombinat weiterhin für die Hälfte der Verschmutzung des Sees verantwortlich. Im Sommer 2003 folgte ein neuer Beschluß,

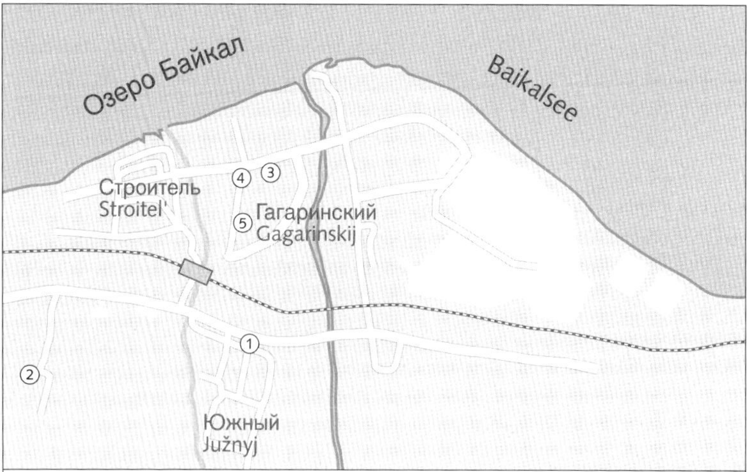


**Bajkal'sk (Байкальск)** 0 1000 2000 m

**Legende**

1 Orthodoxe Kirche
2 Skikomplex
3 Zellulosekombinat
4 Rathaus
5 Bank/Wechselstelle

der die Schaffung eines geschlossenen Wasserkreislaufs vorsieht. Die Investitionen für die Modernisierung in Höhe von 33 Millionen US-Dollar soll zu einem Drittel vom Kombinat und zu zwei Dritteln aus einem Kredit der Weltbank finanziert werden. Erst für das Jahr 2015 plant das Kombinat die endgültige Einstellung der Zelluloseherstellung.

Versprochen wurde in der Vergangenheit viel, eingehalten wenig. Der Dauerdruck der Umweltschützer wird auch in den nächsten Jahren erforderlich bleiben. Die jüngste Aktion von Greenpeace kritisierte genau diese Taktik des Hinhaltens. An der Einfahrt in die Stadt Bajkal'sk stellte man ein ›Denkmal der leeren Versprechen‹ auf. Dieses Denkmal besteht aus zwei Steinblöcken mit Tafeln, auf denen in Russisch und Englisch die verschiedenen von Staatoberhäuptern gegebenen ›leeren‹ Versprechen, am Baikal die Produktion von Zellulose zu stoppen, aufgelistet sind. Das Monument wurde zwar bereits nach kurzer Zeit von Unbekannten zerstört, aber auch Greenpeace ist bekanntlich hartnäckig und restaurierte es unverzüglich.

Mit diesem oben beschriebenen Makel muß Bajkal'sk leben, wenn es über die Erschließung seiner touristischen Potentiale nachdenkt. Viele Erholungssuchende finden dennoch ihren Weg nach Bajkal'sk. Im Winter lockt das modernste alpine Skizentrum am Baikal. Im Sommer laden die kilometerlangen Sand- und Kiesstrände beiderseits von Bajkal'sk zum Badeurlaub ein. Wenn man auch bei der Trinkwasserqualität in der Region Abstriche machen muß, so ist doch die Badewasserqualität unbestritten. Seit einigen Jahren finden hier auch Festivals statt. Bereits dreimal fand ein ›Jugendmusik-Festival‹ statt, das an die 5000 Fans von Rock und Hip Hop anlockte. Ansonsten wirkt Bajkal'sk eher ruhig und ordentlich. Gewöhnungsbedürftig ist, daß fast in der ganzen Stadt die Straßennamen fehlen und man sich durch ›Mikrorajony‹ genannte Quartiere durchfinden muß, wobei die Numerierung mitunter logische Lücken aufweist. Der zentrale Teil der Stadt ist der nach Jurij Gagarin benannte Mikrorajon. Hier befinden sich unter anderem Rathaus und Kaufhaus. Die russisch-orthodoxe Kirche im Stadtteil Južnyj scheint ein Bauwerk aus fernen Jahrhunderten zu sein, ist aber erst wenige Jahre alt (Južnyj, 3, Nr. 23, Tel. 333 05). Generell lohnt sich ein Spaziergang durch diesen vorrangig aus zwischen 1960 und 1970 erbauten Holzhäusern bestehenden Stadtteil.

Das beliebteste Reiseziel im Winter ist der am Zobelberg des Chamar-Daban-Gebirges gelegene Skikomplex ›Sobolinnaja‹. Der wohl berühmteste Gast der 1999 entstandenen Skianlage war Präsident Vladimir Putin. Er verbrachte im März 2002 seinen Winterurlaub in Bajkal'sk, und seine Urlaubsfotos zieren nun alle Werbeprospekte. Seitdem gewann das Skigebiet mit dem herrlichen Ausblick auf den Baikalsee zunehmend an Aufmerksamkeit und Popularität. Auf den Bergen liegt von November bis April Schnee und das bei für sibirische Verhältnisse milden –10 °C Durchschnittstemperatur. Diese Ecke wird auch gern spöttisch als die Subtropen des Baikal bezeichnet. Während die im Sommer damit verbundenen vergleichsweise häufigen Niederschläge nicht alle begeistern, zeigt sich der Winter sibirisch-subtropisch mit reichlich Schnee und milden Temperaturen. Der Skikomplex ist von November bis Mai in Betrieb und kann bis zu 1000 Touristen pro Tag aufnehmen. Bei einem maximalen Höhenunterschied von 500 Metern kann der Besucher zwischen verschiedenen Trassen in drei Schwierigkeitsstufen mit einer Gesamtlänge von etwa 15 Kilometern wählen. Darunter befinden sich breite Sporttrassen, Slalompisten, für Anfänger geeignete Strecken und auch eine beleuchtete Nachttrasse. Die Skipisten sind bequem durch fünf Skiaufzüge zu erreichen. Der Skikomplex befindet sich südlich der Fernverkehrsstraße zwischen Bajkal'sk und Utulik (Tel. 325 96).

Bajkal'sk ist 162 km von Irkutsk entfernt.

▸ Durchschnittstemperatur: Januar –10 °C, Juli 15 °C.

Hauptpostamt, Mikrorajon Južnyj 1–26, Tel. 324 46.

▸ Vorwahl: 395 42 bzw. 242 aus dem Irkutsker Gebiet.

► PLZ: 665 930.

Sberbank, ul. Gagarina 151b, Tel. 326 58.

► Geldautomat: Foyer des Hotels ›Bajkal‹.

Bajkal'sk liegt an der Transsibirischen Eisenbahn. Der Bahnhof liegt östlich des Stadtzentrums und des Zellulosekombinates. Hier halten auch alle Fernzüge.

Der Busbahnhof befindet sich am zentralen Platz im Mikrorajon Gagarinskij.

Das beste Hotel mit 86 Plätzen heißt ›Bajkal‹ (Tel. 348 98) und liegt im Mikrorajon Gagarinskij. Im Alpinen Skizentrum befindet sich eine ›Korpus II‹ genannte Filiale des Hotels ›Bajkal‹ (Tel. 324 55).

Die beste Lokalität im Ort ist das Restaurant ›Am See‹ im Hotel ›Bajkal‹.

www.geo.1september.ru (R).

# Utulik

Utulik ist ein kleine idyllische Siedlung westlich von Bajkal'sk. Den gleichnamigen Fluß überqueren hier zwei Brücken, wobei eine für die Eisenbahn und eine für die Überfahrt mit dem Auto gebaut ist. Bekannt ist Utulik vor allem aufgrund der

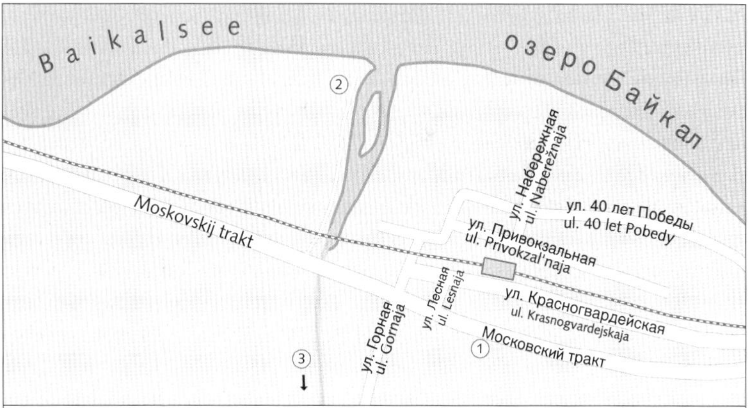


**Utulik (Утулик)**

**Legende**

1 Bushaltestelle
2 Touristenbasen ›Bajkal‹ und ›Čajka‹
3 Wasserfall

*Touristenbase in Utulik*

vielen Touristenbasen, die sich hier direkt am Baikalufer und am Lauf des Flusses befinden. Auf der Westseite des Flusses liegen die beiden großen Herbergen ›Bajkal‹ und ›Čajka‹ (Möwe). Während letztere vor allem als Sportlager bekannt ist, bietet die Herberge ›Bajkal‹ die gesamte Bandbreite aktiver und passiver Erholung. Noch in 2006 sollte der sichtbare Hotelneubau unter dem Namen ›Kedr‹ seine Pforten öffnen. Nicht zu übersehen ist am Strand des Camps das Schiffswrack eines alten Baikaldampfers der Baureihe ›Moskva‹, der aber nun den Spitznamen ›Titanic‹ hat.

Neben Trekking- und Raftingtouen sind Wanderungen entlang des Utulik populär. An die Größe des als Ziel vielbeschworenen Wasserfalls sollte man aber keine allzugroßen Erwartungen stellen, man erreicht ihn vorbei an der zum Ölkonzern Jukos gehörenden Herberge ›Utulik‹. Das Dorf Utulik selbst ist vorrangig auf der Ostseite des Flusses gelegen. Die sibirischen Holzhäuser mit ihren Gemüse- und Obstgärten geben dem Besucher Einblick in das Dorfleben am Baikalsee. Durch die Siedlung verläuft die Fernverkehrstraße von Irkutsk nach Ulan-Udė, der alte Moskauer Trakt. Am Straßenrand ist Markt, und die Einheimischen verkaufen Erdbeeren, Sonnenblumenkerne und den obligatorischen Omul'. Der wohl bekannteste Einwohner des Dorfes Utulik ist der Maler und Orchideenzüchter Nikolaj Osipenko, der in seinem Garten Führungen zum Thema ›Alles, was Sie schon immer über Orchideen wissen wollten‹ anbietet, die bei voller Blütenpracht im Juli gern besucht werden.

# Vydrino

Vydrino liegt am Fluß ›Snežnaja‹ und entstand nach dem Zweiten Weltkrieg, als man hier mit dem Holzeinschlag begann. Ein als Arbeitslager funktionierendes Gefängnis stellte die Arbeitskräfte. Mit der Einstellung des Holztransportes auf dem Baikal wurde auch der Holzeinschlag beendet, aber das Gefängnis existiert noch, und unter den 5100 Einwohnern sind auch nicht wenige, die sich nach Verbüßung ihrer Strafe hier niederließen. Deshalb machen viele russischen Touristen mit Camping-Ambitionen um Vydrino einen großen Bogen. Der Fluß Snežnaja ist gleichzeitig auch die Grenze zwischen dem Irkutsker Gebiet und der Republik Burjatien. Das bringt eine Reihe von Problemen mit sich, denn jetzt ist auch der vormals einheitliche Ort getrennt worden. Der Ortsteil am rechten Ufer in Burjatien heißt weiterhin Vydrino. Am linken Ufer heißt die Siedlung im Irkutsker Gebiet aber jetzt Novosnežinka. Es gibt zwar keine Mauer, aber Unterschiede sind schon spürbar. So kostet beispielsweise der Strom im Irkutsker Gebiet dank der billigen Wasserkraft nur knapp halb so viel wie in Burjatien.

# Tanchoj

Die Siedlung Tanchoj (Танхой) entstand mit dem Bau der Transsibirischen Eisenbahn. Sie liegt genau gegenüber des Angara-Abflusses und ist aus Listvjanka bzw. Port Bajkal für die kürzesten Baikalüberquerungen prädestiniert. Als die

*Überreste der alten Hafenanlagen bei Tanchoj*

ersten Passagiere der ›Großen Sibirischen Bahn‹ im Winter noch mit Schlitten über den Baikal befördert wurden, war Tanchoj der Anlauf- und Umsteigepunkt am Ostufer. In der Zeit des Fährbetriebes war Tanchoj auf dieser Seite des Sees in Spitzenzeiten ein Ausweichhafen für den Haupthafen in Mysovaja (heute Babuškin). Nördlich des Bahnhofs gelangt man zu den Ruinen der alten Hafenanlagen. Heute ist der Ort bei allen populär, die die 42 Kilometer lange Eisüberquerung im Winter zu Fuß oder per Ski machen wollen. Zu mehreren Terminen werden solche Überquerungen seit einigen Jahren auch als Event organisiert. Gleichzeitig ist Tanchoj heute das Zentrum des 1969 als Reaktion auf den Bau des Zellulose-Kombinates in Bajkal'sk gegründeten Baikal-Biosphären-Naturschutzgebietes. Es erstreckt sich auf knapp 166 000 Hektar vom Baikalufer zum Kamm des Chamar-Daban-Gebirges hinauf. Der höchste Berg im Naturschutzgebiet ist der Sochor mit einer Höhe von 2316 Metern. Seit 1985 untersteht auch die 12 000 Hektar große Kabansker Naturschutzzone im Delta der Selenga der Verwaltung des Naturschutzgebietes. Man engagiert sich für ökologischen Tourismus und bietet verschiedene Exkursionsangebote sowohl ins Gebirge als auch ins weitläufige Flußdelta der Selenga. Der Hauptpfad in die Berge führt unter dem Titel ›In den Dschungel des Chamar-Dabans‹ für 2 bis 3 Tage entlang des Flusses Osinovka bis in eine eine Höhe von etwa 1500 Metern. Durch die Zirbelkieferallee, den Pappelwald vorbei an mehreren Wasserfällen und einem alten Bergbauschacht gelang man zu den Gebirgswiesen, die einen phantastischen Blick auf die Gletscher des Chamar-Daban-Gebirges eröffnen.

Die Parkverwaltung befindet sich südlich der Hauptstraße, am Ende der am Friedhof abbiegenden Straße: ul. Krasnogvardejskaja 34, Tel. 395 42/937 10. Seit zwei Jahren betreibt sie ein sehr nettes Gästehaus mit insgesamt 15 Plätzen unweit des Bahnhofs, ul. Central'naja 7, Tel. 395 42/937 25.

## Babuškin

Die kleine Stadt mit heute etwa 7800 Einwohnern spielte in den ersten Jahren der Transsibirischen Eisenbahn eine bedeutende Rolle, denn hier am östlichen Ufer befand sich der Hafen, wo die beiden berühmten Fährschiffe ›Bajkal‹ und ›Angara‹ in Richtung Port Bajkal am Angara-Abfluß an- und ablegten und die Reisenden bis zur Fertigstellung der Baikalbahn hier umstiegen. Ursprünglich hieß der Ort Mysovsk, was abgeleitet vom Wort ›mys‹ (Kap) etwa mit ›am Kap gelegen‹ übersetzt werden kann. Die Bahnstation heißt bis heute Mysovaja, während die Stadt 1941 nach einem Kampfgefährten Lenins, dem hier erschossenen Ivan Babuškin, benannt wurde. Der Ort Mysovsk fand erstmalig zu Beginn des 19. Jahrhunderts Erwähnung und entwickelte sich als östlicher Baikalhafen an der Teestraße in Richtung Kjachta. Mit seiner dem Bahnbau zu verdankenden wachsenden Bedeutung folgte 1902 das Stadtrecht. Die Stadt lebt auch heute noch von der Eisenbahn. Die Ruinen der alten Hallen des Bahnausbesserungswerkes sollen wiederaufgebaut werden. Sowohl die örtliche Energieversorgung der Eisenbahn am Baikalufer als auch die Gleisinstandsetzung haben ihren Sitz in Babuškin.

Vom alten, gut erhaltenen Bahnhof kommt man direkt zum zentralen Platz des Ortes, den neben einem kleinen Park ein 1991 eingeweihtes Denkmal für die im Zweiten Weltkrieg umgekommenen Einwohner des Ortes ziert. Neben dem Bahnhofsgebäude befindet sich vor dem Kulturhaus der Eisenbahner eine Büste zu Ehren von Ivan Babuškin. Dessen Namen trägt auch das örtliche Museum (ul. III. Internacionala 39), das in den letzten Jahren seine Exposition in Richtung Heimatkunde (Stadtgeschichte, Baikal) umgestaltete und eine Buchhandlung in seinen Räumen aufnahm. Der größte Saal des Museums ist nach wie vor Babuš-

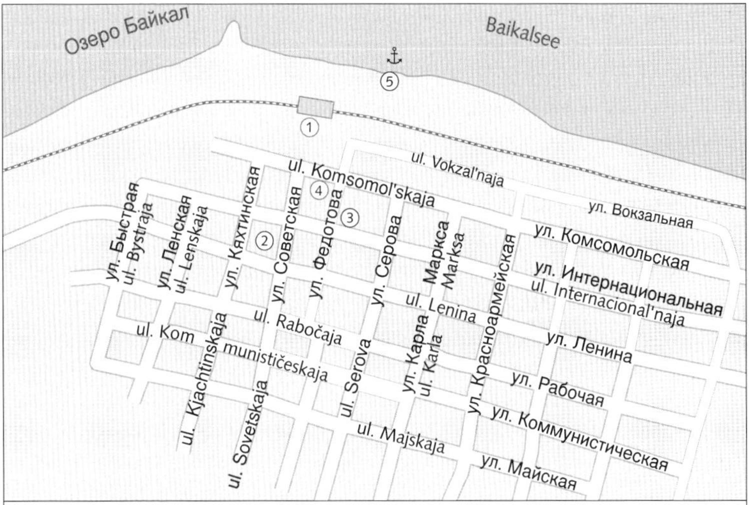


**Babuškin (Бабушкин), Zentrum**

**Legende**

1 Bahnhof Mysovaja
2 Bushaltestelle
3 Heimatkundemuseum
4 Denkmal für die Kämpfer der Revolution
5 Alter Fährhafen

kin gewidmet. Der 1873 geborene Revolutionär hatte mit Lenin in St. Petersburg und in der Londoner Emigration zusammengearbeitet. Er wurde 1903 verhaftet und nach Sibirien verbannt. Nach seiner Freilassung während der Revolution 1905 kämpfte er im Untergrund und begleitete eine illegale Waffenlieferung aus Čita, die zunächst in Mysovsk versteckt und dann über den zugefrorenen Baikal weiter nach Irkutsk transportiert werden sollte. Doch die Armee entdeckte den Transport und erschoß Babuškin und fünf Mitstreiter am 31. Januar 1906 auf dem Bahnhofsgelände. Hier erinnert an den Gleisen ein Obelisk an die Tat. Die posthume Würdigung wurde ihm wohl vorrangig als Weggefährte Lenins zuteil.

Die am Museum parallel zur Bahnstrecke verlaufende ul. III. Internacionala führt nach Osten zum recht trostlosen Kulturhaus ›Snežinka‹ (Schneeflocke). Hier befand sich früher einmal die Kirche des Ortes. Die nächste parallele Hauptstraße trägt Lenins Namen und ist zugleich die Fernverkehrsstraße zwischen Irkutsk und Ulan-Udė. In Richtung Süden eröffnet sich der Blick in Richtung des Chamar-Daban-Gebirges, wo auch verschiedene Wanderungen entlang der alten Teestraße sowie in die Bergtaiga möglich sind.

Wer einen Spaziergang am steinigen Ufer machen möchte, muß zunächst die Bahnanlagen überqueren. Hier steht noch der alte Leuchtturm – das Pendant zu Port Bajkal –, die kleine Fischermole sowie die Überreste des alten Hafens. Hier endete die Geschichte des Stolzes der Baikalschiffahrt. Das für die Transsib gebaute Fährschiff ›Baikal‹ lag 1918 im Hafen vor Anker, als es in den Gefechten des Bürgerkrieges durch Angehörige der Tschechischen Legion in Brand geschossen wurde. Während das kleinere Schwesterschiff ›Angara‹ heute als Museum im Irkutsker Stausee vor Anker liegt, kursieren über das weitere Schicksal der gewaltigen ›Baikal‹ unterschiedliche Geschichten. Nach einer Version soll das Wrack vor Babuškin in großer Tiefe auf Grund liegen. Nach einer anderen Legende wurde es über den See die Angara hinunter bis zur Höhe des heutigen Museumsdorfes Tal'cy gezogen, wo es nach 1950 ausgeschlachtet wurde, bevor seine Wrackreste im Rückstau des Irkutsker Staudamms versanken.

Babuškin ist etwa 150 km westlich von Ulan-Udė gelegen.

Postamt, ul. Fedotova. ▸ Vorwahl: 39 53 bzw. 23 innerhalb des Gebietes Burjatien. ▸ PLZ: 671 230.

Bank, ul. Sovetskaja 39a, Tel. 702 47.

Das einzige Hotel am Platze ist das sehr einfache ›Kedr‹ mit 6 Zimmern (ul. Lenina 33).

Es gibt zwei einfache Cafés: das ›Traktir‹ (ul. Lenina 33) und das ›Mutnyj Glaz‹ (ul. III. Internacionala 66, Tel. 302 40).

# Baikalplan e.V.

Es gibt zahlreiche Baikalfans in Deutschland, doch nur wenige pflegen und hegen ihre Begeisterung so ›planmäßig‹ wie der Dresdner Verein Baikalplan e.V. Der Verein besteht seit 2002 und entstand aus Kontakten, die ihren Anfang im Jahr 1995 nahmen. Damals reiste eine neugierige Truppe des Umweltverbandes BUND aus Dresden erstmalig an den weltberühmten See, um vor Ort Kontakte zu Umweltschützern zu knüpfen, und erlag der Faszination Rußlands und Sibiriens an einem der einzigartigsten Plätze der Erde. Nicht zuletzt dank vielseitiger Kontakte und mit Unterstützung des Irkutsker Klubs Arabika, der sich neben seinem Schwerpunkt Höhlenforschung sowohl ökologisch als auch sozial engagiert, entstand mit der Rückendeckung des sächsischen BUND-Landesverbandes ein regelmäßiger beiderseitiger Austausch. Sieben Jahre später fand er dann auch auf deutscher Seite seine eigene, logisch-deutsche Ordnungsform – den Verein. Heute zählt er ca. 25 aktive und ebensoviele Fördermitglieder und ist in ganz Deutschland als Anlaufpunkt für Baikalfans und solche, die es werden wollen, etabliert. Unter dem Leitsatz in der Originalsprache ›Baikal – Schto eto?‹ (in der Übersetzung: ›Baikal – Was ist das?‹) will man jenseits der gängigen Klischees über die blaue Perle Sibiriens, ihre Schönheit und ihre Probleme informieren und allen, die sich selbst ein Bild machen wollen, Hilfestellung leisten.
Dabei kann sich das Spektrum der Vereinsaktivitäten sehen lassen: Neben Diavorträgen, Ausstellungen und der sächsischen ›Russendisco‹ steht vor allem die Entwicklung und Betreuung des deutsch- und englischsprachigen Informationsportals www.baikalinfo.com im Mittelpunkt. Seinem Anspruch ›zusammengestellt von Reisenden für Reisende‹ wird es nicht zuletzt dank umfangreicher Fangemeinde überzeugend gerecht. Mit der Unterstützung des Vereins entstand 2003 in Irkutsk das erste Backpacker Hostel, inzwischen gibt es erste willkommene Nachahmer der Idee. Außerdem koordinieren die Dresdner seit 2005 den Einsatz aller deutschsprachigen Teilnehmer im internationalen Projekt ›Great Baikal Trail‹. Mit diesem Programm will man die Baikalregion im Einklang mit den Naturschutzerfordernissen durch ausgebaute und mit entsprechender Infrastruktur ausgestattete Wanderwege für den sanften Tourismus erschließen.

Kontakt: Baikalplan e.V., Schützengasse 18, 01067 Dresden, Tel. 03 51/494 33 20, www.baikalplan.de.

Sanft und gebieterisch
hat mich der Baikal
gefangengenommen.
Und ich weiß, daß das
lebenslänglich ist.
Selbst wenn ich in der
Stadt lebe, so spüre
ich ostwärts von Irkutsk
seinen Atem.

*Elita Pavlochenkova*
*(1997)*

# Das westliche Baikalufer

# Bol'šie Koty

Die nächste Siedlung nach Listvjanka ist das 18 Kilometer entfernte Dorf Bol'šie Koty (Большие Коты), das im 19. Jahrhundert als Goldgräbersiedlung entstand. Wenn Listvjanka als Tor zum Baikal gilt, so kann man Bol'šie Koty als das wissenschaftliche Tor zum Baikal charakterisieren. Das Dorf beherbergte lange Jahre die einzige und auch heute noch aktive Forschungsstation (ul. Bajkal'skaja 29) sowie das Sommerlager der Irkutsker Universität, wo sich alle Biologie- und Geographiestudenten ihre ersten praktischen Forschungssporen verdienen. Die Erforschung des Baikal begann hier bereits 1916, als eine Expedition den Ort für die künftige Baikal-Forschungsstation sondierte und auch das speziell für Forschungszwecke umgebaute Motorsegelschiff ›Čajka‹ (Möwe) erstmals den Anker lichtete. Der Irkutsker Kaufmann Sibirjakov hatte ein Gebäude seiner früheren Glasfabrik für die künftige Forschungsstation gestiftet.

Das kleine örtliche Baikalmuseum und die Forschungsstation stehen zwar heute im großen Schatten ihrer zur Akademie der Wisenschaften gehörenden Pendants in Listvjanka, aber das Museum ist sehenswert (ul. Bajkal'skaja 17). Der Museumsgründer und Irkutsker Professor Michail Kožov (1921–1968) legte den Grundstock für die heute über 4000 Exponate umfassende Sammlung. Sein Grab befindet sich neben dem Museum. Neben einer Ausstellung zur Tierwelt des Baikal ist vor allem die Exposition über das Tiefseetauchboot ›Pisces‹ interessant, das im August 1977 unweit des Ortes eine Tiefe von 1410 Metern erreichte. Das dazugehörige kleine Aquarium mußte allerdings aus Kostengründen geschlossen werden.

*Die ›Raketa‹ bei der Abfahrt in Bol'šie Koty*

Bol'šie Koty war auch das Basislager für das 14köpfige Unterwasserfilmerteam von Jacques Cousteau, das im März und Juli 1996 sowie im Februar 1997 den Film ›Die Spiegelwelt des Baikal‹ drehte, der aber leider nie in Deutschland gesendet wurde. Der zum damaligen Zeitpunkt bereits 86 Jahre alte französische Naturfilmer konnte zwar nicht mehr selbst die Aufnahmen vor Ort leiten, aber unter Leitung von François Serano filmten die Kameramänner Didier Noiret und John Jackson die blaue Perle Sibiriens in bester Cousteau-Tradition. Noiret lieferte auch die Unterwasseraufnahmen für die ›Ballade vom Baikalsee‹.

Unweit des Dorfes wurde noch bis 1950 nach Gold gesucht. Am Dorfrand erinnern mehrere alte Stollen, die Überreste einer Goldschürfanlage, an den örtlichen Goldrausch, als in dieser Gegend vor allem in der zweiten Hälfte des 19. Jahrhunderts über 150 Kilo Gold gefördert wurden.

Eine Wanderung auf den nahegelegenen Kratzerberg (Skriper) an der Mündung des Flusses Sennaja, der wie andernorts die Hochhäuser die Wolken kratzt, bietet einen schönen Ausblick auf die Westküste. Bekannt ist auch die etwa sieben Kilometer nördlich gelegene sogenannte Teufelsbrücke. In der Spalte eines steil zum Baikal abfallenden Felsens liegen einige Baumstämme quer. Die ›Brkcke‹ ist zwar nicht zu begehen, aber vom Baikal aus gut zu sehen.

## Bol'šoe Goloustnoe

Die große nackte Mündung – so läßt sich der Ortsname (Большое Голоустное) übersetzen, denn im Gegensatz zu den meisten anderen in den Baikal kommenden Flußläufen hat sich hier in einem fast baumlosen Tal ein breites Delta gebildet. Der 125 Kilometer lange Fluß hieß früher Idin-Gol und heißt jetzt aber nach dem Ort ebenfalls Bol'šaja Goloustnaja. Der Ort ist von Irkutsk auch auf dem Landweg, allerdings derzeit noch über weite Strecken auf Schotterpisten zu erreichen. Die durchgängige Asphaltierung soll bis Ende 2007 fertig sein.

Im 17. Jahrhundert wurde auf dem weit vorgelagerten Kap ein Winterlager errichtet, eine Kapelle folgte und wies den Weg zum Posolsker Kloster am anderen Ufer des Baikal. Auch der deutsche Sibirienforscher Daniel Messerschmidt nutze im März 1724 diesen Weg: »Umb 4 Uhr frühe fuhr ich vom Goloustnoe zimov'e, umb übern Baikal zur andern Seiten nach Posol'skij monastyr' zu gehen. Wir konnten sowohl zur Linken als Rechten des Weges die Gebürge des Baikal deutlich sehen.« In der Folgezeit wurde das Dorf zu einem Zentrum der Holzwirtschaft und der Holzflößerei auf dem Baikal. Die Kräne des alten Hafens erinnern noch an diese Zeit. Die neue Nikolaj-Kirche am Baikalufer hat eine sehr eigenwillige und tragische Geschichte. Sie war in den 1860er Jahren zu Ehren des sibirischen Schutzheiligen Nikolaj gebaut worden. Vorher stand bereits eine

Kapelle an dieser Stelle. Zu Ehren einer ans Ufer geschwemmten wundertätigen Ikone, die den Fischern das Licht und somit das Ufer zeigte, war sie seinerzeit errichtet worden. Nach ihrer Schließung im Jahr 1937 wurde sie als Klubraum genutzt und verfiel später. Ab 1988 wurde mit der Restaurierung begonnen, 1995 begannen die Gottesdienste, doch 1998 vernichtete ein Brand die Kirche nahezu vollständig, in den vergangenen fünf Jahren wurde sie wieder neu erbaut.

Das Dorf liegt an der westlichen Seite des Deltas, dessen Schwemmland weit in Baikal hineinreicht. Mit etwa 600 Einwohnern besteht es im Großen und Ganzen aus drei parallel zum Ufer verlaufenden Straßen. In Ufernähe verläuft die ul. Baikal'skaja, in der Mitte die ul. Kirova als Durchgangs- und Hauptstraße mit den meisten Geschäften des Dorfes und am Hang liegt die ul. Sverdlova. In den letzten Jahren war das Dorf einer der Schwerpunkte für internationale Umweltschutzprojekte am Baikalsee. Beispiele sind die Rekultivierung der Uferzone am alten Holzhafen sowie die im Rahmen des Projektes ›Great Baikal Trail‹ entstandenen Wanderwege, wobei das Dorf 2003 einer der fünf Pilotorte war.

So ist man nicht zuletzt dank einiger Enthusiasten im Ort auf den Empfang von Touristen vergleichsweise gut eingestellt. Dabei sind in erster Linie die auch aus Klaus Bednarz Baikalfilmen bekannte Försterin Ljudmila Sigaeva und der seit einigen Jahren hier lebende Amerikaner Hank Birnbaum zu nennen. Es gibt ein Besucherzentrum für Ökologie, Kultur und Information (ul. Sverdlova 16) sowie eine Filiale des Nationalpark-Informationszentrums (ul. Sverdlova 40). Es gibt im Dorf sowohl eine russische als auch eine burjatisches Folkoregruppe, die gern vor Touristen auftreten. Unter dem Namen ›Silbersee‹ ist derzeit auch unter Beteiligung österreichischer Investoren ein großes Hotelprojekt für den Ort in Vorbereitung.

Bol'šoe Goloustnoe ist 120 Kilometer von Irkutsk entfernt.

Postamt, ul. Kirova 57.
▸ Vorwahl: Der einzige Festnetzanschluß befindet sich in der Post, die man über die Vermittlung auch anrufen und Nachrichten hinterlassen kann.
▸ PLZ: 664515.

Es gibt tgl. eine Routentaxi-Verbindung von und nach Irkutsk.

Der Nationalpark unterhält eine Pension mit acht Plätzen (ul. Sverdlova 40). Es gibt auch mehrere Privatunterkünfte sowohl in separaten Holzhäusern als auch als Gästezimmer. Am Baikalufer spricht Olga Zvonova auch Deutsch (ul. Baikalskaja 1), empfehlenswert sind auch die Unterkünfte bei Ljudmila Sigaeva (ul. Sverdlova 36) oder Valerij Truskov (ul. Kirova, neben der Schule).

# Die Sandbucht

Die Bucht (Buchta Pesčanaja/Бухта Песчаная) gehört zu den beliebtesten Urlaubsorten am Baikal und wird auch ›sibirische Riviera‹ genannt. Es ist der einzige Ort in Ostsibirien mit einer Jahresdurchschnittstemperatur von über 0 °C, genau nämlich 0,3 °C. Die Sandbucht besteht aus einem etwa 750 Meter langen Sandstrand, der von zwei gewaltigen felsigen Landzungen eingeschlossen ist. Diese heißen ›Großer Glockenturm‹ (Bol'šaja Kolokol'nja)‹, der sich im Norden auf 80 Meter Höhe erhebt, und ›Kleiner Glockenturm‹ (Malaja Kolokol'nja) mit 60 Metern im Süden. Die malerische Umgebung ist für ihre Windwurzelbäume, die nur hier und vor allem am Großen Glockenturm anzutreffen sind, bekannt. Ein weiterer, kleinerer Felsen in der Mitte der Bucht heißt wohl aufgrund seines guten Überblicks auf die Bucht Gendarmenfelsen. Er ist leicht zu erklimmen, die überdachte Sitzecke auf seinem Plateau ist ein beliebtes Fotomotiv. Da der Sandboden der Bucht durch die ständige Wind- und Wassererosion weggetrieben wurde und wird, entstanden Baumreihen, deren Wurzeln mannshoch freiliegen. Hinter dem Großen Glockenturm folgen noch drei weitere, kleinere und weniger bekannte Buchten mit ebenfalls schönen Sandstränden: zunächst die Großmutterbucht (Buchta Babuška) und die Enkelinnenbucht (Buchta Vnučka). Beide sind voneinander durch das Großvater-Kap (Mys Ded) getrennt. Etwa vier Kilometer entfernt liegt die Heubucht (Buchta Sennaja).

In den Sommermonaten gibt es wöchentlich viermal eine Schiffsverbindung von Irkutsk über Listvjanka. Die Reise von Listvjanka zur Sandbucht dauert mit dem Luftkissenboot etwa zwei Stunden. Ein Kutter der Jaroslavez-Klasse benö-

*Vorbereitungen zum Ablegen*

tigt für die etwa 80 Kilometer über vier Stunden. Kurz vor der Landung in der Bucht erhebt sich am Ufer der majestätische Kormoran-Felsen (Baklanij kamen'). Doch der Name ist mittlerweile Geschichte: Die letzten Kormorane wurden am Baikal um 1960 gesichtet. Wer einen Tagesausflug plant, hat vor der Rückkehr des Luftkissenbootes etwa drei Stunden Zeit zur Erkundung der Bucht. Viele Erholungssuchende bleiben aber länger. Bezüglich Unterkunft, die man im Vorfeld buchen sollte, bieten sich drei Möglichkeiten. Die nach der Bucht benannte populäre Touristenbasis besteht seit 1961 und bietet in Holzhäusern mit Zweibettzimmern und kleinen Ferienhütten über 250 Plätze ohne sanitären Komfort (Buchungen in Irkutsk, ul. A. Nevskogo 105, Tel. 23 07 18). Seit 1998 gibt es mit der Basis ›Bajkal'skie Djuny‹ (Baikaldünen) eine Alternative mit 70 Plätzen in neu errichteten Holzbungalows mit Terrasse und Baikalblick sowie sanitärem Komfort. Die ›Baikaldünen‹ belegen abgezäunt das südliche Drittel der Bucht (Buchungen in Irkutsk, ul. K. Marksa 12, Büro 224 im linken Seitenflügel des Stadions, Tel. 27 93 52). Viele kommen auch als wilde Camper hierher, schlagen ihre Zelte in der benachbarten Großmutterbucht auf und nutzen die touristische Infrastruktur im Umfeld der Basis ›Sandbucht‹.

## Ausflüge rund um die Sandbucht

Es gibt Routen für ein- und mehrtägige Wanderungen. Als Einstieg ist die gut zweistündige Wanderung zum Aussichtsfelsen populär. Man hat, insbesondere morgens, einen schönen Ausblick auf die umliegenden Buchten und den Baikal.

Ein eintägiger Kraftakt oder besser zwei Tage sind für eine Wanderung nach Süden zum Fluß Šumilicha und zur Statue des Baikalgottes Burchan zu veranschlagen. Zelt und Schlafsack kann man ausleihen. Die Statue wurde 1991 von einem örtlichen Reiseunternehmen auf einem Kammgipfel errichtet, der seitdem als Wanderziel immer populärer wird, denn wer will am Baikal weilend dem örtlichen Gott der Götter Burchan diese Ehrfurchtserweisung verweigern. Zunächst führt der ausgetretene Pfad etwa acht Kilometer am Ufer entlang bis zur Mündung des Flusses Šumilicha. Da sie über viele Steinplateaus bergab fließt, gab ihr der dabei entstehende Rauschpegel auch den Namen. Der Flußname Šumilicha enthält das Wort Šum, was Krach bedeutet. Nun folgt man dem Fluß ohne Pfad über Stock und Stein und teilweise dichtes Gestrüpp auf der südlichen Seite bis zur Quelle und weiter zum Kamm. Auf etwa fünf Kilometern ist ein Höhenunterschied von 700 Metern zu überwinden, so daß man etwa fünf Stunden für den Aufstieg einplanen sollte. Dafür erhält man einen phantastischen Blick und braucht sich den Rest des Urlaubs hinsichtlich eines guten Verhältnisses zu Burchan keine Sorgen mehr machen. Vorsorge sollte man aber in jedem Fall hinsichtlich der Zeckengefahr betreiben. Zecken sind im Šumilicha-Tal sehr häufig anzutreffen.

In Richtung Norden kann man am Ufer entlang als Zwei-Tages-Ausflug zur Mündung des Flusses Chargin wandern. Man findet dort die Überreste des seit langem verlassenen gleichnamigen Dorfes. Die Entfernung beträgt etwa 25 Kilometer.

## Ust'-Ordynskij

Ust'-Ordynskij ist die Hauptstadt des gleichnamigen burjatischen autonomen Bezirkes innerhalb des Irkutsker Gebietes, obwohl der Ort gar kein Stadtrecht besitzt. In diesem Bezirk leben etwa 45 000 Menschen, davon ungefähr ein Drittel Burjaten. Es gibt heute durchaus eine Reihe von Unterschieden zwischen den Westburjaten und den Ostburjaten, wobei sich der geographische Zusatz aus dem jeweiligen Siedlungsgebiet westlich des Baikal (hauptsächlich innerhalb des autonomen Gebietes sowie auf der Insel Ol'chon) und östlich des Baikal (in der Republik Burjatien) ergibt. Die Westburjaten sind stärker an Rußland orientiert und durch russischen Einfluß geprägt, während sich bei den Ostburjaten die Nähe der Mongolei auswirkt. Das hat auch Konsequenzen für die vorherrschende Religion. Während östlich des Baikal der Buddhismus in seiner tibetischen Ausprägung als Lamaismus vorherrscht, findet man westlich des Baikal kein Dazan. Hier blieb man der ursprünglichen Religion, dem Schamanismus, treu.

*Nicht zu übersehen: der Weg nach Ust'-Ordynskij*

Die Stadt Ust'-Ordynskij zählt heute etwa 14 000 Einwohner. Man streift den Ort auf dem Weg zur Insel Ol'chon. Dank einer riesigen, silberfarbenen Statue, die einen Reiter im burjatischen Kostüm darstellt, ist der Abzweig ins zwei Kilometer entfernte Ust'-Ordynskij nicht zu verfehlen. So wie das gesamte Gebiet landwirtschaftlich geprägt ist, hat auch die Hauptstadt ihren dörflichen Charakter erhalten. Die Hauptstraße des Ortes ist die ul. Lenina, wo sich neben der Bezirksverwaltung das neu rekonstruierte Kulturhaus ›Erdem‹, die wichtigsten Geschäfte und auch alle Denkmäler von Ust'-Ordynskij befinden. Vor der Bezirksverwaltung weist Lenin den Weg und vor der Schule erinnert ein Panzer T34 an die im Zweiten Welt-

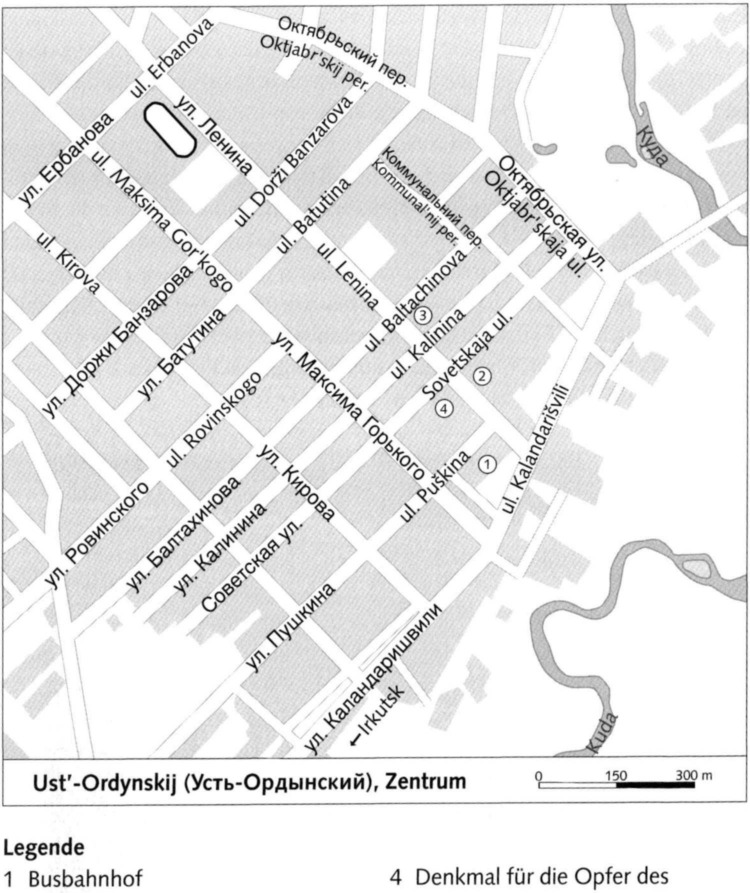

**Ust'-Ordynskij (Усть-Ордынский), Zentrum**

**Legende**

1 Busbahnhof
2 Heimatkundemuseum
3 Kulturzentrum Erdem
4 Denkmal für die Opfer des zweiten Weltkrieges

krieg gefallenen Opfer. Auch das sehenswerte Nationalmuseum befindet sich in der Hauptstraße. Das Museum besteht seit 1946, es wurde aber in den sechziger Jahren wieder geschlossen. Seine jetzigen Räumlichkeiten, eine ehemalige Schule, erhielt es 1988 und konnte zwei Jahre später seine Pforten öffnen. Neben Wechselausstellungen umfaßt die Dauerausstellung Naturkunde, Ur- und Frühgeschichte, das Erbe der Kurykanen, burjatische Ethnographie und eine Gemäldesammlung. Für Reisegruppen gibt es folkloristische Aufführungen mit Trachten, Liedern und Tänzen sowohl auf dem Museumsgelände als auch im 20 Kilometer weiter östlich gelegenen Dorf Oloj. (ul. Lenina 6, Sa, So Ruhetage, Tel. 214 02).

Ust'-Orda beziehungsweise Ust'-Ordynskij liegt etwa 65 km von Irkutsk entfernt und 2 km abseits der Straße in Richtung Ol'chon.

Hauptpostamt, ul. Lenina 26, Tel. 210 68.

▸ Vorwahl: 395 41 bzw. 241 aus dem Irkutsker Gebiet.

▸ PLZ: 666 110.

Sberbank, per. Kommunal'nyj 9, Tel. 211 52.

Der Ort hat zwar ein Flugfeld, es gibt aber keine Passagierflüge.

An der Ecke der ul. Kalandarišvili und ul. Lenina befindet sich der Busbahnhof (Tel. 212 71). Es gibt Busverbindungen nach Irkutsk. Die Busse von und nach Ol'chon halten an der Abzweigung.

2003 wurde das neue Hotel ›Bajkal‹ eröffnet, das allen modernen Anforderungen entspricht (ul. Lenina 24, Tel. 222 36).

Neben dem Restaurant im Hotel ›Bajkal‹ gibt es mehrere einfache Cafés, zum Beispiel ›Valentina‹ (ul. Bykova 2, Tel. 221 67).

# Bajandaj

Die Siedlung Bajandaj (Баяндай) ist nach 128 Kilometern erreicht und ein fast obligatorischer Stop für alle Ritter der Landstraße. Cafés, Tankstellen und ggf. Autowerkstätten werden hier noch mal in Anspruch genommen, bevor es geradeaus weiter nördlich nach Kačug geht oder man nach Südosten in Richtung Baikalsee und Ol'chon abbiegt. Hier wechseln sich jetzt Asphalt und Schotter als Straßenbelag ab, und die Landschaft wird bergig. Nach 22 Kilometern erreicht man den Landkreis Ol'chon und erweist bei einem kurzen Halt auf der Anhöhe mit Bändern, Münzen oder ein paar Tropfen des Wässerchens den örtlichen Göttern die Ehre, bevor die Reise weitergeht.

# Elancy

Auf dem Weg zur Insel Ol'chon durchquert man Elancy (Еланцы). Der 4000 Einwohner zählende Ort ist das administrative Zentrum des Ol'choner Verwaltungskreises. Früher gehörte die Gegend zu Burjatien und kam 1937 mit der Gründung des Irkutsker Gebietes unter dessen Verwaltung. Heute leben überwiegend Burjaten in Elancy, das sich entlang der Hauptstraße durch das Tal zieht. Der bekannteste Einwohner des Ortes ist wohl heute Valentin Chagdaev, einerseits Direktor des örtlichen Heimatkundemuseums und andererseits ein bekannter Schamane. Dabei ist der promovierte Philosoph zugleich eine Ausnahme in der sehr öffentlichkeits- und insbesondere touristenscheuen Schamanenzunft. Sowohl in Elancy als auch in Chužir veranstaltet er für Touristen Einführungen in den Schamanismus. Das Heimatkundemuseum bietet eine Ausstellung über die Region sowie Einblick in das dörfliche Leben der Burjaten, unter anderem ist eine typische Holzjurte zu sehen (ul. Lenina 37, Tel. 511 95).

Elancy ist 205 km von Irkutsk entfernt.

Postamt, ul. Sovetskaja 12, Tel. 515 51.

▸ Vorwahl: Elancy ist noch nicht an den Selbstwählverkehr angeschlossen und nur über die Telefonvermittlung erreichbar.

▸ PLZ: 666 132.

Sberbank, ul. Kirova 18, Tel. 515 73.

Busbahnhof: ul. Penkalskogo. Es gibt 3 x wöchentlich eine Busverbindung nach Irkutsk und tgl. ein Routentaxi. Zwar fahren auch alle Busse und Routentaxen nach und von Ol'chon durch Elanzy, in der Saison sind aber zumeist alle Plätze besetzt.

Es gibt ein sehr einfaches Hotel ›Bajkal‹ (ul. Kirova 27, Tel. 514 48).

Am Ortseingang befindet sich das Restaurant ›Ol'chonskie vorota‹ (Tor nach Ol'chon).

# Bugul'dejka

Vor Elancy zweigen im Dorf Petrova etwa beim Kilometer 47 zwei Pisten zum Baikalsee ab. Die eine, schlechtere Piste führt zum Kap Krestovskij. Die andere Pistenstraße führt nach Bugul'dejka (Бугульдейка). Das Dorf liegt am gleichnamigen Zufluß des Baikal. In der Vergangenheit befand sich hier eines der Zentren zur Verschiffung des Holzeinschlages. Seit der Einstellung der Flößerei sind aber im Vergleich zu Bol'šoe Goloustnoe wenig Anzeichen für eine Neuorientierung zu erkennen. Den Vorzug, auch mit dem Auto von Irkutsk aus erreichbar zu sein, nutzt man hier bislang kaum. Die Entfernung bis Irkutsk beträgt 215 Kilometer. Ab Bugul'dejka werden die Trekkingmöglichkeiten in Ufernähe wieder durch eine Straßenpiste ergänzt, die in Richtung Norden einerseits bis zur Nordspitze der Insel Ol'chon und andererseits am Westufer des Kleinen Meeres bis nach Onguren führt.

## Die Aja-Bucht

Aja bedeutet auf evenkisch ›schön‹ und die Bucht (Buchta Aja) trägt dieses Attribut zu Recht. Sie reicht etwa 800 Meter ins Land hinein und bietet einen schönen Sandstrand. Windgeschützt durch die umliegenden Berge ist die Bucht ein beliebter Stop auf Bootstouren. Besondere Popularität genießt die Bucht bei Speläologen. Irkutsker Höhlenforscher fanden in den die Bucht umgebenden Felsen mehrere Höhlen. In 200 Metern Höhe beginnt am Felsen des Kap Aja die Aja-Rjadovaja-Höhle. Sie ist über 1300 Meter lang und reicht 60 Meter in den Berg hinein. Am Nordufer der Bucht gibt es in 20 Meter Höhe mehrere etwa 2500 Jahre alte Felszeichnungen.

## Die Tažeran-Steppe

Nachdem bis Elancy die Straßen und Wege durch dichte Wälder führten, lichtet sich nun die Taiga und die Straße führt knapp 40 Kilometer durch eine durchschnittlich 10 bis 15 Kilometer breite, in der Umgebung des Baikal einzigartige Steppenlandschaft (Tažeranskaja Step'). Die Landschaft weist viele Gemeinsamkeiten mit der Südhälfte der Insel Ol'chon auf, wo sie auf der anderen Seite der ›Ol'choner Tor‹ genannten Meerenge weitergeht. In der hügeligen Steppe findet man sehr alte Gesteinsarten und bei sehr hoher Sonneneinstrahlung sehr geringe Niederschläge. Die Tažeran-Steppe erfreut sich in den letzten Jahren als Ziel für Wanderer und Mountainbiker wachsender Popularität. Am Baikalsee fällt das Ufer steil und felsig ab, so daß sich hier schöne Panoramablicke auf den See eröffnen. Es gibt mehrere sehr mineralhaltige Salzseen in der Steppe, die teilweise von der Straße aus zu sehen sind. Der Mineralgehalt der Seen hat in den letzten Jahren deutlich zugenommen. Es entstehen auch neue Seen, so überschwemmte 1994 einer dieser neu entstandenen Seen mit einem Durchmesser von 250 Metern auch die Straße nach Ol'chon und machte die Asphaltierung eines Bogens erforderlich.

Auf Gesteinssammler übt die Gegend eine anziehende Wirkung aus. Auf einem Quadratkilometer wurden über 150 verschiedene Minerale gefunden, darunter das bislang nur hier entdeckte Tažeranit. In den umliegenden Bergen befinden sich mehrere Höhlen. Die bekanntesten sind die beiden Baidin-Höhlen sowie die ›Mečta‹ (Traum) genannte Höhle, die für Speläologen auf jeden Fall, für andere Wanderer aber kaum von Interesse sein dürften. Sie liegen knapp 8 Kilometer südlich von Sachjurta und ca. 1,5 Kilometer vom Baikalufer entfernt. Die Eingänge sind aber nur mit entsprechender Ausrüstung auf allen vieren zugänglich. Exkursionen sind über den Irkutsker Klub ›Arabika‹ möglich (www.club-arabika.ru).

## Berg Jord

Unter den vielen Hügeln und Bergen in der Tažeran-Steppe hat der Berg Jord (burjatisch Eche Jord) eine besondere Bedeutung. Der nur 34 Meter hohe, kegelartige Granitberg (Höhe über dem Meeresspiegel: 491 Meter) sieht zunächst eher wie ein gigantischer Obo-Platz aus. Der Berg befindet sich im Tal des Flusses Anga, das sich von Elancy zum Baikal zieht. Die Entfernung von der Brücke über die Anga hinter Elancy bis zum am rechten Ufer gelegenen Jord beträgt etwa vier Kilometer. Die Gesteinsstruktur weist darauf hin, daß er auf natürliche Art und Weise entstanden ist und zum Wallfahrtsort erkoren wurde. Über die Gründe ranken sich verschiedene Legenden. Verbürgt sind aber bis in die Zeit der Kurykanen im 10./11. Jahrhundert zurückreichende alljährliche Frühlingsfeste am Berg Jord. Sie lassen sich mit dem aus der Mongolei bekannten Nadaan-Fest vergleichen, denn im Mittelpunkt standen Wettkämpfe in den bis heute bei den Mongolen wie Burjaten beliebtesten Disziplinen Reiten, Bogenschießen und Ringkampf. Daneben war das Fest ein Ort ritueller Naturverehrung und eine große Brautschau samt Hochzeitsmarkt. Als Höhepunkt des Festes galt der Tanz einer Menschenkette um den Berg, so daß der bis heute als burjatische Nationaltanz geltende Kreistanz Jocher hier seinen Ursprung nehmen soll. Das Ritual galt aber nur erfüllt, wenn genug Menschen am Berg waren und die Kette rund um den Berg geschlossen werde konnte. Bei einem Kegelumfang von etwa 600 Metern waren also etwa 700 Teilnehmer notwendig. Es wird aber auch berichtet, daß die Menschenmenge in manchen Jahren so groß war, daß man in zwei und drei Kreisen um den Berg Jord tanzte.

Die alte Tradition der Spiele von Jord (Jordenskie igry) lebte in den letzten Jahren unter dem obigen Namen wieder auf. Im Jahr 2000 fand es nach langer Pause erstmalig mit ca. 900 Teilnehmern wieder statt. Das Fest war also ein Erfolg, da der Jocher-Tanz-Kreis um den Berg geschlossen werden konnte. Die Spiele sollten dann zunächst alle vier Jahre stattfinden, was aber 2004 an der unzureichenden Finanzierung scheiterte. Dafür war aber der nächste Versuch von Erfolg gekrönt, so daß das am 11. und 12. Juni 2005 organisierte Festival mit mehr als 5000 Teilnehmern ein Erfolg war. Ungeachtet des teilweise regnerischen Wetters fanden die verschiedenen Konzerte und Wettkämpfe im Ringkampf, Bogenschießen und Reiten, zu denen auch Teilnehmer aus Jakutien angereist waren, alle statt. Der Jocher wurde diesmal sogar in zwei Kreisen getanzt, und ein weiterer Höhepunkt war die Wahl einer Schönheitskönigin. Man verständigte sich nun auf einen 5-Jahres-Rhythmus, so daß sich Interessenten also schon einmal das Jahr 2010 vormerken können. Es ist aber auch nicht auszuschließen, daß die nächsten Spiele, wenn entsprechende finanzielle Mittel zur Verfügung stehen, bereits früher stattfinden.

## Sachjurta

*Baikal-Lunch*

Sachjurta ist 45 Kilometer hinter Elancy die letzte Festlandstation auf dem Weg zur Fähre beziehungsweise zum Zimnik, wie die winterlichen Eispisten über den See genannt werden, nach Ol'chon. Sie wird auch MRS genannt. Während auf den Landkarten Sachjurta steht, liest man auf den Straßenschildern MRS. Die Abkürzung steht für ›Malomorskaja Remontnaja stancia‹, was Reparaturstation am ›Maloe More‹ bedeutet. Die Meerenge zwischen dem Baikal und dem Kleinen Meer wird auch ›Tor von Ol'chon‹ (Ol'chonskie Vorota) genannt. In der eisfreien Zeit verkehrt hier eine Autofähre. In der Übergangszeit zwischen Eisfreiheit und zugefrorenem Baikal ist die Insel zweimal im Jahr für etwa sechs Wochen verkehrstechnisch von der Außenwelt abgeschnitten. Die Fähre verkehrt laut Fahrplan von 8 bis 20 Uhr 30 im Zwei-Stunden-Rhythmus und kann zehn Autos aufnehmen. Im Sommer fährt sie nach Bedarf auch öfter, aber der Bedarf ist häufig riesig, so daß Wartezeiten von zehn und mehr Stunden für Privatwagen keine Seltenheit sind. Die Linienbusse und die meisten Reisebusse werden an der Schlange vorbeigeleitet. Wenn allerdings der gefürchtete Baikalwind Sarma über das Kleine Meer bläst, hilft auch das wenig, denn die Fähre steht dann still.

Nördlich von MRS und der Fähre über die Meerenge zwischen dem Festland und der Insel Ol'chon dehnt sich der Baikal auf beiden Seiten in zwei großen, flachen Buchten aus. Auf der Festlandsseite heißen sie Buchta Bazarnaja und nördlich nach dem gleichnamigen Dorf Kurkut Buchta Kurkutskaja. An den Ufern sind mehrere Zeltplätze und Touristenbasen, wie zum Beispiel ›Malomorskaja‹ (Tel. Irkutsk 33 36 80) oder ›Baikaltravel‹ entstanden.

## Das Kleine Meer

Der Teil des Baikalsees zwischen der Insel Ol'chon und dem westlichen Festland heißt das ›Kleine Meer‹. Es ist sozusagen eine riesige Bucht mit Abfluß, weshalb man auch die Bezeichung ›Proliv Maloe More‹ antrifft. Mit etwa 70 Kilometern Länge und 5 bis 15 Kilometern Breite kann die Bucht dem hier auch ›Großes Meer‹ genannten Hauptbecken des Baikal natürlich nicht das Wasser reichen. Dank einer Reihe markanter Unterschiede zwischen ›Großem‹ und ›Kleinem‹ Meer verdient die Bucht aus touristischer Sicht besondere Erwähnung. Mit einer Wassertiefe von maximal 200 Metern erwärmt sich das Wasser insbesondere in den nur wenige Meter tiefen Buchten am südlichen Ende im Sommer auf Badetemperatur. Die Höhenzuge sind hier weniger steil und lassen einen breiteren und leichter zugänglichen Uferstreifen entstehen als andernorts, der häufig sogar Sandstrände aufweist. Gleichzeitig gilt die Gegend als überaus fischreich, was zahlreiche Hobbyangler anlockt.

Insbesondere in den letzten 15 Jahren machte die touristische Erschließung der Südhälfte des Kleinen Meeres Fortschritte, wobei man sich sowohl auf die neureichen als auch die weniger begüterten Irkutsker eingestellt hat. Die nach dem Geldbeutel differenzierten Freizeitangebote reichen von Baden, Angeln, Wandern, Volleyball und Boot fahren bis hin zu Tennis, Reiten, Jagd und Paintball. Ausländische Besucher sind hier bislang eher die Ausnahme. Je weiter man dabei nach Norden vordringt, um so geringer werden die Angebote und um so schlechter werden die Straßenverhältnisse.

Etwa 35 Kilometer hinter Elancy zweigt linker Hand eine Schotterpiste zum Westufer des Kleinen Meeres ab, während die Hauptstraße in einer Rechtskurve nach Sachjurta (MRS) und zur Ol'chon-Fähre führt. Die Schotterpiste zieht sich in einer großen Linkskurve zum 200-Seelen Dorf Černorud (Schara-Togot). Zum schon sichtbaren ›Kleinen Meer‹ führt die nach rechts führende Abzweigung vor dem Dorf. Die Schotterpiste führt über die Siedlungen Šida, Sarma und Kurma in Richtung Norden bis nach Onguren.

Die Muchur-Bucht im äußersten Süden des Kleinen Meeres ist nur vier bis fünf Meter tief und erwärmt sich im Sommer schnell. Es gibt dort sehr einfache Touristenbasen mit umgebauten Waggons, Hütten und Zelten, wie z.B. ›Togot‹ und ›Sunchagun‹ am Südufer der Bucht sowie fast am Ende der Landzunge die Pension ›Fregat‹ (Alexej Rudakov, Tel. Irkutsk 39 51 82). Nachdem man die Spitze der Bucht umfahren hat, führt die Piste in einigem Abstand zum Ufer in Richtung Norden nach Sarma.

## Sarma, Kurma und Sama

Der Name des Ortes Sarma (Сарма), des Tals und des Flusses steht am Baikal vor allem für den gleichnamigen Wind, der urplötzlich das Kleine Meer in ein Wellengebirge verwandelt und das Ol'choner Tor – die Landenge zwischen Ol'chon und dem Festland – unpassierbar macht. Nachdem als Vorboten Wolken über dem Berg Trechgolovy aufziehen, haben die Bootskapitäne in der Regel 30 bis 40 Minuten, bis der Sturm losbricht. Die urwüchsige Schlucht des Flusses ist ein interessantes Ausflugsziel, dessen Baumbestand sich aber nach schweren Waldbränden im Jahr 2003 erst langsam wieder regeneriert. An dieser Stelle erreichten 1643 erstmals russische Kosaken den Baikalsee. Südlich von Sarma liegen rund um das Kap Šida und das Kap Ulirba mehrere Herbergen wie z.B. die traditionsreiche Touristenbasis ›Baikalwind‹ (Baijkal'skij Veter‹, Tel. Irkutsk 25 80 56), die in einem geräumigen Holzhaus mit 30 Zimmern logiert oder die Pension ›Čara‹ (Juri Melnitčuk, Tel. Irkutsk 20 06 50).

In der Nähe des Dorfes Kurma (Курма) befinden sich mit ›Danko‹ (Nina Aleksandrova, Tel. Irkutsk 34 03 05) und ›Laguna‹ (Tel. Irkutsk 33 38 03, www.baikallaguna.ru) zwei weitere populäre und auch winterfeste Herbergen. Während sich erstere russisch-sibirisch präsentiert, versucht die zweite als Ranch-Verschnitt mit Pferden etwas Country-Flair zu verbreiten. Neben Wanderungen in die Berge ist die Grotte am Kap Ujuga ein beliebtes Ausflugsziel. Auf der vorgelagerten kleinen Insel Ogoj wurde entgegen der hier verbreiteten schamanistischen Traditionen eine buddhistische Stupa errichtet. Nördlich von Kurma ist ab Kilometer 29 die Schotterpiste zu Ende und ohne entsprechende Bodenfreiheit und Allradantrieb häufig kein Durchkommen. Die erste große Herausforderung kommt bei Kilometer 33 mit der Furt durch den Baikalzufluß Kurma.

Sama (Сама) liegt auf der Höhe der Nordspitze der Insel Ol'chon. Das der weiten Ebene vorgelagerte Kap Aral trennt in Richtung Norden dank einer Nehrung einen kleinen See vom Baikal ab. Auf den Felsen am Kap findet man – ähnlich wie auf Ol'chon – Mauerreste aus der Zeit der Kurykanen. Unerwarteten Komfort in der Abgeschiedenheit findet man nördlich des Dorfes in der wohl besten und teuersten Pension ›Sama‹ mit insgesamt 21 Zimmern im ganzjährigen Betrieb, die 2003 eröffnete (Tel. Irkutsk 25 92 59). Da die Anreise mit dem Auto schon eine gewisse Rallye-Komponente beinhaltet, die nicht jedermanns Sache ist, verfügt man auch über ein Luftkissenfahrzeug und bietet einen Transfer von und nach

MRS (Sachjurta) an. Einige Kilometer nördlich von Sama beginnt das Gebiet des Baikal-Lena-Naturschutzgebietes.

# Onguren

Onguren (Онгурен) ist mit seinen 460 vorwiegend burjatischen Einwohnern die größte Siedlung am Kleinen Meer. Es gibt unweit des Ortes eine Mineralquelle, und mehrere kleine Seen (Krestovskie ozera) in der Umgebung die für ihren Heilschlamm bekannt sind. Nördlich von Onguren gibt es für die nächsten 200 Kilometer keine befahrbaren Wege mehr und so gut wie keine Pfade für Trekkingtouren in Ufernähe. Knapp 20 Kilometer nördlich befindet sich die Eremitensiedlung Kotčerikovo. Im Winter gibt es eine Eisstraße bis zum Kap Pokojniki, wo die Naturschutzverwaltung ihren Sitz hat. Im Sommer schwimmt man auf einem Boot an der unberührten Landschaft vorbei und bestaunt die abwechselnd mit Wald bedeckten und kahlen Bergspitzen des Baikal-Gebirges, dessen Kamm sich in Richtung Norden langsam vom Ufer entfernt. An der durch viele Flüsse durchtrennten Uferlinie sind schmale steinige Abschnitte mit unterschiedlich stark ausgeprägten Kaprundungen vorherrschend. Die bekanntesten sind die nachfolgenden.

# Kap Rytyj

Nach den alten burjatischen Legenden sitzen am aufgewühlten Kap, wie man Mys Rytyj in etwa übersetzen könnte, sowie am gleichnamigen Fluß die bösen Götter der Winde, die ihren Zorn in der Wetterküche des Baikal austoben. Diese Ecke ist einer der weniger einladenden Orte am Baikal und bis heute für ihre Wetterkapriolen gefürchtet. Im Sommer treten sehr oft Gewitter auf. Häufig kommen Geröllawinen ins Tal und im Winter wird der Ort aufgrund der hier tückischen Eisspalten ebenfalls gemieden. Das Gebiet gehört bereits zum Territorium des Baikal-Lena-Naturschutzgebietes, der sich von der südlich des Kap Rytyj gelegenen Mündung des Flusses Chairem am Ufer über 110 Kilometer bis zum Kap Elochin erstreckt.

# Kap Pokojniki

Am Totenkap (Mys pokojniki) befindet sich die Parkverwaltung des Baikal-Lena-Naturschutzgebietes. Etwas weiter nördlich steht noch eine Wetterstation. Hier beginnt ein Pfad durch die Sonnenfallschlucht, der als Paßweg das Baikalgebirge

*Ein eher kühler Spaß*

durchquert und zu den Quellflüssen der Lena, einem der größten sibirischen Ströme, führt. Die Lena fließt nach 4400 Kilometern vor allem durch Jakutien ins Eismeer und belegt Platz 8 in der Liste der längsten Ströme der Erde. Sie entspringt hier in einer Höhe von 1470 Metern über dem Meeresspiegel, und man braucht schon etwas Phantasie um sich vorzustellen, wie aus diesen kleinen Bächlein ein so gewaltiger Fluß erwächst. An dem lange Zeit als Quelle der Lena geltenden namenlosen See wurde 1997 zu Ehren des heiligen Innokentij eine Holzkapelle errichtet, die einsam auf der Hochebene steht. Der See wird durch fünf Quellflüsse gespeist, worunter sich auch die eigentliche Quelle der Lena befindet. Am Totenkap begann auch Klaus Bednarz' Reise östlich der Sonne.

## Bucht Zavorotnyj

Diese Bucht am gleichnamigen Kap entstand, nachdem der im Ergebnis des Irkutsker Wasserkraftwerkes ansteigende Wasserpegel einen unmittelbar neben dem Baikal liegenden See in eine Bucht verwandelt hatte. Eine etwa 800 Meter lange Nehrung umschließt die Bucht im Süden. Sie ist ein beliebter Bootsanlegeplatz. Unweit der Bucht wurde von 1963 bis 1993 in einem Steinbruch Mikrokvarzit abgebaut. So entstand auch die kleine Siedlung. Auf der alten Straße kann man die vier Kilometer zum alten Steinbruch wandern und im Dorf die Sauna besuchen.

# Kap Elochin

Am Kap Elochin (Mys Elochin) befindet sich die nördliche Grenze des Baikal-Lena-Naturschutzgebietes. Das Haus der Parkverwaltung ist 2002 abgebrannt, nur die Sauna blieb stehen, das Gebäude soll wieder aufgebaut werden. Südlich befindet sich eine der kältesten Stellen des Baikal, das Tal des ›Eisigen‹ Flusses (Rečka Ledjanaja). Die Eisdichte erreicht im Winter vier Meter.

# Kap Bolsodej

Südlich des Kaps Bolsodej (Mys Bolsodej) fließt der Fluß Molokon durch eine tiefe Schlucht in den Baikal. Der Fluß bahnt sich über eine Vielzahl von Wasserfällen seinen Weg. Der größte Wasserfall heißt ›gläsernes Band‹ und ist etwa 16 Kilometer von der Mündung entfernt, wo sich das gläserne Band eines südlichen Nebenflusses aus 120 Metern Höhe im freien Fall ergießt. Entlang des Flusses ist sehr schwer voranzukommen, denn es gibt keine Wege, aber zwischen der Mündung und dem Kap Kotel'nikovskij besteht ein Trampelpfad.

# Kap Kotel'nikovskij

Am Kap Kotel'nikovskij befindet sich die einzige Thermalquelle am Westufer des Baikal. Alle anderen Quellen in Ufernähe liegen nördlich und östlich des Baikal. Sie erreichen aber nicht die Temperatur von 81 °C Celsius, mit der das sehr fluorhaltige Wasser hier aus der Erde kommt. An der ausgebauten Quelle befindet sich ein Erholungsheim der Tunnelbauer vom Nordbaikal, das allerdings von Zeit zu Zeit seine Pforten auch nur für Tunnelbauer öffnet und damit die örtlichen Reisebüros ärgert. Häufig laufen Trekking-Gruppen den Ort an, da hier der Aufstieg zum höchsten Gipfel des Baikalgebirges, dem Čerskij-Berg (Gora Čerskogo, 2588 Meter) beginnt. Die anspruchsvolle Strecke mißt gut 30 Kilometer und führt zunächst zum Fluß Kurkula, dem man mit Blick auf viele Wasserfälle bis zum Gitarrensee folgt. Der romantische Bergsee hat seinen Namen nach seiner gitarrenartigen Form. Von hier aus erfolgt der Aufstieg zum Berg, wobei sich der Blick auf den einzigen Gletscher des Gebirges öffnet. Der Čerskij-Berg ist nicht mit dem Pik Čerskogo im Chamar-Daban-Gebirge und dem Čerskij-Stein (Kamen' Čerskogo) am Angara-Abfluß zu verwechseln. Gemeinsam ist allen dreien nur, daß sie die Erinnerung an den polnischen Baikalforscher Jan Czerski (russ. Čerskij) wach halten. Weiter in Richtung Norden gelangt man zu dem am Kap Ludar' gelegenen Dorf Bajkal'skoe, einem beliebten Ausflugziel von Severobajkal'sk aus.

# Die Insel Ol'chon

*Das größte Glück ist, den Baikal mit einem Boot zu befahren: vorbei an Ol'chon und Heiliger Nase gen Norden, wo es keine Wege und Behausungen gibt, wo Stille und Freiheit, Wasser und Himmel so unergründlich, die Wolken so beweglich wie die Berge unverrückbar sind, wo sich das Geheimnis des Dialogs mit dem Baikal offenbart.*
*Der Baikal kann nicht nur großzügig sein, er kann auch grausam sein. Kaum eine Familie am Ufer hat nicht auch ein Opfer zu beklagen. ... Aber was auch geschah, wie groß das Unglück auch war, ich habe nie gehört, daß jemand den Baikal verdammt. Man verflucht das Schicksal, das Leben, den Vodka – aber nie fällt ein böser Fluch auf das sibirische Heiligtum.*

Igor Širobokov (1999)

Der Baikal gilt bekanntlich als die Perle Sibiriens, und Ol'chon gilt als die Perle des Baikal. Unter den 27 Inseln auf dem Baikal ist Ol'chon mit über 700 Quadratkilometern die mit Abstand größte. Das knapp 72 Kilometer lange und durchschnittlich 10 Kilometer breite Eiland ist eine Welt für sich. Im Sommer hat die Insel überdurchschnittlich viele Sonnenstunden, und die Sandstrände am Kleinen Meer laden mit moderaten Wassertemperaturen auch zum Baden ein. Im Winter ist die Gegend vergleichsweise schneearm, da der häufige Wind eine zum Skilanglauf akzeptable Schneedecke kaum zuläßt. Dafür bieten die Küsten sehr eindrucksvolle Eisformationen. Sowohl die ›Torosy‹ genannten Eisbrüche auf der Seeoberfläche als auch die häufig meterhoch am Steilufer in Eiszapfen gefrorenen Wellen der Herbststürme samt eisverhangenen Grotten lohnen einen Ausflug. Für alle, denen eine Wanderung zu kalt ist, werden auch Eisfahrten mit dem Kleinbus angeboten.

Lange Jahre war die abgeschiedene Insel ein touristischer Geheimtip für Individualisten. Es gab kein Telefon, und das völlig überlastete Stromnetz der Inselhauptstadt Chužir wurde lange Jahre nur durch einen Dieselgenerator der Fischfabrik gespeist, der häufig ausfiel. Aber nachdem in den letzten Jahren immer mehr Touristen nach Ol'chon kamen und die Insel 2005 mit der neu gezogenen Hochspannungsleitung vom Festland ihren Anschluß an eine stabile Energieversorgung bekam, verändert sich ihr Antlitz und in den kommenden Jahren vermutlich auch ihr Charakter. Alle Touristik-Anbieter der Region wollen Ol'chon im Programm haben, und diese Nachfrage treibt den Ausbau der touristischen Angebote voran. Die Zeiten der entlegenen Ursprünglichkeit gehen zuende und wie weit es gelingen wird, den Ansturm in einem naturverträglichen Rahmen zu bändigen, bleibt abzuwarten.

Die Insel war bereits in der Steinzeit besiedelt und ist heute eine Fundgrube für Archäologen. So eindrucksvoll wie rätselhaft sind vor allem die Überreste mehrerer Steinwälle im Süden der Insel. An über 140 Orten finden sich Spuren des alten Stammes der Kurykanen. Die Gebirgslandschaft, die die östliche Hälfte der Insel bestimmt, ist sehr waldreich. Das Wort Ol'chon hat seinen Ursprung im Burjatischen und bedeutet ›Wäldchen‹. Die westliche Hälfte präsentiert sich als Fortsetzung der Tažeran-Steppe. Ol'chon ist im Prinzip Bestandteil des im Südwesten an den Baikalsee grenzenden Primorsker Berggürtels. Im Nordosten endet die Insel als bizarre Steilküste. Der höchste Punkt des Eilands erreicht immerhin eine Höhe von 1274 Metern. Die extrem steil abfallenden Abgründe im Nordosten setzen sich auch unter Wasser fort. Nur wenige Kilometer vom Ufer entfernt befindet sich die tiefste Stelle des Baikalsees.

Da die russischen Kosaken 1643 den Baikal über den Fluß Sarma zunächst am Kleinen Meer erreichten, gehörte die nahegelegene Insel Ol'chon zu ihren den ersten Eroberungen. In dieser Zeit lebten bereits die Burjaten hier. Die gesamte Insel und insbesondere die Gegend um das Schamanenkap galt als heiliger Platz, wo nach den Legenden der Ursprung des burjatischen Volkes lag und wo die Schamanen aus der gesamten Baikalregion hinkamen, um ihre Rituale zu zele-

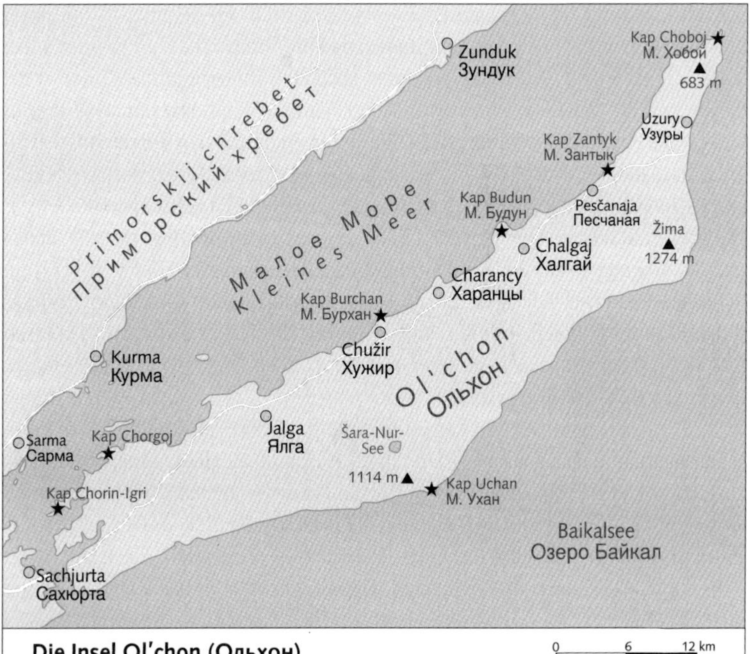


Die Insel Ol'chon (Ольхон)

brieren. Russen ließen sich auf der Insel nicht nieder. Reiseberichte aus den Jahren um 1900 belegen, daß die Abgeschiedenheit der Gegend zur Ansiedlung von Leprakranken genutzt wurde. Unklar bleibt aber, ob der Standort auf Ol'chon oder einer der beiden im Kleinen Meer vorgelagerten Insel war.

Der entscheidende Umbruch kam nach der Errichtung der Sowjetmacht mit der Industrialisierung und der Kollektivierung, von denen auch die Fischereiwirtschaft am Baikal nicht verschont blieb. Ab 1926 entstanden vier Stationen zum Fischaufkauf auf der Insel, die die Entscheidung über den Bau einer Fischverarbeitungsfabrik nach sich zogen. Die Standortwahl fiel auf Chužir. Neben der zentralen Lage spielte dabei der auf Hochtouren laufende Kampf gegen die Religion eine Rolle. Nicht nur die orthodoxe Kirche, sondern auch die bei den Burjaten verbreiteten Religionen Buddhismus und Schamanismus wurden bekämpft. Der Bau der Fischfabrik samt entsprechender Arbeitersiedlung für die Belegschaft in unmittelbarer Nachbarschaft zum Allerheiligsten der damaligen schamanischen Welt war Ausdruck des damals üblichen antireligiösen Klassenkampfes. Wo früher nur die Schamanen sich auf ihre Rituale am berühmten Schamanenfelsen vorbereiteten und niemand sonst dieses Gebiet betreten durfte, begannen nun russische Arbeiter Fisch zu verarbeiteten und eine Siedlung zu errichten.

## Chužir

In der ›Hauptstadt‹ der Insel, als deren offizielles Gründungsjahr im Zusammenhang mit dem Bau der Fischfabrik 1939 gilt, leben heute etwa 1300 der insgesamt 1600 Bewohner der Insel. Der Name Chužir stammt aus dem Burjatischen und bedeutet soviel wie ›salzige Erde‹. Von der Fähre beträgt die Entfernung 36 Kilometer.

Das Straßennetz wurde sehr geradlinig angelegt. Die zentrale Straße ist nach dem Baikal benannt und führt vom Hafen, neben dem sich auch die Fischfabrik befindet, ins Hinterland. Entlang der ul. Bajkal'skaja befinden sich die Dorfadministration, die Schule, zwei Läden, zwei Cafés und die Verwaltung des Naturparks. Am Ende bildet die Straße einen Platz mit einem Denkmal für die im Zweiten Weltkrieg gefallenen Einwohner. Neben der Schule befindet sich das sehenswerte Heimatkundemuseum, das der örtliche Lehrer und Heimatforscher Nikolaj Revjakin 1953 gründete. Heute leitet seine Tochter Kapitolina Revjakina das Museum. Falls es geschlossen ist, kann man sich über eine Öffnung bei der Direktorin um die Ecke erkundigen (ul. Pervomajskaja 21).

Es gibt eine kleine private Verkaufsaustellung für Kunsthandwerk, an die man allerdings keine allzu großen Erwartungen haben sollte (ul. Baikal'skaja 53, Elena Kostarnova).

Die auf dem Hügel in Hafennähe gut sichtbare kleine Kirche entstand in den letzten Jahren aus Spenden und in freiwilliger Arbeit der russischen Einwohner Chužirs. Es gab im 19. Jahrhundert Missionierungsversuche der russisch-orthodoxen Kirche, die jedoch ohne Erfolg blieben. Anfang des 20. Jahrhunderts kamen auch buddhistische Lamas auf die Insel, von 1918 bis 1930 gab es einen kleinen Tempel in Charancy.

Sowohl bei den vor allem östlich des Baikal lebenden buddhistischen Burjaten als auch bei den stärker durch den Schamanismus geprägten Menschen am West-

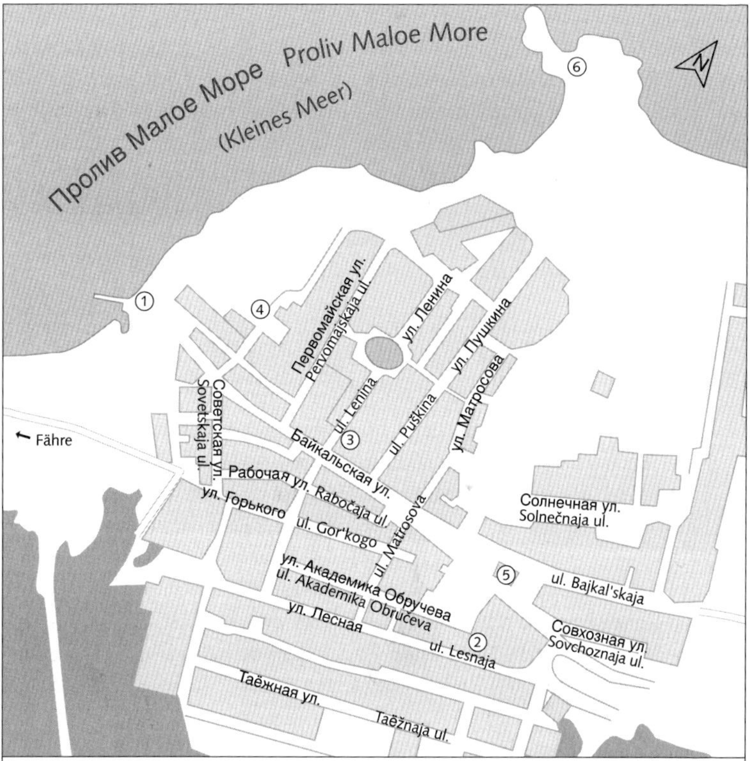


**Chužir (Хужир)**

**Legende**

1 Hafen
2 Bushaltestelle
3 Heimatkundemuseum
4 Kirche
5 Denkmal für die Opfer des Zweiten Weltkrieges
6 Schamanenkap

*Nikitas Gutshof in Chužir*

ufer des Baikalsees genießt heute das Schamanenkap die ungeteilte Ehrfurcht und Hochachtung, der sich auch kaum ein Besucher von Chužir entzieht. Diese bekannteste Sehenswürdigkeit befindet sich am nördlichen Ortsrand. Den Hang hinauf gelangt man zum Steilufer, wo sich der Blick auf die ins Kleine Meer ragende Landzunge mit dem Schamanenfelsen öffnet, der in keiner Baikal-Fotosammlung fehlt. Manchmal wird der Fels im Zusammenhang mit dem Baikalgott Burchan auch Gotteskap (Burchan mys) genannt. Burchan bedeutet zugleich im Burjatischen Gott beziehungsweise Buddha. An dieser Pilgerstätte mit Opferplatz vermischten sich Schamanismus und Buddhismus mit den Ursprungslegenden des burjatischen Volkes. Nach den alten Legenden war es der irdische Wohnort des Gottes Chuto-Baabaj. Hier soll der Jäger Choridoj die himmlische Schwanenfrau geheiratet haben. Sie gebar ihm elf Söhne, die am Anfang aller burjatischen Stammesdynastien standen. Bevor die Burjaten früher die Gegend passierten, umwickelten sie die Hufe ihrer Pferde, um ihren Gott nicht zu stören und zu erzünen.

Der berühmte Felsen erhebt sich mit zwei Spitzen aus Kalkmarmor. Eine durchgängige Höhle mit zwei Ausgängen bot den Schamanen gute Voraussetzungen für das plötzliche Erscheinen und Verschwinden.

Bei der Besichtigung sollte man die notwendige Achtung vor diesem Heiligtum des Schamanismus nicht außer Acht lassen, auch wenn an vielen Stellen zu erkennen ist, daß nicht wenige Besucher dies vermissen lassen. Gemäß den schamanischen Regeln dürfen nur auserwählte Schamanen den Felsen betreten. Während man Männern den Besuch des Felsen eher nachsieht, ist dies für Frauen absolut tabu. Diese Regel wird von den Burjatinnen auch ausnahmslos befolgt und beruht auf zwei Erklärungen. Einerseits gelten Frauen im schamanischen Verständnis aufgrund der Menstruation als unrein und dürfen diesen heiligen Platz nicht beflecken. Andererseits basiert das Verbot auf der starken energetischen Wirkung des Platzes, dem das schwache Geschlecht nicht gewachsen sei.

Nördlich des Schamanenfelsen befindet sich die Saraisker Bucht mit dem schönsten Sandstrand in der Umgebung.

Die Entwicklung des Tourismus auf Ol'chon ist vor allem mit dem Namen Nikita Benčarov verbunden. Klaus Bednarz hatte ihn kurz im dritten Teil seiner Filmreihe interviewt und bei ›Sternenflüstern‹ trat er mehrmals als ›der örtliche Bauunternehmer‹ in Erscheinung. Sein Gutshof (Usadba) ›Ostrov Ol'chon‹ ist derzeit die größte Herberge im Ort. Der frühere sowjetische Meister im Tischtennis ließ sich hier vor zwölf Jahren mit seiner Frau nieder. Mit etwa 40 eigenen Plätzen und bei Bedarf Anmietung weiterer Holzhäuser im Dorf, so einfacher wie exzellenter lokaler Küche und umfangreichen Ausflugsprogrammen war und ist er ein beliebter Anlaufpunkt für russische wie ausländische Touristen. Seine Lagerfeuerabende oder das Tischtennisspiel ziehen auch die Bewohner anderer Pensionen an. In der Vergangenheit hatte er mit seiner auf Solarstrom basierenden autonomen Energieversorgung und dem einzigen Satellitentelefon auf der Insel lange Jahre echte Alleinstellungsmerkmale und hat als Unternehmer mit sozialer Verantwortung auf Ol'chon die Standards für ökologischen Tourismus gesetzt. Jetzt wird der Wettbewerb für ihn sicherlich härter, zumal Irkutsker Investoren über andere Finanzmöglichkeiten verfügen. Er ist aber Optimist, und es ist ihm zu wünschen, daß er sich behauptet (ul. Kirpičnaja 8, www.olkhon.info).

## Ausflüge und Wanderungen auf der Insel Ol'chon

Die beliebtesten Exkursionen mit dem Auto sind Tagestouren zum äußersten Nordende (Kap Choboj) bzw. ein Rundkurs durch die Steppenhügel der Südhälfte. Als einzig ausreichend geländegängiges Fahrzeug kommt dabei wegen des Pistenzustandes mit Flußläufen, Spurrinnen, Steigungen etc. ein geländegängiger Kleinbus der russischen Marke UAS in Frage. Daneben gibt es eine ganze Reihe von interessanten Zielen für Tages- und Mehrtageswanderungen. Auch Mountainbike-Touren und Reitausflüge erfreuen sich im Sommer wachsender Popularität. Im Winter bietet sich natürlich auch eine Autofahrt auf dem Eis des Kleinen Meeres an. Skifahren ist auf der Insel selten möglich, auf dem

*Schiffe des Types Jaroslavez können überall Passagiere aufnehmen*

Eis haben die Hartgesottenen die Wahl zwischen Skiern und dem Mountainbike mit Spikesreifen. Die besten Angebote und Detailinformationen sowie Kontakte zu ortskundigen Fahrern, Führern, Kapitänen etc. sowie Ausleihmöglichkeiten für Fahrräder, Zelte und andere Ausrüstung findet man im Informationszentrum bei Nikita Benčarov.

Bei mehrtägigen Wanderungen muß man hinsichtlich Proviant und Trinkwasser sorgfältig planen. Einkaufsmöglichkeiten findet man eigentlich nur in Chužir und bezüglich Trinkwasser sieht zwar die Luftlinienentfernung zum Baikal überall problemlos aus, aber vor allem im Norden und im Osten gibt es so gut wie keine Bäche bzw. Möglichkeiten, vom Steilufer zum Wasser zu gelangen.

## Charancy und Pesčanaja

Charancy ist nach Chužir die zweitgrößte Siedlung der Insel. Am Ortseingang befindet sich ein kleiner Flughafen, der jedoch nur sehr sporadisch angeflogen wird. Bis in den Ort ist die Schotterpiste für PKW befahrbar. Ein Flußlauf nördlich von Charancy ist den größten Teil des Jahres nur mit den allradgetriebenen UAS-Kleinbussen zu durchfahren. Der verschlafene Ort selbst ist bislang touristisch noch nicht erschlossen. Unweit des Dorfes werden aber im Sommer in Strandnähe zwei Jurtenlager errichtet. Die Camps mit 10 bzw. 12 Jurten für vier Personen heißen ›Harmony‹ und ›Fun‹ und sind in Irkutsk zu buchen (Tel. 56 49 64).

*Traditionelles Holzfenster*

Der Ortsname Pesčanaja läßt sich mit ›sandige Siedlung‹ übersetzen. Die weite Bucht bietet dem Sarma-Wind eine breite Angriffsfläche und ließ eine ungewöhnliche Dünenlandschaft entstehen, die sich hier auf über drei Quadratkilometern erstreckt. Der Wind wurde auch der Siedlung zum Verhängnis. Von den etwa 20 um 1940 errichteten Häusern wurden die meisten über die Jahre von den Dünen verschlungen. Heute gibt es nur noch ein bewohntes Haus, manchmal nehmen noch Fischer Quartier. Der Anlagesteg ist nach einem Feuer 2003 nur ein Rest seiner selbst. Die Häuser wurden damals von hierher deportierten Litauern und einigen deutschen Kriegsgefangenen errichtet, wovon einige Gräber zeugen. Als den Litauern ab 1960 die Rückkehr in ihre Heimat gestattet wurde, begann der Niedergang des Dorfes, das vor allem zwischen 1965 und 1975 ›versandete‹. Heute ist die Bucht ein Stop auf den Ausflügen zum Kap Choboj. Dabei wird zumeist Feldthymian gesammelt, der auf den Sanddünen besonders gute Bedingungen vorfindet.

## Kap Choboj und Kap Sagan-Chušun

Von Chužir aus sind es 40 Kilometer bis zur nördlichen Inselspitze. Man fährt oder wandert zunächst auf der Schotterpiste, die sich nördlich von Charancy in mehr oder weniger ausgefahrene Spurrinnen durch Steppe, Wald und Dünen verbreitert. Hinter Pesčanaja gelangt man bergauf zu einem weiten, zerklüfteten Plateau, wo die Weiterfahrt für die Autos zu Ende ist. Bis zur Nordspitze sind es noch etwa 500 Meter zu Fuß. Der Ort heißt Stoßzahn-Kap (Mys Choboj). Ein eindrucksvoller aus dem Wasser ragender Fels bildet den nördlichen Abschluß der Insel. Zum Kleinen Meer hingeneigt hat der Fels die Gestalt eines hüfthohen Frauentorsos. Während man von der Spitze des Kaps schon einige Phantasie braucht, um die Gestalt zu erkennen, so ist das Profil vom Wasser respektive Eis aus gesehen sehr plastisch. Auf dieser Höhe hat der Baikal auch seine maximale Ausdehnung in der Breite.

Man hat bei gutem Wetter in Richtung Nordost eine sehr schöne Sicht zur Halbinsel Svjatoj Nos am östlichen Ufer. Wenn im Sommer mehrere Tage hintereinander das Wetter warm und sonnig war, bestehen auch gute Aussichten, vom Kap aus am Ufer sich sonnende Baikalrobben beobachten zu können. Das Kap ist außerdem für seine Echoeffekte bekannt. Auf der Westseite des Hochplateaus befindet sich etwa zwei Kilometer von der Inselspitze entfernt ein weiteres Kap, daß sowohl unter dem Namen ›Sagan-Chušun‹ (in der Übersetzung aus dem Burjatischen ›weißes Kap‹) als auch unter dem Namen ›Drei Brüder‹ bekannt ist. Drei Felsen ragen aus der Steilküste heraus, wobei der mit rötlichen Flechten überzogene helle Marmor sowohl vom Kamm als auch vom See aus ein kontrastreiches Bild liefert.

## Uzury und der Berg Žima

Dem Ausflug zum Kap Choboj schließt sich meist ein Ausflug zum Uzury-Tal an. Es ist der einzige Einschnitt in die Berge auf der Nordhälfte, der eine Zufahrt zum Ufer erlaubt. Man kann also den Blick auf dieser Inselseite auf das ›Große Meer‹ und die Felsen genießen. In Ufernähe befindet sich eine Wetterstation, und das breite Tal ist ein beliebter Picknickplatz. In der Meteorologischen Station werden durch Juri Ussov auch begrenzte Übernachtungsmöglichkeiten (sechs Plätze) und Ausflüge angeboten. Wie fast überall auf der Insel trifft man auch hier auf lustige Zieselmäuse. Die scheuen Tiere richten sich bei gefühlter Gefahr auf die Hinterbeine auf und geben einen seltsamen Pfeifton für die Artgenossen von sich, bevor sie dann das Weite suchen. Vom Uzury-Tal in Richtung Süden erheben sich Berge bis zum etwa zehn Kilometer entfernten, höchsten Gipfel der Insel. Der mit 1274 Metern höchste Berg der Insel heißt Žima oder Ežimej, was sich aus dem burjatischen Wort für ›Herrscher‹ ableitet. Der Berg ist geheimnisumwittert und gilt den Burjaten als heilig, so daß sie ihn nicht besteigen. Aber auch andere Wanderer berichten, daß die Besteigung überdurchschnittliche Anstrengungen erfordet und häufig wegen Wetterkapriolen oder Orientierungsproblemen scheitert. Auf einer Strecke von nur wenigen Kilometern bilden hier knapp 800 Meter Höhenunterschied über der Baikaloberfläche und über 1600 Meter darunter einen Abgrund von über 2400 Metern, der besondere Energieflüsse hervorruft. Außerdem soll angeblich die natürliche Radioaktivität vergleichsweise hoch sein. Wer den Berg trotzdem besteigen möchte, startet zumeist in der Bucht von Uzury und sollte für Hin- und Rücktour zwei Tage bzw. für eine Weiterwanderung in Richtung Chalgaj drei Tage einplanen. Das Gipfelplateau selbst ist von Wald überzogen, so daß das Erreichen des Ziels hier keinen phantastischen Rundblick verheißt. Auf dem Kammweg nach oben eröffnet sich aber an vielen Stellen ein großartiger Ausblick auf den Großen Baikal und an einigen Stellen auch auf das Kleine Meer.

## Chanchoj-See

Auf dem Weg zwischen Chužir und der Fähre liegt die kleine Siedlung Jalga. In unmittelbarer Nachbarschaft zum elf Kilometer von Chužir entfernten Dorf befindet sich der Chanchoj-See, den nur ein wenige Meter breiter Sandstreifen vom Kleinen Meer trennt. Der See ist sowohl zum Baden als auch zum Angeln sehr beliebt. Häufig wird hier auch gezeltet.

## Kap Chorgoj und Kap Chorin-Igri

Man kann den See auch als Ausgangspunkt für eine Steppenwanderung zum etwa zehn Kilometer entfernten Kap Chargoj wählen. An der Spitze der gleichnamigen Halbinsel befindet sich einer der geschichtlich interessantesten Punkte der Insel Ol'chon. Die Funde legen Zeugnis über die Kultur der Kurykanen ab. Man erkennt die Überreste eines über 150 Meter langen Steinwalls. Die Auffassungen der Historiker darüber, ob es sich dabei um eine Verteidigungslinie oder um einen kultischen Ort handelt, gehen aber nach wie vor auseinander. Einige weitere Steinanordnungen deuten auf Fundamente von Gebäuden. Archäologische Funde belegen auch eine Vielzahl von Plattengräbern in der umliegenden Steppe.
Der exotisch klingende Name Chorin-Igri steht für Stutenkopf, und die gewundene Form der mit diesem Kap endenden schmalen Landzunge läßt Freiraum für Phantasie. Zugleich steht die felsige Küste für die größte Schiffskatastrophe auf dem Baikalsee. Ein Schleppdampfer zog im Dezember 1901 mehrere mit Passagieren besetzte Boote durch das bereits zufrierende Wasser und hatte die Anzeichen für das Aufkommen des tückischen Sarma-Sturmes mißachtet. 176 Menschen ertranken. Der Sturm peitschte einige Leichen mit großer Kraft an die Felsen, so daß sie bei den Minusgraden festfroren und für mehrere Wochen erstarrt an den Felsen klebten, bevor sie nach dem vollständigen Zufrieren geborgen werden konnten.

## Šara-Nur-See

Der Šara-Nur-See, dessen Name auf burjatisch ›gelber See‹ bedeutet, ist ein weiteres beliebtes Wanderziel. Auf verschiedenen Wanderwegen kommt man zunächst durch die Steppe und dann durch den Wald zu besagtem Bergsee. Am von hohen Bäumen umgebenen See ist selten ein Wind zu spüren. Der Gelbe See ist auch für seinen Heilschlamm berühmt, der bei Gelenkerkrankungen helfen soll. Bei den Wanderern halten sich Schwimmer und Schlammbader die Waage, viele wandern auch noch etwa zwei Kilometer weiter zur Taškinej-Schlucht, wo man am gleichnamigen Bach entlang bis zum Großen Meer des Baikal wandern kann. Das Tal ist auch für seinen Schmetterlingsreichtum bekannt.

Chužir ist 127 km von Irkutsk entfernt. Bis zur Fähre sind es 35 km.

▸ Durchschnittstemperatur: Januar –15°C, Juli 17 °C.

Postamt, ul. Lenina 15. Hier gibt es auch ein Satellitentelefon. Kurzfristig erwartet man rund um Chužir auch die Erreichbarkeit mittels Mobilfunknetzen.

▸ PLZ: 666137.

Die Bushaltestelle befindet sich in der ul. Lesnaja, ohne Schild zwischen der Pension ›Svetlana‹ und dem einzigen Hotel im Ort (ul. Lesnaja 28).

Es gibt einen Hafen, aber keine regelmäßigen Schiffsverbindungen.

Das einzige Hotel des Ortes heißt natürlich ›Bajkal‹ (ul. Lesnaja 30).

▸ Es gibt mehrere private Touristenunterkünfte, die sich Touristenbase, Gutshof oder Hotelkomplex nennen.

▸ Am bekanntesten ist der bereits erwähnte Gutshof von Nikita Benčarov (www.olkhon.info).

▸ Großer Popularität erfreuen sich im Sommer auch die Holzhäuser der Pension ›Solnečnaja‹ (ul. Solnečnaja 14, Tel. Irkutsk 43 43 06).

▸ Bekannt ist auch die Unterkunft ›Bei Svetlana‹. Svetlana Michailovna (Buchung über AMA Irkutsk, Tel. 20 20 73) betreibt seit 2003 zwei Pensionen, neben ihrem Hof im ›Zentrum‹ (ul. Lesnaja 28) kam eine einfache, neu erbaute Reihe von sechs Holzhäusern am Waldrand dazu.

▸ Die Touristenbase ›Šamanka‹ liegt nördlich des Schamanenfelsen und bietet auch Jurten an (ul. Vorošilova 25, www.baikal1tur.narod.ru).

▸ Weitere Übernachtungsmöglichkeiten bestehen bei der Familie Osipov in der ›Zemcužina Ol'chona‹ (ul. Lesnaja 25, www.olhon.irkutsk.ru) oder im ›Bajkal'skij Priboj‹ (ul. Bajkal'skaja 48).

Die Pensionen bieten Vollpension. Ansonsten gibt es in der Hauptstraße die beiden Cafés ›Priboj‹ (ul. Bajkal'skaja 22) und ›Irina‹ (ul. Bajkal'skaja 57). Die örtliche Fischfabrik am Hafen unterhält gleich hinter dem Werkstor einen Kiosk, wo man frischen Räucherfisch kaufen kann.

Am Ende der Hauptstraße befindet sich der ›Gute Laden‹ (chorošij magazin), der mit seinem Namen auch auf Tafeln im Ort wirbt. Im Vergleich zu anderen Dorfläden am Baikalsee ist diese Werbung hier durchaus berechtigt – ein gut sortierter, sauberer Laden, der neuerdings auch durch ein Café ergänzt wird

# Schamanismus

Der Schamanismus ist eine jahrhundertealte Glaubenstradition, die lange vor den bekannten Weltreligionen in verschiedenen Regionen der Erde entstanden ist und in einigen Gebieten bis heute verbreitet ist.
Die natürliche Art und Weise, wie Menschen dabei an ihre Götter glauben und mit Hilfe des Schamanen mit ihnen kommunizieren, fasziniert in ihrer Exotik und Ursprünglichkeit. In Sibirien und Zentralasien sehen viele Forscher die Ursprünge des Schamanismus, der Charakter und die Ausprägung der Rituale in Burjatien und Jakutien gelten als besonders intensiv und wirkungsvoll. Als heiliges Zentrum und gelobtes Land gilt die im Baikal gelegene Insel Ol'chon und hier insbesondere der nördlich von Chužir gelegene Schamanenfelsen. Die Wissenschaft spricht zwar nur von einem religiösen Phänomen und nicht von einer Religion, aber viele Burjaten verstehen den Schamanismus als eine Religion und als ihren Glauben. So stammt auch der weltweit bekannte Begriff ›Schamane‹ aus der evenkischen Sprache: ›shaman‹ bedeutet etwa ›rasend‹ und umschreibt die Ekstase bei den Ritualen.
Im Schamanismus gibt es keine Tempel, Kirchen, regelmäßigen Veranstaltungen, Gebete oder Feierlichkeiten. Die Natur ist der göttliche Tempel, und alles Leben vollzieht sich im Wechselspiel zwischen den Menschen und den Göttern.
Der Schamane ist als Mediator nur da, wenn er gebraucht wird und kann an fast jedem Ort die Rituale vollziehen und Störungen im Gleichgewicht beseitigen. Sein Tanz im schweren Kostüm zu rhythmischem Trommelklang wird immer an einem Feuer in der Nähe eines Baums vollzogen. Der Tanz heißt Kamlanje und ist die Vorstufe zu einer Art Trance, die dem Schamanen die Reise durch die Welten zu den Visionen ermöglicht, mit deren Hilfe er zwischen den Menschen und den Göttern vermittelt.
Nach dem schamanischen Weltbild unterscheidet man drei Welten des Universums, die durch einen sogenannten Weltbaum miteinander verbunden sind. Die Menschheit lebt in der mittleren Welt. Daneben existieren eine untere (unterirdische) und eine obere (himmlische) Welt. Die himmlische Welt symbolisiert das künftige Leben, im unterirdischen Teil des Universums leben die Toten. Alle drei Welten wimmeln von bösen und guten Geistern, und der Weltbaum ist der Kanal, auf dem ein Schamane auf die Reise durch die Welten geht und mit den Geistern spricht.
Nach den Legenden war der erste Schamane Gottes Sohn, der als Steinadler (Berkut) zwischen Himmel und Erde schwebte und diese Gabe erhielt. Der Adler konnte aber diese Last allein nicht verkraften

und schwebte auf die Insel Ol'chon nieder, wo er seine Gabe einer Frau aus dem Stamm der Evenken übergab, die sie wiederum mit ihrem burjatischen Mann teilte. Gemeinsam halfen sie den Menschen, sich im Universum zu orientieren.

Schamanen in Sibirien waren und sind zu gleicher Zeit Priester, Hellseher und Wunderheiler. Von der Lebensart und vom äußeren her unterschieden sie sich im normalen Alltag kaum von den anderen Menschen. Wenn beim Nachwuchs die Fähigkeit vorhanden ist, wird in den Schamanenfamilien das Wissen von Generation zu Generation weitergegeben. Viele Schamanen haben ein besonderes körperliches Merkmal, zumeist ›einen Knochen zuviel‹ im Körper.

In den letzten Jahren hat der Schamanismus am Baikal als Wiedergeburt der nationalen Kultur und des ursprünglichen Glaubens großen Zulauf bekommen. Während sich die Ostburjaten bereits im 17. Jahrhundert vom Schamanismus abwandten und zum Buddhismus bekehrt wurden, blieben die Westburjaten dem Schamanismus verbunden. Deshalb erlebt er hier auch eine neue Blüte, denn die zu sowjetischen Zeiten verbotenen Rituale können heute wieder frei praktiziert werden. Es gibt in Ust'-Ordynskij seit 1997 einen Schamanenverband mit mittlerweile knapp 50 Mitgliedern. Sie genießen heute auch im Gesundheitswesen, Heilpraktikern ähnlich, offizielle Anerkennung. Wenn ein Kranker Heilung sucht, gilt es, den bösen Geist im Jenseits zu identifizieren, der die Seele des Patienten beansprucht, und diesen Geist zu verbannen. Eine psychosomatische Aktivierung aller Selbstheilungskräfte steht hier sozusagen im Mittelpunkt.

Nur einzelne Schamanen geben Fremden bereitwillig Auskunft über ihren Glauben und ihre Rituale. Manche veranstalten auch für Touristen performanceartige Präsentationen. Der bekannteste unter ihnen ist Valentin Chogdaev aus Elancy, der sowohl seiner schamanistischen Berufung als auch sehr weltlichen Interessen von der akademischen Promotion bis zum Tourismus-Marketing nachgeht. Sein gespaltener Finger gilt als göttliche Markierung und Berufung. Mit seinen bei Touristen sehr beliebten Auftritten auf der Insel Ol'chon macht er sich in der Schamanengemeinschaft nicht nur Freunde, aber wie in so vielen Bereichen ist auch hier der Grat der Wahrhaftigkeit zwischen Pragmatismus und Fundamentalismus recht schmal.

Der Baikal ist das blaue Herz Sibiriens. Es schlägt inmitten des grünen Taigameeres und wiegt in seinen Tiefen die Geister der entflohenen Sträflinge. Auf dem Grund liegen mit Seegras überwachsene Fesseln, die einst mit einem triumphierenden Ausruf der Freude ins Wasser geworfen wurden.

*Evgenij Evtušenko (1992)*

# Der nördliche Baikalsee

# Severobajkal'sk

Der Name Severobajkal'sk ist untrennbar mit dem Bau der Baikal-Amur-Magistrale (BAM) verbunden, denn der Ort verdankt seine Entstehung dem Bau dieser Eisenbahn. Als das Projekt einer zweiten, nördlicher gelegenen ›transsibirischen‹ Bahnstrecke in der Brežnev-Zeit wieder auf die Tagesordnung kam und die Streckenführung festgelegt wurde, erkor man die Gegend am Kap Kurla zum zentralen ersten Ausgangspunkt für den Bau der Strecke. In Richtung Westen bestand die Aufgabe darin, von zwei Seiten die Verbindung bis nach Bratsk zu errichten und in Richtung Osten galt es, die Strecke bis zur bislang ebenfalls nur auf dem Reißbrett bestehenden Stadt Tynda zu bauen. Man verzichtete bewußt auf den Ausbau der 30 Kilometer nördlich am Baikalufer eingeengt gelegenen Ortschaft Nižneangarsk und entschied sich auf einem entsprechende Ausdehnungsmöglichkeiten und stabileren Untergrund bietenden Plateau für die Gründung einer neuen Stadt, die ein zentraler Umschlagplatz für alle logistischen Aufgaben des BAM-Baus werden sollte. 1974 wurde die erste Gruppe freiwilliger Komsomolzen abgesetzt. Unweit des Hafens erinnert heute eine denkmalartig gestaltete Bushaltestelle an den Ort, wo die namentlich genannten ›Stadtgründer‹ ihr erstes Zelt aufschlugen.

Heute zählt Severobajkal'sk etwa 27 000 Einwohner. In der Spitze waren es mehr als 35 000, doch der Bevölkerungsrückgang nach 1990 konnte jetzt gestoppt werden. Nicht zuletzt dank der endgültigen Fertigstellung der BAM im Jahr 2002 erwachsen neue Hoffnungen für die wirtschaftlichen Perspektiven, und die Stadt wächst wieder.

Da die BAM eine zentrale Aufgabe für die gesamte Sowjetunion war, wurden auch die Bauaufträge mit freiwilligem Zwang über das ganze Land verteilt. Die Aufgabe der Errichtung der neuen Stadt am Nordufer des Baikal und die Mobilisierung der entsprechenden Ressourcen fiel Leningrad zu, dem heutigen St. Petersburg. Die größte Baufirma hieß also ›Lenbamstroj‹. Viele Neubürger von Severobajkal'sk kamen damals mit viel Enthusiasmus und Mandaten des kommunistischen Jugendverbandes versehen an den Baikal und ließen sich hier nieder. Zwei zentrale Straßen der Stadt tragen auch den alten sowjetischen Namen der Stadt an der Neva. Die Patenschaft Leningrads endete mit der offiziellen Fertigstellung im Jahr 1984. Doch damit war auch die Boomstimmung und vor allem die Sonderversorgung zu Ende. Viele hochtrabende Pläne wurden bereits in der Perestrojka gestutzt, und mit dem marktwirtschaftlichen Umbruch tauchten Anfang der neunziger Jahre immer neue Fragezeichen auf.

*Der Bahnhof von Severobajkal'sk*

Heute hat sich die Lage stabilisiert. Mit der endgültigen Fertigstellung des Severomysker Tunnels steigerte sich die Auslastung der BAM, und die lange geplante wirtschaftliche Erschließung neuer Rohstoffquellen zwischen Severobajkal'sk und Tynda nimmt in Form von ersten Aufträgen Gestalt an. Daneben hofft man, künftig durch die stärkere Entwicklung einer touristischen Infrastruktur in der Umgebung neue Möglichkeiten zu eröffnen. Die Bedingungen dafür sind hervorragend, sowohl hinsichtlich des Baikal, dessen Nordhälfte im Vergleich zur Südhälfte touristisch fast überhaupt nicht erschlossen ist, als auch hinsichtlich anderer günstiger Voraussetzungen von BAM- oder Trekkingtouren und alpinen Skitrassen bis hin zu Thermalquellen. Allerdings sind diese Möglichkeiten außerhalb der Region kaum bekannt und derzeit noch ein echter Geheimtip.

Das Stadtbild des Zentrums wird durch in den siebziger und achtziger Jahren errichtete Neubaublocks geprägt, die vielerorts durch Waldstücke aufgelockert werden. Da die Gegend als seismisch aktiv gilt, wurde ein spezieller Plattenbautyp entwickelt, der zwar mehr Etagen zuließ, aber keine Balkons und nur sehr verwinkelte Zimmer hat. Böse Zungen lästern, daß Kindererziehung auch in der Großfamilie hier kein Problem ist, denn jede Wohnung hat unzählige Ecken, in die man die ungezogenen Kinder stellen kann. Vom Durchschnittsalter her ist Severobajkal'sk eine junge Stadt, in der jetzt die zweite Generation erwachsen

*Am Handelszentrum in Severobaikal'sk*

wird. Außerhalb des Zentrums findet man in einem großen Halbkreis noch riesige Barackensiedlungen. Klaus Bednarz hat mit Tanja und Anton zwei ihrer Bewohner in der ›Ballade vom Baikalsee‹ portraitiert. Ursprünglich als Not- oder Übergangsunterkünfte für die ersten Jahre erbaut, leben viele Menschen hier schon seit 25 Jahren und nicht wenige haben kaum eine Chance, ihre Wohnverhältnisse zu verbessern, denn heute gilt für eine Neubauwohnung, nicht mehr endlos auf die Zuteilung zu warten, sondern zu kaufen, wenn man das Geld dafür hat.

Am originell gestalteten Bahnhof erinnert ein Bauarbeiter-Denkmal mit dem typischen Petersburger Schiffsmodell an die Leningrader Erbauer. Hier führt der Leningrader Prospekt zum zentralen Platz des Ortes, wo sich neben Rathaus und Kaufhaus auch das riesige Kulturhaus der Eisenbahner befindet, das neben Kino und Cafés auch eine Galerie beherbergt. Linker Hand folgt der Stadtpark und ein Denkmal für die im Zweiten Weltkrieg gefallenen Soldaten. Hinter dem nachfolgenden Bauzaun entsteht die erste Kirche des Ortes.

Hinter der nächsten Kreuzung gelangt man zum burjatischen Kultur- und Informationszentrum ›Bajar‹. Verwaltungsmäßig gehört Severobajkal'sk zu Burjatien. Der Anteil der Burjaten liegt hier im Norden aber unter zehn Prozent. Das ›Bajar‹ ist zwar de jure nur mit einem Kulturhaus zu vergleichen, de facto ist es aber auch ein Dazan für die hier lebenden burjatischen Buddhisten. Für Reisegruppen werden Vorführungen burjatischer Bräuche und Lieder sowie Ausflüge zu burjatischen Kultstätten angeboten (ul. Kosmonavtov 5, Svetlana Chobodoeva, Tel. 218 60).

Unweit besagter Kreuzung befindet sich auch das örtliche Heimatmuseum: das BAM-Museum (ul. Mira 2, Mo Ruhetag, wenn Eingangstür geschlossen, ist auf der Rückseite noch eine Tür und Klingel, Tel. 216 63). Während im Foyer in Wechselausstellungen burjatische Themen dargestellt werden, ist die Ausstellung selbst der BAM und den am Bau beteiligten Komsomol-Organisationen von der Planung über den Bau bis zur Gegenwart gewidmet. Zum 30jährigen Jubiläum fanden 2004 große Feierlichkeiten statt. In der Gemäldegalerie, die in unmittelbarer Nachbarschaft um die Ecke liegt, stellen lokale Maler ihre Bilder, teilweise auch zum Verkauf, aus (ul. Družby 1, Mo Ruhetag). Wer der Ausfallstraße unter der Eisenbahnbrücke folgt, gelangt zum Fluß Tyja, der am westlichen Stadtrand in den Baikal fließt.

**Severobajkal'sk (Северобайкальск), Zentrum**

**Legende**

1 Bahnhof
2 Hafen
3 BAM-Museum
4 Gemäldegalerie
5 Kulturpalast der Eisenbahner
6 Kirche (im Bau)
7 Burjatisches Kulturzentrum

*Bushaltestelle in Severobajkal'sk*

Wenn man am Bahnhof über die Fußgängerbrücke geht, gelangt man unter anderem zum örtlichen Badestrand am Baikal, wo die Wassertemperatur im Sommer 18 °C erreicht. Die mit der Brücke überquerte Straße führt in Richtung Nižneangarsk am Hafen vorbei. Neben dem Denkmal für die erste Bauexpedition nach Severobajkal'sk eröffnet sich hier ein Blick auf den ersten der vier sogenannten Kaptunnel.

Severobajkal'sk ist 665 km von Irkutsk (Schiff) und 1064 km von Tajšet beziehungsweise 1048 km von Ulan-Udė entfernt.

- Reisebüro: Chozjain, pr. Leningradskij 5/42, Tel. 245 12, Tourismus-Ökologie-Schule STEO, Škol'nyj per. 11, Tel. 203 23.
- Durchschnittstemperatur: Januar –20 °C, Juli 17 °C.

Hauptpostamt, per. Proletarskij 1.

- Vorwahl: 301 39 bzw. 239 aus dem Gebiet Burjatien. Die Eisenbahn verfügt über ein eigenes Telefonnetz in der Stadt. Wenn eine Telefonnummer den Vorsatz MPS hat, so ist sie nur innerhalb dieses Netzes wählbar.
- Auskunft: 09.
- PLZ: 671 717.

Sberbank, per. Proletarskij 3, Tel. 249 36.

TAXI Tel. 243 55, Nikolaj Pilipčuk.

Die Stadt hat keinen eigenen Flughafen. Dieser befindet

sich im 35 km entfernten Nižneangarsk (Tel. 5189). Es gibt mehrere Flüge pro Woche nach Irkutsk und Ulan-Udė.

Die Stadt liegt am Kilometer 1064 der BAM. Der moderne Bahnhof (ul. 60 let SSSR, Tel. 232 74) befindet sich im Zentrum der Stadt. Es gibt täglich mehrere Zugverbindungen in Richtung Bratsk und weiter nach Tajšet an der Trasse der Transsibirischen Eisenbahn. Der Zug Severobajkal'sk–Irkutsk verkehrt täglich und ist 32 Stunden unterwegs.

Der Hafen liegt an der Ortsausfahrt in Richtung Nižneangarsk (Tel. 519 04). Vom 15.06. bis zum 15.09. verkehrt dreimal wöchentlich ein Tragflächenboot ›Kometa‹ nach Irkutsk. Die Fahrt über den Baikal dauert mit drei kurzen Stops etwa 12 Stunden. Zum Erlebnis mit entsprechendem Ausblick auf die Uferlandschaften zu beiden Seiten des Baikal wird die Reise aber nur bei exzellenter Sicht.

Das beste Hotel ist ›Bajkal-Service‹ mit mehreren winterfesten Holzhäusern, Sauna und einem eigenen Boot der Jaroslavez-Klasse. Empfehlenswert ist auch die exzellente Küche (ul. Promyšlennaja 19, Tel. 239 12).
▶ Vom Bahnhof in Richtung Baikal liegt noch das Hotel ›Bajkal‹ (per. Neptuna 3, Tel. 239 50) und einfache Ferienhäuser der Eisenbahnverwaltung (ul. Sibirs'kaja 12).
▶ Auch das unmittelbar am Bahnhof befindliche, neu errichtete Gebäude ›Severnoe Podlemore‹ als Mischung aus Krankenhaus und Erholungsheim will einen Teil seiner Kapazitäten als Hotel vermieten (ul. 60 let SSSR).
▶ Eine Billigalternative ist das Hotel ›Čerembass‹ mit 5 Mehrbettzimmern und allgemeiner Du/WC (ul. Angarskaja 42, Tel. 236 54).

Die bekanntesten Restaurants der Stadt sind das ›Leningrad‹ (Tel. 243 62) und das ›Rus'‹ (Tel. 239 14, pr. 60 let SSSR).
▶ Empfehlenswert sind auch die Lokalitäten von ›Tichonov i Synovja‹, die ein Café im Kulturpalast der Eisenbahner (Tel. 225 16) und das Restaurant ›Nostalži‹ (per. Proletarskij 9, Tel. 232 92) betreiben.

www.sbaikal.ru (R/E).

# Die Glimmerseen

Die etwa 20 Kilometer südlich von Severobajkal'sk gelegenen beiden Seen (Sljudjanskie ozera) sind heute ein beliebter Ausflugsort. Man folgt am BAM-Museum der Ausfallstraße über den Fluß Tyja Richtung Bajkal'skoe, das 41 Kilo-

*Erinnerung an russische Siedlungen*

meter entfernt ist. Nach zwölf Kilometern gelangt man am Kap Onokočanskij zu einem Aussichtsplateau, das einen herrlichen Blick auf das Westufer des Baikal eröffnet. In der gleichnamigen Bucht sollen buddhistische Mönche im Mittelalter einen himmlischen Sonnentempel errichtet haben. In unmittelbarer Nachbarschaft geht es aber etwas irdischer zu. Hier befindet sich heute eine Armeebasis zur Taucherausbildung. In dem an das Aussichtsplateau angrenzenden Wald befindet sich ein Obo. Dieser aus niedergelegten Steinen entstandene Hügel ist eine für Berge typische burjatische Kultstätte, wo man den örtlichen Geistern seine Achtung erweist. Auf halber Strecke nach Bajkal'skoe sieht man linker Hand die Seen. Der größere der beiden unterirdisch mit dem Baikal verbundenen Seen hat einen Durchmesser von etwa zwei Kilometern. Das klare Wasser erwärmt sich auf über 20 °C. Es gibt am See auch eine einfache Touristenherberge. Vor der Gründung von Severobajkal'sk war diese unberührte Natur allerdings teilweise von Stacheldraht umgeben. Am Rand des Sees befand sich zur Stalinzeit eine Außenstelle des Akukan-Lagers (siehe unten), da hier im Berg Glimmer gefördert wurde. Ein Kreuz am Ufer erinnert an den Ort der Häftlingsbaracken. Hier beginnt auch ein Pfad, der die Landstraße in Richtung Bajkal'skoe zwischen Kilometer 22 und 23 überquert und in steilen Serpentinen über 400 Meter Höhenunterschied den Berg hinaufführt, wo man einerseits die drei gesprengten Eingänge der Glimmerschächte und andererseits in einem phantastischen Panoramablick das Nordufer des Baikal sehen kann.

## Bajkal'skoe

Dieses malerisch gelegene Dorf kann auf eine lange Siedlungsgeschichte zurückblicken. Ursprünglich hieß der Ort Charemika. Die Menschen leben hauptsächlich vom Fischen. Am Verwaltungsgebäude des alten Kolchos am Hafen ist das noch gut zu erkennen. Die Rekonstruktion der alten Holzkirche kommt jeden

*Auf dem Glimmersee*

Sommer voran, wenn die Irkutsker Kirchenverwaltung ein Sommerlager für Jugendliche organisiert. Nördlich des Dorfes befinden sich am Kap Ludar' Überreste einer alten Festungsanlage des Stammes der Kurykanen, die offensichtlich eine Kultstätte auf dem Berg schützen sollte. Von der Bergspitze eröffnet sich ein guter Ausblick auf Bajkal'skoe und den Baikal (siehe Foto S. 14/15). Archäologen führen hier regelmäßig Ausgrabungen durch.

## Goudžekit

Goudžekit ist 30 Kilometer von Severobajkal'sk entfernt und bietet zwei touristische Attraktionen: seine Thermalquelle und guten Möglichkeiten für Wintersportler. An der 1989 eröffneten Thermalquelle, die hier mit 48 °C aus der Erde sprudelt und Schwefel, Chlor sowie Radium enthält, gibt es ein Hotel und ein Café, das auch für seine Diskothek bekannt ist. Gleich daneben steht eine Herberge mit mehreren Ferienhäusern, teils mit, teils ohne sanitären Komfort. Man sollte nicht länger als zehn Minuten im Thermalwasser baden und sich danach eine längere Ruhepause gönnen. Neu im Angebot ist das sibirische Saunafaß, es besteht aus Zedernholz und bietet den Zusatz eines ätherischen Öls mit einer ganz besonderen Kräutermixtur.

Die Pisten zum Skilaufen befinden sich in unmittelbarer Nachbarschaft, die alpine Abfahrtsstrecke ist etwa drei Kilometer entfernt. Es gibt zwei Pisten, nach den Sternbildern der Kleine und der Große Wagen (im Russischen die Kleine und die Große Bärin) benannt. Die notwendige Ausrüstung kann man ausleihen. Diese soll einschließlich des Skiliftes im kommenden Jahr mit österreichischem Know-how auf Vordermann gebracht werden.

Man kann Goudžekit sowohl mit dem Auto als auch mit der Bahn erreichen. Die Straße ist nur auf den ersten Kilometern asphaltiert und verwandelt sich danach in eine holprige Schotterpiste, was allerdings im Winter nicht auffällt. Der Ort hat auch einen eigenen Bahnhof an der BAM in Richtung Bratsk (Tel. 301 39/212 82).

## Dzelinda

Die Thermalquelle Dzelinda ist etwa 120 Kilometer von Severobajkal'sk entfernt und befindet sich im Tal der Oberen Angara. Die Temperatur des mit Schwefel, Natrium, Flour und Radium angereicherten Wassers beträgt 45 °C. Von den Thermalquellen am nördlichen Baikal sind die Bedingungen in Dzelinda am besten, sie ist aber auch am weitesten vom See entfernt. Besonders reizvoll ist ein Besuch einer dieser Thermalquellen im Winter. Man sitzt entspannt im offenen Thermalbassin mit dem Blick auf eine schnee- und reifbedeckte Umgebung und der Gewißheit, daß die Temperatur in wenigen Metern Entfernung in der Regel – 20 °C beträgt.

Es gibt eine nette kleine Pension mit zwölf Plätzen. Seit 1996 hat der Ort auch einen in etwa zwei Kilometern Entfernung liegenden Haltepunkt an der BAM (Tel. 301 39/22 22).

## Chakusy

Chakusy ist die größte und bekannteste Thermalquelle am nördlichen Baikal. Im Sommer ist der Ort von Severobajkal'sk aus nur mit dem Boot zu erreichen, im Winter fährt man über das Eis des Baikal, entweder schnurgerade etwa 40 Kilometer oder mit weniger Risiko am Ufer entlang knapp 70 Kilometer. Populär sind nicht nur Tagesausflüge, sondern Kuren für drei oder sieben Tage samt Unterkunft und Vollpension. Es gibt einen schönen Sandstrand, und die einfachen Ferienhäuser sind wie die eigentliche Thermalquelle nur 200 bis 400 Meter vom Ufer des Baikal entfernt. Die Temperatur des Wassers beträgt 42 °C (Tel. 301 39/ 517 19).

# Zecken

Für alle, die Trekkingtouren durch die Taiga oder Wanderungen außerhalb größerer Orte planen, wird eine vorherige Zeckenimpfung dringend empfohlen. Die hier beschriebenen Risiken sind kein baikalspezifisches Problem und können in Mitteleuropa zwischen Bayerischem Wald und Schorfheide ähnlich auftreten. Da das Zeckenproblem am Baikal aber ebenfalls akut ist, viele Touristen es vorher jedoch nicht wissen und erst vor Ort darauf stoßen, wird es hier relativ ausführlich beschrieben.
Weltweit gibt es etwa 850 Zeckenarten. Die Schildzecke wird auch Holzbock (Ixodes ricinus) genannt. Aus der selben Gattung stammt die in der Umgebung des Baikal verbreitete Taigazecke (Ixodus persulcatus). Zecke heißt auf Russisch ›klesšč‹. Ihr Biß ist nicht unproblematisch, da er zwei gefährliche Krankheiten übertragen kann: die sogenannte Frühsommer-Meningoenzephalitis und die sogenannte Lyme Borreliose. Während erstere eine Viruserkrankung ist, wird letztere durch Bakterien ausgelöst. Nicht jede Zecke überträgt automatisch die gefährlichen Krankheiten. Lyme Borreliose ist mit etwa 25 Prozent bei den Zecken verbreitet. Es gibt zwar keinen Impfstoff, aber die Krankheit kann mit Antibiotika geheilt werden.
Die auch FSME abgekürzte Frühsommer-Meningoenzephalitis führt sowohl zu einer Entzündung der Hirnhaut (Meningitis) als auch des Hirnes (Enzephalitis) und kann in Einzelfällen schwere Folgeschäden bis hin zum Tod verursachen. Die Quote der mit FSME infizierten Zecken schwankt regional zwischen zwei und zehn Prozent. Dank einer Schutzimpfung ist eine Immunisierung im Vorfeld möglich. Bei Infizierung helfen keine Antibiotika. Die existierenden Medikamente können den Krankheitsverlauf nur abschwächen und das Risiko möglicher Spätfolgen minimieren.
Die Zeckensaison dauert von Ende April bis Mitte September. Wenn die Bodentemperatur dauerhaft über fünf Grad Celsius liegt, werden die Tierchen munter, ihre größte Aktivität entwickeln sie von Mitte Mai bis Mitte Juli. In dieser Zeit meiden viele Russen ohne Immunisierung bewußt die Taiga. Die Zecken klettern auf Gräser und Farne bis zu einer Höhe von einem Meter und warten auf ihre Opfer. Sie springen beim Menschen auf die Kleidung über und suchen sehr ausdauernd nach offenen Hautflächen. Haben sie auf der Haut einen geeigneten Standort gefunden, saugen sie sich dann in etwa 15 Minuten ein. Geschlossene Kleidung und regelmäßiges Absuchen des Körpers nach Zecken sind also zu empfehlen.
Bei der Impfprophylaxe unterscheidet man zwischen aktiver und passiver Immunisierung. Bei der aktiven Immunisierung erhält man drei Impfungen. Die zweite und die dritte

Spritze folgen 7 und 21 Tage nach der ersten Impfung. Nach drei Jahren ist die Immunisierung mit einer einmaligen Impfung aufzufrischen. Bei der passiven Immunisierung erhält man nur eine Impfung, deren Wirkungsgrad allerdings niedriger ist.

*In Sibirien schwört man auf Jodantipyrin*

In Rußland schwört man daneben noch auf ›Jodantipirin‹, das am Baikal in jeder Apotheke rezeptfrei erhältlich ist. Diese Arznei wurde von den Tomsker Wissenschaftlern entwickelt, die seinerzeit durch die als ›Kreml-Pille‹ bekannte Medizin zur Stärkung des Immunsystems berühmt wurden. Jodantipirin ist als Vorbeugung eine Alternative für alle, die keine Impfung haben, sowie als Mittel, das bei einer Erkrankung nach einem Zeckenbiß den Krankheitsverlauf mildert. Als Prophylaxe wird empfohlen, zwei Tage lang vor einem möglichen Zeckenkontakt drei mal täglich zwei Tabletten und dann weiter täglich einmal zwei Tabletten nach dem Essen einzunehmen, so lange man sich in einer Zeckengegend befindet. Menschen mit Schilddrüsenerkrankungen wird von der Einnahme des Präparates abgeraten. Nach einem Zeckenbiß sollte bei fehlender Immunisierung in jedem Fall ein Arzt aufgesucht werden. Man sollte auch den Übeltäter aufbewahren, da sich durch seine Untersuchung schneller feststellen läßt, ob die Zecke infiziert war und ob die entsprechenden Maßnahmen eingeleitet werden müssen. Bis zu vier Tage nach dem Biß ist bei einer Infizierung eine Impfung mit dem auch in Deutschland bekannten Immunoglobulin angezeigt. Ergänzend wird wiederum Jodantipirin verschrieben: zunächst zwei Tage lang dreimal drei Tabletten, dann zwei Tage lang dreimal zwei Tabletten und schließlich fünf Tage lang dreimal eine Tablette. Spezialisierte Kliniken befinden sich unter anderem in Irkutsk (ul. Marksa 3, Tel. 33 39 71) und Ulan-Udė (ul. Kalandarišvili 23, Tel. 21 02 37), aber alle Ärzte der Region sind mit der Problematik vertraut.

Informieren kann man sich im Internet unter www.zecken.ch (D) oder www.jodantipyrin.ru (R).

*Sibirische Holzschnitzereien*
*Im Ethnographie-Museum in Ulan-Udė; Bauarbeiten im Kloster Ivolginsk*

# Nižneangarsk

*Ein einsames Tragflächenboot (befördert) dich in zehnstündiger, sausender Fahrt über die ruhige Wasseroberfläche zum anderen Ende des Sees. Es gibt keine Verbindungsstraßen, daher ist dies der einzige Weg. Ringsumher krümmt sich der Baikal 640 Kilometer lang Richtung Südosten, und nur in Sibirien ist es möglich, daß seine Riesenhaftigkeit nicht weiter auffällt.*

Colin Thubron (1999)

Nižneangarsk läßt sich mit ›unterhalb der Angara‹ übersetzen. Die Angara ist bekanntlich der einzige Abfluß des Baikal. Es gibt aber auch einen Fluß names Obere Angara, der hier im Norden mit einem großflächigen Delta in den Baikal strömt und der alten Fischersiedlung an der westlichen Mündungsseite des Deltas ihren Namen gab. Hier befindet sich eine der drei Fischverarbeitungsfabriken am Baikal. Vor Beginn des BAM-Baus hatte der Ort etwa 2000 Einwohner.

Heute leben knapp 7000 Menschen in Nižneangarsk, das der Sitz der Kreisverwaltung für die Region ist. Im Jahre 2002 ist auch die Hauptverwaltung des Barguziner Naturschutzgebietes, die ihren Sitz in Davša hatte, nach Nižneangarsk umgezogen (ul. Kozlova 85, Tel. 519 92).

Die 28 Kilometer lange Straße von Severobajkal'sk nach Nižneangarsk verläuft am Baikalufer und ist landschaftlich sehr reizvoll. Unmittelbar daneben sind noch Reste der ersten Bahnstrecke zu sehen. Diese wurde jedoch aufgrund des weichen Untergrundes und ständiger starker Schneeverwehungen weiter in die Berghänge des Kaps verlagert, was auf diesem Streckenabschnitt den Bau von vier Tunneln forderte.

Diese sogenannten Kap-Tunnel mit einer Länge von zweimal 2 Kilometern, 1,5 Kilometern und 0,5 Kilometern entstanden zwischen 1978 und 1989 und waren die ersten anspruchsvollen Tunnelbauten der BAM. Denkmalartig erinnern an die damaligen heldenhaften Arbeitsleistungen ein riesiger MAZ-Kipper auf einem mittlerweile von vielen Autowracks umgebenen Postament sowie die riesige Inschrift ›Tunnelbau ist echte Männersache‹. Entlang der Straße wird das Thema dann noch weiter aufbereitet und zwar in Form von mehreren mit sowjetischer Agitprop-Kunst gestalteten Bushaltestellen mit den Schwerpunkten ›Ruhm den Tunnelbauern‹, ›Der Baikal als Perle Sibiriens‹, ›Naturschutz‹ und nach

*Dazan in Ulan-Udė; im Museum Angara-Dorf in Bratsk*
*Restaurantschild; im Freilichtmuseum Tal'cy*

**Nižneangarsk (Нижнеангарск)**

**Legende**

1 Flughafen
2 Bahnhof
3 Hafen
4 Weltkriegsdenkmal
5 Denkmal für die Opfer des Bürgerkrieges 1918–1921
6 Pfingstkirche

einem bekannten Kinderlied ›Immer lebe die Sonne‹. Ein kleiner Obelisk erinnert auch an die Opfer unter den Tunnelbauern.

Nach der Brücke über den Fluß Molokon beginnt Nižneangarsk. Der Ort zieht sich über zehn Kilometer auf zwei bis vier parallel zur Eisenbahnstrecke verlaufenden Straßen am Ufer des Baikal entlang. Es gibt viele ältere und neuere Holzhäuser. Man findet auch eine kleine, unscheinbare Kirche (ul. Kozlova 115). Da der Untergrund nicht sehr stabil ist, läßt er maximal eine zweigeschossige Bauweise zu. Das war neben dem nicht übermäßig breiten Uferstreifen auch der Hauptgrund, im Zusammenhang mit dem Bau der BAM nicht Nižneangarsk auszubauen, sondern 30 Kilometer südlich mit Severobajkal'sk eine vollkommen neue Stadt zu errichten.

Am Baikalufer findet man außerdem zwei Denkmäler. Das eine erinnert an die Kämpfer für die Sowjetmacht in der Zeit des Bürgerkrieges 1921, das zweite auf der anderen Straßenseite an die Opfer des Zweiten Weltkrieges. Nördlich reicht eine Landzunge weit in den hier sehr flach abfallenden Baikal. Da sich das Wasser im Sommer auf über 20 °C erwärmt, ist dieser Sandstrand als Erholungsort sehr beliebt.

Das zehn Kilometer entfernte Nachbardorf Cholodnoe wird hauptsächlich von Evenken bewohnt, die hier auch teilweise noch in ihren jurtenähnlichen, Tschum genannten, Zelten leben. Es gibt ein kleines Heimatmuseum im Gebäude der örtlichen Schule.

Nižneangarsk ist etwa 30 km von Severobajkal'sk entfernt.
▸ Durchschnittstemperatur: Januar –19 °C, Juli 17 °C.

Hauptpostamt, per. Central'nyj 5, Tel. 47392.
▸ Vorwahl: 30139 bzw. 239 aus dem Gebiet Burjatien.
▸ PLZ: 671710.

Sberbank, per. Central'nyj 7, Tel. 47863.

Die Stadt hat am östlichen Stadtrand einen kleinen Flughafen unweit des Bahnhofes Nižneangarsk II (Tel. 47899). Eine AN 24 fliegt mehrmals pro Woche von und nach Irkutsk sowie Ulan-Udė.

Die Stadt hat zwei Bahnhöfe. Der bedeutendere, an dem auch Fernzüge halten, heißt Nižneangarsk II und liegt am Kilometer 1104 der BAM (Tel. 47191).

Gegenüber den beiden Bahnhöfen befinden sich an der ul. Pobedy Bushaltestellen.

Der Hafen liegt an der Ortseinfahrt aus Richtung Severobajkal'sk (Tel. 47133). Vom 15.06. bis zum 15.09. verkehrt dreimal wöchentlich ein Tragflächenboot ›Kometa‹ nach Irkutsk. Die Fahrt über den Baikal dauert mit 4 Stops etwa 12,5 Stunden.

Das Hotel ›Portal‹ verfügt über 10 Zimmer (ul. Rabočaja 10). Am nördlichen Stadtrand liegt die Pension ›Baikalskie razlivy‹ mit 10 Plätzen (ul. Rečnaja 3).

Es gibt nur eine sehr einfache Kantine/Stolovaja (ul. Lenina).

# Akukan

Die Spuren des Stalinschen Archipel GULAG findet man auch in der Gegend rund um den Baikal. Insgesamt gab es in dieser Gegend allerdings aufgrund fehlender Voraussetzungen für die massenweise Ausbeutung der Häftlingsarbeit beim Abbau von Rohstoffen oder beim Bau volkswirtschaftlicher Großprojekte vergleichsweise wenige Lager. Eines der ersten befand sich von 1927 bis 1933 im Akukan-Tal sowie bei den Glimmerseen. Über 200 Häftlinge, vorrangig aus der Ukraine, mußten hier Glimmer für die Radiotechnik abbauen. Das Lager existierte nur etwa fünf Jahre. 1932 wurde ein Aufstand blutig niedergeschlagen. Gleichzeitig fiel die Qualität des Glimmer ab, so daß der Standort aufgegeben wurde und die Lagerbauten in der Taiga verfielen. Heute sind nur noch die teilweise abgesunkenen Überreste der Baracken und des Wachturms zu besichtigen. Man gelangt auf einem etwa acht Kilometer langen Pfad durch die Taiga zu den Ruinen. Der Pfad beginnt in Höhe von Kilometer 42 der Fernverkehrsstraße in Richtung Dzelinda. Da man sich schon etwas vom Baikalufer entfernt, ist Mückenschutz angesagt.

# Die Baikal-Amur-Magistrale

Die Baikal-Amur-Magistrale (oder kurz BAM) galt als die Transsib des 20. Jahrhunderts, und die entscheidenden Weichen für ihren Bau wurden in Severobajkal'sk gestellt. Als die BAM im Jahr 2004 ihr 30jähriges Jubiläum feierte, so wurde dabei auf den Kongreß des Kommunistischen Jugendverbandes Komsomol im kasachischen Almaty Bezug genommen, auf dem am 15. März 1974 Leonid Brežnev den Bau der BAM zur wichtigsten Großbaustelle im Fünfjahrplan des Landes erklärte. Damit wurde durch die Partei und ihren Jugendverband zugleich eine beispiellose Propagandaaktion eingeleitet, um junge Arbeitskräfte für diese unwirtlichen Ecken in Sibirien zu motivieren. Die erste Vorzeigetruppe brach unmittelbar aus Almaty zum Baikal auf und wurde in mehreren Vortrupps an verschiedenen Orten der künftigen Bahnstrecke ausgesetzt. Die Aktion blieb nicht ohne Wirkung. Die Komsomolzen, die zur BAM aufbrachen, wurden zu Helden der Breznev-Ära. Neben dem kommunistischen Pathos brachten aber auch Abenteuergeist und Romantik sowie gute Verdienstmöglichkeiten und Wohnungsaussichten viele junge Leute als stolze Erbauer und Neusiedler in die neu entlang des Schienenstrangs entstehenden Orte. Unzählige Reportagen über ihre heldenhaften Leistungen als obligatorisches Thema aller sowjetischen Medien taten ein übriges.

Die Idee der BAM war dabei nicht neu. Eine Bahnstrecke nördlich des Baikal war 1888 eine Variante bei der Streckenplanung der Großen Sibirischen Bahn. In den Jahren 1907 und 1914 untersuchten Expeditionen eine mögliche Streckenführung. Ab 1930 nahm das Projekt Gestalt an. Im Generalplan für die wirtschaftliche Entwicklung Sibiriens tauchte erstmals die Bezeichnung BAM mit einer Streckenführung von Tajšet über die nördliche Baikalspitze, Tynda, Urgal, Komsomol'sk am Amur bis zum Pazifikhafen Sovetskaja Gavan' auf. Der östlichste Streckenabschnitt zwischen der gerade am Amur gegründeten Stadt Komsomol'sk und dem 475 Kilometer entfernten Pazifikhafen Sovetskaja Gavan' wurde zu Beginn zügig in Angriff genommen und nach kriegsbedingter Unterbrechung 1947 übergeben. Doch Planung und Umsetzung der Baikal-Amur-Magistrale übernahm das BAMLAG, das man 1932 in der an der Transsib gelegenen Ortschaft Svobodnyj angesiedelt hatte. Dabei handelte es sich um eine von vielen Unterabteilungen des GULAG, die 1934 bereits über 60 000 Häftlinge für den Bau des 180 Kilometer langen Verbindungsstückes zwischen Bamovskaja an der Transsib und Tynda im Norden einsetzte. Parallel dazu begannen 1937 in Tajšet die Arbeiten am westlichen Ausgangspunkt der BAM in Richtung Osten. Der Zielpunkt war zunächst die am Fluß Lena gelegene Stadt Ust'-Kut. Auch diese Strecke bauten in erster Linie Sträflinge. JUZLAG hieß die dortige GULAG-Filiale. Doch während des Zweiten Weltkrieges wurde ein Teil der

Schienen wieder herausgerissen, da man sie für die Reparatur der zerstörten Strecke Saratov–Stalingrad benötigte.

Nach dem Ende des Zweiten Weltkrieges arbeiteten in Sibirien viele japanische Kriegsgefangene beim Bahnbau und verlegten auch die bereits einmal verlegten Abschnitte der BAM neu. Bereits 1947 fuhren die Züge bis Bratsk, wo die Projektierung für das künftige Wasserkraftwerk mitsamt dazugehöriger Stadt begann. Nach Stalins Tod wurde das Projekt BAM generell auf Eis gelegt. Nur der im Bau befindliche Abschnitt bis Ust'-Kut wurde fortgesetzt und 1958 dem Verkehr übergeben.

Erst ab 1971 wurde das wohl weltweit größte und der schwierigste Eisenbahnbauprojekt in der zweiten Hälfte des 20. Jahrhunderts neu belebt. Dabei standen zwei Überlegungen im Mittelpunkt: Wirtschaftlich besann sich Rußland auf seine Rohstoffpotentiale und wollte neben den Öl- und Gasfeldern Westsibiriens auch Ostsibirien mit seinen zahlreichen Bodenschätzen erschließen. Nicht minder gewichtig war die politische Komponente. Die sowjetisch-chinesischen Beziehungen waren nach den Kämpfen am Amur außerordentlich angespannt. Aus militärstrategischer Sicht wäre die alte Transsibirische Eisenbahn im Ernstfall aufgrund

*Der Expresszug Severobajkal'sk–Moskau*

ihrer Nähe zur chinesischen Grenze über Nacht Frontgebiet geworden, so daß die BAM zugleich als strategisch sichere Alternative im Hinterland geplant wurde. Die Baikal-Amur-Magistrale verläuft zwischen 400 und 700 Kilometer nördlich der Transsib.

Die eingleisige Streckenführung erfolgte auf 3145 Kilometer Länge von Ust'-Kut nach Komsomol'sk am Amur auf kaum vorstellbar schwierigem Terrain. Es gab so gut wie keinen Kilometer, wo man dem natürlichen Relief folgen konnte und ohne Dammaufschüttung, Brückenbau und Tunnelbau auskam. Allein mehr als 2000 Brücken über Flüsse und Schluchten sowie Tunnelbauten durch sieben im Permafrost befindliche Bergrücken waren nötig. Der längste bislang in Rußland gebaute Tunnel durch das Stanovoj-Gebirge erreicht eine Länge von über 15 Kilometern. Ungeachtet vieler Freiwilliger mangelte es an spezialisierten Fachkräften, was das Bautempo hemmte. Die Gleisbauer kamen auch hier nicht ohne Strafgefangene aus.

In zehn Jahren sollte die Strecke fertiggestellt werden, hatte die Propaganda verkündet, man stand also 1984 unter Erfolgszwang und verkündete mit viel Medienaufwand am 1. Oktober 1984 die Verlegung des ›Goldenen Gleises‹ auf der Strecke bei Kilometer 877. Doch Potëmkin ließ grüßen, die für den 7. November, den Jahrestag der Oktoberrevolution, geplante Aufnahme des regelmäßigen Zugverkehrs auf der gesamten Stecke ließ noch sehr lange auf sich warten. Im April 1985 befuhr ein sogenannter Wissenschaftsexpreß erstmalig die gesamte Strecke, um ein Bild über den realen Zustand der Bahn zu bekommen. Es gab noch unzählige Provisorien, so daß zunächst sozusagen nur eine ›Light-Version‹ in Betrieb genommen wurde. Die volle Betriebsbereitschaft wurde zwar dann 1991 verkündet, aber erst 2002 erreicht, als mit der endgültigen Inbetriebnahme des Severomysker Tunnels das letzte provisorische Nadelöhr einer nach Steigung und Kurvenradius extremen Umrundungsstrecke außer Betrieb gesetzt werden konnte.

Die kommunistische Aufbauromantik der ersten BAM-Jahre wurde schnell Geschichte. Mit den in der Perestrojka immer offensichtlicher werdenden wirtschaftlichen Problemen gerieten die BAM und ihre Helden in Vergessenheit. Die BAM überlebte zwar als Provisorium den Sprung in die Marktwirtschaft, Aufwand und Nutzen bilden aber für viele Beteiligte bis heute ein Fragezeichen. Die klimatisch extreme Region wird ihre Strukturschwäche aus eigener Kraft kaum überwinden können und vom löchrigen Topf Moskauer Subventionen oder neuer Investitionen ist man im direkten wie im übertragenen Sinne sehr, sehr weit entfernt.

Touristisch ist die BAM bislang kaum erschlossen, ausländische Individualtouristen sind eine absolute Seltenheit. Aber letztlich kann man auch für die BAM als einer der letzten touristisch unerschlossenen Eisenbahnrouten der Erde für die nächsten Jahre mit ziemlicher Sicherheit eine steigende Nachfrage prognostizieren.

# Bratsk

*Aber dann sahen wir auf der Landkarte in der Nähe von Irkutsk ein rotes Fähnchen. Das soll die Stadt Bratsk werden, hörten wir. Mein Mann und ich beschlossen, dorthin zu gehen, wo wir helfen konnten, daß wieder eine neue Stadt in Sibirien wächst.*

Zoja Vorobeva (um 1960)

Bratsk ist heute zugleich ein Symbol für den Enthusiasmus des poststalinschen ›Tauwetters‹ unter Nikita Chruščëv und der sowjetischen Gigantomanie des Systemwettstreits im Kalten Krieg. Im Wettbewerb mit den USA brauchte man von allem das größte, das mächtigste und das gewaltigste. Hier in Sibirien fand Moskau den Platz und die Ressourcen für die Umsetzung dieser Ideologie. Die ursprünglichen Wurzeln des Ortes reichen zwar bis in das 17. Jahrhundert zurück, aber die Orte der damaligen Geschichte fielen 1965 den Fluten des riesigen Bratsker Meeres zum Opfer. Die neue Stadt am Wasserkraftwerk samt Stausee war das Vorzeigeobjekt für die planmäßig vorangetriebene industrielle Erschließung Sibiriens. Man setzte auf den billigen Strom aus der Wasserkraft der sibirischen Flüsse. An der Angara konnten dank ihrer starken Strömung mehrere Kraftwerke errichtet werden, um die herum dann energieintensive Industrieunternehmen angesiedelt wurden. In der Nähe von Bratsk entstanden eine riesige Aluminiumschmelze und ein gigantisches Zellulosekombinat, die zwar ihre Pläne erfüllten, aber gleichzeitig auch der Ökologie der Region außerordentlich großen Schaden zufügten. Zu sowjetischen Zeiten war Bratsk auch für ausländische Touristen Bestandteil der meisten von Inturist angebotenen Sibirientouren und profitiert bis heute trotz deutlich niedrigerer Besucherzahlen von einer vergleichsweise gut entwickelten touristischen Infrastruktur.

Das alte Bratsk begann 1629 mit ostwärts ziehenden Kosaken unter ihrem Hauptmann Maksim Perfilev, die hier 1631 mit einer Ostrog genannten, hölzernen Festung ihre Positionen befestigten. Sie kamen aus Enisejsk und hatten den Auftrag, zu prüfen, ob und wie man die Evenken und Burjaten entlang der Angara mit dem Pelzfron belegen konnte. Vor allem die Burjaten leisteten erbitterten Widerstand und belagerten die Kosaken mehrfach, so daß das Fort auch mehrmals umzog, bis es 1654 am linken Ufer des Angara-Nebenflusses Oka seinen endgültigen Standort fand. Zwei der Wachtürme dieses Forts sind noch heute in Bratsk und in Moskau zu besichtigen. Der Ortsname ›Bratsk‹ steht für Bruder oder auch brüderlich, wobei in unterschiedlichen Erklärungen die Brüderlichkeit von beiden Seiten beansprucht wird. In der einen Erklärung lebten Russen und Ureinwohner in den Folgejahren sehr friedlich zusammen und wirkten auf Neuankömmlinge wie Brüder. Die andere Erklärung sieht den Ursprung in der Gegenwehr der Burjaten, die einen brüderlichen Zusammenhalt der russischen Kosaken erforderte, um im Kampf nicht zu unterliegen. Knapp 300 Jahre lang blieb Bratsk wie viele

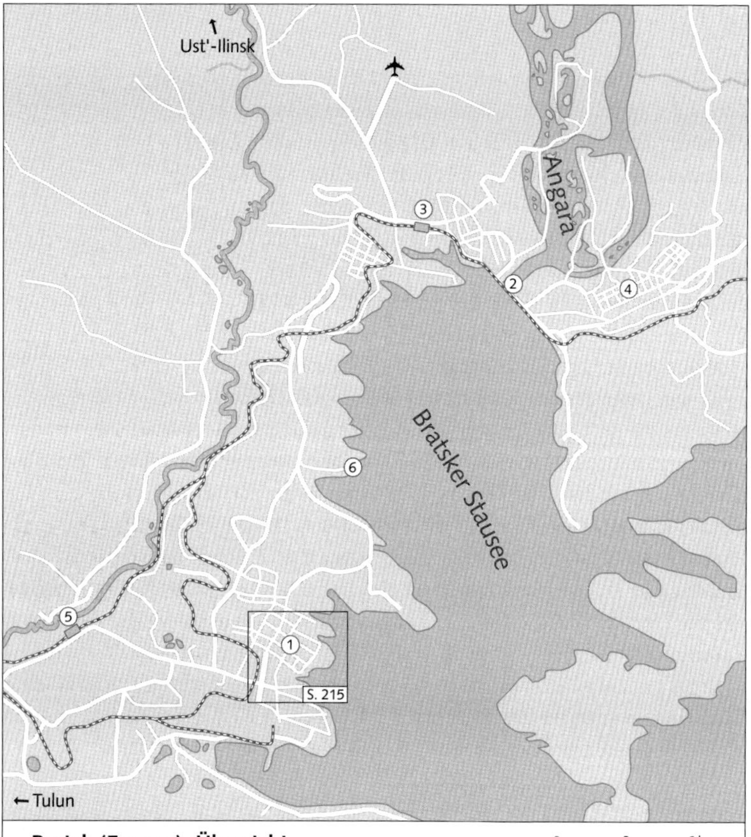


**Bratsk (Братск), Übersicht**

**Legende**

1 Stadtzentrum
2 Staudamm
3 Bratsk Padun
4 Bratsk Gidrostroitel'
5 Bahnhof Anzëbi
6 Museum Angara Dorf

andere Dörfer an der Angara ohne Bedeutung; dies änderte sich, als man die Felsen zwischen Bratsk und Padun als idealen Standort für das zweite Wasserkraftwerk der Angara-Kaskade auswählte.

Mitte der fünfziger Jahre kamen die ersten 1500 Freiwilligen, um mit dem Aufbau des Staudamms und einer neuen Stadt mit dem alten Namen zu beginnen. Bratsk steht dabei für einen Paradigmenwechsel in der Sowjetunion. Es war das erste wirtschaftliche Großprojekt nach Stalins Tod, das ohne den Rückgriff auf den Gulag errichtet wurde. Mit dem Enthusiasmus des Tauwetters und auch einigen Rubelanreizen zogen erstmalig Tausende freiwillig nach Sibirien, um den Kommunismus in der Taiga aufzubauen. Andere Projekte, wie zum Beispiel die Gewinnung von landwirtschaftlichem Neuland im Norden Kasachstans oder die Gründung des Wissenschaftszentrums Akademgorodok bei Novosibirsk folgten diesem Muster. Diese Aufbruchstimmung prägte die Stadt, viele Intellektuelle und Künstler verfolgten die Entwicklung aufmerksam und gaben sich bei Gastspielen in Bratsk die Klinke in die Hand. Ein markantes Beispiel ist ddas Poem ›Bratsker Wasserkraftwerk‹ von Evgenij Evtušenko. Die Stadt wuchs innerhalb von jeweils zehn Jahren auf 100 000 respektive 200 000 Einwohner im Jahr 1973 und ist auch heute noch eine junge Stadt. Das Durchschnittsalter der ungefähr 280 000 Einwohner beträgt 33 Jahre.

Bratsk ist das bedeutendste Industriezentrum des Irkutsker Gebietes. Aluminium und Holz sowie Energie und Bauwirtschaft sind dabei die Stichworte. Mit Bratskgesstroj befindet sich hier das größte Bauunternehmen Rußlands. Es entstand mit dem Bau des Kraftwerkes vor 50 Jahren und entwickelte sich zum größten Produzenten für schlüsselfertige Kraftwerks- und Industriebauten in ganz Sibirien. In den letzten Jahren wurden hier allerdings kleinere Brötchen gebacken, und heute bringen die exportorientierten und somit devisenbringenden Zweige wie Alumniumproduktion und Holzverarbeitung das meiste Geld in die Stadt. Ökologisch ist die Situation aber nach wie vor angespannt. Auch wenn man es im Stadtzentrum aufgrund der vergleichsweise großen Entfernungen und der Waldflächen zwischen den einzelnen Stadtteilen kaum spürt, gehört Bratsk zu den am stärksten verschmutzten Städten Rußlands. Im Umkreis von über 100 Kilometern ist auch die Taiga durch das Waldsterben in ihrem natürlichen Gleichgewicht gefährdet.

## Sehenswürdigkeiten

Die großflächig angelegte Stadt besteht aus mehreren relativ weit auseinander liegenden Stadtteilen, die sich halbkreisförmig auf 43 000 Hektar vor allem am linken Ufer des Bratsker Meeres entlangziehen. Das eigentliche Stadtzentrum bildet der Stadtteil ›Central'nyj‹, in dem sich neben der Stadtverwaltung auch die wichtigsten Geschäfte und Kultureinrichtungen sowie die meisten Hotels befinden. Der zentrale Platz von Bratsk mit dem Lenindenkmal vor dem Rathaus befindet sich ebenfalls hier. Schräg gegenüber erhebt sich der Kulturpalast ›Bratsk-Art‹ (ul. Lenina 28, Tel. 43 98 70), wo das örtliche Puppentheater seine Spielstätte hat. Das vorher ebenfalls hier beheimatete Schauspielhaus konnte in ein eigenes Gebäude umziehen. Ein unmittelbar neben dem Hotel ›Taiga‹ gelegenes ehemaliges Kino wurde umgebaut, wobei der standardisierte Neubau architektonisch mit einigen klassizistischen Elementen aufgepeppt wurde (ul. Mira 37, Tel. 41 14 38). Am Leninplatz befindet sich das Hotel ›Bratsk‹ von wo aus sich in Richtung Stausee der Blick auf zwei gewundene und blattförmig ovale Stelen richtet. Das im Volksmund auch ›Hasenohren‹ genannte Denkmal erinnert an die Opfer des Zweiten Weltkrieges. In dieser Richtung gelangt man zum städtischen Badestrand.

Die den Leninplatz in Ost-West-Richtung kreuzende Hauptstraße charakterisiert zugleich zwei Abschnitte in der Stadtgeschichte. Als ul. Kirova repräsentiert sie die erste Etappe und sozusagen das historische Zentrum des neuen sowjetischen Bratsk mit Bauten aus den Jahren zwischen 1960 und 1975. Während die ersten Wohnhäuser von Bratsk noch aus Holz waren und näher am Staudamm im Stadtteil Padun noch heute zu besichtigen sind, hatte man damals entschieden, das eigentliche Stadtzentrum der neuen Stadt schon aus Stein und Beton im künftigen Stadtteil ›Central'nyj‹ etwas abseits des Damms zu errichten. Vom Leninplatz in Richtung Stausee heißt die zentrale Straße ul. Sovetskaja und steht für die zweite Etappe der Stadtentwicklung zwischen 1980 und 1990. Mittlerweile spricht man auch schon von der dritten Etappe in diesem Prozeß. Die Neubauten in den letzten

*Am Bratsker Wasserkraftwerk*

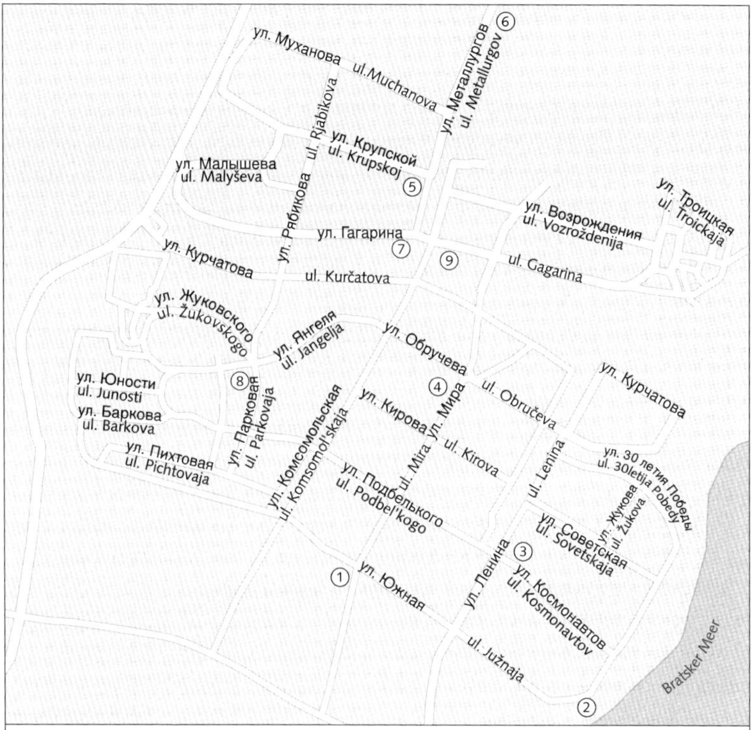


**Bratsk (Братск), Zentrum**

0 250 500 m

**Legende**

1 Busbahnhof
2 Hafen
3 Kulturpalast
4 Schauspielhaus
5 Gemäldegalerie
6 Andrej-Rublëv-Kirche
7 Kunstgalerie
8 Museum der politischen Verbannung
9 Markthalle

Jahren entstanden vor allem in der Umgebung der weiter nördlich gelegenen ul. Krupskaja. Alle Straßen sind breite Prospekte mit zu Fußgängerboulevards gestalteten Mittelstreifen, mit Grünanlagen, Bänken und Springbrunnen. Auffällig ist in Bratsk die Vielfalt der in den Erdgeschossen der Wohnhäuser entstandenen Geschäfte und vor allem ihrer erfinderisch gestalteten Eingänge (ul. Sovetskaja, ul. Mira). Ein solcher Wettbewerb, mit originell bis exotisch gestalteten Eingängen die Kunden anzulocken, ist in solchen Dimensionen nur in Bratsk anzutreffen.

Von hier aus eröffnet sich auch der Blick zu der am Waldrand gelegenen Kathedrale des ehrwürdigen Andrej Rublëv. Die dem großen russischen Ikonenmaler gewidmete Kirche wurde vor kurzem neu eröffnet und erfreut sich bei den Bratskern großer Beliebtheit. Eigentlich war der Bau eines Ensembles von zwei Kirchen und eines Priesterseminars geplant, der aber nach erfolgtem Baubeginn aus finanziellen Gründen drastisch gestutzt wurde. Pragmatisch wurde das Mittelschiff der geplanten Priesterschule zur Kirche geweiht und mutet mit seinen breiten, architektonisch eher weltlichen Flügeln ungewöhnlich an. Die kleinere Kirche, deren Turm aus dem Wald herausragt, ist im Bau. Die Errichtung der eigentlichen Hauptkirche wurde auf unbestimmte Zeit verschoben.

Die bedeutendste Sehenswürdigkeit der Stadt ist aber ohne Frage das Wasserkraftwerk. Der Staudamm war zum Zeitpunkt seines Baus von 1954 bis 1967 der größte in Rußland. Kein Kraftwerk auf der Welt hat bislang soviel Strom produziert wie Bratsk. 18 Turbinen mit je 250 Megawatt ermöglichen eine Gesamtleistung von 4500 Megawatt. Beim Bau des Dammes wurden 11,2 Millionen Kubikmeter Grund bewegt, 4,9 Millionen Kubikmeter Beton und 39 000 Tonnen Stahl verbaut. Dabei wurde erstmalig auch den Winter über durchgebaut. Das riesige Kraftwerk wurde zum Inbegriff der Gigantomanie in der Elektrifizierung Sibiriens, welche die Voraussetzung für weitere Industrieansiedlungen war. Bratsk war nach Irkutsk der zweite Schritt der Angara-Kaskade. Auf Bratsk folgte flußabwärts das etwas kleinere Kraftwerk Ust'-Ilimsk und später Bogučanyj sowie die beiden nach ihrer Leistung heute größten russischen Kraftwerke Divnogorsk und Sajano-Šušenskoe am Strom des Enisej. Der Bratsker Stausee zieht sich knapp 500 Kilometer lang hin und bietet an vielen Buchten mit Badestränden und Ferienheimen unterschiedliche Erholungsmöglichkeiten. Über den 1430 Meter langen und 127 Meter hohen Damm führt eine Straße sowie die Gleise der Baikal-Amur-Magistrale über die Angara. Das Bratsker Kraftwerk kann sowohl von außen als auch mit Voranmeldung von innen besichtigt werden. Hinter der Staumauer gibt es am Westufer eine Straße zum Plateau, das einen guten Blick auf den Damm bietet. Vom Aussichtsplateau gelangt man am Fuß der Staumauer zu einem Informationszentrum. In einem in Marmor gehaltenen Auditorium mit dem obligatorischen Leninrelief und einem Modell der Angara-Kaskade gibt es einen Vortrag, bevor man auch einen Blick auf die durch eine Glaswand getrennte Schaltzentrale und in den Turbinenkorridor werfen kann, wo zwei Modelle die Funktionsweise des Kraftwerks und den Energieverbund Ostsibiriens beleuchten.

In Sibirien liegt man in der Regel mit der winterlichen Verlautbarung ›Ski und Rodel gut‹ nie verkehrt. In Bratsk kann man zumindestens hinsichtlich Rodeln noch einen draufsetzen, denn hier ist Rennrodeln sehr populär. Am Stadtrand existiert auch eine Schlittentrasse für den Hochleistungssport, die schon Austragungsort der Landesmeisterschaften in dieser Sportart war. Genauso wie in Irkutsk ist auch in Bratsk Hockey (wiederum auf der Wiese) sehr beliebt. Die örtliche Manschaft ›Metallurg‹ spielt ebenfalls in der höchsten Spielklasse Rußlands.

## Museen

Das Heimatmuseum von Bratsk ist heute sozusagen ein Ableger des Betriebsmuseums des größten Unternehmens der Stadt – Bratskgesstroj. Das Unternehmen baute 1979 zu seinem 25-jährigen Betriebsjubiläum dieses Gebäude, um die ruhmreichen Erfolge seiner Werktätigen auch entsprechend für die Nachwelt verewigen zu können. Heute hat die Stadt das Museum übernommen. Das alte Gebäude des städtischen Heimatmuseums (ul. Komsomol'skaja 38) beherbergt heute nur noch die Verwaltung und die Lagerbestände. Im Erdgeschoß des Museums befinden sich verschiedene Ausstellungen, wie zum Beispiel ›Historisches Spielzeug aus sibirischen Dörfern‹. Das Obergeschoß ist in vier Sälen dem Bau des Staudamms und der Entwicklung von Bratskgesstroj gewidmet. Die Exponate reichen vom ersten Zeltlager in der Taiga bis zum Schreibtisch des legendären Direktors Ivan Najmušin (Mo Ruhetag, ul. Gidrostroitelej 54, Tel. 36 35 43).

Ein weiteres kleines Museum erinnert an die Verbannung und die Deportation in der Region (Sa, So Ruhetage, ul. Parkovaja 3, Tel. 41 49 60).

In der örtlichen Kunstgalerie finden in fünf kombinierbaren Räumen in der Regel im Zwei- bis Dreimonatsrhythmus verschiedene Wechselausstellungen zu Malerei, Graphik und Volkskunst statt (ul. Komsomol'skaja 77, Tel. 42 16 36).

*Querschnittsmodell der Bratsker Staumauer*

Die historischen Spuren des alten Bratsk und der an der Angara typischen Lebensverhältnisse findet man im Freiluftmuseum ›Angarskaja derevnja‹ (Angara-Dorf). Bevor die alten Dörfer nach dem Staudammbau überflutet wurden, verlagerte man ab 1979 einige der interessantesten Gebäude in das Freiluftmuseum. Die Anlage liegt auf einer Landzunge direkt am Bratsker Meer und gliedert sich auf 35 Hektar in zwei 1982 und 1986 eröffnete Teile. Zunächst führt ein Waldweg durch die Ausstellung der Lebensbedingungen der Ureineinwohner, bevor auf einer großen Wiese am Ufer des Stausees die russische Siedlungsgeschichte zu erleben ist. Verschiedene Pfahlbauten der hier siedelnden Evenken sind zu sehen. ›Tschum‹ werden die mit Rinde und Fellen bedeckten zeltartigen Behausungen der als Taiganomaden bekannten Evenken genannt. Die russische Siedlung besteht aus mehreren Holzhäusern und Höfen der verschiedenen sozialen Schichten. Der alte Wachturm des Bratsker Ostrog ist einer von zwei erhaltenen. Der zweite Turm wurde demontiert und im Moskauer Kolomenskoe-Museum wieder aufgebaut. Mit Ausnahme der unteren Stämme besteht er noch aus den über 400 Jahre alten Lärchenstämmen, aus denen er einst errichtet wurde. Die Erzengel-Michael-Kirche stand seit 1875 in einem Dorf an der Unteren Tunguska und war zuletzt ein Lagerraum. Unter großen Schwierigkeiten wurde sie auf mehreren Lastwagen 1988 auf der Wintertrasse auf dem Eis der Flüsse Tunguska und Angara ins Museum transportiert und rekonstruiert. Da starke Regenfälle die Wege auf dem Gelände häufig in Schlammpisten verwandeln, empfiehlt es sich bei schlechtem Wetter, vor allem im Herbst, vorher anzurufen, ob die Pfade begehbar sind. Alljährlich findet zu Pfingsten auch ein großes Volksfest statt. Das Museum liegt etwa 15 Kilometer vom zentralen Stadtteil entfernt an der nach Padun führenden Stadtautobahn. Von der ausgeschilderten Ausfahrt sind es noch zwei Kilometer bis zum Museum (Mo Ruhetag, Galina Štele, Tel. 41 28 34).

*Evenken-Tschum im Bratsker Freiluftmuseum*

Bratsk ist 4838 Kilometer von Moskau und 490 Kilometer von Irkutsk entfernt.
Der Zeitunterschied zu Deutschland beträgt sieben Stunden.

▸ Reisebüro: ›Lovely Tour‹, ul. Sovetskaja 3, Tel. 43 32 90, www.lovelytour.ru.

▸ Durchschnittstemperatur: Januar –24 °C, Juli 18 °C.

Hauptpostamt, ul. Podbelskogo 43, Tel. 43 29 29.

▸ Vorwahl: 39 53, bzw. 23 aus dem Irkutsker Gebiet.

▸ Auskunft: 09.

▸ PLZ: 665700

Sberbank, ul. Kirova, Tel. 48 52 53.

▸ Geldautomat: Hotel ›Bratsk‹, Foyer.

TAXI Tel. 45 50 00.

Die Stadt hat am nördlichen Stadtrand einen Flughafen. Es gibt wöchentlich 4 Flugverbindungen von und nach Moskau (Flughafen Domodedovo) sowie 5 Verbindungen nach Irkutsk und Krasnojarsk. Einmal pro Woche gelangt man nach St. Petersburg oder Ekaterinburg (Tel. 33 09 10, Stadtbüro: ul. Deputatskaja 17, Tel. 43 07 75).

Es gibt keinen eigentlichen Bahnhof Bratsk. Im Stadtgebiet gibt es mit ›Gidrostroitel'‹ ›Padunskie porogi‹ und ›Anzëbi‹ drei Haltepunkte entlang der Baikal-Amur-Magistrale, wo Fernzüge halten.

▸ Der Bahnhof Anzëbi liegt dem zentralen Stadtteil mit einer Entfernung von knapp 15 Kilometern am nächsten (Tel. 43 90 89). Zwischen dem Bahnhof Anzëbi und dem Busbahnhof verkehrt die Buslinie 27.

▸ Der Bahnhof Padunskie Porogi ist über 20 Kilometer vom Stadtzentrum entfernt, er gehört zu den Stadtteilen Padun und Ėnergetik.

▸ Gidrostroitel' liegt in der Nähe des Staudamms. Es gibt täglich zwei Züge nach Moskau sowie mehrere Züge nach Tajšet (7,5 Stunden Fahrzeit), wo die BAM von der Transsibirischen Eisenbahn abzweigt und ein Umsteigen in die Züge der Transsib möglich ist. Auf der BAM in Richtung Osten gibt es täglich mehrere Züge, mit denen man nach 740 Kilometern (16 Stunden Fahrzeit) das Nordufer des Baikal in Severobajkal'sk erreichen kann.

Der Busbahnhof befindet sich im östlichen Teil des Stadtzentrums. Neben Verbindungen in die Umgebung gibt es einen Nachtexpreßbus nach Irkutsk (ul. Mira 1, Tel. 41 13 84).

Der Passagierhafen befindet sich unweit des Stadtzentrums südlich des Busbahnhofes. Im Sommer fährt 3 x wöchentlich ein Tragflächenboot auf der Angara nach Irkutsk. Die Fahrt dauert etwa 12 Stunden (Tel. 47 92 56).

Das größte Hotel am Platze ist das mit Baujahr

1970 zwar bereits etwas ältere Hotel ›Tajga‹, das aber akzeptablen Inturist-Standard bietet. Untere Preisklasse, Kreditkarten werden akzeptiert (ul. Mira 35, Tel. 41 39 79).

▶ Das Hotel ›Bratsk‹ ist zwar etwas neuer als das Hotel ›Tajga‹, es ist ihm aber nicht anzusehen. Es besteht heute nur noch auf zwei Etagen (4.+5.) des Gebäudes. Wenn sich große Gruppen ansagen, werden zwei weitere, ansonsten stillgelegte Etagen ›aktiviert‹. Das Café auf dem Dach bietet einen guten Ausblick auf die umliegenden Neubaublöcke bis hin zum Stausee (ul. Deputatskaja 32, Tel. 43 84 36).

▶ Für alle, die es nur zum Staudamm des Wasserkraftwerkes zieht, bietet sich noch das einfache, in Staudammnähe gelegene Hotel ›Turist‹ an (ul. Najmušina 28, Tel. 37 09 95).

Bei Reisegruppen sehr beliebt ist das in einem schönen Holzhaus befindliche Restaurant ›Padun‹, das in rustikalem Ambiente sehr gute russische Küche bietet (ul. Naberežnaja 96, Tel. 36 31 38).

▶ Im Stadtzentrum sind das klassische ›Kristall‹ (ul. Podbelskogo 2, Tel. 41 90 43) oder das ›Retro‹ (ul. Krupskoj 9, Tel. 41 42 15) zu empfehlen.

▶ Das ›Kalipso‹ genießt für sein maritimes Ambiente und seine gute Küche schon fast Kultcharakter (ul. Kirova 27, Tel. 431812). Mittlerweile gibt es in den Stadtteilen Energetik und Gidrostroitel Filialen: ul. Najmužina 54 (Tel. 37 67 81) und ul. Sosnova 2 (Tel. 44 09 09).

▶ Im ›NEP‹ braucht man eigentlich keine Angst vor Nepp haben (ul. Deputatskaja 28).

▶ Chinesische Küche findet sich im ›Šenjan‹ (ul. Mira 14, Tel. 41 74 94).

▶ Armenisch kann man im Restaurant ›Achtamar‹ essen (Severnyj Artek 1, Tel. 41 59 75).

Die programmatische Werbebotschaft eines Bratsker Schuhgeschäftes lautet: ›Italienisches Design, Deutsche Qualität, Sibirischer Charakter‹. Die meisten sonstigen Geschäfte findet man in der ul. Sovetskaja.

▶ Der zentrale Markt befindet sich an der Ecke ul. Komsomol'skaja/ ul. Kuržatova.

▶ Der beste Buchladen, ›Meridian‹, liegt in der ul. Krupskoj 37.

▶ Als Souvenirs sind Erzeugnisse aus Baumrinde oder Schnitzereien aus Zirbelkiefernholz beliebt. Ein guter Laden befindet sich im Foyer von Bratskgesstroj (ul. Gidrostroitelej 53, Tel. 36 89 06).

Das Internetcafé ›Server‹ befindet sich in der ul. Lenina 29 (Tel. 45 36 90).

▶ www.bratsk-city.ru.

# Die Schatten der Geliebten

Es gibt einen Brauch,
aus hellenischer Zeit überkommen:
baut der Maurer ein Haus,
so setze den ersten Stein
er im Schatten der Liebsten,
die zwischen ihn und die Sonne
sich vorsorglich stelle;
ein heiterer Tag muß es sein.
Das Haus dann,
wenn Berge auch
röchelnd zerfallen,
wird stehn ohne Risse,
wird stehen, ein Felsen
ein Turm.
Nicht Geiz wird noch Neid sein,
kein Streit widerhallen.
Der Schatten der Liebsten wird schützen
vor Wetter und Sturm.
Ihr Bratsker Bauleute, ich weiß nicht,
in wessen Schatten
den ersten Stein ihr gelegt,
doch taucht mir empor
aus tosendem Wasser am Damm
das Bild eurer
Sonjas, Nataschas
die Schatten der Sinas, Marussjas
treten hervor

Aus dem Poem ›Bratsker Wasserkraftwerk‹, in: Jewgeni Jewtuschenko, Das dritte Gedächtnis. Gedichte, Verlag Volk und Welt, Berlin 1970.

Nach meiner Überzeugung ist der Baikal das Herz der Welt. Mütterchen Erde braucht doch ein Herz. Und wenn es so ist, so kann niemand dem Baikal diese Rolle streitig machen.

*Dimitri Utenkov (1998)*

# Der östliche Baikalsee

## Das Selenga-Delta

Die Selenga, der nach der Oberen Angara zweitstärkste Zufluß des Baikal, bildet ein über 500 Quadratkilometer umfassendes Delta. Die Selenga hat eine Länge von 1024 Kilometern und kommt aus der Mongolei, wo sie durch den Zusammenfluß von Ider und Muren entsteht. Die Selenga bringt auch das Wasser des mongolischen Bergsees Chobsogol in den Baikal und liefert knapp die Hälfte der in den Baikal einströmenden Wassermenge. Das Delta ist zugleich ein einzigartiges Vogelparadies. Über 250 verschiedene Arten wurden hier schon beobachtet. Es dient als Brutgebiet für zahlreiche Wasservogelarten. Auf einer der Inseln befindet sich eine ornithologische Station der Irkutsker Universität. Über fünf Millionen Zugvögel überfliegen alljährlich zweimal diese Region und machen Rast, da die flachen Wasserarme des Deltas und die vielen kleinen Inseln eine umfangreiche Speisekarte bereithalten.

Aus der Sicht der Verkehrsinfrastruktur ist die Selenga bis Ulan-Udė nur an drei Stellen zu überqueren. Die über 100 Jahre alte Eisenbahnbrücke südlich von Tataurovo aus der ursprünglichen Bauphase der Transsib hat zwar später 100 Meter weiter einen Zwilling für die Zweigleisigkeit bekommen, vom Projekt einer Autobrücke sind seit 40 Jahren bei Treskovo nur ein paar verwitternde Pfeiler zu sehen. PS-Ritter sind auf zwei Autofähren angewiesen oder müssen bis Ulan-Udė durchfahren. Die beiden Fähren bei Treskovo und Tataurovo sind kleine zugstarke Kutter, denen man auf den ersten Blick gar nicht zutraut, daß sie die eigentlichen, floßartigen Fährschiffe im Stundentrakt halbkreisförmig über den Strom ziehen.

## Kabansk

Kabansk (Кабанск) ist mit 8800 Einwohnern eine kleine Kreisstadt, deren Verwaltungshoheit sich vom linken Selengaufer bis zur Grenze der Republik Burjatien bei Vydrino erstreckt. Erstmalig bereits 1663 als Ostrog erwähnt, lag sie an der Teestraße. Als die Transsib sich weiter südlich ihren Weg bahnte, verlor der Ort wirtschaftlich zwar an Bedeutung, blieb aber Verwaltungszentrum. Der nächstgelegene größere Bahnhof befindet sich in ca. 12 Kilometer Entfernung und heißt ›Selenga‹. Kabansk ist eine typische kleine Provinzstadt. Den zentralen Platz ziert nicht nur ein kämpferisches Fackelmonument, sondern auch ein großes Kulturhaus. Der Platz wird von zwei zentralen Straßen flankiert. Unweit befindet sich in der ul. Lenina in einer alten Holzvilla das Heimatkundemuseum (ul. Lenina 12, Sonntag Ruhetag). In der parallelen ul. Oktjabr'skaja findet man neben Post und Sparkasse auch das sehr schlichte Hotel ›Družba‹ (ul. Oktjabr'skaja 2, Tel. 41131). Interessant ist der Ort vor allem als Ausgangspunkt für die ornithologischen Ausflüge in das Selengadalta, die durch die Filiale des Baikal-Biosphären-Naturschutzgebietes organisiert werden (ul. Kirova 10, Tel. 915 55).

## Selenginsk

Wenn vom Umweltschutz am Baikalsee die Rede ist, fällt jedem sofort das Zellulose-Werk von Bajkal'sk als größter Umweltsünder ein. Der zweite Problemträger ist das zwar kleinere, aber damals fast zeitgleich errichtete Zellulose-Kombinat von Selenginsk (Селенгинск). Es ist zwar deutlich weiter vom Ufer des Baikalsees entfernt, nutzt aber das Wasser der Selenga und gefährdet somit das flußabwärts ausufernde Delta und dadurch auch den Baikal selbst. Die qualmenden Schornsteine sind sowohl von der Fernverkehrsstraße als auch aus dem Transsib-Zugfenster zu sehen und passen so überhaupt nicht in die Landschaft. Die sogenannte ›Siedlung städtischen Typs‹ entwickelte sich ab 1970 mit dem Werk und zählt heute 16 600 Einwohner. Die sich durch die verschiedenen Mikrorayone des Ortes schlingelnde Hauptstraße ist der Bauarbeiterprospekt (pr. Stroitelej). Das Kulturhaus und das würfelartige Einkaufszentrum beschreiben das Zentrum des Ortes. Eine zwar weniger sehenswerte, aber vielleicht praktisch nützliche Einrichtung ist die Sparkassenfiliale mit dem einzigen Geldautomaten im Umkreis von mindestens 80 Kilometern. Der Ortsname leitet sich vom Flußnamen Selenga ab und hat sonst nichts mit dem südlich von Ulan-Udė liegenden Ort Novoselenginsk gemeinsam.

*Transsib-Brücken über die Selenga*

Selenginsk ist 80 Kilometer von Ulan-Udė entfernt.

Postamt, pr. Stroitelej 1, Tel. 73674.

▸ Vorwahl: 30138 bzw. 238 innerhalb des Gebietes Burjatien.

▸ PLZ: 671247.

Sberbank, Torgovyj Centr (Einkaufszentrum), Mikrorayon Beresovoj 3a, Tel. 73093, Geldautomat.

Der Bahnhof Selenga liegt ungefähr zwei Kilometer nordöstlich des Stadtzentrums.

Busse fahren vom pr. Stroitelej am Markt. Es gibt Verbindungen nach Ulan-Udė und nach Kabansk sowie an der 2 Kilometer entfernten M55 eine Haltestelle für die Busse zwischen Irkutsk und Ulan-Udė.

Schräg gegenüber dem Torgovyj Centr liegt das einzige empfehlenswerte Restaurant ›Selenga‹ (pr. Stroitelej 14, Tel. 73992).

# Posol'skoe

Posol'skoe (Посольское) ist ein kleines Dorf unmittelbar am Ufer des Baikal südlich des Selenga-Deltas. Südlich des Ortes bilden zwei Nehrungen eine stille Bucht, die von mehreren Flüssen gespeist wird. Während die beiden jeweils etwa sieben Kilometer langen Nehrungen ›Karga‹ heißen, wird die schon haffartige Bucht ›Sor‹ genannt. Das Haff wird durch mehrere Flüsse gespeist, von denen die Bol'šaja Rečka (das ›Große Flüßchen‹) aus Richtung des gleichnamigen Dorfes samt Transsib-Bahnstation der bedeutendste ist. Die Bucht gehört zu den wärmsten Plätzen am Baikal und bietet mit ihren Sandstränden gute Bedingungen zum Baden. In den ersten Jahren der russischen Eroberung der Baikalregion entwikkelte sich diese Bucht zum zentralen Anlaufpunkt am Ostufer für alle Überquerungen des Baikal. So wurde auf Karga auch der erste Leuchtturm am Baikal installiert.

Der Name ›Posol'skoe‹ zeugt von hoher Diplomatie und ist eng mit der Geschichte des Posolsker Klosters verbunden. Das Wort Posol bedeutet Botschafter und erinnert an den 1661 in dieser Gegend ermordeten Gesandten des Zaren Erofej Zabolotskij. In der Folgezeit wurde das Kloster Anlaufpunkt für alle diplomatischen Missionen in Richtung Osten und war zugleich das Zentrum der Christianisierung südlich des Baikal. Die 1778 geweihte Erlöserkirche des Klosters war die erste Steinkirche östlich des Baikal, da die Odigritievskij-Kathedrale in Verchneudinsk aufgrund ihrer über 40jährigen Bauzeit erst 1785 fertiggestellt wurde. In der Sowjetzeit wurde das Kloster zunächst als Schule und später als psychatrische Kinderklinik genutzt. Es ist heute noch in einem recht trostlosen

Zustand, aber seit 2000 leben hier wieder Mönche. Dank eines Moskauer Unternehmers, der ursprünglich aus Burjatien stammt und umfangreiche Mittel zur Verfügung stellt, kommt die Rekonstruktion des Klosters gut voran.

Im Ort gibt es mehrere einfache touristische Einrichtungen, zum Beispiel die Touristenbasen ›Berëzka‹ (Tel. 30138/92317) oder ›Podlemore‹ (Tel. 3012/445846), die sowohl mit dem Auto als auch vom Bahnhof ›Bajkal'skij Priboj‹ zu erreichen sind. Dort halten aber nur die ›Ėlektrička‹ genannten Vorortzüge. Am südlichen Haff befindet sich das Erholungsheim ›Kultušnaja‹ wo neben Sommerhäuschen auch ein ganzjährig geöffnetes Hotel zum Urlaub am Baikal einlädt (Tel. 3012/282165). Es ist am besten vom gleichnamigen Bahnhof zu erreichen.

## Bucht Proval

Am nördlichen Rand des Selengadeltas befindet sich die Bucht Proval, was man mit Einbruch übersetzen könnte. Da die weitläufige Bucht nur drei bis fünf Meter tief ist, erwärmt sich der Baikal hier schnell auf über 20 Grad Wassertemperatur. Das Badevergnügen nördlich der am Ufer der Bucht gelegenen Siedlung Ojmur wird aber durch viele Wasserpflanzen geschmälert. Die Bucht entstand im Ergebnis der größten tektonischen Erschütterung, seit hier seismologische Beobachtungen durchgeführt werden. Im Januar 1862 brach innerhalb von vier Wochen in Folge eines Erdbebens und vieler Nachbeben eine Landfläche von über 200 Quadratkilometern in den bereits vereisten, aber noch nicht zugefrorenen Baikalsee. Die Folgen der Erdstöße, deren Epizentrum sich in der heutigen Bucht befand, waren in der gesamten Baikalregion von Irkutsk bis Čita zu spüren. Drei Menschen kamen ums Leben, über 1300 Menschen verloren im tiefsten Winter Haus und Hof. Der Baikal verschluckte die sogenannte Zaganskaja-Steppe mitsamt fünf Dörfern. 141 Häuser, 313 Jurten, 224 Ställe und einen Gesamtschaden von 137520 Rubeln listet der amtliche Schadensreport auf. Die Lektion aus dem Erdbeben vor knapp 150 Jahren bleibt aber, daß der Baikalsee als Grabenbruch nach wie vor seismisch aktiv und für Überraschungen gut ist. Man bleibt also auf die Güte der Götter des Sees angewiesen.

## Enchaluk

Am nördlichen Auslauf des Selengadeltas befinden sich neben der Bucht Proval noch mehrere Dörfer, die sich aufgrund der langen Sandstrände und des vergleichsweise warmen Wassers als Erholungsgebiete wachsender Popularität erfreuen. Am bekanntesten ist Novyj Enchaluk (Новый Енхалук) mit einer vergleichsweise neuen und teuren Ferienanlage. Sie besteht aus einem Hotel, neun Holzdatschen und zehn weiteren Jurten und bietet für insgesamt 75 Personen Komfort und umfangreiche Freizeitmöglichkeiten von Wasserski bis Reiten (Tel. Ulan-Udė 222245, www.enkhaluk.ru). Es gibt aber auch einfachere und preiswertere Unterkünfte, wie zum Beispiel die Pensionen ›Podlemorje‹ oder ›Baikalskij Dvorik‹. Novyj Enchaluk ist 170 Kilometer von Ulan-Udė entfernt. Man folgt zunächst der Fernverkehrsstraße M55 in Richtung Irkutsk, überquert bei Treskovo mit der Fähre die Selenga und fährt dann weiter in Richtung Kudora. Es gibt täglich eine Busverbindung sowie nach Bedarf Routentaxen von und nach Ulan-Udė. Weiter nordöstlich folgen noch die Ortschaften Suchaja und Zareč'e, wo nicht nur die Buslinie, sondern auch die Schotterpiste zu Ende ist. Südlich von Suchaja gibt es ein Jurtenlager (Tel. Ulan-Udė 220691) und Themalquellen. Aus zwei Quellen sprudelt das schwefelhaltige Naß mit einer Temperatur von 37 Grad. Seit 2002 gibt es dazu ein großes Planschbecken. Nördlich von Zareč'e sind die nächsten 70 Kilometer bis Gremjačinsk unerschlossene Natur ohne jegliche Infrastruktur.

## Turuntaevo

Das Dorf Turuntaevo (Турунтаево) liegt im Tal des Selenga-Nebenflusses Itanca. Die Russen erbauten in diesem Tal 1679 ihr erstes Fort, und alle Siedlungen in der Flußniederung trugen zunächst auch den Namen des Flusses, bevor sich Turuntaevo zum größten Ort entwickelte. Heute leben 6900 Menschen in diesem einzigen größeren Ort und Verkehrsknotenpunkt auf der Strecke zwischen Ulan-Udė und dem Baikalsee, wo auch die Straße in Richtung Selenga-Fähre abzweigt. Die bedeutendste Sehenswürdigkeit ist die bereits von weitem sichtbare schneeweiße Erlöserkirche (Spasskaja cerkov') mit ihrem grünen Dach. Sie wurde zwischen 1791 und 1818 erbaut. Nach ihrer Schließung 1927 in der Stalinzeit wurde sie als Lager genutzt und 1990 der Kirche zurückgegeben. Die im Frühjahr 2000 begonnene Rekonstruktion steht kurz vor dem Abschluß.

Auch in Turuntaevo finden sich Spuren der Dekabristen. Hier lebte von 1839 bis 1841 Evgenij Obolenski (1796–1865). Sein Schicksal ist weniger bekannt, denn er wandte sich während seiner Verbannung sehr stark der Religion zu und bereute nach seiner Rückkehr in den europäischen Teil Rußlands seine Teilnahme am Aufstand. In Turuntaevo lebte er nur 28 Monate. Nach drei Mißernten in Folge erhielt er wegen der schwierigen Verhältnisse die Genehmigung, sich im Gouvernement Tobol'sk niederzulassen. Verbürgt sind Treffen mit anderen Dekabristen wie Wilhelm Küchelbecker aus Barguzin sowie A. Muravjev und F. Vadkovskij, die auf Reisen zu den Heilquellen von Turka in Turuntaevo Station machten.

Etwa 30 Kilometer nordöstlich hinter Turuntaevo erhebt sich linker Hand an der Landstraße eine schöne Kirche. Die Sretenskaja cerkov' entstand von wurde zwischen 1813 und 1836 im Dorf Baturino erbaut. Seit zwölf Jahren befindet sich hier ein Frauenkloster, in dem heute elf Nonnen leben. Auf dem Hof des Klosters befindet sich das Grab eines weiteren Dekabristen. Ivan Šimkov (1802–1836) verbrachte hier ab 1833 die letzten drei Jahre seines kurzen Lebens. Das Dorf Baturino ist heutlich deutlich kleiner als vor knapp 200 Jahren zur Zeit des Kirchenbaus und liegt heute etwa einen Kilometer von Kloster entfernt. Auf dem Berg hinter der Kirche erhebt sich zwischen den Birken auf dem Kamm ein großes Kreuz als symbolischer Prozessionsort, der auch einen sehr schönen Blick auf das gesamte Tal bietet.

Turuntaevo ist 52 Kilometer von Ulan-Udė entfernt.

Postamt, ul. 50-letija Pobe-dy 2, Tel. 513 50.

▸ Vorwahl (auch für Gremjačinsk, Turka und Gorjačinsk): 301 44 bzw. 244 aus dem Gebiet Burjatien.

▸ PLZ: 671 260.

Haltestelle am pl. 50-letija Pobedy. Es gibt Routentaxis nach Ulan-Udė. Die Chancen, in einem der Busse zwischen der burjatischen Hauptstadt und dem Baikalsee einen Platz zu bekommen, sind eher vage.

Es gibt ein einfaches Hotel mit 6 Zimmern (ul. 1. Kvartala 7a, Tel. 518 92).

Am pl. 50-letija Pobedy gibt es ein kleines Café.

## Gremjačinsk und Kotokelsee

Gremjačinsk (Гремячинск) ist das erste am Baikalufer gelegene Fischerdorf an der Landstraße aus der 140 Kilometer entfernten Hauptstadt. Um zum Ufer zu gelangen, muß man allerdings die Landstraße verlassen und durch das Dorf an den Strand fahren. Touristisch beginnt der Ort aber erst ganz langsam aus dem langen Dornröschenschlaf zu erwachen. Es gibt mehrere kleine Läden, eine Sparkassenfiliale (ul. Pionerskaja), eine Post (ul. Školnaja 4) und eine erste Zimmervermietung (Galina Šumenkova, ul. Proisvodstvennaja 20). Zwischen Gremjačinsk und Maksimicha führt die Straße am Baikalufer entlang. Teilweise nur durch den Sandstrand oder eine Baumreihe vom Ufer getrennt, gibt es hier viele lauschige Plätze, die zum Verweilen oder auch zum Campen einladen.

Östlich von Gremjačinsk liegt etwa drei Kilometer vom Baikalsee entfernt der Kotokelsee (ozero Kotokel'skoe), eines der beliebtesten Erholungsgebiete Burja-

*Altes Schiff bei Ust'-Barguzin*

tiens. Sowohl als Badesee als auch als Anglerparadies empfängt er Jahr für Jahr seine Gäste in mehreren Erholungsheimen und Holzhaussiedlungen. Der 15 Kilometer lange und bis zu sechs Kilometer breite See nimmt eine Fläche von rund 60 Quadratkilometern ein. In seiner Nordhälfte erhebt sich eine über zwei Quadratkilometer große Insel, die Mönchsinsel genannt wird. Früher soll dort einmal ein Kloster gestanden haben, und die üppigen Reste der Klosterküche sollen den Grundstein für den Fischreichtum des Sees gelegt haben. Das Wasser des Sees fließt über den Kotočik, einen Nebenfluß der Turka, in den Baikal. Der Wasserstand des Kotokelsees liegt zwar einige Meter über dem des Baikals, aber wenn im Frühjahr die Schneeschmelze einsetzt und die Turka ihr Hochwasser noch nicht in den erst langsam auftauenden Baikal einbringen kann, drückt der Rückstau das Wasser mit großer Regelmäßigkeit in den Kotokelsee. Das Nord- und das Südufer sind günstig auf entsprechenden Straßen zu erreichen. Die touristische Infrastruktur konzentriert sich im Süden entlang einer ca. drei Kilometer vor Gremjačinsk abzweigenden Straße und im Norden um die über Turka zu erreichende Siedlung Istok. Im Norden gibt es die einfache Touristenbase ›Kotokel‹ mit über 250 Plätzen in Holzhäusern (Tel. Ulan-Udė 21 07 07) sowie mit ›Baikalhain‹ (Bajkal'skij Bor') einen Ableger eines Sanatoriums aus Gorjačinsk. Im Süden gibt es u.a. eine Filiale des Hotels ›Geser‹ aus Ulan-Udė (Tel. Ulan-Udė 21 53 83) sowie ein ziemlich heruntergekommenes ›militärisch-touristisches Erholungsheim‹ (Voenno-turističeskaja Baza) der Roten Armee, das uns aber trotz ausländischen Passes offiziell Unterkunft gewährte.

# Turka und Gorjačinsk

Turka (Турка) wurde nach dem gleichnamigen Baikalzufluß benannt. Der Ortsname bedeutet etwa ›Fischweg‹. Der Fluß und seine Mündung sind beliebte Laichgebiete des Baikalfisches Omul', und der Ort war somit als Fischereistandort prädestiniert. Heute zählt das Dorf etwa 1800 Einwohner. Entlang der Hauptstraße gibt es mehrere Geschäfte (›25 Stunden am Tag geöffnet‹ steht auf einer Werbetafel), Post und Sparkasse (ul. Oktjabr'skaja 30 bzw. 32) sowie eine kleine Pension mit acht Plätzen (Juri Rzenov, ul. Naberežnaja 11, Tel. 548 74). Eine vielfotografierte Sehenswürdigkeit ist der Schildkrötenfelsen, der sich etwa einen Kilometer nördlich von Turka vor dem Panorama der Halbinsel Svjatoj Nos am Ufer aus dem Baikal erhebt.

Nur sieben Kilometer von Turka entfernt befindet sich Gorjačinsk (Горячинск), das wohl bekannteste Heilbad am Baikalsee. Die heißen Mineralquellen wurden zunächst als Turkinsker Quellen bekannt, und die ersten Kuranwendung reichen bis in das Jahr 1775 zurück, als auf Anweisung des Governeurs von Ostsibirien hier das erste primitive Badehaus gebaut wurde. Drei Jahre zuvor hatte der im Dienste des Zaren stehende deutsche Wissenschaftler Johann Gottlieb Georgi die Mineralquelle erstmalig ausführlich beschrieben und chemisch untersucht. Zu Beginn des 19. Jahrhunderts begannn sich ein regulärer Kurbetrieb zu entwickeln, und 1830 wurde ein spezielles Krankenhaus mit 20 Betten eingeweiht. Auch aus den Aufzeichnungen mehrerer Dekabristen ist überliefert, daß sie nach den Jahren der Zwangsarbeit Mitte des 19. Jahrhunderts Reisen zu diesen Quellen beantragt hatten und sich nach erteilter Genehmigung hier kurierten.

Heute mutet der Kurbetrieb im Heilbad Gorjačinsk sehr einfach und bescheiden an. Obwohl viele auf die Heilkraft der 54 Grad heißen Quellen schwören und die Qualifikation des medizinischen Personals hoch ist, liegt es wohl vor allem am regionalen Monopol und an den großen Entfernungen und hohen Kosten für Kuren in anderen Regionen im In- und Ausland, daß sich die Kurschecks hier nach wie vor gut verkaufen, obwohl man sich hinsichtlich Komfort und Flair in Gorjačinsk wie auf einem Spaziergang in die sowjetische Vergangenheit vorkommt. Das Heim ist auf 350 Kurgäste ausgerichtet und bietet in leicht antiquierten Anlagen verschiedene Arten von Heilbädern, Schlammpackungen und Massagen an, die insbesondere Patienten mit Erkrankungen des Bewegungsapparates, des Nervensystems und der Haut helfen. Auch Trinkkuren werden praktiziert. Die Quelle entspringt in einem kleinen Waldpark. In dem Park stehen neben dem Haupthaus noch mehrere kleinere Bettenhäuser und das erste wurde 2005 auf moderne Standards getrimmt. Der Slogan auf dem Werbeprospekt des Gorjačinsker Sanatoriums lautet ›Der Kurort, von dem wir geträumt haben‹. Es gibt bekanntlich verschiedene Träume, aber bis zum Baikalstrand sind es vom Sanatorium ca. 1,5 Kilometer und dort kann man beim Spazierengehen ohne Zweifel sehr schön träumen und sich erholen.

Gorjačinsk ist 155 Kilometer von Ulan-Udė entfernt.

- Vorwahl (gilt auch für Turuntaevo, Gremjačinsk und Turka): 301 44 bzw. 244 aus dem Gebiet Burjatien.
- PLZ: 671 275.

Postamt, ul. Komsomol'skaja.

Sberbank, ul. Oktjabr'skaja 9, Tel. 551 67.

Die Busse und Routentaxen fahren tgl. vom Platz vor dem Sanatorium.

Neben dem Sanatorium gibt es eine Privatpension namens ›Sarma‹, die über 10 Plätze verfügt (ul. Novaja Taežnaja 14, Tel. 553 00).

Am Platz vor dem Sanatorium gibt es ein namenloses Café.

## Maksimicha

Maksimicha (Максимиха) ist ein beliebter Erholungsort an der gleichnamigen Bucht auf dem Weg nach Ust'-Barguzin. An der Ortseinfahrt zieht ein festungsartig anmutender Holzhauskomplex die Aufmerksamkeit auf sich. Es ist ein privater sogenannter multikultureller ›Museumspark‹ mit russischen Türmchen, einem evenkischen Spitzzelt und einer chinesichen Pagode, wo Hausherr Vladimir Šelkovnkov mehrere Ausstellungen (Malerei, Kuriositäten, Geologie, endemische Baikalflora) veranstaltet und manchmal auch Touristen aufnimmt.

Der Strand ist hier nur teilweise steinig, größtenteils zieht er sich als Sandstrand am Südufer der Barguziner Bucht entlang und bietet im Sommer auch angenehme Temperaturen. Es gibt die große gleichnamige Touristenbasis direkt an der Mündung des Flusses Duchovoj mit kleinen Holzhäusern für vier Personen (Tel. 30 12/21 08 09).

Unweit von Maksimicha in den Bergen erstreckt sich auf 2,5 Kilometer Länge und 1,5 Kilometer Breite ein schöner Bergsee, der einen Ausflug lohnt. Er trägt genau so wie der Fluß und das Kap südlich des Ortes den Namen ›Duchovoe‹, was hier wohl übertragen für Geisterwinde steht. Der See ist besonders bei Anglern für seine Karauschen bekannt und beliebt. Maksimicha wird häufig als Ausgangspunkt für kombinierte Auto- und Wanderausflüge auf die Halbinsel Svjatoj Nos genutzt.

# Ust'-Barguzin

Der bekannteste Ort an der Ostküste ist Ust'-Barguzin. Der häufig in Ortsnamen anzuftreffende Präfix ›Ust'‹ bedeutet ›Mündung‹. Das an der Mündung des Flusses Barguzin in den Baikal gelegene Fischerdorf ist nicht mit dem eigentlichen Ort Barguzin zu verwechseln, der etwa 30 Kilometer flußaufwärts liegt. Die Russen kamen erstmals 1643 unter dem Kosakenataman Semjon Skorochod in das Barguzintal. Das Tal war zu dieser Zeit von Evenken (Tungusen) besiedelt. Angehörige dieses Volkes leben noch heute im nördlichen Teil des Tales, die Hauptsiedlungsgebiete liegen aber heute an der Angara und am Enisej. Burjaten lebten

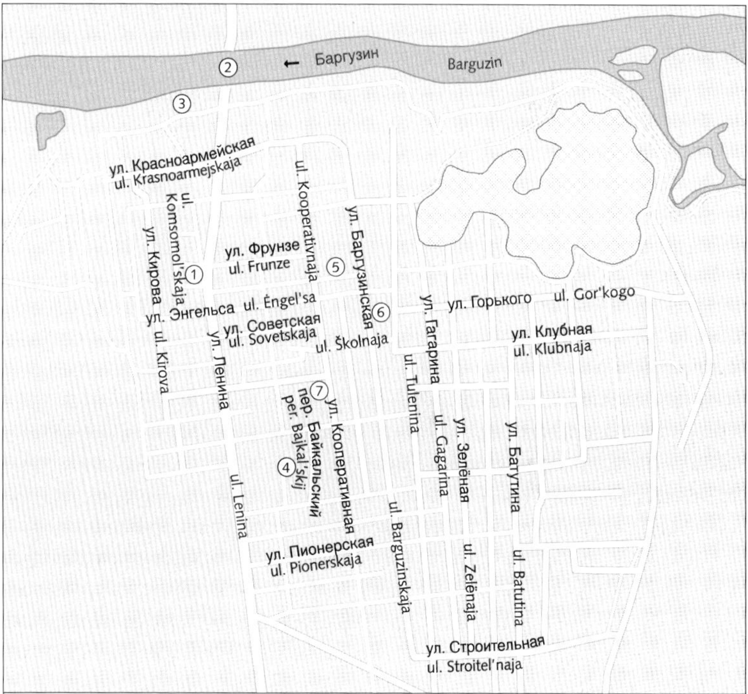

**Ust'-Barguzin (Усть-Баргузин)**

**Legende**

1 Bushaltestelle
2 Fähre
3 Hafen
4 Naturparkverwaltung
5 Kulturhaus
6 Kirche
7 Heimatstube

*Fähre in Ust'-Barguzin*

damals nicht in dieser Region. Sie kamen erst Anfang des 19. Jahrhunderts in das Tal.

Ust'-Barguzin entstand an seiner heutigen Stelle am Südufer des Flusses nach 1950. Vorher befand es sich am nördlichen Flußufer. Mit dem aufgrund des Angara-Staudamms erwarteten Anstieg des Wasserspiegels im Baikalsee fürchtete man um den alten Standort, und ungefähr 60 Holzhäuser wechselten damals die Flußseite. Heute leben etwa 8000 Einwohner im großzügig angelegten und durch einstöckige Holzhäuser geprägten Ust'-Barguzin. Die Fischfabrik als ehemals größter Arbeitgeber steht still.

Der insgesamt noch recht verschlafene Ort beginnt sich langsam in der Region zu einem touristischen Zentrum zu entwickeln, was insbesondere der zentralen Lage für Ausflüge zur Halbinsel Svjatoj Nos und ins Barguzin-Tal sowie der Möglichkeit für Tagesausflüge zu den Uškan'i-Inseln und den Aktivitäten der Naturparkverwaltung zu danken ist. Der Ersatz der Fähre über den Barguzin durch eine Brücke könnte hier zusätzliche Akzente setzen. Er wurde zwar 2005 erneut von der Politik versprochen, aber viel gibt man nicht auf diese Versprechungen. Bemerkenswerter ist, daß in den letzten Jahren mehrere private Herbergen entstanden sind und man sich auf Touristen einzustellen beginnt.

Die Straße zur Fähre durchzieht den Ort als Hauptstraße in Nord-Süd-Richtung. Sie trägt, wie sollte es anders sein, Lenins Namen und hier befinden sich die meisten Geschäfte. Es gibt ein Kulturhaus (ul. Ėngel'sa), ein Kreativzentrum (ul. Proizvodstvennaja) und eine kleine Heimatstube in der Schule (ul. Ozmika). Neben der in den 1990er Jahren neu entstandenen, einfachen und Johannes dem Täufer gewidmeten Holzkirche (ul. Kogalnizkovo 36) gibt es ein Gebetshaus der Evangelisten (ul. Proizvodstvennaja 2). Ein wichtiger Anlaufpunkt für Touristen ist das Zentrum des Zabaikalskij-Nationalparkes (per. Bol'ničnyj 11, Tel. 915 78), das auch bei der Organisation von Ausflügen behilflich ist. Im Rahmen des Projektes ›Great Baikal Trail‹ arbeitet man neben den bekannten Ausflugzielen am Ausbau einer 5-tägigen Wandertour von Barguzin zur Čivyrkujsker Baikalbucht, wobei auch Teilnehmer aus Deutschland zum Einsatz kommen. Das einschließlich Herberge geplante Besucher- und Informationszentrum des Nationalparks (Ecke ul. Lenina/ul. Čapaeva) wird wohl trotz des bereits begonnenen Baus noch einige Jahre lang Zukunftsmusik bleiben.

Ust'-Barguzin ist 240 Kilometer von Ulan-Udė entfernt.

▸ Durchschnittstemperatur: Januar –15 °C Juli 13 °C.

Postamt, ul. Lenina 16, Tel. 912 21.

▸ Vorwahl (gilt auch für Maksimicha): 301 31 bzw. 231 aus dem Gebiet Burjatien.

Bank, ul. Černjachovskogo 4d, Tel. 911 16.

Es gibt täglich eine Busverbindung nach Ulan-Udė und je nach Witterung (Eisgang und Fährbetrieb) nach Barguzin. Zumeist verkehren noch Routentaxen nach Ulan-Udė (ul. Lenina).

Es gibt derzeit keine regelmäßigen Schiffsverbindungen ans Westufer des Baikalsees. Die Fähre über den Fluß Barguzin verkehrt tgl. zwischen 8 und 20 Uhr im Stunden-Rhytmus (Tel. 914 11).

Es gibt zwei empfehlenswerte Pensionen, deren Inhaber auch entsprechende Tourenangebote unterbreiten.

▸ Die beste und teuerste Unterkunft mit 12 Plätzen bietet am Ortsrand Sergej Patolin (per. Kirova 1, Tel. 913 39).

▸ Nach Ausbau im Winter 2005/06 bietet Alexander Loginov 15 Plätze an (ul. Komsomolskaja 19, Tel. 915 91).

▸ Daneben gibt es viele Privatunterkünfte. Zu empfehlen sind beispielsweise Vera und Natascha Buturova (ul. Lenina 65 bzw. 63, Tel. 913 30).

▸ Zudem bemühen sich auch die Mitarbeiter der Nationalparkverwaltung um die Vermittlung von weiteren Privatunterkünften: Aleksandr Beketov oder Andrej Razuvaev (per. Bol'ničnyj 11 bzw. 9, Tel. 915 74 bzw. 915 93).

Das beliebteste Café ist die ›Posnaja‹ an der Fähre (ul. Lenina). Außerdem gibt es noch das Cafe ›Molodëžnoe‹ (ul. Barguzinskaja 42, Tel. 760 91).

# Wilhelm Küchelbecker

»Und immer noch sehnt sich der Gefangene nach Freiheit und fürchtet sich nicht davor, daß jenseits der Festungsmauern die Zeit unaufhaltsam dahinläuft, und daß in dem Augenblick, wo er aus dem Tor der Festung tritt, alles anders aussehen wird.
Endlich kommt dieser Tag, und der Gefangene ist frei, ist frei, in Sibirien zu leben.
Wieder beginnen Küchelbeckers Reisen: Bargusin, Akscha, Kurgan, Tobolsk.
Als er in Bargusin ankam, wirbelten noch Mauern vor ihm, das Guckloch in der Tür, der Gefängnishof, auf dem er spazierengegangen war, Fetzen von Gesichtern und Stimme. Angestrengt betrachtete er die Blockhäuschen des Ortes. Mit knirschendem Schritt kam eine rotwangige Bäuerin über den Schnee daher, gebeugt unter der Last der Wäsche, die sie zum Flusse trug. Ein dickwanstiger Krämer stand an der Schwelle seines Ladens, schützte die Augen mit der Hand gegen die Sonne und sah Wilhelm nach. Ein Beamter, der Uniform nach wohl der Postmeister, fuhr in einem Schlitten vorbei, und der Bauer, der ihm entgegenkam, verneigte sich tief. Eine merkwürdige Stadt, klein, ausgedehnt, vierschrötig, als ob sie nicht aus Häusern, sondern nur aus lauter grauem Spielzeug bestände. Wilhelm freute sich. Keine Mauern mehr, das war die Hauptsache. Seine Füße waren schwach von der Gefangenschaft und Reise. Aber das ging vorbei. Eingehüllt in den Pelz, konnte er es kaum erwarten, daß der Kutscher mit dem vereisten Bart ihn vor das Haus des Bruders brachte. Mischa wohnte als Verbannter in Bargusin. Die Verbannten durften sich innerhalb der Stadt nicht ansiedeln. Sie wohnten weit außerhalb. Der Kutscher hielt vor einem kleinen Bauernhaus. Aus dem Schornstein stieg eine Rauchsäule in den Frost...
Im Frühling begann Wilhelm, sich aus Balken ein Haus zu bauen. Seltsames ging in ihm vor. Er hatte früher davon geträumt, wie er den Bruder, wie er Puschkin wiedersehen wollte, wie Dunja zu ihm käme. Das war ihm das Wichtigste in seinem künftigen Leben gewesen. Es zeigte sich aber, daß nun ganz andere Dinge das Wichtigste waren: der Kramladen, wo man Gefahr lief, den Kredit gesperrt zu bekommen, die Tanzabende beim Postmeister, das Kartenspiel mit kleinem Einsatz, die stinkigen sibirischen Lachsfische.
An Dunja dachte er nicht mehr. Mit Entsetzen stellte er fest, daß an ihrer Stelle dunkle Leere entstanden war, die er sich nicht erklären konnte. In der Festung war ihr Bild deutlich und klar gewesen. Hier begann es sich aufzulösen.«

Aus: Jurij Tynjanow, Wilhelm Küchelbecker. Dichter und Rebell. Volk und Welt, Berlin 1974.

# Barguzin

Barguzin entstand 1648 als eine der ältesten russischen Siedlungen im Baikalgebiet. Der Ort ist somit sogar vier Jahre älter als Irkutsk und zehrt bis heute von seiner Vergangenheit, denn die Gegenwart bietet ein recht trostloses Bild. Barguzin liegt am gleichnamigen Fluß, der auch dem Tal seinen Namen gab und sofort kommt einem die bekannte Baikalhymne in den Sinn, wo der hier entstehende gleichnamige Wind beschworen wird, die Wellen anzutreiben, damit es die Fischtonne des entflohenen Sträflings über den Baikalsee schafft.

Die Umgebung des Barguzintals ist durch die hohen Berge geprägt, die die Weiterführung der Handelsstraßen gen Osten verhinderten. Barguzin erhielt zwar 1783 das Stadtrecht, aber blieb jedoch jenseits der großen Handelsstraßen eine eher lokale Metropole. Hier ließen sich viele Verbannte nieder, nachdem sie die Jahre der Zwangsarbeit oder Haft überstanden hatten und ihnen die Rückkehr in den europäischen Teil Rußlands zumeist verboten war. Mitte des 19. Jahrhunderts

**Barguzin (Баргузин)**

**Legende**

1 Busbahnhof
2 Erlöserkirche
3 Friedhof
4 Heimatstube
5 Küchelbecker-Denkmal
6 Kreuz zur Erinnerung an die Fortgründung
7 Kulturhaus
8 Historisches Bankgebäude

*Sibirisches Holzhaus*

kamen so auch die beiden Dekabristen Michail und Wilhelm Küchelbecker in die Stadt. Die beiden Söhne eines am russischen Zarenhof verwurzelten sächsischen Adelsgeschlechtes waren u.a. mit Puschkin zusammen zur Schule gegangen. Während Michail Küchelbecker eine Familie mit sechs Kindern gründete und hier bis zu seinem Tode 1858 lebte, weilte Wilhelm Küchelbecker nur wenige Jahre in Barguzin. Das Feld, auf dem sie damals ihre Landwirtschaft führten, heißt bis heute noch nach dem Vatersnamen der beiden Brüder ›Karls Feld‹. Wilhelm Küchelbecker war auch der Held des auch auf Deutsch erschienen, biographischen Romans ›Küchel‹ (›Dichter und Rebell‹) von Jurij Tynjanov.

Weitere Verbannte folgten. Insbesondere nach der Niederschlagung der beiden antizaristischen Aufstände in den Jahren 1831 und 1863 in Polen und Litauen kamen viele Juden von dort nach Barguzin, so daß sich eine größere jüdische Gemeinde etablierte. In der zweiten Hälfte des 19. Jahrhunderts erlebte die Stadt einen Aufschwung. Goldfunde in der Bergtaiga lockten Glücksritter aller Art an. Die Stadt war der Ausgangspunkt ihrer Expeditionen, und viele Barguziner profitierten davon. Bekannt wurden in der Goldförderung die Kaufleute Abraham Novomejskij und Jakov Frizer. Vor der Oktoberrevolution zählte Barguzin 2600 Einwohner, doch nach dem Bürgerkrieg versank der Ort in der Bedeutungslosigkeit. 1927 verlor Barguzin das Stadtrecht.

Heute ist der Ort unbedeutend und für Touristen vor allem als Ausgangspunkt oder Zwischenstation für Reisen ins Barguzintal interessant. Das Zentrum des Ortes ist rund um den zentralen Platz sowie zwischen der ul. Lenina und der von ihr abzweigenden und dann parallel zu ihr verlaufenden ul. Krasnoarmejskaja zu lokalisieren. Der zentrale Platz ist durch sowjetische Kleinstadtarchitektur geprägt. Das einzige ältere Gebäude, eine alte Kaufmannsvilla, beherbergt heute das örtliche Gericht. Am südlichen Rand fließt ein Nebenflüßchen dem südöstlich am Ort vorbeifließenden Barguzin entgegen.

In den beiden genannten Hauptstraßen gibt es noch einige an den alten Glanz erinnernde Holzhäuser. Das markanteste ist das alte Bankgebäude (ul. Krasnoarmejskaja 59). In derselben Straße erinnern auch Denkmäler an die Gründung der Stadt, an die Opfer des Zweiten Weltkrieges und an die Gebrüder Küchelbecker. Vom Zentralplatz gelangt man in Richtung Fluß zur Kirche des Ortes. Die Erlösererscheinungskirche (Spaso-Preobraženskaja cerkov') wurde 1834 errichtet. Zu Sowjetzeiten befand sich hier ein Kino und später eine Tischlerei. Heute wird die Kirche restauriert, im rechten Seitenflügel finden bereits wieder Gottesdienste statt. Weiter nördlich befindet sich der Friedhof, der aufgrund seines ungewöhnlich multikulturellen Flairs ungeachtet seines trostlosen Zustandes einen Besuch wert ist. Links vom Eingang dominieren die jüdischen Gräber, rechts die russischen Grabmale. Hier sind u.a. der Dekabrist Michail Küchelbecker sowie Zenon Svatoš (1886–1949), der langjährige Direktor des Barguziner Naturschutzgebietes begraben. Etwas abseits vom Zentrum gibt es in der örtlichen Schule eine kleine Heimatstube (Führungen nach Absprache mit Tatjana Filipova, Tel. 412 94).

Barguzin ist 30 Kilometer von Ust'-Barguzin entfernt.

Postamt, ul. Krasnoarmejskaja 18 (Tel. 415 52).

▸ Vorwahl: 301 31 bzw. 231 aus dem Gebiet Burjatien.

▸ PLZ: 671 623.

Bank, ul. Lenina 24a (Tel. 412 46).

Es gibt tgl. eine Busverbindung nach Ulan-Udė sowie nach Ust'-Barguzin und Kurumkan.

Es gibt ein einfaches Hotel ohne Namen (Gostinica, Zentralplatz, ul. Lenina 25).

Es gibt eine einfache Stolovaja (ul. Dzeržinskovo 32).

# Ausflüge im Barguzin-Tal

An der Furt über den Barguzin beginnt auch das gleichnamige Tal, das sich mit über 200 Kilometern Länge und einer Breite bis zu 30 Kilometern zwischen drei Gebirgsmassiven Transbaikaliens erstreckt. Den Baikal und das Tal trennt das Barguziner Gebirge, das eine maximale Höhe von 2840 Metern erreicht. Auf der Südseite begrenzen in Ufernähe das Golondinsker Gebirge (1510 Meter) und weiter östlich das Ikitsker Gebirge (2558 Meter) die Talsohle. Der Barguzin ist mit seiner Länge von 416 Kilometern nach Angara und Selenga der drittgrößte Zufluß des Baikal. Er überwindet einen Höhenunterschied von über 1300 Metern. Es gibt über 1000 kleine und teilweise miteinander verbundene Seen im Tal. Teile der Steppenlandschaft des Tales sind Sumpfgelände. Von den Hängen der das Tal umgebenden Berge bietet sich an vielen Stellen ein sehr eindrucksvoller Pano-

*Steppenlandschaft im Barguzin-Tal*

ramablick auf die vom Fluß Barguzin und vielen, teilweise versumpften Seen durchzogene weite Steppe mit dem durchschnittlich 20 Kilometer entfernt gegenüberliegenden Gebirgszug.

Am nördlichen Rand durchzieht eine streckenweise asphaltierte Straße das Tal. Eine schlechtere Straße verläuft mit vielen Biegungen in der südlichen Hälfte.

Auf der entsprechend des Flußlaufes rechten Seite zum Barguzingebirge sind die alte Stadt Barguzin sowie die Kreisstadt Kurumkan und die Dörfer Baragchan, Alla und Uljunchan von Interesse.

Auf der linken Flußseite gibt es mehrere interessante Punkte zwischen den Ortschaften Suvo, Ina und Argada, bevor man auch auf dieser Strecke nach Uljunchan gelangen kann. Einen Besuch lohnen der Stierfelsen, das Sächsische Schloß, der Steingarten und die Gorginsker Thermalquelle.

Vom Dorf Baragchan (Барагхан) eröffnet sich der Blick auf den 2676 Meter hohen gleichnamigen Gipfel. Der Berg gilt als heilig und taucht sowohl in den burjatischen als auch den tibetischen Chroniken auf. Er ist der nördlichste von fünf im Buddhismus Sadbak genannten Plätzen, wo die Himmelsgötter auf die Erde kommen.

Auf dem Weg nach Kurumkan eröffnet sich ab dem Dorf Uljun (Улюн) ein schöner Blick auf die Berge. Der Ort Kurumkan (Курумкан) zählt heute knapp 5000 Einwohner und bildet das Verwaltungszentrum der nördlichen Hälfte des

Tales. Hier stand im 19. Jahrhundert am heiligen Berg Baragchan einer der bedeutendsten buddhistischen Tempel Burjatiens. Das Gadan Dazan mit seinem dreistöckigen Haupttempel geht in das Jahr 1818 zurück und wurde 1930 zerstört. Seit 1991 wird eine neue Tempelanlage errichtet. Der Bau geht allerdings aufgrund fehlender Mittel deutlich langsamer, als beispielsweise in Ulan-Udė voran. Einer der drei geplanten Tempel ist fertiggestellt und im Dazan leben ein Lama und mehrere Schüler. Es gibt in Kurumkan ein sehr einfaches Hotel mit 14 Plätzen (ul. Budajina, am Lenin-Denkmal) sowie ein kleines Heimatmuseum (ul. Školnaja 10).

## Alla

Alla (Алла) ist mit seinen ca. 1000 Einwohnern der letzte größere Ort im Norden des Barguzin-Tals. Der Ortsname,hat seinen Urspung im Evenkischen, wo Alla einfach ›Fisch‹ bedeutet. Die Entfernung nach Ust'-Barguzin beträgt 170 Kilometer. Hier und weiter nördlich leben größtenteils Burjaten und Evenken, und auf der Straße hört man kaum noch Russisch. Es gibt in Alla ein Zentrum für evenkische Kultur. Alla ist vor allem für seine Thermalquellen bekannt. Kurz vor dem Ort führt ein Weg acht Kilometer in die Berge zu den insgesamt 46 bekannten Quellen, wo das Wasser mit einer Temperatur zwischen 55 und 77 °C austritt. Es gibt dort im Sommer einfache Übernachtungsmöglichkeiten und ein Badehaus. Heute sind aber nur zehn Quellen zugänglich, die anderen sind in den umliegenden Wäldern versteckt oder fließen seit über 20 Jahren nach einer Flußbettkorrektur unterirdisch in den Barguzin. In der Umgebung gibt es viele malerische Schluchten. Entlang des Flusses Alla gibt es einen Trekking-Pfad, auf dem man das Barguziner Gebirge überqueren und entlang des Flusses Kabanja zum gleichnamigen Kap am Baikal gelangen kann.

Nördlich von Alla sind noch Uljunchan (Улюнхан) und Umchej erwähnenswert. Uljunchan ist ein kleines, 25 Kilometer von Alla entferntes, evenkisches Dorf. In der Nähe befinden sich die Kučigersker Quellen, die ein Sumpfgebiet wässern, an dessen Rand man in der freien Natur ein Schlammbad nehmen kann.

## Umchej und Džerginsker Naturschutzgebiet

Als Geheimtip gelten die 15 Kilometer von Uljunchan entfernten Quellen von Umchej (Умхей). Hier gibt es fünf Thermalquellen, wo das Wasser mit etwa 50 Grad aus der Erde kommt. Ihre Heilkraft soll bei Badeprozeduren vor allem bei Erkrankungen des Bewegungsapparates alle anderen Quellen deutlich übertreffen. Es gibt ein mit sieben Badehäusern vergleichsweises großes, einfaches Sanatorium. Kurz vor dem Heim ist aber eine Furt zu durchqueren, die nur geländegängige Fahrzeuge bewältigen.

Hinter Umchej beginnt das Džerginsker Naturschutzgebiet. Es wurde 1974 gegründet und 1992 auf seine heutige Ausdehnung von 238 000 Quadratkilometern ausgeweitet. Es gibt eine Trasse nach Kumora an der Baikal-Amur-Magistrale. Sie wurde zwischen 1974 und 1980 für geländegängige Lastkraftwagen zum Baumaterialtransport zur BAM angelegt und seitdem kaum genutzt. Aufgrund mehrerer tiefer Flußfurten ist sie auch heute LKWs vorbehalten. Mit Motorrädern kommt man nicht durch und auch allradgetriebene Fahrzeuge schaffen es nur in Phasen des Niedrigwassers. Die Verwaltung des Naturschutzgebietes befindet sich im Ort Maiski (ul. Lenina 7, Tel. 30149/98272, www.jerga.narod.ru).

Über Argada oder Arzgun gelangt man zur radonhaltigen Garginsker Thermalquelle. Aus einer Spalte an einem Felsvorsprung sprudeln fünf Liter Wasser pro Sekunde mit einer Temperatur von 75 °C. Die Quelle ist seit langem bekannt und wurde bereits 1775 von dem deutschen Forschungsreisenden Georgi erstmals beschrieben.

## Suvo

Etwa 42 Kilometer von Ust'-Barguzin entfernt, am Südrand des Tales und nördlich der Verbindungsstraße nach Barguzin befindet sich das Dorf Suvo (Суво), hinter dem sich eindrucksvolle, bizarre Felsformationen befinden, die mit ihrer Bezeichnung ›Saksonsky zamok‹ (Sächsisches Schloß) überraschen, deren Herkunft aber niemand erklären kann. Jedenfalls bietet eine etwa einstündige Wanderung rund um die ›Schloßruine‹ viele interessante Blickwinkel und Ausblicke sowohl auf die Felsen als auch auf das Tal. Auf der Kammlage des Hügels befinden sich außerdem die Überreste eines alten Steinwalls.

*Wilde Ströme still*

Zwischen Suvo und Bodon befindet sich am südlichen Weg der so genannte Stierfelsen (Buchej-Sulun). Hier lebt nach der Legende der Geist des Tales. Als in uralter Zeit die Viehzüchter ihre Herde zum Winter in das Dorf trieben, widersetzte sich ein Stier und kehrte jeden Morgen so lange in das Tal zurück, bis er, zu Stein geworden, am geliebten Platz bleiben konnte. Heute ist der etwa einen Meter hohe Findling ein beliebter Rastplatz, um mit dem obligatorischen hochprozentigen Schnipser aus dem Glas und dem nachfolgenden Schluck die Götter des Tales zu ehren. Entsprechend der burjatischen Tradition ist der Platz mit kleinen Opfergaben und bunten Bändern geschmückt.

Die nächste ›steinige‹ Attraktion ist der Ininsker Steingarten (Ininskij Sad Kamnej). Auf etwa acht Quadratkilometern befinden sich auf beiden Ufern des Barguzin-Nebenflusses Ina unzählige Findlinge unterschiedlicher Form, Größe und Gesteinsart, die vor langer Zeit wahrscheinlich von einem tauenden Gletscher verteilt wurden.

## Die Halbinsel ›Heilige Nase‹

Von besonderem Reiz ist ein Ausflug zur nördlich liegenden Halbinsel mit dem merkwürdigen Namen ›Heilige Nase‹ (Svjatoj Nos). Das gesamte Gebiet ist Bestandteil des Transbaikal-Nationalparks, an dessen Schranke man für Eintritt oder Einfahrt eine Gebühr entrichten muß. Die bergige Halbinsel ist mit 53 Kilometern Länge und etwa 20 Kilometern Breite heute nur noch durch eine schmale Landbrücke mit dem Ostufer des Baikalsees verbunden. Auf der Halbinsel sind viele seltene Vogelarten, wie Wanderfalke, Königsadler, Weißschwanzseeadler, Schwarzkranich und andere anzutreffen. Außerdem leben hier auch etwa 80 Bären.

Als sich in den fünfziger Jahren durch den Bau des Angara-Kraftwerkes der Wasserstand des Baikal um durchschnittlich einen Meter erhöhte, wurde die Landverbindung zur Heiligen Nase deutlich schmaler. In einem neu entstandenen Sumpfgelände blieb nur ein schmaler, dünenartiger Landstrich mit teilweise weniger als 1000 Metern Breite übrig. Von Ust'-Barguzin sind es über die Landzunge knapp 20 Kilometer bis zur Halbinsel. Die Sandpiste ist zwar befahrbar und auch viel befahren, aber mit 20 Stundenkilometern ist man schon sehr schnell. Piste und und den über weite Strecken schönen Strand trennt ein mit Sträuchern und kleinen Bäumen bewachsener Grünstreifen, der als Windschutz bei wilden Campern sehr populär ist.

Auf der Halbinsel gibt es verschiedene Ziele und Routen. Das am leichtesten zu erreichende und am stärksten frequentierte Ziel ist das kleine Dorf Monachovo. Bis hierher fahren noch Autos und Kleinbusse, wobei aber keine öffentlichen Verkehrsmittel zur bzw. auf der Halbinsel fahren. Der Strand ist hier als Campingplatz sehr beliebt. Die Čivyrkujsker Bucht ist nur vier bis neun Meter tief, so daß sich das Wasser im Sommer spürbar erwärmt und die Gegend somit zu den wenigen Plätzen am Baikalsee gehört, die sich für einen Badeurlaub eignen. Wer allerdings am Baikal die Ruhe der Natur genießen möchte, wird sie aufgrund des vergleichsweise großen Zustroms und der Lautsprecher vieler Autoradios hier kaum finden.

In das 16 Kilometer entfernte Kurbulik gelangt man nur mit geländegängigen Fahrzeugen oder auf einem dank des Great-Baikal-Trail-Projektes in den letzten Jahren gut ausgebauten Wanderweg. Die Fischer dieses Dorfes wurden seinerzeit

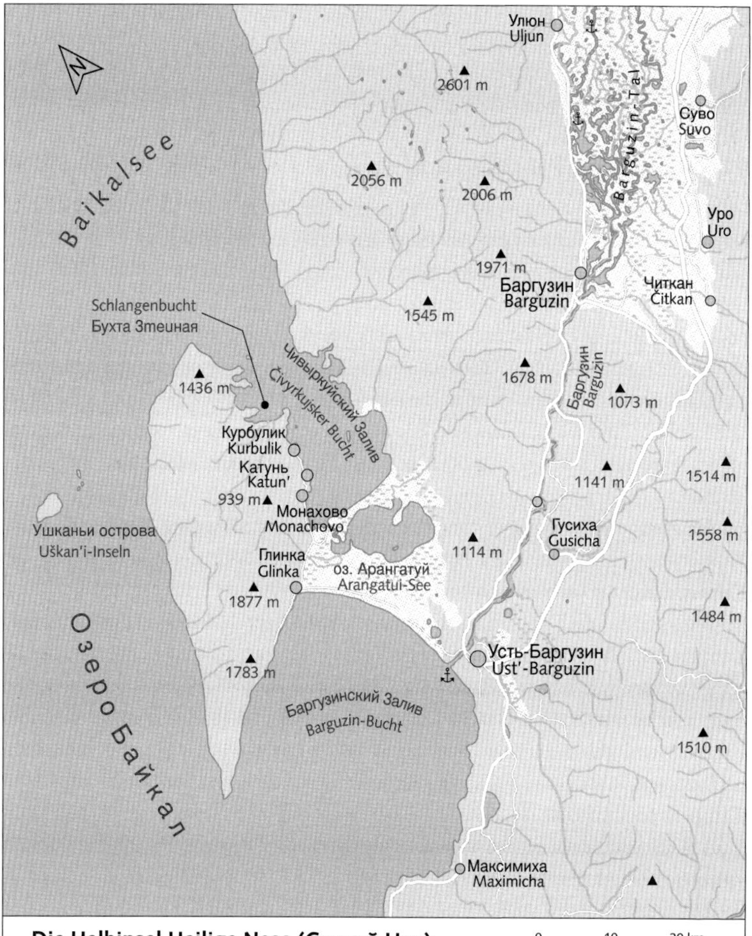


**Die Halbinsel Heilige Nase (Сватой Нос)**

*Blick vom Gipfel auf die sumpfige Verbindung zum Festland*

von Klaus Bednarz bei ihrer anstrengenden und schlecht bezahlten Arbeit beobachtet. Von Kurbulik führt ein Wanderweg weiter über das gleichnamige Kap zur romantischen Schlangenbucht. Monachovo und Kurbulik sind auch Ausgangs- oder und Endpunkte für Bootstouren innerhalb der Bucht, zu den Stränden am gegenüberliegenden östlichen Ufer, zu den Uškan'i-Inseln oder zu anderen Zielen am See.

Daneben bietet das die Konturen der Halbinsel ›Heilige Nase‹ prägende Gebirgsmassiv interessante Wandertouren, die aber nur in Begleitung örtlicher Führer unternommen werden sollten. Der ›Gipfelsturm‹ zur mit 1877 Metern höchsten Erhebung der Halbinsel ist dabei sicherlich aufgrund des phantastischen Panoramablickes vom Gipfelplateau die lohnendste Tour. Als Tagestour mit einem zu bewältigen Höhenunterschied von knapp 1400 Metern ist die Wanderung schweißtreibend. Aber auch während zwei Tagen mit Zeltübernachtung kommt mit Sicherheit keine Langeweile auf. Der Weg beginnt ausgeschildert ca. 500 Meter vor Glinka. Zunächst geht es leicht ansteigend und nach knapp drei Kilometern sehr steil durch die Taiga aufwärts. Nachdem sich der Wald immer mehr lichtet, erreicht man ein erstes ›Vidovaja‹ genanntes und mit einem Holzkreuz gekennzeichnetes Plateau. Nun folgt entlang des Kamms überwiegend auf großfelsigem Geröll der anstrengende Anstieg auf den Gipfel, der sich als riesiges Plateau mit Sträuchern und Findlingen präsentiert. Eine Umrundung bietet herrli-

*Thermalbadewanne in der Schlangenbucht*

che Ausblicke auf die die beiden Buchten sowie auf die Uškan'i-Inseln und bis zur Insel Ol'chon. Wer die Tour mit Übernachtung plant, kann alternativ auch auf dem Kamm nach Süden zum Makarov-Gipfel und von dort zur Bucht absteigen oder auf dem Kamm nach Norden mit Abstieg zur Schlangenbucht wandern.

## Die Uškan'i-Inseln

Die Uškan'i-Inseln (Ушканьи острова) sind ein kleiner Archipel, der aus insgesamt vier Inseln besteht und etwa zwölf Kilometer von der Halbinsel Svjatoj Nos entfernt ist. Die größte der vier Inseln ist etwa zehn Quadratkilometer groß und heißt auch die ›Große‹ (ostrov Bol'šoj Uškanij). Die anderen drei Inseln sind deutlich kleiner und heißen nach ihrer Form die ›Schlanke‹, die ›Runde‹ und die ›Lange‹. Der flache, plateauartige Gipfel der großen Insel erhebt sich 216 Meter über die Baikaloberfläche, während die drei kleinen Inseln nur knapp 25 Meter aus dem Wasser herausragen.

Die Entstehung der Inseln steht im Zusammenhang mit der vulkanartigen Bildung des Baikalriffs. In ferner Zukunft wird aus den vier Inseln vielleicht auch eine große Insel, denn sie ›wachsen‹ in tausend Jahren um gut zwei Meter in die Höhe. Aus den Tiefen des Baikal geboren, entwickelte sich die Pflanzen- und

Tierwelt ohne eine Landverbindung zur Umgebung und brachte mehrere Besonderheiten hervor. Die Lärchenstämme sind hier deutlich dicker als anderswo, die tiefen Einschnitte bei den Birkenblättern sind auch nur hier anzutreffen. In der Tierwelt überrascht eine gigantische Ameisenpopulation. Man findet durchschnittlich 20 Ameisenhaufen pro Hektar. In einer von drei Höhlen auf der Großen Insel fand man auch Spuren menschlicher Besiedlung in der Steinzeit. Heute befindet sich hier eine aus mehreren Häusern bestehende Wissenschaftsstation, deren Bewohner das Wetter und die Baikalrobben beobachten. Noch aufmerksamer achten sie aber auf die Einhaltung der Regeln des Barguziner Naturschutzgebietes, zu dem die Inseln gehören. Praktisch bedeutet das, daß Boote und Touristen die Inseln nur mit einer Genehmigung der Naturparkverwaltung anlaufen dürfen. Die mit einem Preis von 1000 Rubel pro Person nicht gerade preiswerte Lizenz erhält man bislang nur in Davša und in Ust'-Barguzin.

Der Grund für das große Interesse an den Uskan'i-Inseln ist die auch ›Nerpa‹ oder ›Tjulen'‹ genannte Baikalrobbe. Die Inseln und insbesondere die ›schlanke‹ (Tonkij) unter den vier Inseln des Archipels ist das bevorzugte Domizil dieser einzigartigen Tiere. An schönen und windstillen Sommertagen kann man gleichzeitig bis zu 2000 Tiere am Westufer des kleinen Eilandes beim Sonnenband beobachten. Man hat eine Aussichtsplattform eingerichtet, die vom Ostufer über eine Treppe zu erreichen ist und von wo aus man die extrem scheuen Tiere beobachten kann. Die Anzahl der pro Tag vergebenen Lizenzen ist im Prinzip be-

*Die Verwaltung des Naturschutzgebietes in Davša*

schränkt. Die Verweildauer auf der Aussichtsplattform ist auf eine Stunde beschränkt. Hier besteht die höchste Wahrscheinlichkeit, eine größere Anzahl Robben beobachten zu können, wobei man die Insel ›Tonkij‹ am Vormittag erreichen sollte und sowohl am Besuchstag als auch am Vortag das Wetter nicht allzu windig gewesen sein sollte, da sich die Robben nur bei wenig Wind zum Sonnenbad einfinden.

Man kann die Insel bei mehrtägigen Bootsfahrten über den Baikalsee anlaufen. Tagesausflüge sind mit dem Boot vom Südostufer in der Umgebung der Halbinsel Svjatoj Nos aus möglich. Die Fahrtzeit für eine Strecke beträgt durchschnittlich ab Ust'-Barguzin sechs, ab Kurbulik vier Stunden. Man muß also sehr früh am Morgen starten bzw. bereits in Kurbulik übernachten, um nicht auf die erste Fähre warten zu müssen. Im Winter kann man auf dem Eis einen Ausflug zu den Inseln machen, allerdings verteilen sich die Nerpas im Winter über den See und die Chance, hier oder anderswo größere Robbenkolonien anzutreffen, ist dann gering.

## Čivyrkujsker Bucht

Die Čivyrkujsker Bucht (Чивыркуйский залив) zwischen der Halbinsel Svjatoj Nos und dem Festland ist ein beliebter Ankerplatz während mehrtägiger Bootstouren über den Baikalsee. Diese Attraktivität erklärt sich aus den windgeschützten und badetauglichen Buchten mit Sandstrand und Thermalquellen. Während die Gegend am Westufer über Dörfer wie Monachovo oder Kurbulik auch über Land zu erreichen ist, findet man an der unbewohnten Ostküste nur wenige Fischerhütten und fast unberührte Landschaft. Die Bucht gehört größtenteils zum Gebiet des Transbaikal-Naturparks, so daß das Anlegen mit dem Boot mit 500 Rubel pro Tag zu Buche schlägt.

Am beliebtesten sind vor allem die Schlangenbucht (buchta Zmejnaja/бухта Змейная) und die Buchta Krochalinaja. Die Schlangenbucht hat ihren Namen von den hier in großer Zahl anzutreffenden Nattern. Beliebt ist die am Ufer entspringende Thermalquelle, wo man in zwei einfachen kleinen Holzbecken ein noch deutlich wärmeres Bad als im See genießen kann. Die Quelltemperatur beträgt 54 °C, in den Becken beträgt sie etwa 40 °C. Die Nachbarbucht bietet weniger Möglichkeiten zum Wandern, da die Umgebung recht sumpfig ist. In beiden Buchten gingen in den letzten Sommern auch zwei Hotel-Schiffe vor Anker (Buchungen in Irkutsk unter Tel. 3952/206811 bzw. in Ulan-Udė unter Tel. 3012/211679). Daneben befinden sich auch einige kleine Inseln in der Čivyrkujsker Bucht, die manchmal angelaufen werden. Das Zelten ist dort allerdings verboten.

# Peter Simon Pallas

Peter Simon Pallas wurde am 22. September 1741 als Sohn eines Charité-Professors in Berlin geboren. Er begann mit 13 Jahren zu studieren und erlangte mit 17 einen Abschluß in Anatomie. Es folgten Studien in Halle/Saale, Göttingen und der Doktorhut im niederländischen Leiden. Sein besonderes Interesse galt damals der Zoologie, schnell wurde er ein anerkannter Wissenschaftler. Im Jahr 1767 erreichte Peter Simon Pallas völlig überraschend eine Einladung der Russischen Akademie der Wissenschaften in St. Petersburg. Rußlands Hauptstadt hatte mit seiner unter Peter dem Großen gegründeten Akademie bereits viele deutsche Wissenschaftler mit guten Arbeits- und Aufstiegsmöglichkeiten sowie ansehnlicher Vergütung ins Zarenreich gelockt.
Diese Entwicklung wurde durch Zarin Katharina die Große aktiv befördert, denn eine neue Runde umfangreicher Forschungsreisen erforderte eine neue Generation von Nachwuchswissenschaftlern, die den Strapazen solcher Exkursionen gewachsen waren. Die Wahl fiel unter anderem auf Pallas, dem man anbot, eine der geplanten Forschungsexpeditionen durch die östlichen Weiten des Riesenreiches zu leiten. Es sollte sein Lebenswerk werden.
Als Professor der Naturwissenschaften und Expeditionsleiter bereiste er die bis dato kaum erkundeten Weiten des Zarenreiches wie kaum ein zweiter in dieser Zeit. Er war ein Universalgenie im wahrsten Sinne des Wortes und erforschte, beschrieb, sammelte, katalogisierte und analysierte Material in den unterschiedlichsten Bereichen wie Botanik, Zoologie, Geologie, Geographie, Ethnographie, Philologie und Medizin. Sein bekanntestes Buch ist das Monumentalwerk ›Reise durch verschiedene Provinzen des Russischen Reichs‹, welches zwischen 1771 und 1776 in drei Bänden zuerst in deutscher Sprache herausgegeben wurden. Hier berichtet er im dritten Band auch von seinen Baikalreisen aus dem Sommer 1772. Als erster beschrieb er ein Dutzend endemischer Fischarten, darunter den Fettfisch Golomjanka, sowie die Baikalschwämme.
Das Buch wurde in einer prachtvollen und mit vielen Kupferstichen illustrierten Ausgabe ins Französische, Englische und Russische übersetzt und war in der damaligen Zeit in ganz Europa ein gefragter Bestseller. Eine Auswahl der im Original über 2000 Seiten umfassenden Reiseberichte erschien als Paperback-Ausgabe 1987 im Verlag Philipp Reclam jun. Leipzig.
Nach seiner Rückkehr nach St. Petersburg arbeitete er in der topographischen Abteilung und wurde zum Historiographen der Akademie ernannt. In den Jahren 1793/94 unternahm er eine weitere Reise, diesmal ans Schwarze Meer. Die Erfahrungen

dieser Expedition faßte er in dem Buch ›Bemerkungen auf einer Reise in die südlichen Statthalterschaften des Russischen Reiches in den Jahren 1793 und 1794‹ zusammen. Während seines Forscherlebens und seiner Forschungsreisen beschrieb in seinen Reiseberichten und Publikationen der 1810 folgenden ›Zoographia rosso-asiatica‹ leistete er einen unschätzbaren Beitrag zur Erforschung Rußlands. In Würdigung seiner Verdienste schenkte ihm die russische Zarin 1796 einen Gutshof auf der Krim, wohin er sich zurückzog und dort unter anderem eine

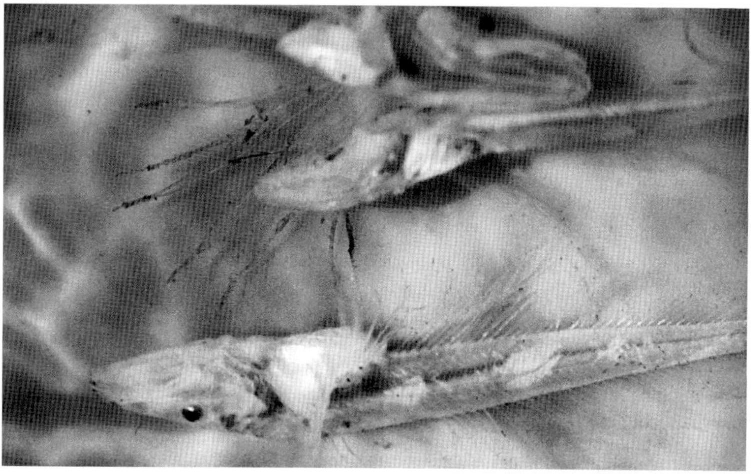

*Die Golomjanka wurde von Pallas zuerst beschrieben*

auf weit über 2500 Seiten viele Arten, die neu für die Wissenschaft waren. In der Biologie gehören 45 Säugetiere, 78 Vögel und 220 Pflanzen dazu, einige tragen – zumindesten in den lateinischen Bezeichnungen – seinen Namen. Pallas wohl von deutscher Gründlichkeit geprägter Anspruch, einen Katalog aller Pflanzen und Tiere Rußlands zu erstellen, blieb ein nicht zu erfüllendes Fernziel. Aber mit der Herausgabe der ersten russischen ›Flora Rossica‹ (1884) und Weinbau- und Gartenbauschule begründete.

»Die Natur in einem ansehnlichen Teil des Weltkreises, wo sie der Mensch noch wenig verderbt hat, ... erforscht und kennengelernt zu haben, halte ich gegen meine dabei verwandte Jugend und Gesundheit für die schönste Belohnung.« Nach über 40 Jahren im Dienste Rußlands kehrte Pallas 1810 nach Deutschland zurück und starb am 8. September 1811 in seiner Geburtsstadt Berlin.

# Ulan-Udė

Die heutige Hauptstadt der Republik Burjatien wurde 1666 erstmals unter dem Namen Udinsk erwähnt. Es handelte sich um eine Winterbefestigung der ostwärts strebenden russischen Kosaken unter ihrem Hauptmann Gavril Lovzov am Fluß Uda. Elf Jahre später machte der russische Gesandte Nikolaj Spafarij auf dem Weg nach China hier Station und empfahl in seinem Reisebericht aufgrund der strategisch günstigen Lage die Errichtung eines Ostrogs. In zwei Etappen wurden an der felsigen Mündung der Uda in die Selenga die Befestigungen 1680 und 1688 soweit ausgebaut, daß der nun Verchneudinsk genannte Ort bereits zwei Jahre später den Status einer Festung erhielt.

Das Tal zog Siedler an, und rund um die Festung entstand in Verchneudinsk, was soviel wie Ober-Udinsk bedeutet, eine Stadt, die 1783 auch dementsprechend Recht und Wappen erhielt. Gleichzeitig wurde ein Generalbebauungsplan in St. Petersburg genehmigt, der die ul. Bol'šaja Nikolaevskaja zur Hauptstraße machte und sie als Ausgangspunkt für ein gitterartiges Straßenschema nahm. Dieses ist bis heute erkennbar, die Hauptstraße ist jetzt allerdings nach Lenin benannt. Ab 1768 fanden in Verchneudinsk zweimal jährlich im Januar und im August auf dem Marktplatz große Handelsmessen statt. Damals lebten etwa 3000 Einwohner in der Stadt. 1803 beschloß die Kaufmannsschaft den Bau eines riesigen, quadratischen Handelshofes mit einer Außenlänge von 106 Metern, einer Höhe von 9 Metern und 116 Geschäften. Die Bauarbeiten wurden zwar unverzüglich begonnen, aber mit diesem Projekt hatte man sich übernommen. Erst Mitte des 19. Jahrhunderts ging eine deutlich reduzierte Version in Betrieb, die ihrerseits aber mit einigen Umbauten aus den fünfziger Jahren des 20. Jahrhunderts bis heute das Zentrum der Altstadt bildet. 1822 wurde die erste Brücke über die Uda erbaut.

Fast zur gleichen Zeit wie Irkutsk wurde auch Verchneudinsk von einem Großbrand heimgesucht, der am 10. Juli 1878 über die Hälfte der Stadt zerstörte. Danach hielt im Stadtzentrum die Steinbauweise Einzug. Die Industrie begann sich zu entwickeln. Im Jahr 1899 erreichte die transsibirische Eisenbahn die Stadt. Die Oktoberrevolution kam im Februar 1918 nach Transbaikalien. Der folgende Bürgerkrieg bedeutete eine schwere Zeit, bis sich dic Sowjetmacht im Februar 1920 etablierte. Bis 1923 gehörte die Stadt aber noch zur Fernöstlichen Republik. Dieses Staatsgebilde war als Pufferstaat zwischen Japan und Sowjetrußland ausgehandelt wurde. Nach dem Anschluß an die Sowjetunion wurde Verchneudinsk Hauptstadt der Burjatisch-Mongolischen Autonomen Sozialisti-

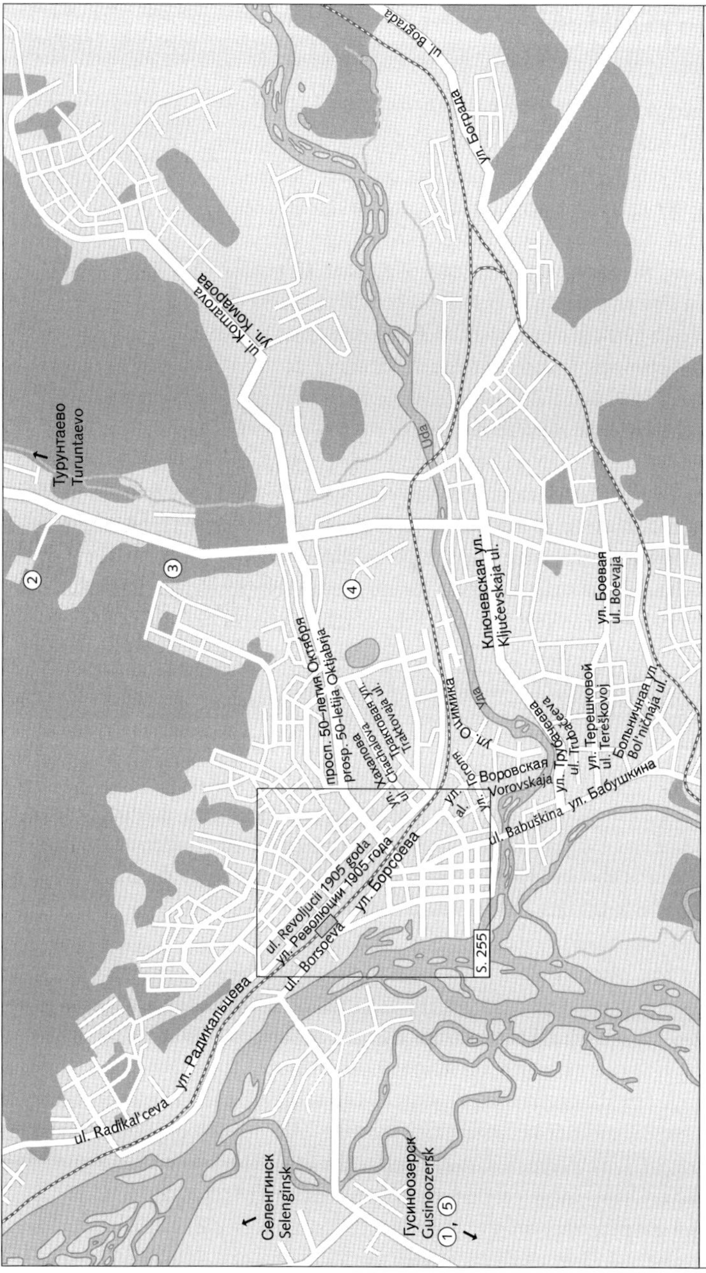


Ulan-Udė (Улан-Удэ), Übersicht

schen Sowjetrepublik, 1934 erhielt die Stadt ihren heutigen Namen Ulan-Udė, was auf burjatisch ›rote Uda‹ bedeutet. In dieser Zeit entstand auch mit dem Bahnausbesserungswerk der größte Betrieb der Stadt, der im Osten einen Stadtteil begründete. Die Ausdehnung nach Westen erfolgte über die 1936 dem Verkehr übergebene Brücke über die Selenga.

*Der Bahnhof von Ulan-Udė*

Nach der Wende erhielt Burjatien den Status einer Republik innerhalb der russischen Föderation. Heute leben hier etwa 370 000 Einwohner davon knapp ein Viertel Burjaten. Die Stadt ist ein bedeutender Industriestandort. Neben den Eisenbahnwerkstätten gibt es eine Hubschrauberfabrik (www.uuaz.ru R/E) sowie eine entwickelte Bauwirtschaft und lebensmittelverarbeitende Industrie. Touristisch ist Ulan-Udė dagegen weitestgehend unbekannt. Aber die Stadt hat einiges zu bieten und überrascht die meisten Besucher angenehm mit vielen Sehenswürdigkeiten, darunter über 230 denkmalgeschützte Gebäude, und einem eigenen exotisch-provinziellen Flair. Das Interesse, den Tourismus zu entwickeln, ist unverkennbar. Man setzt auf die Reize der Stadt in Verbindung mit der landschaftlichen Schönheit am Südufer des Baikalsees sowie die Bindungen zum Buddhismus und zur Mongolei. Auch wenn das Ganze im Schatten von Irkutsk steht, kann sich Ulan-Udė im Vergleich zu anderen sibirischen Metropolen aber sehen lassen. Erwähnenswert sind vor allem folgende Feste, die man nur in Burjatien feiert: das Reiterfest Sucharban am ersten Juliwochenende, das buddhistische Tsagaalgan-Fest am Vorabend des neuen Jahres nach dem Mondkalender sowie das dem künftigen Buddha gewidmete Maidari-Fest im Sommer.

**Legende**

1 Flughafen
2 Ethnographiemuseum
3 Dazan
4 Bahnausbesserungswerk
5 Dazan Ivolginsk

# Sehenswürdigkeiten

Das Zentrum Ulan-Udės bestimmt der sehr sowjetisch geprägte Platz gleichen Namens. Hier beginnt – leicht abfallend zur Altstadt – die ehemalige ul. Bol'šaja Nikolaevskaja, die heutige ul. Lenina. Parallel dazu verlaufen die ul. Kommunističeskaja und etwas höher am Hügel der pr. Pobedy. Zwischen diesen beiden Straßen und der Mündung der Uda in die Selenga liegt das Stadtzentrum. Die ul. Lenina wird durch alte, vor allem ein- bis zweistöckige Kaufmannshäuser aus dem vergangenen Jahrhundert geprägt und ist eine nette Flaniermeile mit Geschäften, Cafés und Museen. Am pl. Revoljucii (Revolutionsplatz) stehen linker Hand die alten Handelsreihen. Am Ende der Straße erhebt sich die Odigitrievskij-Kathedrale. Hinter den Handelsreihen nach links abbiegend, führt die ul. Kujbyševa zum Markt. Wenn man nun die Straßenbahngleise überquert, die durch die ul. Baltachinova führen, und am Burjatischen Schauspielhaus vorbeigeht, gelangt man zu zwei Kosaken-Kreuzen und einem kleinen Findling, der den Bau eines Denkmals für die Begründer der Udinsker Siedlung ankündigt. Hier hat man einen schönen Ausblick auf die Altstadt und die am anderen Ufer gelegenen Stadtteile Ulan-Udės.

Der Sovetskaja pl. – der zentrale Platz und das administrative Zentrum der Stadt – wird durch einen bombastistischen fünf Meter hohen Leninkopf aus Granit geprägt. Die bizarre Meisterleistung stammt aus dem Jahre 1971 und ist den Bildhauern G. und J. Neroda (Vater und Sohn) zuzuschreiben. Seinerzeit war die Skulptur Bestandteil des sowjetischen Pavillons auf der Weltausstellung in Kanada. Da sich nach dem Ende der Ausstellung keine Interessenten für das Kunstwerk fanden, landete es in Transbaikalien. Heute stellt man sarkastisch fest, daß in Burjatien ja schon immer die abgeschlagenen Köpfe der besiegten Feinde öffentlich zur Schau gestellt wurden. Hinter Lenin steht das Regierungsgebäude der Republik Burjatien, über dem die russische und die burjatische Flagge wehen. Die blau-weiß-gelbe burjatische Fahne symbolisiert Himmel, Reinheit und Sonne, auf dem blauen Untergrund sind noch Sonne, Mond und Sterne dargestellt. Linker Hand befindet sich der Sitz des Präsidenten, das ›Großer Churval‹ genannte Parlament, sowie das Gebäude des Geheimdienstes. Auf der rechten Seite bilden die Philharmonie und das Hotel ›Bajkal‹ den Rahmen.

**Legende**

1 Bahnhof
2 Busbahnhof
3 Kosakenkreuze
4 Regierungsgebäude
5 Lenindenkmal
6 Burjatische Nationaloper
7 Burjatisches Schauspielhaus
8 Kathedrale

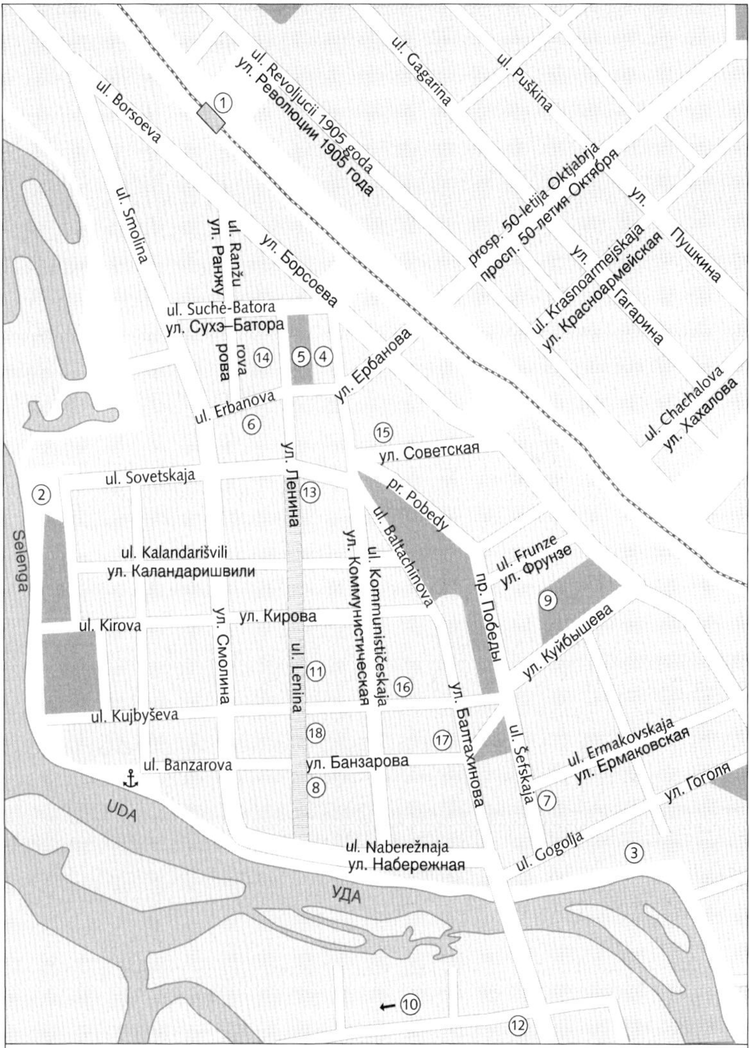


**Ulan-Udė (Улан-Удэ), Zentrum**

9 Pfingstkirche
10 Auferstehungskirche
11 Handelsreihen
12 Kaufhaus im Schwimmbad
13 Naturkundemuseum
14 Geologiemuseum
15 Nationalmuseum
16 Nationalgalerie
17 Markt
18 Stadtmuseum

Ebenfalls am Rande des Sovetskaja pl. beeindruckt das Gebäude der Burjatischen Nationaloper mit 800 Plätzen (ul. Ėrbanova 6, Tel. 21 27 95). Ursprünglich als Kulturpalast nach 1930 konzipiert, begannen die Bauarbeiten zunächst 1938, wurden dann aber gestoppt. Zwischen 1946 bis 1952 errichtete man dann dieses originelle Opernhaus nach neuen Plänen. Es verbindet europäische, orientalische und fernöstliche Elemente. Während man in vielen Städten Sibiriens Gebäude findet, die in den Nachkriegsjahren von deutschen Kriegsgefangenen errichtet wurden, so existieren östlich des Baikal Gebäude wie dieses Operntheater, die von japanischen Kriegsgefangenen errichtet wurden. Die Vorstellungen begannen am 7. November 1952. Ein Besuch der Oper ist sowohl bei Aufführungen italienischer Opern als auch bei denen burjatischer Komponisten in jedem Fall ein Erlebnis. Die Burjatische Nationaloper gilt hinter dem Ural nach Novosibirsk als Nummer zwei und beeindruckt durch gute Stimmen und sehr farbenprächtige und exotische Inszenierungen. Daneben gibt es in der Stadt noch das Burjatische Schauspielhaus (pr. Pobedy 16, Tel. 22 24 51), in dem manchmal auch der Burjatische Nationalzirkus auftritt, sowie das Russische Schauspielhaus (ul. Tereškovoj 1, Tel. 33 02 10) und das Puppentheater ›Ulger‹ (ul. Lenina 46, Tel. 21 22 92)

Wenn man der Leninstraße den Hang hinunter folgt, erhebt sich rechter Hand das neue Denkmal ›Mutter Burjatien‹. Dahinter hat auch das mongolische Konsulat sein neues Domizil bezogen. Ein Visum wird innerhalb eines Tages für 60 US-Dollar erteilt. Wer eine Woche Zeit hat, kann die Hälfte sparen.

Linker Hand sieht man auf der Anhöhe mit der großen Leuchtreklame ›Sibir‹ das neue, neben dem Hotel ›Burjatia‹ gebaute Einkaufs- und Bürozentrum. Die blaue Spiegelfassade zeigt, daß die neue Architektur der innerstädtischen Shopping-malls auch in Burjatien angekommen ist. Die Leninstraße ist nun für den Fahrzeugverkehr gesperrt. Seit Sommer 2004 lädt eine attraktiv gestaltete Fußgängerzone bis zu den alten Handelsreihen zum Flanieren und Verweilen ein.

In der ersten Hälfte des 19. Jahrhunderts entstanden von 1803 bis 1838 die berühmten Handelsreihen, die noch heute vom Reichtum der damaligen Kaufmannschaft zeugen und einst zweimal jährlich große Handelsmessen beherbergten. Hier verlief die Teestraße von China nach Rußland. Vor allem Tee, aber auch Reis, Tabak und Gewürze kamen aus China. Rußland lieferte Felle, Salz, Getreide und Zucker. Heute gibt es hier das zentrale Kaufhaus von Ulan-Udė sowie eine Vielzahl kleiner Geschäfte, die wiederum von unzähligen Kiosken und Zelten umgeben sind.

Im Zentrum des daneben befindlichen Revolutionsplatzes steht ein in den zwanziger Jahren zu Ehren der Revolutionsopfer errichteter Obelisk. Ursprünglich stand der Obelisk auf dem Sowjetplatz. Er wurde dort aber durch den berühmt-berüchtigten Leninkopf abgelöst und hierher verlagert.

*Auf dem Sovjetskaja ploščad' in Ulan-Udė*

Das Stadtbild des einstigen Verchneudinsk wurde durch vier große Kirchen geprägt, von denen nur die kleinste, die 1809 erbaute Auferstehungskirche (cerkov' Voskresenija) am anderen Uda-Ufer im Süden der Stadt (ul. Proizvodstvennaja), das Sowjetregime in ihrer ursprünglichen Bestimmung überdauerte. Sie hat eine sehr schöne Ikonenwand. Die Kirche liegt in einem ebenso reizvollen wie maroden alten Holzhäuserviertel.

Der Blickfang ist aber ohne Zweifel die Odigitrievskij-Kathedrale. Sie wurde über 40 Jahre in der Zeit von 1741 bis 1785 erbaut und galt damals als die schönste Barockkirche Ostsibiriens und erstrahlt heute wieder in neuem Glanz. Nachdem sie nach ihrer Schließung 1929 lange Jahre zunächst als Atheismusmuseum und dann als Lager des Burjatischen Heimatmuseums diente, wurde sie im Mai 2000 der Kirche zurückgegeben. Der dort gelagerte Fundus buddhistischer Heiligtümer wurde in das neue Nationalmuseum überführt und ist dort bereits teilweise zu sehen. Die russisch-orthodoxen Reliquien gingen natürlich ebenfalls an die Kirche zurück. Die Rekonstruktion der Kathedrale ist weitestgehend abgeschlossen und sie wurde wieder neu geweiht (ul. Lenina 2).

Unweit der Odigitrievskij-Kathedrale befand sich die zweitgrößte und in den 1930ger Jahren zerstörte Kirche an der Stelle der heutigen Markthalle (ul. Baltachinova). Die vierte Kirche, die 1798 bis 1809 erbaute Pfingstkirche (cerkov' Troicy), öffnete – wenn zunächst auch nur provisorisch – 1991 den Gläubigen wieder ihre Tore. Die grünen Kuppeln sind ebenfalls von weitem zu erkennen, und die vollständige Wiederherstellung des ursprünglichen Zustandes ist weitestgehend abgeschlossen. Makaber, aber nicht nur in Ulan-Udė anzutreffen, ist die Situation, daß das Gelände des angrenzenden Kulturparks samt Rummelplatz einst der Stadt als Friedhof diente, was man auf alten Fotos noch erkennen kann (ul. Kujbyševa).

Östlich des Bahnhofs kommt man durch die Eisenbahnunterführung auf dem Prospekt 50letija Oktjabrja zum Komsomolplatz. Hinter dem Kino ›Oktjabr'‹ beginnt der Stadtpark mit einem kleinen Rummel. Rechts beginnt gegenüber vom Park das Gelände des Bahnausbesserungswerkes. Der von 1932 bis 1934 errichtete Betrieb ist bis heute das größte Werk seiner Art in Rußland und beschäftigt über 8000 Mitarbeiter. Gruppenführungen durch das Werk können über das Museum des Werkes organisiert werden (Ansprechpartnerin: Vera Siunova). Hier werden sowohl Loks als auch Waggons repariert. Am Eingangstor steht als Denkmal eine Güterdampflok des Typs ›Sergo Ordžonikidze‹. Das Werk prägte die Stadtentwicklung. Der gesamte Stadtteil wurde seinerzeit für die Mitarbeiter des Werkes errichtet.

*Die ehemalige Schwimmhalle als Warenhaus*

Hier beginnt auch die Obere Birkenstraße (ul. Verchnaja Berëzovka), die zu einigen Sehenswürdigkeiten am Stadtrand führt. Hier entstand in den letzten Jahren der Dazan genannte größte buddhistische Tempel von Ulan-Udė. Im Buddhismus unterscheidet man zwischen Dazan und Dagun. Dazan ist ein Tempel, Dagun ist ein Gebetshaus. Früher gab es über 30 davon in Ulan-Udė, aber sie fielen dem atheistischen Terror der dreißiger Jahre zum Opfer (ul. Verchnjaja Berëzovka, links).

Die Burjaten sind bekanntlich ein Reitervolk, und Pferde nehmen einen großen Stellenwert ein. Dementsprechend erfreut sich die ›Ippodrom‹ genannte Pferde-

rennbahn großer Beliebtheit. Das Ereignis des Jahres – ›Sucharban‹ – findet immer am ersten Wochenende im Juli statt und bietet ein phantastisches Spektakel verschiedenster Reiterkämpfe und Pferdeaufführungen (ul. Verchnjaja Berëzovka, zwischen Dazan und Ethnographiemuseum).

## Museen

In der Sampilov-Gemäldegalerie in der ul. Kujbyševa befindet sich selbstverständlich eine umfangreiche Sammlung burjatischer Malerei. Einer der bekanntesten Maler Burjatiens, Zarenžap Sampilov (1893–1953), verlieh der 1944 gegründeten Galerie seinen Namen. Zur ständigen Ausstellung gehört auch eine interessante Sammlung russischer Malerei, die mehrere kleine Arbeiten so bekannter Maler wie Kuindži, Bogoljubov, Šiškin und Ajvazovskij zeigt (unter anderem auch eine Fotomontage des berühmten Meeresmalers). Daneben gibt es Wechselausstellungen unterschiedlichster Richtungen, zum Beispiel über Volkskunst oder

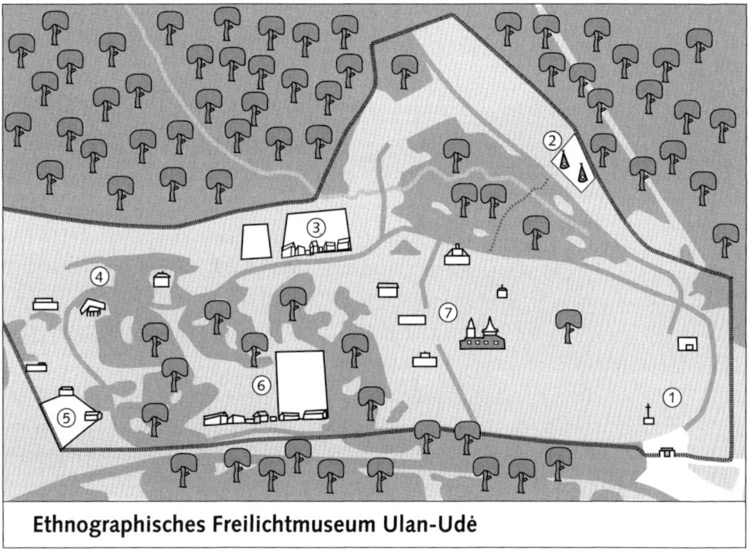


**Ethnographisches Freilichtmuseum Ulan-Udė**

**Legende**

1 Ur- und Frühgeschichte
2 Evenken
3 Pribaikal'e
4 Burjatischer Hof
5 Russischer Hof
6 Altgläubige
7 Städtebau

alte Uhren (Mo, Di Ruhetage, ul. Kujbyševa 29, Tel. 21 29 09). In unmittelbarer Nachbarschaft findet sich auch die Galerie des burjatischen Künstlerverbandes (ul. Kujbyševa 20, Tel. 21 07 59).

Das interessante Naturkundemuseum in der ul. Lenina vermittelt mit vielen ausgestopften Modellen und Panoramabildern einen sehr anschaulichen Eindruck von der Fauna der Region bis zum Baikalsee. Es zeigt die geologischen und wirtschaftlichen Rahmenbedingungen Burjatiens sowie eine Exposition zur Entstehung des Universums (Mo Ruhetag, ul. Lenina 46, Tel. 21 41 49). Das vom Geologiedienst Burjatiens betriebene Geologiemuseum bietet einen Überblick über die Bodenschätze Burjatiens. Im Vergleich zu den Geologiemuseen in Irkutsk oder Novosibirsk ist es aber sehr verschult und nicht sonderlich interessant (Mo, Mi, So Ruhetage, ul. Lenina 57, Öffnungszeiten 10 bis 16 Uhr).

Das Nationalmuseum Burjatiens lohnt in jedem Fall einen Besuch. In drei verschiedenen Dauerausstellungen werden die Ur- und Frühgeschichte der Region, die Geschichte Burjatiens und die Entwicklung des Buddhismus in Burjatien beleuchtet. Insbesondere die beiden letzten sind sehr gelungene Expositionen (Mo Ruhetag, ul. Profsojuznaja 29, Tel. 21 40 08).

Das Stadtmuseum öffnete 2001 seine Pforten. Es fand seine Heimstatt im Haus des Spirituosenfabrikanten Ivan Goldobin, einem der reichsten Kaufleute in Ulan-Udė Ende des 19. Jahrhunderts. In diesem Haus stieg auch der Thronfolger 1891 während seiner großen Sibirien-Reise ab, nachdem er in Vladivostok den Grundstein für den Bau der Transsibirischen Eisenbahn gelegt hatte (ul. Lenina 26, Tel. 21 79 90, Montag Ruhetag).

Für Transsib-Fans ist auch das Museum des Bahnausbesserungswerkes interessant. Die Ausstellung besteht seit 1970 und zeigt anhand von Ausrüstungen, Modellen und Dokumenten die Entwicklung des Werkes (Sa, So Ruhetage, ul. Komsomol'skaja 23, Tel. 44 56 10).

Das 1972 eröffnete Ethnographische Freilichtmuseum befindet sich am nördlichen Stadtrand. Obwohl es nicht so groß und umfassend wie Tal'cy bei Irkutsk ist, lohnt es in jedem Fall einen Besuch. Der Park gliedert sich in einen kleinen Tierpark und sieben Komplexe, die den verschiedenen in Transbaikalien ansässigen ethnischen Gruppen gewidmet sind. Hunnengräber, die ›Tschum‹ genannten Spitzjurten der Evenken, burjatische Sommer- und Winterjurten sowie ein buddhistisches Gebetshaus, russische Holzhausarchitektur unter dem Einfluß der Kosaken und der verbannten Altgläubigen – all das kann man hier besichtigen. Einige Gebäude beherbergen zusätzlich kleine Ausstellungen über die Altgläubigen, das burjatische Pferdehaare verarbeitende Wandteppichhandwerk und die Verbannung nach Sibirien. Am Eingang befindet sich auch ein kleines Café. (Mo, letzter Di im Monat Ruhetage, Tel. 44 32 10, ul. Verchnjaja Berëzovka, Buslinie 8 (Routentaxi).

Ulan-Udė ist 450 Kilometer von Irkutsk entfernt.

▶ Reisebüros: ›Inturist‹, ul. Ranžurova 12 (Hotel ›Geser‹), Tel. 21 69 54, ›Burjatintur‹, ul. Erbanova 12 (Hotel ›Bajkal‹), Tel. 21 50 97, ›MorinTur‹, ul. Gagarina 25 (Hotel ›Sagaan Morin‹), Tel. 44 36 47, Akbes-Tur, ul. Lenina 31, Tel. 21 22 12.

▶ Durchschnittstemperatur: Januar –23 °C, Juli 18 °C.

Hauptpostamt, ul. Suchė Batora 1.

▶ Vorwahl: 3012 bzw. 22.

▶ Auskunft: 09.

Sberbank, ul. Lenina 15, Tel. 21 45 89.

▶ Geldautomat im Foyer der Hotels ›Sagaan Morin‹ und ›Burjatija‹.

TAXI Tel. 21 00 21, 21 31 11.

Die Stadt hat einen Flughafen, der sich etwa 20 Kilometer südwestlich befindet (Tel. 22 26 23). Es gibt jeden zweiten Tag eine Flugverbindung von und nach Moskau (Domodedovo), allerdings an verschiedenen Wochentagen zu unterschiedlichen Zeiten. Daneben bestehen Flugverbindungen nach Irkutsk (6 x pro Woche), Krasnojarsk (3 x wöchentlich), St. Petersburg, Vladivostok (je 1 x pro Woche) und in die Mongolei. Ticketagenturen befinden sich in den Hotels ›Geser‹ ›Sagaan Murin‹ und ›Burjatija‹.

Ulan-Udė liegt an der Transsibirischen Eisenbahn. Im Osten der Stadt gabelt sich die Transsib in den Strang Richtung Čita/Vladivostok und die Transmongolische Eisenbahn in Richtung Ulaanbaatar/Peking. Die durch das Tal des Flusses Selenga und am Südufer des Baikalsees verlaufende Strecke zwischen Ulan-Udė und Irkutsk ist einer der schönsten Abschnitte der Transsibirischen Eisenbahn, so daß es sich lohnt, diese Strecke (sieben Stunden) bei Tageslicht zu befahren (Tel. 28 20 25).

Der Busbahnhof der Stadt ist in der ul. Sovetskaja (Tel. 21 21 85). Neben vielen anderen Strecken gibt es täglich zwei Busse nach Ivolginsk. Daneben gibt es noch einen ›kleinen‹ Busbahnhof am Ende der ul. Lenina gegenüber der Odigitrievskij-Kirche. Hier fährt eine Routentaxe (Nr. 130) im stündlichen Rhythmus nach Ivolginsk, alle zwei Stunden auch direkt zum Dazan.

Das neueste Hotel ist das 2003 eröffnete ›Sagaan Morin‹. Es ist Teil eines großen Einkaufs- und Geschäftszentrums. Mittlere Preisklasse (ul. Gagarina 25, Tel. 44 40 19).

▶ Die beste Unterkunft am Platze bleibt daher nach wie vor das nach dem gleichnamigen burjatischen Nationalhelden benannte Hotel ›Geser‹. In sehr zentraler Lage war es früher das örtliche Nomenklaturhotel und hieß ›Oktjabr'skaja‹. In dem zweistöckigen, ansprechend gestalteten Gebäude gibt es 110 Betten, zwei Restaurants, eine Sauna und das offizielle Inturist-Büro. Mittlere Preisklasse (ul. Ranžurova 11, Tel. 21 61 51, www.geser.burnet.ru).

▶ Nicht zu übersehen ist im Stadtzentrum das Hotel ›Burjatija‹. Das zwölfstöckige Hochhaus ist das größte Hotel in Ulan-Udė. Die 172 Zimmer sind sauber und ordentlich. Es gibt zwei Restaurants, einen Nachtclub, eine Sauna und eine Bankfiliale im Gebäude. Mittlere Preisklasse (ul. Kommunističeskaja 47a, Tel. 21 18 35).

▶ Das unmittelbar am zentralen Sovetskaja pl. gelegene Hotel ›Bajkal‹ hat schon einige Jahre auf dem Buckel und wurde kürzlich teilweise renoviert. Die knapp 200 Plätze sind preisgünstig, man sollte aber sowohl an das Hotel als auch an das Restaurant keine allzu großen Ansprüche stellen.

▶ Eine weitere Alternative ist das Hotel ›Barguzin‹ mit 160 Plätzen (ul. Sovetskaja 28, Tel. 21 57 46) Für beide Hotels gilt: keine Kreditkarten.

▶ Eine billige Unterkunft in Bahnhofsnähe ist das Hotel ›Odon‹, das überwiegend von Händlern aus China und der Mongolei belegt wird. Es gibt sowohl Zimmer mit eigenem Bad, als auch Zimmer mit allgemeinen Sanitäranlagen (ul. Gagarina 43, Tel. 44 34 80).

▶ Wer sich für tibetische und fernöstliche Medizin interessiert, sollte am Stadtrand absteigen. Die in einem ruhigen Kiefernwäldchen am Stadtrand gelegene Klinik für tibetische Medizin hat ein eigenes kleines Hotel mit 30 Betten. Für Interessenten an den esoterischen Heilpraktiken ist diese Unterkunft mit Vollpension zu empfehlen (ul. Verchnjaja Berëzovka, zwei Kilometer hinter dem Abzweig zum Ethnographiemuseum etwa 1500 Meter von der Hauptstraße entfernt, Tel. 21 14 39).

In Sachen Gastronomie bleibt die Auswahl in Ulan-Udė zwar hinter Irkutsk zurück, aber auch hier gibt es in den letzten Jahren deutliche Fortschritte zu vermelden. Die Gaststätten in den Hotels bieten in der Regel ein passables Standardangebot, wobei sich aber die Menü-Auswahl überall in engen Grenzen hält. Neben dem auch hier verbreiteten Baikalfisch Omul' sind die sogenannten ›Pozy‹ das burjatische Nationalgericht. Dabei handelt es sich um im Teig gekochte Frikadellen oder sozusagen Riesenpelmeni, um einen sibirischen Vergleich zu verwenden.

▶ Burjatische Küche und das lokale Bier findet man im zur örtlichen Brauerei gehörenden Restaurant ›Staryj gorod‹, was Altstadt bedeutet (ul. Limonova 4, Tel. 26 11 77).

▶ Außerhalb der Stadt gibt es hinter dem Ethnographiemuseum auch das recht stilechte Jurtenrestaurant ›V Jurtach‹ mit burjatischer Küche (ul. Verchnjaja Berëzovka, Endhaltestelle Routentaxi Nr. 8).

▶ Zentral gelegen hinter dem Naturkundemuseum und dem Puppentheater befindet sich das Café ›Teatral'noe‹ (ul. Lenina 46, Tel. 21 80 66).

▶ Im Sommer ist die Schaschlikbraterei ›Na naberežnoj‹ sehr populär. Es gibt aber nur Schaschlik, und sie befindet sich, wie der Name schon sagt, an der Uferstraße unweit der Brücke über die Uda.

▶ Auf der andere Seite der Bahn ist das Café ›Lira‹ (ul. Prževalskogo 3, Tel. 44 08 77) ganz nett.

▶ Wer zum Abendessen Live-Musik sucht, findet sie im ›Indigo‹ (ul. Šumjazkogo 24, Tel. 37 69 01).

▶ An europäischer Küche versucht sich das ›Bogema‹ (ul. Stroitelej 64, Tel. 33 07 92).

▶ Für den schnellen Hunger ist das russisch-koreanische Fast-food-Restaurant ›Kingsburger‹ beliebt. Tagsüber gibt es Burger aller Art, abends gilt es gleichzeitig als beliebter Treffpunkt der Jugend, da hier die größte Diskothek der Stadt ihr Domizil fand. Gleich daneben hat kürzlich auch ein neues Kino eröffnet (ul. Lenina 21, Tel. 21 52 53).

Das größte Kaufhaus der Stadt und eine Vielzahl kleinerer Geschäfte befinden sich in und um die alten Handelsreihen.

▶ Eine beliebte Einkaufsmöglichkeit, die auch als Kuriosum einen Besuch lohnt, ist das ehemalige Hallenbad der Stadt. Ein Amerikaner koreanischer Abstammung betonierte das Schwimmbecken zu und betreibt heute hier einen großen Markt, wobei die alten Sprungtürme die Verkaufsfläche überblicken (ul. Baltachinova, südlich des Flusses).

▶ Der beste Lebensmittel-Supermarkt ›Sputnik‹ im Stadtzentrum befindet sich neben dem Hotel ›Bajkal‹ (ul. Erbanova 20).

▶ Der Buchladen ›Dom knigi‹ findet zwar immer mehr artfremde Untermieter, bleibt aber trotzdem immer noch der größte Buchladen der Stadt (ul. Lenina 30).

▶ Gute Souvenirs und Kunstgewerbe findet man in der ul. Lenina 33 (Tel. 21 51 84).

Ein Internetcafé befindet sich im Gebäude des Providers ›Burnet‹ (ul. Borsoeva 16, Tel. 21 28 86).

▶ Im Hauptpostamt gibt es einen öffentlichen Internetzugang (ul. Lenina 61).

# Das Kloster Ivolginsk

Ein obligatorischer Ausflug führt in das buddhistische Kloster Ivolginsk (Иволгинск). In diesem 1949 errichteten Lamakloster befindet sich das zentrale Heiligtum des Buddhismus in Rußland. Nachdem um 1930 alle buddhistischen Tempel zerstört worden waren, gestattete Stalin im Zuge einer gewissen Lockerung in Religionsfragen den Buddhisten, außerhalb der Hauptstadt Ulan-Udė einen Tempel und ein Kloster zu errichten. Hier hat seitdem auch der Hambo-Lama, der oberste Lama für ganz Rußland seinen Sitz. Seit 1995 hat Damba Ajušejev als 25. Hambo-Lama dieses Amt inne. Der Dalai Lama besuchte Ivolginsk in den Jahren 1991 und 1993. Weitere Reisen wurden ihm bislang mit Blick auf verschnupfte Reaktionen in China verwehrt. Neben Burjatien ist die buddhistische Religion innerhalb Rußlands noch in Tuva und in Kalmückien verbreitet. Die meisten Mönche erhielten nach 1990 ihre Ausbildung in der Mongolei. In den letzten Jahren wurden dank der allgemeinen Öffnung auch die Beziehungen zu den Buddhisten in anderen Teilen der Welt und insbesondere zu Tibet enger, und die ersten Mönche werden bereits auch wieder in Ivolginsk in die Lehre Buddhas eingeführt.

Das malerisch an den Gebirgsausläufen gelegene Klostergelände ist eingezäunt. Der Besuchereingang befindet sich jedoch nicht am Haupttempel, sondern auf der linken Seite des Geländes, wo sich auch verschiedene Stände und ein recht provisorisches Café befinden. Bei der Besichtigung des Klostergeländes sollte

*Das Kloster Ivolginsk*

man sich, dem buddhistischen Glauben gemäß, im Uhrzeigersinn bewegen. Zwischen den Gebäuden stehen mehrere Gebetsmühlen unterschiedlicher Größe, die ebenfalls im Uhrzeigersinn zu drehen sind. Daneben gibt es noch weißgetünchte pyramidenartige Kultstätten, die die Gläubigen durch Verbeugungen würdigen und mit Stirn, Lippen oder Händen berühren. So werden sie durch die Pyramidenform erhöht und kommen Buddha näher.

Der 1972 errichtete eindrucksvolle Haupttempel wird von Löwen- und Drachenfiguren bewacht. Er kann mit Rücksicht auf die Gläubigen besichtigt werden. Mindestens ein Mönch steht den Gläubigen ständig mit Rat und Tat zur Seite. In der Mitte stehen viele mit bunten Decken belegte Bänke für die Rituale zur Verfügung. An den Seiten findet man farbenprächtige Religionsbilder und Buddhafiguren in allen Varianten und Größen. Man kann hier auch verschiedene buddhistische Souvenirs erwerben. Links vom Haupttempel befindet sich ein kleines Museum, dessen Hauptkostbarkeiten eine Ausgabe des ›Ganjur‹ genannten buddhistischen Haupttextes in 108 Bänden sowie die dazugehörigen – ›Danjur‹ genannten – Kommentare bilden. Daneben finden sich dort noch alle möglichen Geschenke an das Kloster. Die verschiedenen anderen Gebäude beherbergen den Sitz des Lamas, mehrere Gebetshäuser und Stupas, die Verwaltung, eine Bibliothek, eine Sauna, eine Herberge für Pilger sowie Wohnhäuser für die Mönche.

*Das Zentrum für östliche Medizin in Ulan-Udė*

Seit 1991 werden in Ivolginsk auch wieder Mönche ausgebildet. Seit 2005 genießt die Buddhistische Universität mit vier Fakultäten (Philosophie, Tantra, Medizin, Kunst) und knapp 150 Studenten offiziell Hochschulstatus. Nach Voranmeldung werden durch die Studenten auch Führungen (in Russisch oder Englisch) durch das Kloster angeboten.

Im Herbst 2002 machte das Kloster weltweit Schlagzeilen. Der 12. Hambo-Lama Doržo Itigilov lebte von 1852 bis 1927. Er spürte damals sein bevorstehendes Ende und wollte nach seinem Tod während einer Meditation in der Lotus-Pose auch so begraben werden und hatte seine Jünger aufgefordert, in 30 Jahren wieder nach ihm zu sehen. Sie folgten seiner Anweisung und fanden 1957 den Leichnam voll konserviert im Lotussitz vor. Obwohl sich politisch Tauwetter andeutete, hatten die Buddhisten wenig Vertrauen in den Wunderglauben der Obrigkeit und betteten den Leichnam heimlich in einen mit Salz gefüllten neuen Sarg um. Am 75. Todestag öffnete man den Sarg erneut, und Itigilovs Körper zeigte keine Spuren der Verwesung. Bislang war der Leichnam nur für ausgewählte Delegationen zu besichtigen, aber ab Ende 2006 soll er in einem neu errichteten Tempel der Öffentlichkeit zugänglich gemacht werden.

## Tarbagataj

Tarbagataj (Тарбагатай) liegt südlich von Ulan-Udė und ist als Kreisstadt der Altgläubigen bekannt und als Ziel von Tagesausflügen beliebt. Es gibt heute etwa zwei Dutzend Dörfer in Burjatien, wo Altgläubige (Starovery oder Staroobrjadzy, was sich mit ›Altrituelle‹ übersetzen läßt) kompakt siedeln. Andere Altgläubigendörfer sind beispielsweise auf dem Weg nach Tarabagataj das Dorf Saratovka sowie Desjatnikovo und das entlegenste und aufgrund der deutlich geringeren touristischen Nachfrage authentischste Dorf Bol'šoj Kunalej.

## Gusinoozersk

Der Name der 110 Kilometer südwestlich von Ulan-Udė liegenden Industriestadt mit heute 29100 Einwohnern ist vom Namen des Gänsesees abgeleitet, an dessen Nordufer sie liegt. Während der Baikalsee bekanntlich als der älteste See der Welt gilt, handelt es sich beim Gänsesee um ein Gewässer, das in seiner heutigen Größenordnung von ca. 160 Quadratkilometern erst im 19. Jahrhundert aus einer Vielzahl kleiner Seen entstand. Bekannt ist der See auch durch das buddhistische Tamtschinskij-Kloster, welches 1741 im Tal des heutigen Sees begründet wurde und ab 1809 der Sitz des Chamba Lamas, des geistlichen Oberhauptes aller burjatischen Buddhisten wurde. Mit der Ausdehnung des Sees mußte es zweimal umziehen, bevor es seinen heutigen Standort in der Siedlung Gusinoe Ozero am Südufer des Sees fand. Doch die Konsequenzen der politischen Gewalt im 20. Jahrhundert waren dramatischer als die der Naturgewalt im 19. Jahrhundert. Im Religionskampf Stalins wurden die Lamas verfolgt und das Dazan 1938 geschlossen. Als sich während des Zweiten Weltkrieges in der Sowjetunion der Spielraum für die Religionen etwas erweiterte, wurde den Buddhisten aber eine

Wiederbelebung von Tamtschanskij versagt, sondern nur die Genehmigung für ein neues Kloster im heute bekannten Sitz des Chamba Lamas in Ivolginsk erteilt. Heute leben wieder Mönche im Kloster und arbeiten an der Wiederherstellung der Tempelanlage.

## Novoselenginsk

Lange Jahre markierte das 130 Kilometer von Ulan-Udė entfernte Fort Selenginsk die Außengrenze des Russischen Reiches, nachdem 1665 ein Kosakentrupp unter Gavril Lovzov am rechten Ufer der Selenga ein Palisadenfort errichtet hatte. Innerhalb weniger Jahre entstanden rund um die Sicherheit garantierende Festung über 200 Höfe, zumal der Handel mit China nach dem 1689 in Nerčinsk abgeschlossen Grenzvertrag zu blühen begann.

Das Urteil des Gesandten des Zaren über die Art und Weise des Selenginsker Städtebaus fiel allerdings vernichtend aus: Sava Raguzinskij sah hier nur ein unmögliches Chaos, so daß 1726 ein Zarenukas folgte. Dieser befahl, Festung und Stadt am anderen Ufer des Flusses neu zu errichten. Doch der Zar war weit, der blühende Handel mit China ließ Selenginsk mit damals über 4000 Einwohnern weiter am alten Platz mit langen Straßen und vier Kirchen wachsen.

Doch das Schicksal meinte es nicht gut mit der Stadt. Die Außengrenze Rußlands lag längst viel weiter östlich, der Handel ging nach Kjachta, und mehrere Überschwemmungen zerstörten Teile der Stadt, so daß man sich des alten Zarenukases erinnerte und 1840 mit dem Bau des neuen Selenginsk am linken, höher gelegenen Flußufer begann. Novo-Selenginsk (Ново Селенгинск) wurde ausgebaut, erreichte aber nie die Bedeutung, die das alte Selenginsk einmal hatte.

Als Überrest des alten Selenginsk sieht man am anderen Flußufer in der Ferne nur noch die alte Erlöserkathedrale (Spasskij sobor) stehen, die langsam verfällt. In einem der ersten Häuser von Novo-Selenginsk, das damals der Kaufmann Dimitrij Starcev erbauen ließ, befindet sich heute das Heimatmuseum, das in erster Linie ein Dekabristenmuseum ist (Mo, Di Ruhetage, ul. Lenina 53, Tel. 301 45/967 16). Nicht zuletzt dank der Gastfreundschaft des Unternehmers Starcev faßten die nach ihrer Zwangsarbeit 1838 und 1839 hierher geschickten Brüder Nikolaj und Michail Bestužev sowie Konstantin Torson schnell Fuß in der Stadt und begründeten alsbald die erste Schule des Ortes. Sie lebten dann in Häusern am Standrand, wo ein Memorial aus unförmigen Betonstelen an ihren Gräbern an sie erinnert.

*Auf der Insel Ol'chon; Landschaft am Westufer*
*Winterlicher Hafen; Abendstimmung über dem zugefrorenen See*

# Tibetische Medizin

Die philosophische Grundlage der tibetischen Medizin ist der Buddhismus. Der Mensch hebt sich aus seiner natürlichen Umwelt hervor und in seiner Wahrnehmung entstehen Begriffe wie ›ich‹ und ›mein‹, die über die drei zentralen Geistes-gifte Haß, Ignoranz und Gier die Harmonie zwischen Mensch und Natur gefährden. Aus diesen drei Geistesgiften resultieren zugleich die drei Körperprinzipien: Galle (Tipa) steht für Körperwärme, Schleim (Bedgen) bedeutet Flüssigkeit und Wind (Lung) symbolisiert Bewegung. Der menschliche Körper und diese drei Prinzipien werden von den fünf Elementarenergien (Erde, Wasser, Feuer, Luft und Raum) gebildet. Diese sind für die Vitalität des Geistes und des Körpers verantwortlich. Geist und Körper des Menschen bilden eine Einheit. In einem gesunden Körper sind die Körperprinzipien im Gleichgewicht. Störungen des Gleichgewichtes auf der geistigen Ebene erscheinen auf der körperlichen Ebene als Krankheit. Die Methoden und Instrumentarien, die drei Körperprinzipien im harmonischen Gleichgewicht halten zu können, bilden die Grundlage der tibetischen Medizin.
Das wichtigste Ziel in einer Behandlung nach den Prinzipien der tibetischen Medizin ist die Wiederherstellung des Gleichgewichtes.
So werden zuerst immer Fragen nach den Eß- und Lebensgewohnheiten

*Teil aus einem tibetischen Thangka*

des Patienten gestellt. Die Ergebnisse ermöglichen eine Typologisierung des Patienten hinsichtlich der drei Körperenergien, damit Veranlagungen und Neigungen des Patienten in die Diagnose miteinbezogen werden können. Die Empfehlungen für Veränderungen im Verhalten und in der Ernährung sind somit ein wichtiger Bestandteil der Therapie. Danach beginnt eine für den Laien außerordentlich spannende spezifische Diagnose über den allgemeinen energetischen Zustand des Patienten und die Verfassung einzelner

*Im Winter dient der See als Landstraße; Vorbereitungen zum Eisangeln*
*Wetterküche Baikal*

Organe durch das mehrminütige Erfühlen des Pulses in den Fingerspitzen. Diese Methode gilt als das wichtigste Diagnoseinstrument und setzt eine jahrelange Erfahrung voraus, um die zahlreichen Pulse unterscheiden zu können. Der Heiler oder Arzt ertastet dabei eine Anzahl von unterschiedlichen Pulsen, welche durch den ›Wind‹, der mit dem Blut im Blutkreislauf zirkuliert, unterschiedlichste Gestalten annehmen können. An diesen verschiedenen Pulsarten kann er feststellen, welches der drei Körperprinzipien im Ungleichgewicht ist und welches Organ von der Krankheit betroffen ist. Bei Bedarf wird die Pulsdiagnose noch durch eine Zungendiagnose und eine Urinanalyse ergänzt.

Tibetische Medizin ist in Burjatien weitverbreitet. Vor allem auf dem Lande verstehen sich viele auf die Grundlagen dieses Heilsystems. Aber auch in den Städten und in der offiziellen Medizin finden die Heilmethoden Anerkennung und Anwendung. So gibt es im Stadtzentrum und am Stadtrand von Ulan-Udė zwei spezielle Kliniken für die ambulante und kurähnliche stationäre Behandlung. Man beruft sich auf die fernöstliche Medizin, und es gelangen auch Heilmethoden aus China und der Mongolei zur Anwendung.

Das Wissen um die tibetische Medizin kam mit dem Buddhismus nach Burjatien. Die tibetische Medizin reicht in ihren Ursprüngen bis in das 7. Jahrhundert zurück und wurde im 11. Jahrhundert in dem Erläuterungen zu über 8000 Krankheitsbildern und über 2000 Heilmittelzutaten enthaltenden Traktat ›Gyüshi‹ erstmalig für die Nachfahren niedergeschrieben. 600 Jahre später ergänzte Sengye Gyamtso (1653–1705) dieses fundamentale Werk mit seinen unter dem Titel ›Blauer Beryll‹ bekannten Kommentaren und ließ die Zusammenhänge in 77 Gemälden (Thangkas) illustrieren. Dieses Buch bildet bis heute das Grundlagenwerk der tibetischen Medizin. Es soll außer in Burjatien noch in zwei Exemplaren in China und Tibet vorhanden sein. Als 1869 in Burjatien der erste, ›Mamba‹ genannte Medizin-Dazan eröffnet wurde, kam ein Exemplar in diesen Tempel. Die Schule der tibetischen Medizin bestand bis 1936, danach kam das Traktat in das Archiv des Heimatkundemuseums. In den achtziger Jahren begannen wieder wissenschaftliche Forschungen zu diesem Thema, und als 1986 der chinesische Abzug veröffentlicht wurde, stellte sich heraus, daß das in Ulan-Udė befindliche Exemplar umfassender und besser erhalten war. Die auf der Basis dieser Ausgabe 1994 in Rußland erschienene Ausgabe des ›Atlas der tibetischen Medizin‹ bildete auch die Grundlage für die deutschsprachige Ausgabe, die 1996 unter dem Titel ›Klassische Tibetische Medizin‹ in Bern erschien.

# Aktivurlaub im Sommer

*Der Baikalsee ist ganz sicherlich einer der erstaunlichsten Orte, die auf dieser Erde zu Gesicht zu bekommen man nur hoffen kann.*

Peter Ustinov

Der Baikal bietet eine Reihe von Möglichkeiten für Aktivurlaub, nachfolgend werden einige Vorschläge gemacht. Zusätzliche Informationen sowie die Adressen der hier genannten Reiseveranstalter finden sich in den Reisetips von A bis Z am Ende des Buches.

### Baden

Der Baikalsee ist mit sommerlichen Wassertemperaturen von durchschnittlich 12 °C für einen Badeurlaub eher ungeeignet, aber an einigen ausgewählten Stellen können kurzzeitig Wassertemperaturen von 20 °C und darüber erreicht werden. Die höchsten Wassertemperaturen findet man in den flachen und windstillen Buchten an der Westseite des Kleinen Meeres, an den Stränden der Čivyrkujsker Bucht und an der durch die beiden Karga-Nehrungen abgetrennten Sor-Bucht. Wer es gern noch etwas wärmer mag, findet in mehreren Seen – wie dem Kotokelsee bei Turka in Burjatien oder an den Sljudjansker Seen im Norden bei Severobajkal'sk – seinen Badespaß oder muß auf die Thermalquellen in der Umgebung ausweichen.

Schöne Strände und akzeptable Badetemperaturen findet man auch an der äußersten Südspitze bei Sljudjanka sowie im äußersten Norden, wo bei Nižneangarsk eine Nehrung das Delta der Oberen Angara abtrennt. Die besten Sandstrände findet man an der Sandbucht und in deren Umgebung, auf der Insel Ol'chon, zwischen dem Selengadelta und der Halbinsel Svjatoj Nos sowie bei Severobajkal'sk. Steinstrand und Wassertemperaturen bis 18 °C sind auch im Südosten zwischen Sljudjanka und Selenga anzutreffen.

›Strandurlaub‹ am Baikal wird in Deutschland von Reisebüros nicht angeboten, Badelustige sollten nach einem der oben genannten Orte in den vorgeschlagenen Routen suchen oder zum Beispiel in der Sandbucht buchen.

### Segeln

Mehrere Segeljachten unterschiedlicher Größe und Ausstattung können für kleine Ausflüge und mehrtägige Segeltörns gemietet werden. Dabei handelt es sich zumeist um Hochseesegler, und nicht zuletzt aufgrund des begrenzten Angebotes ist das ein teures Vergnügen. Bei kleineren Booten sollte man bei der Planung längerer Segeltouren aber immer die Unberechenbarkeit des Wetters am Baikal einbeziehen und die Route flexibel bestimmen. Stürmische Winde und andere Wetterkapriolen haben, vor allem, wenn man nicht nur entlang des Ufers segelt, sondern auch eine Überquerung plant, schon oft die Pläne zu Makulatur werden lassen.

### Wandern

Ausgeschilderte und markierte Wanderwege, wie sie in Europa üblich sind, wird man am Baikal noch nicht finden. Der Traum vom Großen Baikal-Pfad als einem von größeren Hindernissen befreiten Wanderweg rund um den Baikal hat zwar 2003 in fünf kleinen Teilabschnitten erstmals Gestalt angenommen, aber bis zur Vollendung ist es noch ein sehr weiter Weg. Derzeit sind die Grenzen zum Trekking eher sehr fließend, denn das Relief der Landschaft ist in Ufernähe vielerorts anspruchsvoll, und die Wege sind zumeist nur Trampelpfade der Jäger und Naturfreunde. Da sie aber in den letzten Jahren von deutlich mehr Touristen beschritten werden, sind viele mittlerweile schon recht ausgetrampelt. Ein weiteres Problem sind fehlende Karten. Die in der Regel nur vor Ort beschaffbaren Wanderkarten sind nur in Kyrillisch, und da man in der Landschaft keine Hinweisschilder findet, ist man auf jeden Fall auf ortskundige Führer angewiesen.
Die populärste Wanderroute, auf der man sich auch nicht verlaufen kann, ist wohl derzeit die alte Eisenbahnstrecke zwischen Port Bajkal und Sljudjanka, die man in vier bis fünf Tagesetappen zurücklegt.

### Trekkingrouten

Hier stellen wir in Kurzform einige populäre, mehrtägige Touren vor, die in diesen Varianten beziehungsweise in Teilabschnitten mit anderen Zubringeroptionen auch bereits von verschiedenen Reiseveranstaltern angeboten werden. Diese Routen sind durchweg anspruchsvoller als ›normale‹ Wanderwege und setzen entsprechende körperliche Fitness für Steigungen und unwegsames Gelände voraus, zumal das Gepäck getragen werden muß. Die Kleidung sollte auf stark wechselnde Wetterbedingungen ausgerichtet sein, denn neben wetterlichen Hochs und Tiefs sind auch nicht geringe Höhenunterschiede und damit Temperaturschwankungen zu verkraften. Die Übernachtung erfolgt zumeist in Zelten, wobei das notwendige Inventar gestellt wird oder ausgeliehen werden kann. Es sei auch nochmals an die dringend empfohlene Zeckenimmunisierung (s. S. 199) erinnert.

▸ Listvjanka–Sandbucht
Ausgangspunkt: Listvjanka,
Endpunkt: Sandbucht
Eine anspruchsvolle Wanderung mit großen Tagesetappen
1. Tag: Listvjanka–Bol'šie Koty
2. Tag: Bol'šie Koty–Bol'šoe Goloustnoe
3. Tag: Bol'šoe Goloustnoe–Kap Chomuty
4. Tag: Kap Chomuty–Sandbucht

*Ausflügler am Čerskij-Felsen oberhalb von Lisvtjanka*

▸ Šumak-Quellen
Ausgangs- und Endpunkt: Nilovaja Pustyn
Hochgebirgstrekking bis in Höhenlagen von 2500 Metern
1. Tag: Nilovaja Pustyn–Quelle des Flusses Eche-Ger
2. Tag: Überquerung des Šumak-Passes
3. Tag: Wanderung zu den Šumak-Quellen
4. Tag: Wanderung rund um die Šumak-Quellen, weitere Wanderungen möglich
5./6. Tag: Rückkehr nach Nilovaja Pustyn

▸ Pik Čerskij
Relativ einfaches Hochgebirgstrekking mit langem Anmarsch
1. Tag: Sljudjanka–Wetterstation
2. Tag: Wetterstation–Pik Čerskij
3. Tag: Pik Čerskij–Sljudjanka

▸ Berg Chanula
Hochgebirgstrekking in unbewohnter Wildnis
1.–3. Tag: Entlang der Flüsse Langatuj, Chara-Murin und Bilšir zum Nuken-Daban-Paß
4. Tag: Auf- und Abstieg zum Berg Chanula
5.–7. Tag: Entlang der Flüsse Ara-Burektaj und Snežnaja nach Vydrino

▸ Am Baikalufer nach Ol'chon
Anspruchsvolle Wanderung am Seeufer und durch die Steppe
1. Tag: Buguldejka–Kap Bora-Elga
2. Tag: Kap Bora-Elga–Kap Krestovskij

3. Tag: Kap Krestovskij–Begulbucht
4. Tag: Begulbucht–Aja-Bucht
5. Tag: Aja-Bucht–Kap Orso
6. Tag: Kap Orso–Sachjurta

▸ Zum Berg Čerskij
Diese Tour setzt alpine Trekkingerfahrung voraus
1. Tag: Kotel'nikov–Fluß Kurkula
2. Tag: Entlang am Fluß Kurkula zum Gitarrensee
3. Tag: Auf- und Abstieg zum Gletscher des Berges Čerskij
4.–5. Tag: Rückkehr zur Thermalquelle Kotel'nikov

▸ Nordhälfte der Insel Ol'chon
Leichte Trekkingtour
1. Tag: Chužir–Pesčanaja
2. Tag: Pesčanaja–Kap Choboj
3. Tag: Kap Choboj–Uzury
4. Tag: Uzury–Berg Žima
5. Tag: Berg Žima–Pesčanaja

▸ Südhälfte der Insel Ol'chon
Mittelschwere Trekkingtour
1. Tag: Chužir–Jalga
2. Tag: Jalga–Kap Šara Šulun
3. Tag: Kap Šara Šulun–Zagly-Bucht
4. Tag: Zagly-Bucht–Kap Unšuj
5. Tag: Kap Unšuj–Perovoznaja-Bucht

▸ Chakusy–Kap Frolicha
Einfache Trekkingtour auf Taigapfaden
1. Tag: Chakusy–Frolicha-See
2. Tag: Rund um den See
3. Tag: Frolicha-See–Kap Frolicha

**Rafting**

▸ Irkut
8-Tages-Tour über rund 130 Kilometer von Anšuk bis Irkutsk, Schwierigkeitsgrad 2. Das Gefälle des Flusses beträgt durchschnittlich 0,5 Meter pro Kilometer.

▸ Tyja
4-Tages-Tour über knapp 100 Kilometer aus den Bergen bis zur Baikalmündung bei Severobajkal'sk. Schwierigkeitsgrad 3. Das Gefälle des Flusses beträgt durchschnittlich zwei Meter pro Kilometer.

▸ Barguzin
5-Tages-Tour über 90 km. Oberhalb der Thermalquelle von Umchej beginnt die Tour und führt bis Majskij. Schwierigkeitsgrad 3.
Das Gefälle des Flusses beträgt zwei Meter pro Kilometer.

▸ Daneben gibt es im Sajangebirge auch sehr anspruchsvolle Touren an den Flüssen Aka, Kitoj und Urik, die mit dem Schwierigkeitsgrad 6 charakterisiert werden.

**Tauchen**

Tauchsafaris am Baikal faszinieren vor allem aufgrund der einzigartigen Steilwände, an denen man unter Wasser atemberaubende Felsformationen sowie exotische und endemische Pflanzen, korallenartige Schwämme sowie Tiere beobachten kann. Tauchanfängern ist der Baikal aber nicht zu empfehlen. Man

*Lohn der Mühe: Omul' am Spieß*

sollte Erfahrungen im Tauchen im Trockenanzug haben. Die bevorzugten Tauchorte liegen vor Listvjanka, bei Bol'šie Koty und an der Westküste der Insel Ol'chon. Vor allem letztere sind nur mit einem gemieteten Boot zu erreichen. Tauchgänge sind in Begleitung von lizenzierten, ortskundigen Instrukteuren gestattet und kosten eine Gebühr. Tauchausrüstungen bekannter westlicher Hersteller, wie zum Beispiel Aqualung oder Poseidon, können vor Ort ausgeliehen werden.

**Angeln**

Im Baikal leben über 50 Fischarten, über die Hälfte davon ist endemisch, also nur am Baikal anzutreffen. Der bekannteste ist der Omul' – zugleich Symbol für den Fischreichtum des Baikal. Doch daneben lassen sich hier noch viele andere bekannte und unbekannte Fische angeln. Auf jeder längeren Bootsfahrt ist das Mahl aus frisch gefangenem Fisch ein unverzichtbares Muß. Fische lassen sich von Hobbyfischern, zu denen ja auch die Mannschaften der Touristenschiffe zu rechnen sind, im Baikal auf drei verschiedene Arten fangen: mit dem Netz, mit der Angel (spinning) oder mit der Angel ›an der Schraube‹ (pod utës). Die Netze werden zumeist über Nacht ausgelegt, oder man zieht sie hinter sich her. Das Angeln mit der Rute wird eher von Touristen praktiziert, denn den Leuten von der Bootsbesatzung fehlt dazu zumeist die

Zeit. Viele Fische zieht es in die Flüsse hinauf, und dementsprechend ist das Auslegen der Netze beim Ankerlassen in der Nähe von Flußmündungen besonders vielversprechend.
Die Netze werden vor allem in Ufernähe bei einer Tiefe bis 200 Meter ausgelegt. Im Norden ist der Fisch kleiner als im Süden, besonders begehrt ist der Posol'skij Omul' aus der gleichnamigen Bucht am Selengadelta. Wenn mit der Rute geangelt wird, läßt sich der Sogeffekt in Ufernähe auch mit einer sich drehenden Schiffsschraube erzielen. Die Fische vermuten die Strömung eines Zuflusses und werden dadurch angezogen.
Entsprechend der Laichzeiten ist die Saison für die wichtigsten Fischarten eingeschränkt, Omul' darf im Sommer nur bis zum 25. August und dann erst wieder ab dem 1. November gefischt werden.
Hoch geschätzt ist der dem Huchen ähnliche und selten gewordene Tajmen'. Diese Lachsart erreicht eine Länge von 1,50 Metern sowie ein Gewicht von über 50 Kilogramm und läßt schon allein für das Erinnerungsfoto jedes Anglerherz höher schlagen. Sehr selten gelingt es dagegen, einen Stör (osëtr) zu fangen. Zu den beliebten Fischen gehören zudem der Barsch (okun) sowie die zur Dorschfamilie gehörende Aalröte (nalim).
Zu den hier anzutreffenden Lachsarten zählt man die Renke oder Maräne (sig), die vor allem in der nördlichen Hälfte des Baikal lebt.
An den Flußmündungen fängt man die beiden ebenfalls sehr schmackhaften Äschenarten Charius und Lenok. Die weniger geschätzten Karauschen (karas) und Plötze (soroga) finden sich im gesamten Baikal im Überfluß.

### Jagd

Wenn auch nicht unmittelbar am Baikal, aber doch in der ihn vorrangig umgebenden Bergtaiga ist die Jagd vor allem für die Menschen in den Dörfern ein unverzichtbarer Bestandteil ihres Lebens. Für diese Regionen werden auch entsprechende Jagdreisen angeboten, wobei es um die Jagd sowohl auf Flugenten und Auerhähne als auch auf Hirsche, Steinböcke und Bären geht.

### Reiten

Großer Nachfrage erfreuen sich auch Reittouren am Baikal. Dabei handelt es sich um mehrtägige geführte Bergwanderungen in der Umgebung des Baikalsees. Da es nur wenige Gestüte mit vielen Pferden gibt, stellt sich bei Gruppenreisen die Logistik häufig als kompliziert dar, da beim Ausfall eines Pferdes kaum Ersatz zu beschaffen ist. Es gibt heute Gestüte in Listvjanka und in Buguldejka, die mit entsprechenden Pferdebeständen Touristengruppen aufnehmen können und Reittouren und auch Reitkurse anbieten.

# Der Große Baikal-Pfad (GBT)

Das ambitionierteste Tourismusprojekt am Baikalsee ist der Ausbau eines insgesamt etwa 1800 Kilometer langen Wanderweges rund um die blaue Perle Sibiriens. Diese Vision von der nachhaltigen Erschließung der Region für den sanften Tourismus existiert seit über 30 Jahren und nimmt seit 2003 Gestalt an. Unter der Bezeichnung Great Baikal Trail (GBT) oder Bol'šaja Bajkal'skaja Tropa (Большая Байкальская Тропа) begeistert sie nicht nur in Rußland viele Baikalfans. Das aus der Zusammenarbeit russischer und amerikanischer Naturpark-Mitarbeiter geborene Projekt will den größtenteils noch von unberührter Wildnis umgebenen Baikalsee touristisch sanft erschließen. Dabei setzt man einerseits auf naturverbundene und nicht motorisierte Touristen und andererseits auf genauso naturverbundene und nicht industrielle Arbeitsplätze für die örtliche Bevölkerung. Es soll innerhalb von 15 Jahren ein Netz von Wanderwegen ausgebaut werden, das sowohl eine etwa drei Monate dauernde Baikalumrundung zu Fuß mit entsprechenden einfachen Übernachtungsmöglichkeiten als auch in und um die verschiedenen Naturschutzparks mehrtägige Wanderrouten möglich macht.
Man setzt beim Bau des GBT auf die Unterstützung vieler Freiwilliger aus aller Welt, die bereit sind, das Projekt mit Spenden oder mit zweiwöchigen Arbeitseinsätzen vor Ort zu unterstützen. Im Jahr 2006 fanden an 14 verschiedenen Standorten rund um den See über 30 Camps statt, wo Freiwillige aus Rußland, den USA, Frankreich, Deutschland, Österreich und anderen Ländern unentgeltlich tätig waren.
In den vergangenen vier Jahren konnten dadurch über 250 Kilometer Wanderwege befestigt oder neu verlegt werden.
In Deutschland informiert und koordiniert als bislang einziger GBT-Partner in der Europäischen Union der Dresdner Verein ›Baikalplan‹ die Möglichkeiten für Einsätze in dem Projekt. Über 80 Freiwillige aus Deutschland halfen 2006 beim Bau des wohl längsten Wanderweges der Welt mit. Der engagierte Verein gab 2005 eine Infobroschüre für Interessenten heraus. Auf der Internetseite www.baikalinfo.com findet man mehr Informationen sowohl über bereits fertiggestellte Abschnitte mit den entsprechenden Routenbeschreibungen und Karten als auch Informationen über die Campstandorte für künftige Einsätze. Auch für 2007 hoffen alle wieder auf eine rege Beteiligung.

www.greatbaikaltrail.ru
www.baikalplan.de

# Aktivurlaub im Winter

Für einen Aktivurlaub im winterlichen Sibirien hat der Baikal ebenfalls einiges zu bieten, und man hat auch vielerorts begonnen, die Anlagen zu erneuern oder auszuweiten.
Einerseits ist die Popularität der Skigebiete im Kaukasus aufgrund der politischen Unsicherheit rückläufig, so daß Alternativvarianten aufholen. Andererseits hat Präsident Vladimir Putin mit seinem einwöchigen alpinen Skiurlaub in Bajkal'sk im Winter 2001, der journalistisch und marketingmäßig auch entsprechend ausgewertet wurde, einen gewaltigen Werbeeffekt bewirkt.

### Skilanglauf

Skilanglauf ist in Sibirien sehr populär und ist sozusagen wie Wandern im Winter. Es gibt zumeist ausgefahrene Loipen für ein- und mehrtägige Ausflüge sowohl zu Lande als auch auf dem Eis des Baikal.

### Abfahrtslauf

Neben den bereits erwähnten Skipisten in Bajkal'sk entstehen an einigen anderen Orten neue alpine Skizentren. In Listvjanka wurde ein großer Sessellift zum Kamen' Čerskovo gebaut, wo jetzt auch noch die entsprechenden Pisten angelegt werden. Auch für die bei Severobajkal'sk bestehenden Trassen sind Investitionen zum weiteren Ausbau in Vorbereitung. Insgesamt befindet sich Ski alpine am Baikalsee noch in den Kinderschuhen. Wer nicht neben dem Skivergnügen auch spezielle Baikalwünsche für seine Urlaubspläne hat, wird im Vergleich zu klassischen Skiorten weltweit am Baikal sicher in den kommenden

*Nichts für Kältempfindliche: Eisbaden*

Jahren noch keine Bestnoten verteilen können. Wer nicht auf den Geldbeutel schauen muß und ausgefallene Ski-Abenteuer sucht, findet auch Heli-Ski-Angebote. Mit dem Hubschrauber MI 8 geht es in das Tunka-Tal, wo in einer Höhe von 1700 Metern Abfahrten über 1,5 bis 3,5 Kilometer möglich sind.

**Radfahren**

Für viele wäre eine Radtour rund um den Baikal ein Traum. Da die natürlichen Bedingungen aufgrund des Uferreliefs dies aber im Sommer ausschließen, erfüllen sich einige diesen Traum nun im Winter und fahren von Severobajkal'sk bis nach Sljudjanka knapp 700 Kilometer mit dem Rad. Ohne Zweifel Extremtourismus, aber eine solche Tour wird angeboten: mit mindestens drei Betreuern und begleitenden Skiscootern für den Gepäcktransport sowie mit Übernachtungen in Herbergen, Winterlagern und in Zelten auf dem Eis. Man muß mit eigenen Rädern und Spikereifen anreisen. Wer es nicht ganz so extrem mag, kann auch Tagestouren auswählen und Fahrräder (Marke Shwinn) vor Ort ausleihen.

**Eisbaden**

Eisbaden ist in Rußland recht populär, obwohl man sicher nicht von einer Massenbewegung sprechen kann. Die schmeichelhaft Walrösser (Morži) genannten Unerschrockenen sind auch am Baikal anzutreffen und schlagen ihre Löcher ins Eis, um sich dann entsprechend zu erfrischen. Wer in diesem Metier noch über keine Erfahrungen verfügt, sollte sie nicht unbedingt am Baikalsee erstmals sammeln wollen.

**Eistauchen**

Wer sich das über einen Meter dicke Eis des winterlichen Baikal nicht nur von oben, sondern auch einmal von unten anschauen möchte, sollte schon über einige Taucherfahrung verfügen. Entsprechende Angebote setzen die internationalen Tauchscheine für Trockentauchen (dry suite diving, dieser ist auch im Sommer erforderlich) und für Untereistauchen (ice diving) voraus. Wer zwar über größere Taucherfahrung, aber nicht über den Eistauchschein verfügt, kann in Irkutsk auch den erforderlichen Kurs einschließlich Prüfung gem. PADI sowohl in Russisch als auch in Englisch belegen und dann abtauchen. Zunächst muß aber mit einer Kettensäge ein mindestens zwei mal zwei Meter großes Loch ins Eis gesägt und der ausgesägte Block dann unter die Eisoberfläche gedrückt werden. Man kann im Winter unter dem Eis Fische und Krebse beobachten, die sich im Sommer nur in großen Tiefen aufhalten und jetzt mit der Kälte nach oben kommen. Ein nicht mittauchender Instrukteur an der Oberfläche ist vorgeschrieben. Außerdem sollte man immer an einer Leine tauchen.

# Herrliches Meer – heiliger Baikal

Das Lied ›Herrliches Meer – heiliger Baikal‹ ist die Hymne des Baikalsees. Der Text des Liedes ist die Kurzfassung des Gedichtes ›Gedanken eines Flüchtlings am Baikal‹ von Dimitrij Davydov. Der Dichter Davydov war ein Neffe eines verbannten Dekabristen und arbeitete in der Schulaufsicht des Irkutsker Gouvernements. Bereits früh hatte er sich als Lokalhistoriker einen Namen gemacht. Auf einer seiner Reisen durch die Baikalprovinz hörte er die Geschichte eines verbannten Sträflings, der sich in eine Fischtonne einsperrte, um so mit der Strömung den Baikal zu überqueren und an das die Freiheit bedeutende Westufer zu gelangen. Inwieweit dieses Einzelschicksal auf einer realen Begebenheit beruht, ist allerdings nicht überliefert. Das von Davydov um 1840 verfaßte Gedicht wurde aber schnell populär und in einer Kurzfassung mit der heute weltweit bekannten Melodie zur Hymne des Baikal. Von wem die Melodie stammt, ist nicht bekannt.

**Gedanken eines Flüchtlings am Baikal**

Welch herrliches Meer – Oh Du heil'ger Baikal!
Welch herrliches Schiff ist dieses Omulfaß.
He, Barguzin, blas' die Wogen noch mal,
Ich tapferer Kerl hab' nicht mehr weit zu schwimmen.

Schwere Ketten habe ich lange getragen,
Lang' bin ich durch die Berge des Akatau geirrt,
Ein alter Gefährte half mir zu fliehen,
Mit der Freiheit lebte ich wieder auf.

Schilka und Nertschinsk fürcht' ich nicht mehr,
Der Bergwacht bin ich entwischt,
Im Dickicht die Raubtiere ließen mich ziehen,
Und alle Kugeln verfehlten ihr Ziel.

Ich bin gelaufen bei Tag und bei Nacht,
Bei den Städten mit besonders scharfem Blick.
Die Bäuerinnen gaben mir Brot,
Die Burschen brachten Tabak.

Fröhlich auf dem Kiefernstamm
Bin ich tiefe Flüsse hinunter geschwommen,
Die flachen Flüßchen,
Durch die Furten gekommen.

Am Meer kam die Furcht,
Am Ufer kein Pott weit und breit.
Bedrückt folgte ich dem Strand,
Bis ein mit Sand bedecktes Faß ich fand.

Ohne zu zögern – Gott schickte dies Glück,
Ein Stier ertrinkt nicht in diesem Stück.
Den Feigling erwischt die Welle auch auf dem Deck,
Der Mutige kommt auch mit der Tonne weg.

Eng wäre es zwar selbst für den Omul im Faß,
Doch ihr Fische, hört meinen Trost.
Wenn Ihr im Akatau gewesen wärt,
So würdet Ihr auch freiwillig ins Faß klettern.

Vier Tage tanze ich auf den Wellen,
Den löchrigen Kittel als Segel geschnallt,
Ein gutes Boot habe ich da gefunden,
Nur etwas langsam ist es halt.

Berge und Wälder werden sichtbar,
Ruhig werd' ich mich im Schatten verbergen.
Man könnte auch hier verweilen,
Doch der Teufel zieht in das Heimatdorf.

Es folgen die Noten sowie der russische und deutsche Text des Liedes. In der deutschen Gesangsfassung unterscheidet sich die Übersetzung durch einen konsequenteren Reim von der oben zitierten Übersetzung des gesamten Gedichtes. Zusätzlich wurde der russische Text um die Steinitzsche Transkription ergänzt, damit auch alle, die des russischen Alphabetes (noch) nicht mächtig sind, aus voller Brust die Originalfassung dieses Klassikers mitsingen können.

## [ 286 ] Herrliches Meer – heiliger Baikal

**Свящнный Байкал – Herrlicher Baikal**

Славное море – Священный Байкал,
Slawnoje morje – swejschennyj Baykal',
Herrlicher Baikal – du heiliges Meer,

Славный корабль – омулевая бочка.
Slawnyj karabel – omulewaja botschka.
Auf einer Lachstonne will ich dich zwingen.

Эй, Баргузин, пошевеливай вал,
Eij, Bargusin, poscheweliwaj wal,
Scharfer Nordost treibt die Wellen daher,

Молодцу плыть недалечко.
Molodzu plytj nedaletschko.
Rettung, sie muß mir gelingen.

Долго я тяжкие цепи влачил,
Dolgo ja tjaschkie zepi wlatschil
Jahrelang schleppt' ich die Ketten am Bein

Долго бродил я в горах Акатуя,
Dolgo brodil ja w gorach Akatuja,
Fern in Sibiriens eiskalten Bergen,

Старый товарищь бжать пособил,
Staryj towarischtsch bezhatj pasobil,
Bis eines Tags es gelang zu befrein,

Ожил я, волю почуя.
Ozhil ja, wolju patschuja.
Mich von den Ketten und Schergen.

Шилка и Нерчинск не страшны теперь,
Schilka i Nertschinsk ne straschnyj teper',
Schilka und Nertschinsk, nicht schreckt ihr mich mehr,

Горная стража меня не поймала,
Gornaja strazha menja ne pajmala,
Tigern und Bären bin heil ich entkommen,

В дебрях не тронул прожорливый зверь,
W debrjach ne tronul prozhorliwyj zwer',
Nimmer noch traf mich des Jägers Gewehr,

Пуля стрелка миновала.
Pulja strelka minowala.
Bergwacht, sie konnt' mich nicht fangen.

Шёл я и ночь, и средь белого дня,
Schol ja i notsch, i sredj belovo dnja,
Städte umging ich; das Bauernvolk bracht

Близ городов озирался я зорка.
Blis gorodow osiralsja ja sorko.
Brot mir und andere Gaben.

Хлебом кормили крестьянки меня,
Chlebom kormili krestjanki menja,
Heimlich entwich ich in stockdunkler Nacht.

*Am Südufer des Baikalsees*

Парни снабжали махоркой.
Parni snabzhali machorkoj.
Wochenlang mußt' ich die Taiga durchtraben.

Славное море – Священный Байкал,
Slawnoje morje – swjaschenyj Baikal,
Herrlicher Baikal – du heiliges Meer,

Славный и парус – кафтан дыроватый.
Slawnyj i parus – kaftan dyrowatyj.
Auf einer Lachstonne will ich dich zwingen,

Эй, Баргузин, пошевеливай вал,
Eij Bargusin, poscheweliwaj wal,
Spann meinen Kittel als Segel verquer,

Слышатся грома раскаты.
Slyschatsja groma raskaty.
Rettung, sie muß mir gelingen.

# Kleiner Sprachführer Russisch

## Das kyrillische Alphabet

| Aussprache | | Transliteration | Transkription | engl. Transkription |
|---|---|---|---|---|
| а | ›a‹ in ›Vater‹ | a | a | a |
| б | ›b‹ in ›Ball‹ | b | b | b |
| в | ›w‹ in ›Wasser‹ | v | w | v |
| г | ›g‹ in ›gut‹, in den Endungen -ero und -oro ›w‹ | g | g | g |
| д | ›d‹ in ›dort‹ | d | d | d |
| е | am Wortanfang und nach Vokal ›je‹, sonst wie ›e‹ | e | e | e |
| ё | am Wortanfang und nach Vokal ›jo‹, sonst ›o‹, immer betont | ë | jo | yo |
| ж | ›j‹ in ›Journal‹ | ž | sch | zh |
| з | ›s‹ in ›Rose‹ | z | s | z |
| и | ›i‹ in ›Ritus‹ | i | i | i |
| й | kurzes ›j‹ | j | i | |
| к | ›k‹ in ›Kamm‹ | k | k | k |
| л | ›l‹ in ›Wall Street‹ | l | l | l |
| м | ›m‹ in ›Milch‹ | m | m | m |
| н | ›n‹ in ›Natur‹ | n | n | n |
| о | ›o‹ in betonten, ›a‹ in unbetonten Silben | o | o | o |
| п | ›p‹ in ›Post‹ | p | p | p |
| р | rollendes Zungenspitzen ›r‹ | r | r | r |
| с | ›s‹ in ›das‹ (stimmlos) | s | s | s |
| т | ›t‹ in ›Tisch‹ | t | t | t |
| у | ›u‹ in ›gut‹ | u | u | u |
| ф | ›f‹ in ›falsch‹ | f | f | f |

| Aussprache | | Transliteration | Transkription | engl. Transkription |
|---|---|---|---|---|
| х | wie ›ch‹ in ›acht‹ | ch | ch | kh |
| ц | ›z‹ in ›Zar‹ | c | z | ts |
| ч | ›tsch‹ in ›Tscheche‹ | č | tsch | ch |
| ш | ›sch‹ in ›Schule‹ | š | sch | sh |
| щ | etwas längergezogener ›sch‹ - Laut | šč | schtsch | shch |
| ы | dumpfer, im hinteren Mundbereich ausgesprochener ›i‹ -Laut, fast wie ›üi‹ | y | y | y |
| ь | sog. ›weiches Zeichen‹, vorher gehender Konsonant wird weich ausgesprochen | ' | entfällt | entfällt |
| э | ›e‹ in ›Ernte‹ | ė | e | e |
| ю | ›ju‹ in ›Junge‹ | ju | ju | yu |
| я | ›ja‹ in ›Januar‹ | ja | ja | ya |

*Sprachkenntnisse helfen beim Einkauf*

**Allgemeine Wendungen**
deutsch
russisch [Transliteratión]

Guten Tag!
Добрый день! [Dóbryj den'!]

Hallo!
Привет! [Privét!]

Guten Morgen!
Доброе утро! [Dóbroe útro!]

Guten Abend!
Добрый вечер! [Dóbryj véčer!]

Gute Nacht!
Спокойной ночи! [Spokójnoj nóči!]

Auf Wiedersehen!
До свидания! [Do svidánija!]

Tschüß!
Пока! [Poká!]

Wie geht's?
Как дела? [Kak delá?]

gut
хорошо [chorošó]

schlecht
плохо [plócho]

Es geht.
Так себе. [Tak sebjé.]

Danke!
Спасибо! [Spasíbo!]

Bitte!
Пожалуйста! [Požálujsta!]

ja
да [da]

nein
нет [net]

Hilfe!
Помогите! [Pomogíte!]

Entschuldigung!
Извините! [Izviníte!]

Macht nichts!
Ничего! [Ničevó!]

Sprechen Sie deutsch/englisch?
Вы говорите по-немецки/
[Vy govoríte po-nemécki/
по-английски? po-anglíjski?]

Ich verstehe nicht.
Я не понимаю. [Ja ne ponimáju.]

Ich spreche kein Russisch.
Я не говорю по-русски.
[Ja ne govorju po-russki.]

Sprechen Sie langsam!
Говорите медленно!
[Govoríte médlenno!]

Ich weiß es (nicht).
Я (не) знаю. [Ja (ne) znáju.]

Schreiben Sie es bitte auf!
Запишите, пожалуйста!
[Zapišíte, požálujsta!]

Ist es frei?
Свободно? [Svobódno?]

Darf ich?
Можно? [Móžno?]

Sie dürfen nicht/Man darf nicht!
Нельзя! [Nél'zja!]

**Orientierung**
wo?
где [gde?]

Sagen Sie bitte, wo ist …?
Скажите, пожалуйста, где…?
[Skažíte, požálujsta, gde …?]

Entschuldigen Sie, wie komme ich zu …?
Извините, как мне попасть к…?
[Izviníte, kak mne popást' k …?]

rechts, nach rechts
право, направо [právo, naprávo]

links, nach links
лево, налево [lévo, nalévo]

geradeaus
прямо [prjámo]

um die Ecke
за углом [za úglom]

hier
здесь [zdes']

dort
там [tam]

nah
близко [blísko]

weit
далеко [dalekó]

Norden
север [séver]

Süden
юг [jug]

Westen
запад [zapád]

Osten
восток [vostók]

**Orte**
Brücke
мост [most]

Straße
улица [úlica]

Gasse
переулок [pereúlok]

Prospekt
проспект [prospékt]

Platz
площадь [ploščad']

Uferstraße
набережная [náberežnaja]

Boulevard
бульвар [bul'vár]

Haus
дом [dom]

Theater
театр [teatr]

Kloster
монастырь [monastýr']

Kirche
церковь [cérkov']

Museum
музей [muzéj]

**Öffentliche Verkehrsmittel**
Bahnhof
вокзал [vokzál]

Haltestelle
остановка [ostanóvka]

Bahnsteig
перрон, путь [perrón, put']

Abfahrt
отправление [otpravlénie]

Ankunft
прибытие [pribýtie]

Bus
автобус [avtóbus]

Fährt dieser Zug/Bus nach …?
Этот поезд/автобус идет в …?
[Etot póezd/avtóbus idet v …?]

Wann fährt der Zug nach …?
Когда отправляется поезд в …?
[Kogdá otpravljáetsja póezd v …?]

Von welchem Bahnsteig?
С какой платформы?
[S kakój platfórmy?]

mit dem Boot, Tragflügelboot
на лодке, на ракете
[na lódke, na rakéte]

mit dem Bus
на автобусе [na avtóbuse]

mit dem Taxi
на такси [na taksí]

mit dem Zug
на поезде [na póezde]

Schaffner
проводник [provodník]

Einen Fahrschein nach Irkutsk, bitte!
Один билет в Иркутск, пожалуйста!
[Odín bilét v Irkutsk, požálujsta!]

hin und zurück
туда и обратно [tydá i obrátno]

Wann muß ich aussteigen?
Когда мне выйти? [Kogdá mne výjti?]

Platz
место [mésto]

**Hinweisschilder**
Eingang
Вход [Vchod]

Ausgang
Выход [Východ]

geschlossen
Закрыто [Zakrýto]
Не работает [Ne rabótaet]

Kasse
Касса [Kassa]

Umbau, Renovierung
Ремонт [Remónt]

geöffnet
Открыто [Otkrýto]

Hygiene-Tag
Санитарный день [Sanitárnyj den']

Information
Справка [Správka]

Toilette (Damen/Herren)
Туалет (женский/ мужской)
[Tualét (ženskij/mužskoj)]

**Öffentliche Einrichtungen**
Post
почта [póčta]

Geschäft, Laden
магазин [magazín]

Bank, Sparkasse
банк, сберкасса [bank, sberkássa]

Konsulat
консульство [konsúl'stvo]

Krankenhaus
больница [bol'níca]

Apotheke
аптека [aptéka]

Arzt
врач [vrač]

Zahnarzt
зубной врач [zubnój vrač]

**Im Hotel**
Hotel
гостиница [gostínica]

Pension
пансион [pansión]

Wohnheim
общежитие [obščežítie]

Zimmer
номер [nómer]

für eine Nacht
на ночь [na noč']

heißes Wasser
горячая вода [gorjáčja vodá]

Dusche
душ [duš]

Heizung
отопление [otoplénie]

Preis
цена [cená]

dies hier
вот это [vot éto]

funktioniert nicht
не работает [ne rabótaet]

Licht
свет [svet]

**Im Geschäft, Laden**
Haben Sie?
У Вас есть? [u vas est?]

Was kostet das?
Сколько это стоит?
[Skól'ko ėto stóit?]

Geben Sie mir bitte …!
Дайте мне, пожалуйста… !
[Dájte mne, požálujsta …!]

**Im Restaurant oder Café**
Frühstück
завтрак [závtrak]

Mittagessen
обед [obéd]

Abendessen
ужин [úžin]

Die Speisekarte bitte!
Меню, пожалуйста!
[Menju, požálujsta!]

Ich möchte zahlen.
Я хочу заплатить. [Ja choču zaplatít'.]

Bringen Sie bitte …!
Принесите, пожалуйста… !
[Prinesíte, požálujsta …!]

Teller
тарелка [tarélka]

Tasse
чашка [čáška]

*Bierkeller ›Bei Schwejk‹ in Irkutsk*

Glas
стакан [stakán]

Messer
нож [nož]

Gabel
вилка [vílka]

Löffel
ложка [lóžka]

Vorspeisen
закуски [zakúski]

Erster Gang (Suppe)
первое (суп) [pérvoe (sup)]

Zweiter Gang
второе [vtoróe]

Nachspeise
десерт [desért]

Zucker
сахар [sáchar]

Salz
соль [sol']

**Frühstück**
Tee mit Zitrone
чай с лимоном [čaj s limónom]

Kaffee mit Milch und Zucker
кофе с молоком и сахаром
[kófe s molokóm i sácharom]

Brot
хлеб [chleb]

Butter
масло [máslo]

Honig
мёд [mëd]

Marmelade
варенье [varén'e]

Milch
молоко [molokó]

Eier
яйца [jájca]

Käse
сыр [syr]

Wurst
колбаса [kolbasá]

**Vorspeisen**
kalte Fischplatte
ассорти рыбное [assortí rýbnoe]

Pfannkuchen
блины [bliný]

Fleischsalat mit Mayonnaise
оливье [oliv'é]

Gurkensalat
салат из огурцов [salát iz ogurcóv]

Tomatensalat
салат из помидоров
[salát iz pomidórov]

Pilze
грибы [gribý]

Kaviar
икра [ikrá]

Pirogge
пирог [piróg]

Gemüsesalat
винегрет [vinegrét]

**Suppen**
Rote-Beete-Suppe
борщ [boršč]

*Hotel ›Bajkal‹ in Ulan-Udė*

Kohlsuppe
щи [šči]

Bouillon
бульон [bul'jón]

Soljanka
солянка [soljánka]

Fischsuppe
уха [uchá]

**Zubereitungsarten**
gekocht
варёный [varёnyj]

gebraten
жареный [žárenyj]

geräuchert
копченый [kopčényj]

mariniert
маринованный [marinóvanyj]

gedämpft
на пару [na parú]

gebacken
печёный [pečёnyj]

in Öl gebraten
фри [fri]

**Mittag- und Abendessen**
Kartoffeln
картошка [kartóška]

Reis
рис [ris]

saure Sahne
сметана [smetána]

Fisch
рыба [rýba]

Fleisch
мясо [mjáso]

Würstchen
сосиски [sosíski]

russische Maultaschen
пельмени [pel'méni]

Huhn
курица [kúrica]

**Dessert**
Speiseeis
мороженое [moróženoe]

Bonbons
конфеты [konféty]

süßes Teiggebäck
пирожок [pirožók]

Kuchen
пирожное [piróšnoe]

Torte
торт [tort]

**Obst und Gemüse**
Obst und Gemüse
фрукты и овощи [frúkty i óvošči]

Kohl
капуста [kapústa]

Kartoffeln
картофель [kartófel']

Zwiebel
лук [luk]

Möhre
морковь [morkóv']

Gurke
огурец [oguréc]

Tomate
помидор [pomidór]

Salat
салат [salát]

Rote Beete
свекла [sveklá]

Zitrone
лимон [limón]

Pflaume
сливы [slívy]

Süßkirsche
черешня [čeréšnja]

Apfel
яблоко [jábloko]

**Getränke**
Mineralwasser
минеральная вода [minerál'naja vodá]

Saft
сок [sok]

Rotwein
красное вино [krásnoe vinó]

Weißwein
белое вино [béloe vinó]

Bier
пиво [pívo]

Vodka
водка [vódka]

Cognac
коньяк [kon'ják]

**Zahlen**

eins
один [odín]

zwei
два [dva]

drei
три [tri]

vier
четыре [četýre]

fünf
пять [pjat']

sechs
шесть [šest']

sieben
семь [sem']

acht
восемь [vósem']

neun
девять [dévjat']

zehn
десять [désjat']

elf
одинадцать [odínadcat']

zwölf
двенадцать [dvenádcat']

dreizehn
тринадцать [trinádcat']

vierzehn
четырнадцать [četýrnadcat']

fünfzehn
пятнадцать [pjatnádcat']

sechzehn
шестнадцать [šestnádcat']

siebzehn
семнадцать [semnádcat']

achtzehn
восемнадцать [vosemnádcat']

neunzehn
девятнадцать [devjatnádcat']

zwanzig
двадцать [dvádcat']

hundert
сто [sto]

tausend
тысяча [týsjača]

**Zeitangaben**

Wie spät ist es?
Который час? [Kotóryj čas?]

heute
сегодня [segódnja]

gestern
вчера [včerá]

morgen
завтра [závtra]

Stunde
час [čas]

am Morgen
утром [útrom]

tagsüber, am Tag
днём [dnëm]

am Abend
вечером [véčerom]

Woche
неделя [nedélja]

Monat
месяц [mésjac]

Jahr
год [god]

Montag
понедельник [ponedél'nik]

Dienstag
вторник [vtórnik]

Mittwoch
среда [sredá]

Donnerstag
четверг [četvérg]

Freitag
пятница [pjátnica]

Sonnabend
суббота [subbóta]

Sonntag
воскресенье [voskresén'e]

Januar
январь [janvár']

Februar
февраль [febrál']

März
март [mart]

April
апрель [aprél']

Mai
май [maj]

Juni
июнь [ijún']

Juli
июль [ijúl']

August
август [ávgust]

September
сентябрь [séntjabr']

Oktober
октябрь [oktjábr']

November
ноябрь [nojábr']

Dezember
декабрь [dekábr']

# Ganz kleiner Sprachführer Burjatisch

Da Burjaten und Mongolen gleiche Wurzeln haben, verwendeten die Burjaten ursprünglich die alte mongolische Schrift. Da aber auch die Mongolei auf kyrillische Schriftzeichen umstellte, ist diese heute nur noch in der zu China gehörenden Inneren Mongolei anzutreffen. Nachdem 1931 in Burjatien zunächst das lateinische Alphabet eingeführt wurde, folgte 1938 die Umstellung auf die kyrillische Schriftsprache. Dabei wurden vier neue Buchstaben hinzugefügt, die in etwa den deutschen Umlauten und dem h entsprechen.

Nahezu alle Burjaten sprechen Russisch, nur vereinzelt trifft man in den Dörfern ältere Menschen, die nur burjatisch sprechen.

Guten Tag!
Сайн байна! [Ssajm Bejna]

Entschuldigung!
Намайе хулисыт!
[Namaje chulissyt]

Danke
Хайн даа [Chajn daa]

Bitte
Барак [Barak]

Wie heißen Sie?
Тахен геже неретэйб?
[Tacheen gezhe nertejib?]

Ich heiße …
Би...геже неретэйб
[Bi ….gezhe nertejib.]

Wie geht es?
Хэр байнабта?
[Chär bajnabta?]

Auf Wiedersehen
Баяртай [Baijartaj]

Ja
Зай [Saj]

Nein
Угы [Ugy]

*Burjatische Nationaltracht*

# Reisetips von A bis Z

### Autofahren

Der übliche Fahrstil ist in Rußland deutlich rücksichtsloser als hierzulande und etwas gewöhnungsbedürftig. Aufgrund der geringen Verkehrsdichte sind die Orte rund um den Baikalsee vom Autostreß Moskaus aber noch weit entfernt. Die Relation zwischen russischen Modellen und Importfabrikaten hält sich am Baikal etwa die Waage. Unter den Importen dominieren japanische Gebrauchtwagen, die aufgrund des in Japan bestehenden Linksverkehrs das Lenkrad auf der rechten Seite haben.
Als Ausländer benötigt man in Rußland einen internationalen Führerschein. Versicherungen müssen weltweit gültig sein, da der Baikal nicht mehr zu Europa gehört. Im September 2003 wurde in Rußland erstmals die KFZ-Haftpflichtversicherung eingeführt.
Die Verkehrszeichen entsprechen weitestgehend den bei uns gültigen. Innerhalb geschlossener Ortschaften sind 60 km/h, außerhalb 90 km/h zulässig. Die Benzinversorgung hat sich in den letzten Jahren deutlich verbessert und ist stabil. Bleifreies Benzin ist jedoch unbekannt.
Die Sorten unterscheiden sich in der Oktanzahl. Dem üblichen Super verbleit entspricht Benzin A 95 beziehungsweise mit einigen Abstrichen A 92 oder A 93. Normalbenzin heißt dann A 72 oder A 76.
Das Heer an Verkehrspolizisten (hier jetzt Straßenpatroullierdienst DPS genannt) beeindruckt sowohl in den Städten als auch an den Fernverkehrstraßen. Insbesondere an den Ortseinfahrten großer Städte erreichen die Postengebäude häufig fast Festungscharakter. Der Bußgeldkata-

*Jukos-Tankstelle in Irkutsk*

log ist recht willkürlich und errechnet sich als prozentualer Anteil oder als ein Vielfaches des offiziellen Mindestgehaltes. Dieses beläuft sich derzeit auf etwa 230 Rubel. Russische Polizisten sind bekannt dafür, daß Preise (vor allem ohne Quittung) verhandelbar sind.
Selbst bei kleinen Unfällen muß die Miliz beziehungsweise DPS verständigt werden. Bis zu deren Erscheinen darf auch die Unfallsituation nicht verändert werden. Man darf also nicht an den Straßenrand fahren, so daß häufig Bagatellunfälle zu riesigen Staus führen.

**Autokennzeichen**
Die neuen russischen Autokennzeichen bestehen aus drei Buchstaben und vier Ziffern, wobei man auf typisch kyrillische Buchstaben verzichtet und sich auf die auch im lateinischen Alphabet (allerdings mit anderem Lautwert) vorhandenen Buchstaben beschränkt. Am rechten Rand des Zeichens zeigt unter einer kleinen russischen Flagge eine zweistellige Zahl die Herkunft des Wagens an:

38 Irkutsker Gebiet
03 Republik Burjatien (Hauptstadt Ulan-Udė)
85 Burjatischer Autonomer Kreis (Hauptstadt Ust'-Ordynskij)
14 Republik Jakutien
24 Krasnojarsker Bezirk
75 Gebiet Čita
77, 99 Moskau

**Banken – Geldwechsel**
Das Bankensystem hat in den letzten Jahren deutliche Fortschritte gemacht, auch wenn der Service manchmal vor allem bei der Sberbank noch etwas umständlich ist. Der Tausch von Bargeld in verschiedene gängige Währungen ist bei den großen Banken in den Großstädten kein Problem. Zumeist muß der Paß bereitgehalten werden. Die Sortenschalter einiger Banken öffnen erst etwas später, da man die Kurse der Novosibirsker Börse (2 Stunden Zeitunterschied) als Basis nimmt.
Häufig werden abgenutzte Scheine oder Scheine mit Markierungen nicht akzeptiert.
Die meisten großen Banken akzeptieren Reiseschecks sowohl in Dollar als auch in Euro. Barabhebungen auf Kreditkarte sind in den meisten großen Banken möglich, aber wie auch in anderen Ländern recht teuer. Verschiedene Banken verfügen bereits über Geldautomaten, an denen man mit ec-Karte (beziehungsweise teurer mit Kreditkarte) und Geheimzahl Bargeld abheben kann. Die Betragsobergrenze schwankt beispielsweise zwischen 7500 Rubeln bei der Alfa Bank und 15 000 Rubeln bei der Vneštorgbank. Ein Notnagel für schnelle Geldversorgung ist das Western Union System mit weltweiten Barüberweisungen. Partnerbanken vor Ort sind mit ausgewählten Filialen die Vneštorgbank, die Sberbank, die Alfa Bank, die Guta Bank und die Baikal Bank.

*Die Baikalcard ist leider dem internationalen Cirrus-System noch nicht angeschlossen*

**Bus**

Busverbindungen spielen vielerorts eine wichtige Rolle. In allen Großstädten gibt es Busbahnhöfe, die zumeist neben den Vorortverbindungen auch Überlandverbindungen anbieten. Auf den Überlandrouten dominieren nach wie vor die ungarischen Ikarus-Busse und uralte russische Fabrikate aus Lvov' und Pskov. Die Fahrpläne wurden in den letzten Jahren stark ausgedünnt, da sich die Strecken rechnen müssen. Auf Strecken, wo man mit der Bahn konkurriert, sind die Buspreise in der Regel aber günstiger. Die Fahrscheine können im Vorverkauf erworben werden und sind auf gefragten Routen (zum Beispiel von Irkutsk zur Insel Ol'chon) am Reisetag häufig bereits ausverkauft. Neben den städtischen Busgesellschaften bieten heute auch auf Überlandrouten private Busunternehmer (in der Regel eine 1-Bus-AG) ihre Dienste an. Hier kommen Kleinbusse zum Einsatz, und wenn sich am Busbahnhof genug Passagiere zusammengefunden haben, geht die Reise los. Auf den gefragten Routen kommt man so meist schneller ans Ziel, nur im Vorfeld der Abfahrt muß man etwas mehr Zeit einplanen.

**Diplomatische Vertretungen**

■ Botschaften und Generalkonsulate Rußlands im Ausland

▸ Deutschland:
Botschaft der Russischen Föderation, Unter den Linden 63–65, 10117 Berlin, Tel. 030/2291110. Visaabteilung, Behrenstr. 15,

10117 Berlin, Tel. 01 90/77 33 14 (75 c./min), www.russische-botschaft.de.

Generalkonsulat Hamburg, Am Feenteich 20, 22095 Hamburg, Tel. 040/227 63 80.

Generalkonsulat Leipzig, Kickerlingsberg 18, 04105 Leipzig, Tel. 03 41/596 18 76.

Generalkonsulat München, Seidlstr. 28, 80335 München, Tel. 089/592 25 28.

▸ Österreich:
Botschaft der Russischen Föderation, Reisnerstr. 45–47, 1030 Wien, Tel. 01/712 12 29.

Generalkonsulat Salzburg, Birgelsteinstr. 2, 5020 Salzburg, Tel. 06 62/241 84.

▸ Schweiz:
Botschaft der Russischen Föderation, Brunnaderstr. 53, 3006 Bern, Tel. 031/352 05 67.

Generalkonsulat Genf, Rue Jean Schaub, 1202 Geneve, Tel. 022/734 79 55.

■ Ausländische Botschaften und Generalkonsulate in Moskau und Sibirien

▸ Deutschland:
Botschaft, ul. Mosfil'movskaja 56, 119 285 Moskva, Tel. 095/956 10 80. Konsular- und Visaabteilung, Leninskij prospekt 95a, 117 393 Moskva, Tel. 095/936 24 10.

Generalkonsulat Novosibirsk, Hotel ›Centr Rossii‹, Krasnyj pr. 28, 690 000 Novosibirsk, Tel. 38 32/23 48 69. Dieses Konsulat ist für alle Anfragen aus der Baikal-Region zuständig.

▸ Österreich:
Botschaft, Starokonjušenyj per. 1, 119 034 Moskva, Tel. 095/201 73 17.

▸ Schweiz:
Botschaft, ul. Stopany 2/5, 107 149 Moskva, Tel. 095/925 53 22.

▸ Luxemburg:
Botschaft, Kruševskij per. 3, 119 034 Moskva, Tel. 095/202 53 81.

**Einkaufen**

Im Einzelhandel halten flächendeckend westliche Verkaufsformen mit lokalem Kolorit Einzug. Das nachfolgend beschriebene System, das zu Sowjetzeiten nicht wenige unerfahrene Ausländer zur Verzweiflung getrieben hat, gehört weitgehend der Vergangenheit an. Wenn man damals an einer Ware Gefallen gefunden hatte, merkte man sich den Preis und marschierte zur Kasse. Wenn zum Beispiel bei Lebensmitteln auszuwählen und/oder abzuwiegen war, reservierte man die Ware bei

*Auch auf Liebig-Sammelbildern wurde der Baikalsee verewigt (um 1910)*

der Verkäuferin und ließ sich den Preis sagen oder sicherheitshalber auf einen kleinen Zettel schreiben, mit dem man dann zur Kasse ging. Nach der Bezahlung erhielt man den Kassenbon, den man dann bei der Verkäuferin gegen die gewünschte Ware eintauschte. Zwangsläufig stand man oft dreimal Schlange und war sehr schnell im wahrsten Sinne des Wortes bedient. Aber die Zeiten ändern sich.

Der Handel ist eine profitable Branche, vielerorts wurde die Ladenausstattung in den letzten Jahren erneuert. In größeren Geschäften kam der obligatorische, oft bewaffnete Security-Mitarbeiter hinzu. Selbstbedienungsläden sind noch die Ausnahme, eigene Taschen müssen im Ladenfoyer in ein Schließfach gelegt werden. Zumeist können die Verkäufer selbst kassieren.

Da internationale Kreditkarten am Baikal nur in wenigen Fällen akzeptiert werden, ist beim Shopping ein entsprechender Barvorrat zu empfehlen.

Hinsichtlich verbraucherfreundlicher Öffnungszeiten macht heute selbst Sibirien Deutschland etwas vor – es gibt keine gesetzlichen Regelungen über Ladenöffnungszeiten. Wochentags haben die meisten Geschäfte von 10 bis 19 oder sogar bis 20 oder 21 Uhr geöffnet. Samstags haben die meisten Geschäfte bis 18 Uhr geöffnet. Große Lebensmittelgeschäfte und einige andere Läden haben auch sonntags meist bis 17 oder 18 Uhr geöffnet. In den Stadtzentren gibt es viele kleine

Geschäfte, die rund um die Uhr geöffnet haben.

**Einreise**

(siehe auch ›Registrierung‹)
In Rußland besteht Visumpflicht. Das russische Visum wird in den Paß geklebt, der bei der Beantragung mindestens noch sechs Monate gültig sein muß.
Visa für Privat- und auch Geschäftsreisen werden von den Konsulaten Rußlands erteilt. Dafür ist entweder eine offizielle Einladung (Bearbeitungsfrist zwei Arbeitstage), eine Reisebuchung beziehungsweise Hotelbuchung (Bearbeitungsfrist sechs Arbeitstage) oder eine vom örtlichen Meldeamt (OVIR) beglaubigte Privateinladung (Bearbeitungsfrist sechs Arbeitstage) erforderlich.
Bei Gruppenreisen kümmert sich der Reiseveranstalter um Visaangelegenheiten.
Neu ist die sogenannte Migrationskarte, die bei der Einreise für Ein- und Ausreise auszufüllen ist und das alte Visaergänzungsblatt (v-ezd – vyezd) ersetzt. Die Abkopplung vom Visum ergibt sich daraus, daß jetzt für Ausländer innerhalb Rußlands nicht mehr das Außenministerium, sondern das Innenministerium zuständig ist und seine eigenen Kontrollregeln (sprich: Migrationskarte) einführte. Auf deren Rückseite erfolgt mit entsprechenden Stempeln die Registrierung beim OVIR (Meldestelle) beziehungsweise durch die Hotels. Auch wenn mehrere Orte besucht werden, ist man bei der Ausreise mit einem Registrierungsstempel zufrieden. Zur Registrierung ist man innerhalb von drei Arbeitstagen verpflichtet. Gegebenenfalls sollte man seine Reiseroute so erläutern können, daß man sich nirgends länger als drei Arbeitstage aufgehalten hat und deswegen die Registrierung fehlt.
Umfangreiche Erläuterungen zur Visagesetzgebung mit entsprechenden Fallbeispielen findet man unter www.waytorussia.net/RussianVisa/Registration.html (E).
Es gibt auch spezialiserte Visa-Service-Unternehmen, deren Dienste man gegen eine Gebühr in Anspruch nehmen kann, was sich vor allem dann empfiehlt, wenn man das erste Mal ein Visum beantragt:

Visa-Express Service, Roonstr. 20, 12203 Berlin, Tel. 030/84 40 90 60.

Vostok Visaservice, Weinbergsweg 2, 10119 Berlin, Tel. 030/30 87 10 20.

Gerenberg Reisebüro Berlin, Allee der Kosmonauten 137, 12681 Berlin, Tel. 030/54 70 34 88.

Visa? Wie, Konsular und Visaservice, Teplitzer Str. 5, 14193 Berlin, Tel. 030/78 99 03 05, www.visa-wie.de,

Ventro Travel & Service GmbH, Krefelder Str. 8, 10555 Berlin, Tel. 030/399 69 89.

Visavis, Dürenstraße 12,
53173 Bonn, Tel. 02 28/36 58 95.

**Eisenbahn**

Die russische Staatsbahn verfügt über ein ausgedehntes Streckennetz und ist besonders im unwegbaren Sibirien angesichts eines dünnen Straßennetzes ein wichtiges Verkehrsmittel. Das Stichwort Transsibirische Eisenbahn bedarf keiner weiteren Erläuterung.

▸ Preise

In den letzten Jahren wurden auch Anstrengungen deutlich, das Leistungsangebot und den Service zu verbessern. Allerdings verteuerten sich auch die Fahrkarten drastisch. Bahncard und ähnliche Spielchen sind vollkommen unbekannt. Die letzte Erhöhung im Sommer 2003 brachte aber als echte Neuerung die Einführung von Preiskoeffizienten in Abhängigkeit von der Reisezeit. Dazu wurde das Kalenderjahr in 12 Zeiträume unterteilt, in denen nun je nach durchschnittlicher saisonaler Nachfrage das Angebot dank des Preisfaktors billiger oder teurer wird. So wurden Fahrkarten für den Zeitraum vom 10. Juni bis zum 10. Juli um 25 Prozent, vom 11. Juli bis zum 04. August um 30 Prozent und vom 05. August bis zum 31. August um 35 Prozent teurer. Ab September wird es dann wieder billiger, und richtig sparen kann man am 31. Dezember, da kommt nämlich der Faktor 0,65 zur Anwendung. Um dem Schwarzhandel mit Tickets zu begegnen, muß man sich beim Kauf ausweisen. Der Name wird auf dem Ticket vermerkt, was beim Einsteigen meistens kontrolliert wird.

▸ Waggons

Alle Inter-City-Züge bestehen als Schnellzüge in der Regel nur aus Schlafwagen. Bei den Schlafwagen gibt es drei Klassen: 1. Klasse oder Luxus-Klasse (2-Personen-Abteile, zumeist nur ein Waggon pro Zug), 2. Klasse (4-Personen-Abteile, die zu empfehlende Standardvariante) und die weniger komfortablen, liegewagenähnlichen Platzkarten-Waggons ohne abgetrennte Abteile. Die Regelzüge auf der alten Baikalbahn bestehen aus drei Platzkarten-Waggons. Die Abteile haben mit 1,95 Metern Länge und 1,70 Metern Breite eine einheitliche Größe und unterscheiden sich nur dadurch, daß sie mit Einfach- oder Doppelstockbetten ausgestattet sind. Die Maße der Betten betragen 1,75 Meter x 0,62 Meter. Bettwäsche gibt es gegen einen von Zug zu Zug unterschiedlichen Obolus von 30 bis 40 Rubeln bei der Zugbegleitung. Radiobeschallung ist obligatorisch, manche Züge haben auch schon Fernseher mit Videoprogrammen. Ein Waschraum/WC befindet sich an jedem Waggonende. Während der Durchfahrt durch Großstädte ist deren Benutzung nicht zulässig. Machmal hängt auch ein

Plan mit den Schließfristen für jede Stadt aus. Gepäckfächer gibt es unter den Betten und in einer über dem Waggonkorridor befindlichen Ablage über jeder Abteiltür. Alle Waggons haben Heizung und Klimaanlage, deren ›Feinabstimmung‹ aber häufig zu wünschen übrig läßt.

▶ Fernverkehr

Wer während seiner Baikalreise die Strecken zwischen Irkutsk und Ulan-Udė oder zwischen Irkutsk und Bratsk und Severobajkal'sk mit dem Zug zurücklegen möchte, hat verschiedene Varianten zur Auswahl. Zwischen Irkutsk und Ulan-Udė bestehen allerdings kaum Chancen, daß es für diese vergleichsweise kurze Strecke noch Tickets für die besten und bekanntesten Expreßzüge wie ›Rossija‹ oder ›Vostok‹ gibt. Der beliebteste Zug ist das Zugpaar 25/26 Žima–Ulan-Udė, der täglich in beide Richtungen komfortable Nachtfahrten bietet. Im Sommer 2006 fuhr Nr. 26 um 22:50 Uhr Ortszeit ab Irkutsk und Nr. 25 um 21:45 Uhr Ortszeit ab Ulan-Udė. Ankunft am Ziel dann dementsprechend 6:50 Uhr und 5:33 Uhr. Wer lieber am Tage den Blick auf den Baikal genießen möchte, konnte gemäß Fahrplan 2006 beispielsweise gen Osten Zug Nr. 250 Moskau–Blagoveŝensk wählen, der 11:40 Uhr Ortszeit in Irkutsk abfuhr, oder gen Westen Zug Nr. 249 Blagoveŝensk–Moskau wählen, der 10:15 Uhr Ortszeit ab Ulan-Udė abfuhr.

Zwischen Irkutsk und Severobajkal'sk verkehrt jeden zweiten Tag das Zugpaar 71/72. Abfahrt in Irkutsk 22:50 Uhr Ortszeit und Ankunft in Severobajkal'sk nach gut 33 Stunden 8:00 Uhr Ortszeit. In die umgekehrte Richtung liegen Abfahrt und Ankunft jeweils 15 Minuten früher. Dieses Zugpaar ist auch eine komfortable Verbindung zwischen Irkutsk und Bratsk ohne umzusteigen. Ansonsten gibt es noch weitere Zugvarianten, wo man aber in Tajšet umsteigen muß. Die Fahrpläne

РЖД 20 АСУ «ЭКСПРЕСС» ПРОЕЗДНОЙ ДОКУМЕНТ КЩ2010254 282943

| ПОЕЗД № шифр | ОТПРАВЛЕНИЕ число месяц часы мин. | ВАГОН № тип | ЦЕНА руб. Билет Плацкарта | кол. человек | ВИД ДОКУМЕНТА |
|---|---|---|---|---|---|
| 026 ИЛ | 11.08 18.12 | 13 К | 000234.2 000319.4 | 01 | ПОЛНЫЙ |

ИРКУТ ПАСС–УЛАН УАЭ П (2054001-2054785) ФИРМ
МЕСТА 035 % В-СИБ
КЩ 282943 2НМ Н1 0006482 110803 0439 ИИ02И04/Н
33275908964/ТЕНС=6
Н-613.0 РУБ В Т.Ч.СТР.2.3+НСП 29.1/5.0/38 РУБ
ПРИБЫТИЕ 12.08 В 01.50

*2010254282943 5*   *92236223026084*

*Russische Bahnfahrkarte*

*Bahnhofstreiben in Irkutsk*

sind in Rußland unter www.poezda.net (R/E) abrufbar. Auch die Reiseauskunft der Deutschen Bahn unter www.bahn.de bietet bereits die meisten Fahrpläne Rußlands. Allerdings unterscheiden sich die Zugnummern. Der oben erwähnte Zug Nr. 26 läuft dort unter D125IJ.
Bei den Zeitangaben ist zu beachten, daß alle Fahrpläne rußlandweit auf Moskauer Zeit basieren und am Baikal immer fünf Stunden hinzuzufügen sind.

▸ Nahverkehr
Ėlektrička genannte Vorortzüge sind am Baikal ebenfalls beliebt. Sie verkehren zwischen Irkutsk und Ulan-Udė aber nicht durchgehend, sondern in drei Teilstrecken. Diese umfassen die Streckenabschnitte zwischen Irkutsk und Sljudjanka mit einer in dieser Richtung landschaftlich herrlichen, kurvenreichen Talfahrt zur Südspitze des Baikal (Fahrtzeit 3:10 Stunden), zwischen Sljudjanka und Mysovaja fast ausschließlich am Ufer des Baikal entlang (Fahrzeit 2:30 Stunden) sowie zwischen Mysovaja und Ulan-Udė (Fahrzeit 3:20 Stunden) am Baikalufer und durch das Tal des Flusses Selenga. Diese Züge haben nur Sitzbänke und halten alle paar Kilometer an jedem Bahnhof.
Auf der Strecke verkehren täglich zwei bis vier Ėlektričkas in beide Richtungen. Wer die gesamte Strecke mit der Ėlektrička fahren möchte, muß aber berücksichtigen, daß an den Umsteigebahnhöfen die Ankunft und Abfahrt für ›Transit‹-Reisende

nicht abgestimmt ist und ein zeitnaher Anschluß zur Weiterfahrt die Ausnahme ist.

**Feiertage**
In Rußland feiert man gern und viel. Ob religiöse oder weltliche Feste, ob man demokratischer oder revolutionärer Traditionen gedenkt – ein Anlaß zum Feiern findet sich immer.

Offizielle Feiertage:
▸ 1./2. Januar (arbeitsfrei): Neujahrsfest.
▸ 7. Januar (arbeitsfrei): russisch-orthodoxes Weihnachtsfest.
▸ 13. Januar: altes Neues Jahr – das Neujahrsfest nach altrussischem Kalender.
▸ 25. Januar: Tatjanas Tag. Gründungstag der Moskauer Universität, der heute als Fest aller Studenten wachsende Popularität erlangt.
▸ 23. Februar: Tag der Vaterlandsverteidiger – so heißt er offiziell seit 1996. Früher war er entsprechend dem Gründungsdatum der Tag der Sowjetarmee und galt – als nicht arbeitsfreies Pendant zum 8. März – als Männertag, an dem kleine Aufmerksamkeiten üblich sind. Seit 1999 ist er im Rahmen der Gleichberechtigung ebenfalls arbeitsfrei.
▸ 8. März (arbeitsfrei): Internationaler Frauentag. Ein für die Frauen Rußlands sehr wichtiger Feiertag, der aber weder kämpferisch noch feministisch geprägt ist. Fehlende Blumen oder Aufmerksamkeiten werden den Männern beruflich wie privat sehr übelgenommen.
▸ 1./2. Mai (arbeitsfrei): Tag oder besser gesagt Tage der Arbeit.
▸ 9. Mai (arbeitsfrei): Tag des Sieges – Der Tag des Sieges im hier ›Großer Vaterländischer Krieg‹ genannten Zweiten Weltkrieg weicht aufgrund des Zeitunterschiedes vom Jahrestag der Kapitulation Deutschlands ab. Bei der Unterzeichnung am 8. Mai 1945 um 23.45 Uhr war es in Moskau bereits zwei Stunden später und somit der 9. Mai.
▸ 12. Juni (arbeitsfrei): Tag der Unabhängigkeit. Der Tag der ersten freien Präsidentschaftswahlen, bei denen 1993 Boris Jelzin zum Präsidenten gewählt wurde.
▸ 4. November (arbeitsfrei): Tag der Aussöhnung. Ursprünglich war der 7. November der Jahrestag der Novemberrevolution, dem zu Sowjetzeiten sogar zwei freie Tage (7. und 8. November) gewidmet waren. Zunächst wurde 1991 der 8. November gestrichen, dann erhielt er 1996 seine neue Ausrichtung und 2005 wurde er auf den 4. November verlegt.
▸ 12. Dezember (arbeitsfrei): Tag der Verfassung.

Wenn offizielle Feiertage auf ein Wochenende fallen, ist generell der darauffolgende Montag ebenfalls ein arbeitsfreier Feiertag. Wenn zwischen Feiertag und Wochenende nur ein Arbeitstag liegt, gibt es manchmal offizielle Beschlüsse zur

Verlegung dieses Arbeitstages auf einen anderen Samstag. Insbesondere die erste Januar- und die erste Maihälfte mit drei Feiertagen bieten sich hier an. Da zu dieser Zeit auch viele Urlaub nehmen oder Betriebsferien verkünden, lästern böse Zungen, daß man in dieser Zeit Rußland eigentlich generell für jeweils zwei Wochen schließen könnte.

Schwankende Feiertage:

- Maslenica (Butterwoche): In der letzten Karnevalswoche wird nochmals richtig gefeiert. Es gibt Straßen- und Dorffeste, aber keine Umzüge oder Kostümbälle. Am Montag gibt es das Begrüßungsritual. Der Sonntag ist der Tag der Vergebung. In Rußland fehlen auch die beiden letzten ›wilden Tage‹, so daß nicht erst am Aschermittwoch, sondern bereits am Sonntag alles vorbei ist. Am Baikal wird Maslenica sehr ausgiebig gefeiert. Insbsondere im Museumspark Tal'cy gibt es alljährlich ein großes Fest, das auch bereits für Touristen zu einem Anziehungspunkt geworden ist. Ursprünglich heidnische Traditionen, die mit der Anbetung des Sonnengottes Jarila und dem Fest der Fruchtbarkeit zusammenhingen, wurden seit dem 16. Jahrhundert von der russisch-orthodoxen Kirche übernommen. In erster Linie ist Maslenica aber – und daher auch der Name – ein kulinarischer Höhepunkt. Vor der großen Fastenzeit will man sich nochmals richtig – allerdings bereits ohne Fleisch – sattessen. Berühmt sind vor allem die Bliny, die mit Kaviar, Lachs oder saurer Sahne, Quark oder Honig gegessen werden. Ursprünglich gab es diese Hefepfannkuchen nur in dieser Woche.
- Post (Fastenzeit).
- Troica (Pfingsten).
- Pascha (Ostern).

**Fernsehen**

Es gibt heute zwei landesweite Programme, die in ganz Rußland zu empfangen sind – das staatsnahe, aber private ›Erste‹ Programm sowie das auch formal öffentlich-rechtliche Programm RTR (Rossija). Daneben gibt es mehrere örtliche Sender und Kabelprogramme. Die örtlichen Sender haben Kooperationsvereinbarungen mit den Moskauer Privatsendern NTV, STS und RenTV und übernehmen viele Programmblöcke. Die Moskauer Nachrichtenblöcke werden durch Fenster für lokale Neuigkeiten flankiert. Ausländische Filme sind häufig nicht synchronisiert. Eine oder mehrere Stimmen sprechen den russischen Text ein. Die meisten Regionalsender nerven durch eine Schriftzeile im unteren Bildteil, in welcher permanent Werbe anzeigen laufen. Das örtliche Musikprogramm heißt MuzTV und belegt recht eindrucksvoll, daß ›TaTu‹ keine Eintagsfliege bleiben muß.

**Flugreisen**

Aufgrund der gigantischen Entfernungen ist das Flugzeug häufig die schnellste und manchmal auch die einzige Variante, um in Sibirien ans Ziel zu gelangen. Das gilt auch für die Baikalregion. Das Flughafennetz wurde zu Sowjetzeiten gut ausgebaut. Die staatliche Fluggesellschaft Aeroflot war die größte ihrer Art auf der ganzen Welt. Heute fliegen neben Aeroflot eine Vielzahl weiterer Fluggesellschaften auf den Baikalrouten, wobei es sich zumeist um seinerzeit privatisierte regionale Ableger des früheren Monopolisten handelt. Bajkalavia (Irkutsk) oder Burjatavia (Ulan-Udė) glänzen heute mit eigenen Logos an ihren Maschinen. Von gesamtrussischer Bedeutung sind die Fluggesellschaften Transaero und Sibir Airlines, die sowohl Flüge von Deutschland nach Moskau als auch weiter nach Irkutsk anbieten. Aeroflot fliegt genauso wie Transaero auf seinen internationalen Linien nach Europa mit westlichen Maschinen (Airbus, Boeing). Sibir fliegt genau so wie die anderen russischen Regionalgesellschaften fast ausschließlich mit Maschinen russischer Bauart, die Tupolev, Jakovlev, Antonov oder Il'jušin heißen. Der Ruf russischer Flugzeuge ist nicht gerade der beste. Der Maschinenpark ist zwar überaltert, aber die Absturzquote liegt im internationalen Durchschnitt. Da das Chaos der frühen neunziger Jahre hinsichtlich Verantwortung, Wartungsfristen, Flugsicherheit inzwischen normalen Verhältnissen gewichen ist, hält sich der Adrenalinschub beim Einsteigen in ein russi-

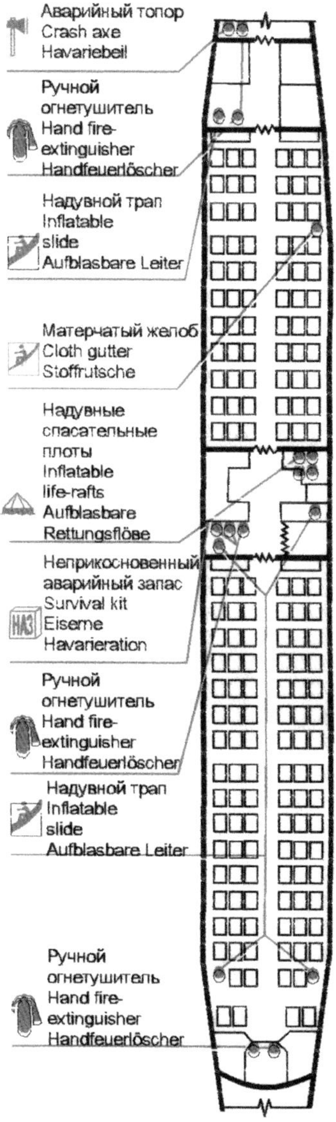


*Grundriß einer Tupolev 154*

sches Flugzeug doch mittlerweile in Grenzen, und die Realität ist, wie bei vielen anderen Dingen in Rußland auch, besser als ihr Ruf.
Der in Rußland am weitesten verbreitete Flugzeugtyp ist die Tupolev TU-154, die von Moskau aus sowohl nach Irkutsk als auch nach Bratsk und Ulan-Udė fliegt. Die 1972 erstmals in Dienst gestellten Maschinen sind an ihrem Hecktriebwerk mit drei Düsen zu erkennen. Die Tupolev kann in verschiedenen Modifikationen zwischen 126 und 168 Passagiere aufnehmen und hat eine Reisegeschwindigkeit von 900 km/h. In den meisten Maschinen wurde in den letzten Jahren eine Business Class mit 12 oder 24 Plätzen etabliert. In der Economy Class ist der Sitzabstand recht eng, enger als in westlichen Maschinen oder auch im Vorläufermodell TU-134, das man an den nur zwei Heckdüsen und der verglasten Flugzeugspitze erkennt.
Auf kürzeren Strecken begegnet man den Jakovlev-Jets. Die Jak 42 bietet Platz für 120 Passagiere (Vorgänger Jak 40 hatte nur 32 Plätze) und ist neben den beiden vergleichsweise kleinen Hecktriebwerken auch am Heckeingang zu erkennen. Gebuchte Sitze sind bei nicht ausgebuchten Flügen allerdings Nebensache. Aus ›Gleichgewichtsgründen‹ verteilt dann die Stewardeß die Passagiere nach ihrem Ermessen.
Wer in Irkutsk von einem Ende des Baikal zum anderen oder von Ulan-Udė nach Nižneangarsk fliegt, macht Bekanntschaft mit der Propellermaschine AN 24 und kann darüber nachsinnen, ob sich der Preis für diesen Flug als ›historische Flugschau‹ nicht demnächst mindestens verdreifachen wird.

**Fotografieren**

In manchen Museen und Galerien ist Fotografieren gänzlich verboten, in anderen darf man nicht mit Blitzlicht knipsen und nahezu in allen muß man für eine Fotoerlaubnis extra bezahlen. In Kirchen sollte man sich zurückhalten. Die meisten allgemeinen Beschränkungen sind aufgehoben. Strategische Objekte darf man nicht fotografieren, obwohl hier natürlich viele Auslegungsmöglichkeiten bestehen. Militäranlagen und Uniformträger sollte man nicht ablichten.
Ansonsten gehört es auch am Baikalsee zum guten Ton, Leute auf der Straße um Erlaubnis zu fragen, bevor man sie fotografiert. Die Zustimmung ist aber im internationalen Vergleich eher als zurückhaltend einzuschätzen.
Filme bekannter Marken (vor allem Kodak, Fuji, Konica) und Filmentwicklung in ein bis zwei Tagen sind mittlerweile kein Problem mehr. Häufig wird auch ein sehr teurer 1-Stunden-Service angeboten.
Schwierig sieht es sowohl beim Kauf als auch bei der Entwicklung mit Dia-Filmen aus.

## Geld

Die Währungseinheit Rußlands heißt Rubel. Das Wort stammt vom Verb ›rubit'‹ ab, was soviel wie kerben oder zerteilen bedeutet. Edelmetallklumpen wurden früher in kleinere Einheiten zerteilt. Die Rubelscheine zeigen russische Stadtmotive: Novgorod (5 Rubel), Krasnojarsk (10 Rubel), St. Petersburg (50 Rubel), Moskau (100 Rubel), Archangel'sk (500 Rubel), das Kloster auf den Solovetskij-Inseln im Hohen Norden (1000 Rubel) sowie neu seit Herbst 2006 Chabarovsk (5000 Rubel).
Im Inland ist der Rubel problemlos konvertierbar. Die Bezahlung in Dollar oder Euro ist ungesetzlich und deshalb nur in den seltensten Fällen möglich. Man kann aber problemlos Rubel gegen Dollar sowie Euro und umgekehrt in allen Banken tauschen. Die Ein- und Ausfuhr von ausländischen Währungen (auch in Form von Reiseschecks) muß nicht deklariert werden, wenn der Wert der Devisen 10 000 Dollar nicht überschreitet. Ende 2006 bekam man für 1 Euro etwa 36 Rubel.

## Hotels

Es gibt einige in den letzten Jahren neu errichtete Hotels (zum Beispiel ›Sun‹ in Irkutsk, ›Bajkal‹ in Ust'-Ordynskij oder ›Sagaan Morin‹ in Ulan-Udė), die aktuellem westlichen 3-Sterne-Niveau weitestgehend entsprechen. Die meisten Hotels sind Plattenbauten aus den siebziger und achtziger Jahren (zum Beispiel ›Angara‹ in Irkutsk, ›Burjatija‹ in Ulan-Udė oder ›Tajga‹ in Bratsk) mit riesigen Eingangshallen und Restaurants, die in den letzten Jahren teilweise renoviert und umgebaut wurden. In den mit eigener Dusche/

*Zeltplatz am Ufer des Baikalsees*

WC ausgestatteten kleinen Zimmern, findet man in der Regel einen Kühlschrank, ein Fernsehgerät und ein Telefon. Nicht selten läßt das Mobiliar eine bereits 20jährige Nutzung vermuten. Man bemüht sich meist um Sauberkeit, aber beim Zustand der Möbel, Fliesen etc. ist ein Hauch von Schmuddeligkeit kaum zu vermeiden. Mancherorts wird etagenweise renoviert. Nach dem sogenannten ›Evroremont‹ sieht das Ganze dann etwas moderner aus. In einfachen Hotels (zum Beispiel teilweise ›Odon‹ in Ulan-Udė und ›Turist‹ in Bratsk) findet man auch 2- bis 3-Bettzimmer mit Dusche/WC auf dem Korridor. Die Preise sind sehr unterschiedlich, untere Preisklasse bedeutet für ein Einzelzimmer unter 300 Rubel pro Nacht, mittlere Preisklasse unter 600 Rubel pro Nacht und obere Preisklasse entsprechend darüber. Die Unsitte, von Ausländern höhere Preise als von Einheimischen zu verlangen, gehört im Hotelbereich der Vergangenheit an.

*Zimmer zu vermieten*

### Medizinische Hilfe

Eine medizinische Grundversorgung ist in den größeren Orten gewährleistet. Der Notarzt ist immer unter der Telefonnummer 03 zu erreichen. Neben den staatlichen Kliniken entstehen in den letzten Jahren zunehmend Privatpraxen. Bei erforderlichen medizinischen Leistungen ist Vorkasse zu leisten. Der Abschluß einer Auslandskrankenversicherung ist Voraussetzung für die Visumserteilung. Für Erstattungsansprüche sollten ausführliche Rechnungen vorhanden sein, die der Arzt auf Anfrage von Hand (leserlich) schreibt. Es gibt wenig Erfahrungen, was die Versicherungen dabei akzeptieren und was nicht.

Das Handbuch Reisemedizin gibt folgende Impfempfehlungen für alle Rußland-Reisenden: Tetanus, Diphterie, Hepatitis A, Polio, bei Hygienemangel zusätzlich Typhus. Für »ländliche Gebiete, einfache Reisebedingungen, Langzeit, soziale/sexuelle Kontakte« empfiehlt es Hepatitis B, Japanische Enzephalitis, FSME, Tollwut. Daneben werden als beratungsrelevante Infektionsrisiken Darminfektionen, Hepatitis A, FSME und Tollwut genannt. Hier steht zweifelsohne eine weitestmögliche Maximalabsicherung im Mittelpunkt. Da bei Reisen zum Baikal die Parameter »ländliche Gegend, einfache Reisebedingungen und soziale (!)/sexuelle (?) Kontakte« mit großer Wahrscheinlichkeit zutreffen, sollte der Impfschutz gegen Tetanus, Diphterie, Polio sowie Hepatitis A und B wirksam sein. Abseits der großen Städte Irkutsk, Bratsk und Ulan-Udė sollte man das FSME-Risiko (FSME ist eine durch Zeckenbisse übertragene Hirnhautentzündung, die zu schweren Komplikationen führen kann) ernst nehmen und auf jeden Fall eine entsprechende Schutzimpfung haben. Wer länger als drei Monate nach Rußland einreisen möchte, muß einen negativen HIV-Test vorlegen.

### Mietwagen

Was mittlerweile in Moskau oder St. Petersburg problemlos möglich ist, ist am Baikalsee nach wie vor ein Problem – es gibt keine Mietwagenagenturen. In manchen Hotels werden hoteleigene Wagen mit Fahrer auf Stunden- oder Tagesbasis angeboten. Wenn man sich privat einen Wagen von Freunden ›mietet‹, benötigt man normalerweise eine notariell beglaubigte Vollmacht.

### Öffentliche Verkehrsmittel

In Bussen, Trolleybussen und Straßenbahnen in Irkutsk, Ulan-Udė oder Bratsk betragen die Fahrpreise und selbst die Strafen für Schwarzfahren einen Bruchteil der deutschen Fahrpreise. In Irkutsk und Ulan-Udė zahlte man im Sommer 2006 7 Rubel für eine einfache Fahrt. Es fahren Schaffner, die die Tickets verkaufen. Die Einhaltung von Fahrplänen ist zumeist Glückssache. Während in der Vergangenheit Übersichten an den Haltestellen zumindestens noch das Intervall in der Spitzenzeit auswiesen, gibt es jetzt auf den innerstädtischen Linien keinerlei Informationen bezüglich eines Fahrplanes. Wer es sich nur leisten kann, Bus zu fahren, hat halt Zeit zu haben. Auf nahezu allen Linien gibt es aber als Konkurrenz zum Stadtverkehr private Kleinbusse (Mikroavtobusy) mit zehn bis zwölf Plätzen, die als Routentaxen zu etwas höheren Preisen (7 bis 10 Rubel) mit weniger Gedränge ihre Passagiere auf denselben Routen befördern. Der Fahrpreis ist dem Fahrer zu zahlen. Man braucht aber in der Regel etwas Ortskenntnis, da die Wagen an den Haltestellen nur auf Zuruf anhalten oder bei freien Plätzen noch neue Passagiere mitnehmen.

### Post

Die Post ist nach wie vor staatlich. Die Postämter bieten zumeist auch einen Fax-Service, die Hauptpostämter Internetservice. Die örtliche Zentrale zur Vermittlung von Ferngesprächen ist zumeist örtlich von den Postämtern getrennt. Die

*Briefmarke mit Baikalmotiv*

weltweit bekannten internationale Kurierdienste wie DHL und EMS Garantpost sind auch in Irkutsk, Bratsk und Ulan-Udė vertreten. Auf den Briefumschlägen und vielen Ansichtskarten ist bereits eine Briefmarke für den Inlandspostverkehr aufgedruckt. Aufgrund entsprechender Preisflexibilität weisen die Briefmarken aber keinen Nominalwert, sondern die Buchstaben A oder B für die Tarife ›Brief‹ oder ›Karte‹ aus. Bei Sendungen ins Ausland muß man gesondert Briefmarken kaufen. Eine Karte nach Westeuropa kostete 2006 knapp 15 Rubel, ein Brief 16 Rubel. Ein Päckchen (1,5 Kilo) kostete 135 Rubel, mit Luftpost 195 Rubel. Die Post nach Deutschland war 2006 zwischen zwei Wochen aus Irkutsk und fünf Wochen aus ländlichen Gegenden unterwegs.

**Preise**

Die Preisangaben sind überall, wo nicht explizit Euro oder Dollar erwähnt werden, in Rubel. Die Zeiten der Hyperinflation und Währungsinformation sind in Rußland zwar vorbei, so daß man in vielen Bereichen von einer relativen Preisstabilität ausgehen kann. Bei den Preisangaben ist von Orientierungswerten für 2006 auszugehen, die in den Folgejahren und im Einzelfall erheblich nach oben abweichen können. Neben neuen Kostenfaktoren (vor allem steigende Benzin- und Energiepreise) werden die Preise bei hoher Nachfrage und je nach Einschätzung des Zahlungsvermögens des Touristen nach Route, Herkunft, Kleidung auch häufig sehr schnell erhöht.

**Registrierung**

Nach Ankunft in Rußland muß man sich bei der jeweiligen Meldebehörde registrieren lassen. Bei Pauschalreisen und Hotelbuchungen übernimmt dies der Veranstalter bzw. das Hotel. Dazu muß man Migrationskarte und Reisepaß abgeben. Bei Privat- und Geschäftseinladungen wendet man sich innerhalb von 3 Werktagen an die jeweilige Paß- und Visabehörde (OVIR), was in der Regel ein zweifelhaftes Vergnügen ist und sehr zeitraubend sein kann. Viele Hotels übernehmen diese Angelegenheit gegen Gebühr auch für Nichtgäste. Nähere Infos und weitere nützliche Tips findet man auf den Webseiten der deutschen Vertretungen in Rußland bzw. des Auswärtigen Amtes (www.auswaertigesamt.de).

**Reiseveranstalter**

Die nachfolgende Liste in wertungsfreier alphabetischer Reihenfolge bietet einen Überblick über die meisten Anbieter von Reisen an den Baikalsee. Neben den Angeboten weltweit ausgerichteter Touristikunternehmen liegt besonderes Augenmerk darauf, welche auf Rußland spezialisierten Firmen oder freiberufliche Reiseleiter Baikalangebote unterbreiten oder sich besonders auf den Baikalsee spezialisiert haben. Die angeführten russischen Unternehmen verfügen über Erfahrungen in der Betreuung ausländischer Touristen.

Bei der Entscheidung und Buchung sollte man berücksichtigen, daß eine Buchung außerhalb Rußlands mehr Sicherheit bietet und auch nicht zwangsläufig höhere Preise beschert. Bei Buchungen vor Ort sind Preisvorteile möglich, aber auch Risiken hinsichtlich Verfügbarkeit und Vertragssicherheit zu berücksichtigen. Reiseveranstalter sind Firmen, die mit entsprechender Lizenz als Leistungsträger nach den gesetzlichen Bedingungen (zum Beispiel Insolvenzschutz) agieren. Reisedienstleister sind meist freiberufliche Reiseleiter, die individuelle Angebote organisieren und begleiten, die dann in den meisten Fällen über einen Reiseveranstalter oder in einzelnen Fällen eigenverantwortlich abgewickelt werden.

▸ Reiseveranstalter und -dienstleister mit Schwerpunkt Baikal und Sibirien:

Baikal-Express, Unterholz 3,
79235 Vogtsburg,
Tel. 076 62/94 92 94,
www.baikal-express.de.

*Winterpause*

Baikal-Reise, Anwaldstr. 17, 79110 Freiburg, Tel. 0761/1561123, www.baikal-reise.de.

Baikal Reisen, Große Str. 43, 22926 Ahrensburg, Tel. 04102/6687888, www.baikal-reisen.de.

BaikalTours, Ostkirchenstr. 65, 47574 Goch, Tel. 02823/419748, www.baikaltours.de.

▶ Osteuropa- und Rußlandveranstalter mit Baikalangeboten:

Agiltours, Münstergasse 12, CH 8001 Zürich, Tel. 01/2621535, www.agiltours.ch.

CVJM Hamburg Reisedienst GmbH, An der Alster 40, 20099 Hamburg, Tel. 040/241391, www.cvjm-Russlandreisen.de.

GoEast Reisen, Bahrenfelder Chaussee 53, 22761 Hamburg, Tel. 040/8969090, www.go-east.de.

hms Tours, Otto-Hausmann-Ring 107, 42115 Wuppertal, Tel. 0202/7168013, www.reisenetz.com/hms.

Knop Reisen, Hollerlander Weg 77, 28355 Bremen, Tel. 0421/9885030, www.knop-reisen.de.

Lernidee Erlebnis-Reisen, Eisenacher Str. 11, 10783 Berlin, Tel. 030/7865056, www.lernidee-reisen.de.

Loher Reisen, Staatsstr. 75, CH 9463 Oberriet, Tel. 071/7610303.

Olympia-Reisen, Siegburger Str. 49, 53229 Bonn, Tel. 0228/400030, www.olympia-reisen.de.

Paradeast, Adlerweg 6a, 92637 Weiden, Tel. 01805/999882, www.paradeast.de.

Perelingua, Varziner Str. 5, 12159 Berlin, Tel. 030/8518001. www.perelingua.de

Sputnik Travel GmbH, Stresemannstr. 107, 10963 Berlin, Tel. 030/20454581, www.sputnik-travel-berlin.de.

Troika-Tour, Michaelstr. 40, 48329 Havixbeck, Tel. 02507/9385, www.troika-tour.de.

TSA-Reisen, Nelkenweg 5, 91093 Heßdorf-Niederlindach, Tel. 09135/7360780, www.tsa-reisen.de.

Ventus Reisen, Krefelder Str. 8, 10555 Berlin, Tel. 030/39100332, www.ventus.com.

*Im Winter führen Trassen über den zugefrorenen See*

Vostok Reisen, Weinbergsweg 2, 10119 Berlin, Tel. 030/30 87 10 20, www.vostok.de.

▸ Internationale Reiseveranstalter mit Baikalangeboten:

Biss-Reisen, Freiligrathstr. 3a, 10967 Berlin, Tel. 030/693 65 30, www.biss-reisen.de.

BUND-Reisen, Spitalstr. 21, 91207 Lauf a.d.Pegnitz, Tel. 091 23/999 57 10, www.baikalsee-reisen.de.

DERTOUR GmbH & Co. KG, Abteilung Rußland, Ukraine, Baltikum, Emil-von-Behring-Str. 6, 60424 Frankfurt/M., Kunden-Service: Tel. 018 05/ 33 76 66, Fax 33 76 05. www.dertour.de.

Diamir Erlebnisreisen GmbH, Loschwitzer Str. 58, 01309 Dresden, Tel. 03 51/31 20 77, www.diamir.de.

Globotrek, Neuengasse 30, CH 3001 Bern, Tel. 031/313 00 10, www.globotrek.ch.

Hauser Exkursionen International, Marienstr. 17, 80331 München, Tel. 089/235 00 60, www.hauser-exkursionen.de.

Schulz Aktivreisen, Bautzener Str. 39, 01099 Dresden, Tel. 03 51/26 62 55, www.schulz-aktiv-reisen.de.

*Eingefrorene Schiffe im Hafen von Listvjanka*

Urlaub und Natur,
Schultheiß-Kiefer-Str. 23,
76229 Karlsruhe,
Tel. 07 21/946 36 16,
www.urlaubundnatur.de.

Westfalia Jagdreisen,
Hohenzollernstr. 44,
41061 Mönchengladbach,
Tel. 021 61/927 80,
www.westfalia-jagdreisen.de.

▸ Russische Reiseveranstalter am Baikalsee:

Baikal-Complex, 664 029 Irkutsk 29,
P.O. 3598, Tel. 39 52/46 22 44,
www.baikalcomplex.irk.ru.

Baikal-Meridian, 670 001 Ulan-Udė,
ul. Lenina 28, Tel. 30 12/22 06 91.

Baikal-Surf, 664 056 Irkutsk,
M-n Primorskij 32,
Tel. 39 52/46 56 65.

Baikal-Travel, 664 024 Irkutsk,
P.O. 106, Tel. 39 52/20 01 34,
www.baikal-travel.ru.

Burjataviatur, 670 000 Ulan-Udė,
ul. Erbanova 20, Tel. 30 12/
21 25 25.

Burjatintur, 670 000 Ulan-Udė,
ul. Erbanova 12, Tel. 30 12/21 69 54,
www.eastsib.ru/~bintur.

Firn Travel, 670 000 Ulan-Udė,
ul. Kommunističeskaja 16 of. 3,
Tel. 30 12/21 62 50,
www.firntravel.ru.

Grand Baikal, 664 050 Irkutsk, ul. Baikalskaja 279, of. 401, Tel. 39 52/25 92 60, www.grandbaikal.ru.

Lovely Tur, 664 003 Irkutsk, ul. Sverdlova 23, Tel. 39 52/ 24 20 11, www.lovelytour.ru.

Sibtimes, Irkutsk, ul. Ėngel'sa 8, 2. Et., Tel. 39 52/66 67 85, www.sibtimes.ru.

Southern Baikal Travel, 665 940 Sljudjanka, ul. Lenina 110, Tel. 395 44/510 51, www.baikal-siberia.ru.

Sputnik Irkutsk, 664 927 Irkutsk, ul. Čkalova 39a, Tel. 39 52/34 17 33, www.baikalsp.com.

Trans-Siberia-Travel, 664 003 Irkutsk, ul. Suchė Batora 7, of. 216, Tel. 39 52/25 52 16, www.transsibtravel.by.ru.

Virgin Baikal, 664018 Irkutsk, ul. Lermontova 333 a, of. 64, Tel. 39 52/38 57 27, www.virginbaikal.ru.

**Sauna**

Die Sauna heißt in Rußland Banja und ist einfach Kult. Im russischen Dampfbad kommt es wirklich auf den Dampf an, und das russische Pendant für saunieren heißt ›parit'sja‹, wörtlich übersetzt: dampfen. Im Unterschied zur Sauna befinden sich die zu erhitzenden Steine nicht offen in der Saunakabine, sondern hinter einer Abdeckung. So kann man die Steine viel stärker erhitzen. Beim Aufguß wird die Abdeckung nur kurz geöffnet und aufgrund der großen Hitze verdampft das Wasser augenblicklich und läßt leichten Dampf entstehen, der in winzigen Tröpfchen Feuchtigkeit schafft, ohne zu brennen. Es geht in der Banja also genau um diesen leichten Dampf und so erklärt sich der obligatorische Saunaspruch ›S lëgkim parom‹ (Mit leichtem Dampf). Im Vergleich zur Sauna unterscheidet sich die Banja somit durch eine höhere Feuchtigkeit und eine niedrigere Tempraratur bis ca. 80 Grad. Ein obligatorisches Sauna-Utensil ist ein zu einem Feger (vejnik) zusammengebundener Birkenreisig, mit dem man sich allein oder partnerschaftlich auf die Haut schlägt und den Banja-Effekt verstärkt. Der Feger sollte vorher bereits einige Minuten in Wasser eingeweicht gewesen sein.

Es gibt zwar auch große öffentliche Saunen, aber zumeist sind es kleine Saunen für fünf bis zehn Personen, die man auch als Gemeinschaft besucht. Banja heißt vor allem auch Kommunikation, und meist findet sich schnell eine Truppe zusammen. Logistisch wird die Gebühr auch nicht pro Person, sondern pro Stunde für die gesamte Sauna erhoben. Man bleibt dann unter sich und teilt sich den Preis. Insbesondere in

kleineren Herbergen sollte man also vorbuchen. Als Single hat man es schwerer, oder es wird teurer.
Wenn man sich nicht sehr gut kennt, saunieren männlich und weiblich getrennt, oder aber man behält Badesachen an. Meist gibt es Laken zum Umwickeln für den Ruheraum.
In modernen Banjas gibt es Duschen und Tauchbecken, aber vor allem in den urigen Banjas auf dem Lande gibt es im Vorraum nur Schüsseln, die man sich dann gefüllt über den schweißgebadeten Körper kippt oder aber man zieht es im Winter vor, sich draußen im Schnee abzukühlen.
Saunen direkt am Baikalufer, wo man sich dann direkt im See abkühlen kann, sind aber die Ausnahme. Es gibt eine solche öffentliche Sauna in Listvjanka, sowie in Touristenunterkünften direkt am Ufer, wie beispielsweise in Ulanovo.

**Sicherheit**
Kriminalität ist ohne Zweifel ein wichtiges Thema, wobei aber bei der Beachtung der überall gültigen, elementaren Vorsichtsregeln das Risiko nicht größer ist als in anderen Ländern. Die sensationsheischende Berichterstattung in vielen deutschen Medien ist stark übertrieben.

**Straßen**
Bereits zur Zarenzeit gab es den Spruch, daß es in Rußland keine Straßen, sondern nur Richtungen gibt. Er ist heute nach wie vor aktuell. Die Straßen sind in der Regel in einem für europäische Maßstäbe katastrophalen Zustand. Autobahnen in unserem Verständnis gibt es nicht. Fernverkehrstraßen sind zwar weitestgehend asphaltiert und auf Teilabschnitten auch mal ein Stückchen vierspurig ausgebaut, häufig gleichen sie aber einem durchlöcherten Asphaltband ohne jegliche Extras. Vielerorts sind auch nur Schotterpisten anzutreffen.
Die Innenstadt von Irkutsk liegt dabei allerdings noch unterhalb des russischen Durchschnittes. Vergleichsweise gute Straßen findet man in Bratsk. Die neue vierspurige Trasse vom Stadtzentrum bis zum Flughafen nennen die Bratsker neuerdings auch ›20 Minuten Amerika‹.
Die schlechte Bauausführung und die extremen klimatischen Bedingungen fordern überall ihren Tribut.
Allerdings werden diese Unzulänglichkeiten auf dem Asphalt während eines nicht unerheblichen Teils des Jahres durch eine geschlossene Schneedecke überdeckt. Von besonderem Reiz sind dabei vor allem Wintertrassen über den Baikal. Spikes-Reifen sind im Winter erlaubt und sehr empfehlenswert.

**Strom**
Die Stromspannung beträgt im allgemeinen 220 V. Mit flachen Eurosteckern dürfte man keine Probleme haben, obwohl der Abstand der Stecklöcher einige Millimeter breiter ist. Ein Universaladapter ist allerdings

in Ausnahmefällen hilfreich. In ländlichen Gegenden kann es zu Spannungschwankungen kommen, die die Toleranzgrenzen westlicher Geräte auf eine harte Probe stellen können. In einigen Dörfern bewirkt der in den letzten Jahren mit neuer Technik stark steigende Stromverbrauch Kapazitätsprobleme, so daß stunden- und tageweise Stromabschaltungen zum Beispiel auf der Insel Ol'chon keine Ausnahme sind. Aufgrund der großen Wasserkraftwerke an der Angara ist der Strom in der Region vergleichsweise preiswert.

**Telefon**

▸ Festnetz

Ortsgespräche sind vielerorts durch die Grundgebühr abgedeckt und kostenlos. Ferngespräche, insbesondere Auslandsgespräche, sind in den großen Städten eigentlich kein Problem. In der gesamten Baikalregion gelten für Ferngespräche innerhalb des jeweiligen Gebietes (Irkutsker Gebiet bzw. Republik Burjatien) unterschiedliche Vorwahlen als allgemein innerhalb Rußlands. Bei der 4- bis 5-stelligen Vorwahl muß man für die gebietsinterne Vorwahl die ersten drei Ziffern durch eine 2 ersetzen (z.B. Bratsk 23 anstelle von 39 53). Wenn kein Anschluß zum Selbstwählverkehr besteht, muß das Gespräch über das Telefonamt bestellt werden. Verbindungen nach Moskau oder in die nächste Gebietsmetropole gehen meist sofort, alles andere kann unter Umständen dauern. Am Nachmittag sind die Verbindungen des öfteren überlastet. Bei fünf Stunden Zeitunterschied zu Moskau und dem europäischen Teil Rußlands muß wohl regelmäßig noch einiges vor dem Büroschluß am Baikal vertelefoniert werden.

In Telefonzellen sind nur Ortsgespräche möglich. Man muß dafür häufig von Stadt zu Stadt unterschiedliche Jetons erwerben, die an Zeitungskiosken verkauft werden. Seit einigen Jahren halten auch Telefonkarten Einzug, die auf einem Magnetstreifen oder einem Mikrochip eine entsprechende Einheitenzahl (mindestens 25) enthalten.

Ferngespräche sind auch in speziellen Telefonzentralen (Meždugorodnyj telefon) möglich. Dabei muß meist vorher eine bestimmte Minutenzahl bestellt und bezahlt werden.

Geld zurück gibt es nur, wenn die Verbindung nicht zustande kommt. Hotels schlagen in der Regel noch eine Servicegebühr zwischen 25 und 50 Prozent auf. Fast immer existiert auch eine Mindestzeit von drei oder fünf Minuten, die einen Anrufbeantworter am anderen Ende zu einem teuren Vergnügen werden läßt.

Im Selbstwählverfahren wählt man zunächst die 8. Danach wartet man auf einen Dauerton. Innerhalb Rußlands schließt sich dann die entsprechende Vorwahl (zum Beispiel Moskau 495) und die gewünschte

Nummer an. Bei Auslandsgesprächen ist nach 8 und Dauerton zunächst eine 10 als Zugang zum internationalen Selbstwählverkehr, dann die Landesvorwahl und die Städtevorwahl (in Deutschland unter Weglassung der 0) zu wählen. In den öffentlichen Telefonzentralen muß man beim Selbstwählverkehr das zustandegekommene Gespräch nochmals selbst freischalten.
Wenn der angewählte Teilnehmer abnimmt und spricht, hört man ihn zunächst nur und muß einen Knopf drücken, um die Linie beidseitig freizuschalten. Wo noch Münzen oder Jetons in den Schlitz geschoben werden müssen, fallen diese nicht gleich in das Telefon, sondern verbleiben zunächst noch sichtbar und herausnehmbar im Schlitz. Erst wenn der gewählte Teilnehmer abnimmt, verschluckt das Telefon das Zahlungsmittel. Einige wichtige Landesvorwahlen lauten: Deutschland 49, Schweiz 41, Österreich 43, USA 1.
Wer beispielsweise vom Baikal eine Verbindung nach Berlin benötigt, hat 8 – Dauerton –10 – 49 – 30 – Teilnehmernummer zu wählen.
Um aus Deutschland nach Irkutsk anzurufen, muß nach der Landesvorwahl 007 für Rußland die entsprechende Städtevorwahl (zum Beispiel Irkutsk 39 42) gewählt werden.

▸ Mobilfunk
Mobiltelefone sind natürlich auch in Rußland auf dem Vormarsch. Über weite Strecken ist der Baikalsee zwar nach wie vor eine handyfreie Zone, aber neben Irkutsk, Listvjanka und Ulan-Udė, wo das Roaming deutscher Handys bereits seit längerem problemlos funktioniert, gibt es auch am Südostufer und im Norden Fortschritte. Der Empfangsradius russischer Mobiltelefone ist aber zumeist noch deutlich größer. Wer also Wert auf maximal mögliche Netzabdeckung legt und bei innerrussischen Telefonaten auch Geld sparen möchte, sollte sich auf Prepaid-Basis vor Ort einen russischen Chip mit lokaler russischer Nummer in sein Handy einbauen. Dies sollte man aber erst am Baikal machen, denn Rußland teilt sich in mehrere Zonen, und mit Moskauer Handynummer zahlt man in Sibirien ebenfalls Roaming-Gebühren.
Zum Kauf entweder einen russischen Bekannten bitten oder beim Selbstkauf beachten, daß man als Ausländer für den Kauf im Paß die russische Registrierung (Hotel bzw. OVIR) nachweisen muß.

**Touristenbasen**
Unter diesem Oberbegriff (russisch: turističeskaja baza) sind viele Unterkünfte am Baikal zusammengefaßt, wobei Bedingungen und Komfort allerdings sehr unterschiedlich ausfallen können und man sich unter Umständen auf sehr einfache Bedingungen einstellen muß. In den Ausführungen deutscher

*Fußgängerzone in Irkutsk*

Veranstalter werden sie auch mit Herberge, einfache Pension oder Touristencamp umschrieben. Entweder sind es pensionsartige Stein- oder Holzgebäude mit zwei oder mehr Etagen und Zwei- oder Mehrbettzimmern an langen Korridoren. Oder es handelt sich um separate Holzhäuser, wobei das Spektrum auch vom respektablen Bungalow bis zur einfachen Holzhütte reichen kann. Eine eigene Sanitärzelle pro Zimmer oder Bungalow ist die Ausnahme. Meist teilen sich mehrere Zimmer, einer Wohnung ähnlich, oder eine Etage Dusche und WC, wobei in der örtlichen Beschreibung dann von komfortablen (blagoustroennye) Zimmern die Rede ist.
Wenn hier die Formulierung ›nicht komfortabel‹ (neblagoustroennye) auftaucht, muß man sich auf Toilettenhäuschen auf dem Territorium einstellen, was auch durchaus nur ein Donnerbalken sein kann. Analog gibt es dann auch Duschen, an die man aber keine allzu hohen hygienischen Standards anlegen sollte und denen die im Regelfall immer vorhandene Sauna vorzuziehen ist.

**Trinkgeld**

Trinkgeld, das hier Teegeld (Čaevye) heißt, wird gern genommen. In den meisten Gaststätten ist die Bedienung im Preis enthalten, es werden zwischen 5 und 10 Prozent des Rechnungsbetrages erwartet. Man sollte sich immer zunächst das korrekte Wechselgeld geben lassen und dann entsprechend Trinkgeld geben.
Wenn man auf das Wechselgeld ver-

zichtet, sagt man ›Bez sdači‹ (ohne Wechselgeld).

**Zeitungen und Zeitschriften**
Das überladende Angebot der kleinen Zeitungskioske besteht vor allem aus lokalen Klatsch- und Anzeigenblättern. Die Boulevardpresse heißt vom Englischen abgeleitet ›Gelbe Presse‹. Die großen Moskauer Tageszeitungen muß man am Baikalsee lange suchen, sie sind nur in den Großstädten in ausgewählten Kiosken erhältlich. Der ›Moskovskij Komsomolec‹ erscheint in einer Irkutsker Lokalausgabe. Weit verbreitet ist auch ›Vostočno-Sibirskaja Pravda‹ (Ostsibirische Wahrheit) als Sprachrohr der örtlichen Kommunisten. Die Hochglanzzeitschriften an den Kiosken bilden die ganze Bandbreite von Fitness bis Waffenkunde und von Handarbeit bis Kreuzworträtsel ab.
Es gibt aber auch eine für Russisch beherrschende Touristen interessante Zeitschrift. In Irkutsk erscheint seit 1999 ›Reisezeit (Die Kunst zu reisen)‹, die sich unter der Leitung von Ljudmila Erošenko vor allem mit Tourismus-Themen rund um den Baikal beschäftigt. Während in den ersten Jahren auch der eine oder andere Artikel in Englisch abgedruckt wurde, ist es in letzter Zeit eine rein russische Publikation (Redaktion ul. Gorkogo 8 of. 4, Tel. 3952/ 335340).
Die in Bratsk 2002 ins Leben gerufene und für Outdoor- und Extremtourismus in den Weiten Sibiriens sehr interessante Zeitschrift ›Taiga‹ schaffte im ersten Anlauf den Sprung in die Wirtschaftlichkeit leider nicht und wurde 2004 vorläufig wieder eingestellt.

**Zoll**
Bei der Einreise folgt nach der Paßkontrolle die Zollabfertigung, bei der Ausreise dementsprechend vor der Paßkontrolle. Sowohl bei der Ein- als auch bei der Ausreise mußte in der Vergangenheit immer eine Zolldeklaration ausgefüllt werden. Danach hat man die Wahl zwischen grünem (nichts zu deklarieren) und rotem (etwas zu deklarieren) Korridor. Seit Sommer 2003 muß man für den grünen Korridor keine Zollerklärung mehr ausfüllen. Gleichzeitig wurde der Betrag von 3000 US-Dollar (oder dem Äquivalent in anderen Währungen) als Obergrenze für die deklarierungfreie Ein- und Ausfuhr von Devisen festgesetzt. Es ist aber zu beachten, daß sich in diesem Bereich die Vorschriften sehr häufig ändern. Wenn man höhere Summen einführen möchte, muß dies deklariert werden, wobei man darauf achten sollte, daß bei Einreise alle Papiere abgestempelt werden.

# Der Baikalsee im Internet

Rußland ist bekannt für seine guten Programmierer, deren neuester Werbeslogan nun »Wir sind die besseren Inder« lautet. Die internetmäßige Erschließung des Russischen Reiches und somit auch Sibiriens und der Region rund um den Baikalsee ist vergleichsweise weit vorangeschritten. In den einzelnen Kapiteln haben wir an vielen Stellen schon die entsprechenden Internetbezüge eingefügt und wollen hier noch, ohne Anspruch auf Vollständigkeit, auf einige allgemeine Seiten hinweisen. Neben den Seiten der Reiseveranstalter, die teilweise neben den konkreten Toureninformationen auch mit umfangreichen Informationen zum Baikalsee aufwarten, gibt es auch eine Reihe öffentlich-rechtlicher, gemeinnütziger und privater Informationsquellen im Internet.

**www.russische-botschaft.de** (D)
Seite der russischen Botschaft mit offiziellen Informationen über Rußland im allgemeinen.

**www.russlandweb.de** (D/R)
Vielfältige Links und Infos bietet auch das Deutsch-Russische Forum.

**www.aktuell.ru** (D)
Wer vor allem tagesaktuelle Informationen sucht, wird hier fündig. Die Nachrichtenagentur RUFA vereint einige in Rußland lebende deutsche Journalisten und bietet generell sehr fundierte und aktuelle Informationen.Es gibt mittlerweile auch eine ganze Anzahl von Reisebeschreibungen über touristische Ziele in Rußland. So findet man auf den Reiseseiten einen kompakten Artikel von zwei Journalisten aus dem RUFA-Team über ihre Reise an den Baikalsee. Ursprünglich sollte daraus www.baikalsee.ru werden, aber diese Seite macht derzeit einen eher verwaisten Eindruck.

**www.baikalplan.de** (D)
Die Seite des in Dresden beheimateten gleichnamigen Vereins von Baikalfans. Neben Informationen findet man den besten Landkarten-Shop und verschiedene Erfahrungsberichte.

**www.gran.baikal.net** (R/D/E)
Umfangreiche Informationen zum Thema: ›Der Baikal als Weltnaturerbe‹. Schwerpunkt: Ostufer und Burjatien.

**www.bww.irk.ru** (E)
Recht vielfältige Informationen zum Baikalsee.

**www.3mill.ru** (R)
Der Baikal im 3. Millenium. Die Seite wird von der gleichnamigen Stiftung gestaltet und bietet vielfältige Infos über den Baikalsee und Irkutsk sowie Landkarten und Stadtpläne sowie einige Texte und Bücher über den Baikal zum Downloaden.

**www.baikalinfo.ru** (R/E)
Das wohl umfassendste Informationsportal zu allen touristischen Angeboten am Baikalsee. Ursprünglich war auch eine deutsche Version geplant, die aber derzeit nicht realisiert wird.

**www.baikal.irkutsk.ru** (R)
Der Klassiker vor Ort vom anerkannten Baikal-Experten Sergej Volkov, der aber in den letzten Jahren keine Aktualisierungen vorgenommen hat.

**www.info.irk.ru** (R)
Die Seite von Igor Bulygin hat ebenfalls Klassikerpotential. Neben aktuellen Informationen und Verlinkungen eine sehr schöne Fotosammlung über Irkutsk und seine Bewohner, den Baikalsee und die Krugobaikalka.

**www.magicbaikal.ru** (R)
Engagierte und informative Seite mit Forum.

**www.babr.ru** (R)
**www.irk.ru** (R)
Hier finden sich die bekanntesten Internetportale von Irkutsk.

**www.bgtrk.ru** (R)
Die Internetseite des burjatischen Fernsehens bietet auch viele andere Informationen.

**www.manus.baikal.ru** (R/E)
Virtueller Stadtrundgang mit vielen Informationen über die Geschichte von Irkutsk.

**www.istu.edu** (R/D/E)
Informationen über die Hochschullandschaft auf der Homepage der Irkutsker Technischen Universität.

**www.sbaikal.ru** (R/E)
Offizielle Seite der Tourismusverwaltung in Severobaikal'sk. Umfassende und gut illustrierte Informationen über den Norden des Baikalsees.

**www.buryatia.ru** (R/E)
Offizielle Seite der Republik Burjatien mit vielfältigen Informationen und Links.
**www.sbn.pips.ru** (R)
›sbn‹ steht hier für ›Seite des burjatischen Volkes‹ und bietet eine informative Sammlung über Traditionen und Bräuche in Burjatien.

**buddhism.buryatia.ru** (R/E)
Ausführliche Informationen über die buddhistische Glaubensgemeinde Burjatiens und das Ivolginsker Kloster.

**www.gfdbev.bei.t-online.de** (D)
Es gibt in Deutschland auch eine deutsch-burjatische Gesellschaft, deren Internetseite bislang aber noch nicht sehr aussagekräftig ist.

**www.tourism.ru** (R/E/F/D/S/J)
Auf dieser Seite entwickelt sich eine umfassende Datenbank mit Reise- und Expeditionsberichten aus ganz Rußland. Schwerpunkt: Trekking und Bergsteigen. Die Einführungsseite bietet mehrere Sprachen, die Berichte sind ausschließlich in Russisch.

Außerdem findet man auf der Seite noch Scans vieler Landkarten und Kartenausschnitte. Es gibt 26 Berichte und 6 Karten aus der Region Pribajkal'e und 46 Berichte mit über 100 Karten aus der Region Zabajkal'e.

**www.travel.ru/russia/** (R)
Diese Reiseportal bietet eine sehr umfangreiche Sammlung von Reiseinformationen und -erfahrungen aus aller Welt und in der Rubrik Rußland auch interessante Informationen für Ausländer, die allerdings Russisch können müssen.

**www.tunka.baikal.ru** (R)
Informationen über das Sajangebirge und das Tunka-Tal.

**www.nature.baikal.ru** (R)
Offene Datensammlung zur Natur des Baikals und der touristischen Möglichkeiten.

**www.baikalfoto.ru** (R/E/D/F)
Sehr stimmungsvolle ›Best of‹-Fotosammlung der gleichnamigen Irkutsker Bildagentur.

**www.greenpeace.org/russia/ru** (R/E)
**www.savebaikal.org/** (R/E)
Diesen Seiten beschreiben die Greenpeace-Aktivitäten zum bzw. am Baikalsee.

**www.baikalwave.eu.org** (R/E)
Seite der bekanntesten regionalen Umweltschutzvereinigung ›Baikalwelle‹.

**www.polnolunie.baikal.ru** (R),
**www.shanson.irk.ru** (R),
**www.unisong.baikal.ru** (R)
Alles über die heutige Liedermacherszene in Irkutsk und am Baikal.

Daneben gibt es auch noch viele rein private Reise- und Erfahrungsberichte über die Baikalregion:

Thomas Bujack:
www.bujack.de/berichte/reise/sibirien.htm
Peter Röpstorf:
www.fu-berlin.de/~rpeter/homepage.html
Frank Wildauer:
www.wildauer.de/reisen/sibirien/bericht.htm

Außerdem findet man eine ganze Reihe freiberuflicher Tourismusexperten, die auf ihren Internetseiten Informationen, Tourenvorschläge und teilweise auch konkrete Unterstützung vor Ort anbieten:

Dmitry Bryanskij:
www.baikalcartour.irk.ru (R/E)
Aleksandr Ošepkov:
to.baikal.ru (R/E)
Andrej Sagusin:
www.baikaltrekking.com (D/E)
Evgenij (Jack) Šeremetev:
www.baikaler.ch (D/E)
Leonid Simanovsky:
www.baikalex.com (E)
Andrej Tarakanov:
www.narod.ru (R)

# Literaturhinweise


**Sachbücher**

Becker, Susanne, Sternflüstern. Das Sibirien-Abenteuer. Mit einem Vorwort von Wladimir Kaminer. München 2004, 256 Seiten. Das Buch zur vierteiligen ZDF-Serie über zwei deutsche Familien auf Ol'chon.

Bednarz, Klaus, Die Ballade vom Baikalsee. München 1998, 384 S. Das Buch zum gleichnamigen Dokumentarfilm beschreibt die einzigartige Landschaft des Baikal und schildert vielfältige Begegnungen mit den an der ›Perle Sibiriens‹ lebenden Menschen. Das Folgeprojekt ›Östlich der Sonne‹ nimmt seinen Anfang ebenfalls am Baikalsee.

Čertilov, Alexey, Кругобайкальская железная дорога [Die Baikal-Bahn]. Irkutsk 2001, 62 S. Reichbebilderter, akribischer Reiseführer über die ›Goldschnalle‹ des Transsib-Gürtels (russisch).

Galazij, Grigorij, Байкал в вопросах и ответах [Der Baikal in Fragen und Antworten]. Moskau 1988, 288 S. Das Buch gilt als der populärwissenschaftliche Klassiker in der Fachliteratur über den Baikalsee (russisch).

Graichen, Gisela (Hg.), Humboldts Erben. Bergisch Gladbach 2001, 252 S. Das Begleitbuch zur gleichnamigen ZDF-Serie berichtet in einem Kapitel von der heutigen wissenschaftlichen Forschungsarbeit am Baikalsee.

Gusev, Oleg, Вокруг Байкала/Around Lake Baikal. Moskau 1979, 239 S. Der zwar nicht mehr aktuelle, aber doch gelungene Bildband bietet eine Fotoreise rund um den Baikal (russisch/englisch).

Henschel, Detlef, Abenteuer Baikal. 1700 km allein im Kajak, Bielefeld 2004, 320 S.
Eher etwas für Kajak- als für Baikalfans, denn hier bleibt der Autor doch sehr banal. Der gutgemeinte Ansatz, alle geografischen Winkel des Sees auch in Kyrillisch aufzunehmen, verkehrt sich, wenn wie hier knapp die Hälfte der Transkriptionen fehlerhaft sind, in sein Gegenteil.

Hoppal, Mihaly, Das Buch der Schamanen. Luzern 2002, 160 S. Das reich bebilderte Buch bietet einen guten Überblick über Schamanismus in Sibirien.

Kozhov, Michail, Lake Baikal and its life, 1963 [Der Baikalsee und sein Leben]. Den Haag 1963, 344 S. Das Buch gilt als Klassiker unter den wissenschaftlichen Beschreibungen der Geographie sowie der Flora und Fauna des Baikalsees (englisch).

Lake Baikal/Озеро Байкал [Der Baikal-See. Geographischer Atlas]. Irkutsk 1995, 118 S. Die Bezeichnung Geographischer Atlas ist eine Untertreibung. Die Broschüre enthält einen umfassenden Überblick über

Entstehung, Klima, Fauna, Flora, Ökologie und Ethnographie sowie umfangreiches thematisch aufbereitetes Kartenmaterial, allerdings keine Detailkarten (russisch/englisch).

Lincoln, W. Bruce, Die Eroberung Sibiriens. München/Zürich 1996, 571 S.
Ein außerordentlich lesenswertes Buch. Die Geschichte Sibiriens bis zur Gegenwart liest sich in Lincolns Buch wie ein spannender Abenteuerroman, der einen nicht mehr losläßt.

Löwe, Barbara, Kulturschock Rußland. Bielefeld 1997, 240 S.
Viele auch am Baikal hilfreiche Informationen für die mentale Annäherung an Rußland.

Rasputin, Valentin, Сибирь, Сибирь [Sibirien, Sibirien]. Irkutsk 2000, 256 S.
Erweiterte Neuauflage des bekannten Essaybandes von 1990. Ein literarisch gelungenes und reich illustriertes Hohelied auf das alte, das ewige und das neue Sibirien mit schönen Essays u.a. über den Baikal und Irkutsk (leider bislang nur in Russisch).

Rußland verstehen. Starnberg 2001.
Band 49 der generell sehr lesenswerten Reihe Sympathie-Magazin des Studienkreises für Tourismus und Entwicklung ist Rußland gewidmet und empfehlenswert, www.sympathiemagazin.de.

**Reiseführer**

Bryanskij, Valentin, Желанный, яростный, прекрасный ... [Erträumter, boshafter, herrlicher ...]. Irkutsk 2000, 320 S. Der Reiseführer ist eine Fortsetzung des Buches ›Guten Tag Baikal‹. Vom selben Autor erschien 2004 noch ›Dort, wo der Baikal beginnt‹, der sich insbesondere im südlichen Pribajkal'e den alten Alternativrouten für den Transsibbau widmet. Alle drei Bücher wenden sich mit Tourenbeschreibungen und teilweise einfachen Karten an Interessenten für ein- und mehrtägige Touren im Baikalgebiet (russisch).

Pedersen Arthur, Oliver, Susan, The Lake Baikal Guidebook. Elizabethtown NY 1996, 200 S.
Der bislang einzige internationale Reiseführer über den Baikal. Mittlerweile zwar nicht mehr ganz aktuell, aber mit vielen guten Trekking-Empfehlungen (englisch).

Sergeev, Mark, Irkutsk. Moskau 1986, 68 S.
Angesichts fehlender neuerer Publikationen kann der einzige deutschsprachige, alte sowjetische Intourist-Reiseführer als Notnagel durchaus hilfreich sein.

Volkov, Sergej, Путеводитель по Байкалу (Reiseführer Baikal).
Das russische Standardwerk für Baikaltouristen. Die vorhergehenden vier

Auflagen der ›Mini-Enzyklopädie Rund um den Baikal‹ erschienen in einem Band. Jetzt sind zwei Bände daraus geworden. Band 1 (Untertitel ›Listvjanka – Maloe More‹, aber einschl. Irkutsk, Krugobaikalka und Ol'chon) erschien 2005 , Band 2 (Untertitel: Nordbaikal und Burjatien) sollte noch 2006 erscheinen (russisch).

**Bildbände**

Baschkuev, Gennadij, Буряты. Традиции и культура [Die Burjaten. Traditionen und Kultur]. Ulan-Ude 1995, Soyol Verlag, 300 S.
Ein sehr umfassender und gelungener Bildband über Burjatien und seine Menschen (englisch/russisch).

Besrukov, Leonid, Ангара – дочь Байкала [Die Angara – Tochter des Baikal]. Irkutsk 1994, 223 S.
Ein interessanter Band über die stürmische Angara vom Baikalsee bis zur Mündung in den Enisej, der auch die ökologischen Probleme nicht ausspart. Es ist das erste Buch einer geplanten Reihe über die ›Ströme Sibiriens‹ (englisch/russisch).

Hobta, Alexander, Дорога, длиною в век (Die Bahn zieht den Jahrhundertweg), Irkutsk 2004, 251 S.
Der beste und umfassendste Bildband über die alte Baikalbahn erschien anläßlich des 100-jährigen Jubiläums ihrer Fertigstellung (russisch).

Matthiessen, Peter, Baikal. Sacred Sea of Siberia. London 1992, 89 S.
Ein netter Baikal-Bild- und Textband mit einem Vorwort von Evgenij Evtuschenko (englisch).

Ochlodnikova, Tatjana, Schätze aus dem Irkutsker Kunstmuseum. Leningrad 1989, Aurora-Kunstverlag, 151 S.
Der Bildband vermittelt einen umfassenden Überblick über die Sammlungen des Irkutsker Museums (deutsch).

Sergeev, Mark, Irkutsk. Irkutsk 1995, Litera Verlag, 226 S.
Phantastische Bilder aus dem ›Paris‹ Sibiriens (englisch/russisch).

Sergeev, Mark: Байкал [Baikal]. Moskau 1990, Planeta Verlag.
Ein zweisprachiger Bildband mit sehr poetischen Texten und faszinierenden Fotos vom Baikalsee (deutsch/russisch).

**Landkarten und Stadtpläne**

Karten und Stadtpläne der Baikal-Region in Deutschland zu bekommen, ist schwierig, denn es gibt keine von deutschen oder internationalen Verlagen publizierten Karten. Russisches Kartenmaterial können nur wenige Geschäfte besorgen und nur wenige Publikationen sind (zumindest teilweise) zweisprachig. Aber hier gibt es zumindestens seit kurzem einen Lichtblick. Ein

Dresdner Verein von Baikal-Enthusiasten hat sich offensichtlich einen guten Vorrat russischer Baikalkarten angelegt und vertreibt diese über das Internet unter www.baikalplan.de.
Seit 2003 erscheinen in der neuen Reihe ›Touristik-Routen durch die Baikalumgebung‹ neue Wanderkarten. Die Karten sind zwar nur in Russisch beschriftet, auf der Rückseite finden sich aber Erläuterungen und kurze Routentips in Russisch und Englisch. Einige der unten genannten Karten stehen auch im Internet, z.B. unter www.3mill.ru/map/geophis.htm, www.sbaikal.ru/rus/tourism/maps1.html, www.baikal.ru/scheme.shtml oder www.tourism.ru.
Der nachfolgende Überblick umfasst die besten russischen Publikationen, die eventuell in Spezialbuchhandlungen, bei Baikalplan e.V. oder vor Ort erhältlich sind.

Solonin, V., Берега Байкала [Die Ufer des Baikal]. Broschüre. Irkutsk 1992. 18 schematische Uferkarten mit ausführlichen Bezeichnungen der Flüsse, Buchten und Kaps sowie den jeweiligen Windrosen (russisch).

Открой для себя ›затерянный мир‹ Кругобайкалки [Entdecke die ›verlorene Welt‹ der Baikalbahn] Faltkarte. Irkutsk 2002. Der Baikal südlich der Linie Listvjanka – Vydrino im Maßstab 1:200 000 (russisch, mit englischen Transkriptionen der wichtigsten Orte).

Остров Ольхон/Пролив Малое море (Island Olhon/Strait Maloe More). Faltkarte. Irkutsk 2003. Die Insel Ol'chon und das Kleine Meer mit dem Ufer des Pribaikalsker Nationalparks im Maßstab 1:100 000 (russisch/englisch).

Irkutsk-Baikal-Service. Faltkarte. Irkutsk 1992. Durch vielfältige Informationen ergänzter Plan des Stadtzentrums von Irkutsk und einfache Wassertiefenkarte des Baikal (russisch/englisch).

Иркутск. Атлас города и окресности [Irkutsk. Atlas der Stadt und ihrer Umgebung]. Broschüre Irkutsk 2001. Die Stadt auf 17 Teilkarten im Maßstab 1:10 000 und 1:25 000 sowie die Umgebung auf acht Karten im Maßstab 1:100 000 (russisch).

Иркутская область [Irkutsker Gebiet (Blaue Reihe: Allgemeine geographische Karten der Russischen Föderation)]. Faltkarte. Novosibirsk 1994. Das Irkutsker Gebiet einschließlich des gesamten Baikal im Maßstab 1:1 000 000 sowie Irkutsk und Umgebung im Maßstab 1:250 000 (russisch).

Республика Бурятия [Republik Burjatien (Blaue Reihe: Allgemeine geographische Karten derRussischen Föderation)]. Faltkarte. Novosibirsk 1994. Die Republik Burjatien im Maßstab 1:1 000 000 sowie Teilkarten von Ulan-Udė und Umgebung sowie der Barguzinbucht im Maßstab 1:200 000 (russisch).

Улан–Удэ. Подробная схема [Ulan-Udė. Ausführlicher Plan]. Broschüre. Ulan-Udė 1998. Die Stadt auf 15 genauen Teilkarten im Maßstab 1:16 000 mit Adreßverzeichnis und ÖPNV-Plan (russisch).

Прибайкалье. Альбом карт [Atlas des Pribaikalsker Nationalparks]. 2001. Atlas des gesamten Sees einschließlich einer breiteren Uferzone und des südwestlichen Vorlandes im Maßstab 1:200 000. Irkutsk (russisch)

**Videos, Video-CDs, DVDs**

Die vom WDR produzierten Filme von Klaus Bednarz ›Die Ballade vom Baikalsee‹ sowie ›Östlich der Sonne‹ sind auch als Video erhältlich.

In Irkutsk hat die Firma ›Baikal-Foto‹ in den letzten Jahren begonnen, unter dem Titel ›Baikal – Legenden des großen Sees‹ mehrere Video-Kassetten und Video-CDs über den Baikal herauszubringen, www.baikalfoto.ru.

# Über den Autor

Bodo Thöns wurde 1959 in Falkensee bei Berlin geboren. Nach dem Abitur studierte er Wirtschaftswissenschaften und schlug zunächst die akademische Laufbahn ein. Mit Doktorhüten der Moskauer Lomonosov- und der Berliner Humboldt-Universität versehen, wechselte er 1990 von der Theorie in die Praxis und arbeitet seither hauptberuflich für die Commerzbank. Er ist beruflich und privat oft in Rußland unterwegs und kennt sich vor allem östlich des Ural hervorragend aus. Nach ›Sibirien entdecken‹ (3. Auflage 2004) und dem ›Transsib-Handbuch‹ (zusammen mit Hans Engberding, 5. Auflage für 2007 in Vorbereitung) veröffentlicht er mit ›Den Baikalsee entdecken‹ im Trescher Verlag seinen dritten Rußland-Reiseführer. Er lebt und arbeitet heute in Prag und freut sich unter post@trescherverlag.de über Ihre Anregungen und Hinweise für künftige Neuauflagen.

**Kartenregister**



**Personenregister**

**Ortsregister**

**Bildnachweis**

Bodo Thöns, außer
Claudia Angasol (26, 271o.)
Marco Graff (7, 85, 319)
Joachim Heinitz (7, 234, 310, 315)
Claudia Quaukies (5, 38, 204u., 106, 173, 238)
Peter Röpsdorf (9, 22, 66u., 67u., 73, 74, 156, 218, 250, 269u., 271u., 282)
Uwe Schieferdecker (49, 51, 321)
Julia Thöns (28, 138)

Titelbild: Schamanenfelsen auf der Insel Ol'chon (Bodo Thöns)
S. 16/17: Blick vom Kap Ljudar
S. 74/75: Flechten am Baikalsee
S. 156/157: Blick auf Bol'šie Koty
S. 184/185: Bei Severobajkal'sk
S. 218/219: Am Ostufer des Baikalsees

Siberian Times
Veranstalter für Gruppen- und Individualreisen
Dennoch besitzt die Natur ihre Lieblinge, die sie bei der Erschafung mit besonderer Sorgfalt behandelt hat und denen sie besondere Macht verlieh.
Der Baikal gehört ohne jeden Zweifel dazu.
Valentin Rasputin
- Transsibirische Eisenbahn
- BAM (Baikal-Amur-Magistrale)
- Baikalsee vom Süden nach Norden:
- Insel Olchon
- Baikalbahn alte Baikalbahn
- Schiffahrten auf dem Baikal
- Nördliche Ufer des Baikalsees
Jede Reise mit uns ist ein Erlebnis!
Russland, Irkutsk
Friedrich Engels Str. 2/12
Tel.: 007 3952 66 67 85
Fax: 007 3952 20 22 77
e-mail: sibtimes@rga.ru
info@sibtimes.ru
www.sibtimes.ru

Sibirien
Transsibirische Eisenbahn
Baikalsee, Altai, Kamtschatka
Jakutien, Tuva, Tschukotka
Mongolei, Kirgisien
BaikalExpress
BaikalExpress GmbH, Erlebnis- und Studienreisen
Unterholz 3, D-79235 Vogtsburg, Tel. 07662-949294
www.baikal-express.de info@baikal-express.de

BALDES
Geführte Studien- und Wanderreisen
ab Deutschland oder mit
individueller Anreise
Baikalsee
Kamtschatka
Galizien
Baltikum
Georgien
Albanien
BALDES Studien-
und Wanderreisen
Königstraße 68
53115 Bonn
Tel. 0228 921288-0
Fax 0228 921288-88
www.baldes.de
eMail: info@baldes.de

3000